【文史资料百部经典文库】

全国政协文史和学习委员会 编

HUIYIZHAOSHOUSHAN

回忆赵寿山

陕西省户县政协文史资料委员会　编

中国文史出版社

《百年中国记忆·文史资料百部经典文库》编辑委员会

中国人民解放军第一野战军副司令员赵寿山

靖国军时期的赵寿山
（1918—1920）

陆军第十七师师长赵寿山
（1937—1938）

1937年元月初在陕西三原县城内十七师师部和驻云阳镇、庄里镇的红军将领合影。由右至左：姚警尘（赵寿山的秘书）、常汉三（三原县县长）、冯一航（三中校长）、赵寿山、马文彦、彭德怀、杨发振（渭北民团总指挥）、陆定一、任弼时、杨尚昆、彭总警卫员、秦邦宪。

1938年秋摄于黄河北岸。左一拄拐杖者为三十八军军长赵寿山，左二为赵寿山夫人黄居仁，右一为十七师团长李维民，右二为三十八军参议温朋久。

赵寿山在中国人民政治协商会议第一届全体会议上发言（1949年）

1951年青海省人民政府主席赵寿山在青海支援抗美援朝群众大会上讲话

青海省主席赵寿山（右二）和班禅额尔德尼·确吉坚赞（左二）感谢塔尔寺爱国众僧捐款

1952年赵寿山任陕西省省长视察陕南和关中

赵寿山给幼儿园孩子发糖果

1953年冬，赵寿山在朝鲜慰问志愿军

1955年9月23日，中华人民共和国授予赵寿山将军一级解放勋章

晚年赵寿山和夫人黄居仁

赵寿山追悼大会中山堂内景

赵寿山追悼大会外景

CONTENTS 目　录

目 录 CONTENTS

目 录 CONTENTS

赵寿山传略

徐乃杰

赵寿山原名赵生龄，1894年12月17日（清光绪二十年十一月二十一日）生于陕西省鄠县（今户县）。自幼家贫，以务农为生。9岁时，因得私塾老师魏康侯的资助才能读完私塾。少年时，听到列强图谋瓜分中国，遂有掮洋枪打洋鬼、富国强兵等救国思想。1909年考入陕西陆军小学，辛亥革命后入西北大学预科（后改为省立三中），以后转入陕西陆军测量学校读书。1913年秋在陕西陆军测量局任测量员。1917年秋在陕西靖国军司令部任科员。1920年到冯玉祥陆军第十六混成旅任上尉参谋兼教导团学兵团地形教官。1921年升任少校参谋。①

陕西靖国军反对北洋军阀的斗争失败后，杨虎城坚持靖国军旗帜，退至陕北三边地区，改编为陕北镇守使署步兵团进行整训。赵寿山钦佩杨虎城的革命爱国精神，对帝国主义侵略和北洋军阀统治不满，接受杨虎城邀请，于1924年春，参加杨虎城部队。历任教导队排长、队副、军事教官等职，

① 见赵寿山《自传简历》，未刊稿。

讲授地形学，训练部队。他在陕北结识了共产党人魏野畴及榆林中学校长杜斌丞。

1924 年 10 月，冯玉祥推翻了直系曹锟的北京政府，成立了国民军。杨虎城被委任为国民军第三军所属陕北国民军前敌总指挥。同年冬，由陕北出师南下关中耀县、岐山、宝鸡等地与陕督吴新田部作战。教导队扩编为教导营驻耀县，赵寿山任第二中队长、教导营营长等职。在这期间，教导营曾请三民军官学校教官魏野畴、邹均、屈武、董汝城等为该营学生讲话，宣传孙中山联俄、联共、扶助农工的革命主张。

1926 年春，北洋军阀指使河南刘镇华的镇嵩军进攻陕西国民军，围攻西安。赵寿山随杨虎城部在西安守城 8 个月，进行了艰苦战斗。11 月西安解围后，杨虎城部改编为国民军联军第十军，赵寿山任该军第二师混成团团长。1927 年 5 月，杨虎城部随冯玉祥东出潼关参加北伐战争，赵寿山留在陕西渭北地区任补充团团长。

随着蒋介石与冯玉祥矛盾的激化，杨虎城部成了双方争取的对象。利用这个矛盾，1928 年秋，赵寿山率领全部留陕部队脱离冯系控制，离开陕西向山东进发，在单县与杨部在前方的部队会合，改编为暂编二十一师，赵寿山任第七团团长。

1929 年 4 月，杨虎城率部投蒋。部队调至河南，击溃了唐生智部占领了南阳、驻马店。1930 年 5 月，蒋、冯、阎中原大战，杨虎城为十七路军总指挥，参加了对冯、阎作战。杨虎城率部自豫西转战入陕。赵寿山任南阳后方留守司令，后又随军先后攻占洛阳龙门。在进军陕西潼关时，赵部绕到潼关南太峪镇，继出潼关西十里的吊桥，迫使驻守潼关的冯系宋哲元部仓皇北撤朝邑，从而占领了陕西东大门潼关，保证了杨部向西安进军。赵寿山部还在渭北收编了宋哲元余部 8000 余人，继之又在蒲城地区收编冯系刘郁芬余部 8000 余人。10 月，杨虎城受任为陕西省政府主席，赵寿山率部驻三原，升任第十七路军十七师五十一旅旅长。

同年 12 月，赵寿山旅奉命进驻汉中。赵任汉中绥靖区司令达四年之久。在这期间收编冯系王志远旅为独立旅；击退了四川军阀刘存厚、田颂尧侵占汉中的部队；消灭了陕南土匪王三春、李纲五、罗也辉等部，统一了汉中地区。

1932年10月，红四方面军由鄂豫皖苏区转移至川陕途中路经陕西，11月27日进逼长安，击溃杨虎城部十七师及警卫团。12月10日红军越秦岭，在汉中城固升仙村击溃了赵寿山旅，缴枪600余支，汉中震惊，闭门固守。与此同时，蒋介石以追击红军为名，派其嫡系胡宗南的第一师进驻陕西汉中，企图夺取陕西地盘，消灭地方势力。

赵寿山为了保存实力，不愿与红军作战。经过孙蔚如、杨虎城同意，他通过军部少校参谋武志平（中共地下党员）及进步人士杜斌丞等关系，与红四方面军建立了联系，秘密订立了互不侵犯协定。在这个基础上，赵寿山经常为红军在西安采购和运送电讯及医药卫生等器材，支援了红四方面军不少军用物资。1935年2月，这种合作为张国焘“左”倾机会主义路线所破坏，红四方面军发起陕南战役，合作局面破裂。

3月，红四方面军由汉中地区转移，开始长征。当时在安康活动的红二十五军也向陕北转移。赵寿山旅奉命调往陕北前线与红军作战，分驻在陕北黄陵、洛川、白水等地。

当时赵寿山一方面看到日本帝国主义灭亡中国的野心日益猖狂；另一方面看到蒋介石坚持内战政策，他的部队被调到陕北前线与红军直接作战，感到非常苦闷与矛盾。他向杨虎城请假去外地看病，借此观察形势，寻找出路。10月离开陕西，首先到达北平。刚好在“一二·九”运动前夕。他看到日本帝国主义发动华北事变，灭亡中国的军事行动已迫在眉睫；看到蒋介石的所谓“攘外必先安内”，实际上是卖国政策。通过“一二·九”，看到了广大革命群众轰轰烈烈的抗日救亡运动。这一切对他的思想转变起了很大的推动作用。当时他曾经企图说服冯玉祥部下宋哲元、韩复榘共同合作，从泰安迎回冯玉祥，建立北方政府，抗日反蒋，挽救国家危亡。但由于冯系内部矛盾重重未能实现。不久，他由北平至南京，随即转到上海。在上海半年多时间内，他与抗日救国会的进步人士杨明轩、赵葆华、杨晓初、李馥清、韩述之等人经常接触，深受他们的影响。又读了一些进步书报杂志，分析了形势，自称“知识一天一天的增加，思想也就因之明朗化”[①]。从此，他响应共产党的号召，基本上形成了抗日、反蒋、联共等主张，思想上有了一个较大的转变。

1936 年 10 月，赵寿山回到陕西，向杨虎城作了多次汇报，并上了《抗日建议书》，主张停止内战一致抗日，联合共产党与红军，联合东北军，加强十七路军内部团结。赵寿山激动地向杨建议：“目前的形势对国家的兴亡，对我们的前途来说，只有反蒋联共抗日这一条路。看蒋介石最近调兵遣将的举动，是要对红军大举进攻，还要把我们也拉入内战旋涡，甚至会消灭我们。因此，是否可以考虑蒋介石如果来西安，必要时我们把他扣起来，逼他联共抗日。”[②]这些建议对杨虎城联合张学良发动西安事变起了积极的作用。

西安事变发生后，以周恩来为首的中共代表团到西安做了大量工作，保证了西安事变和平解决。赵寿山接受中国共产党“停止内战，团结抗日”、“和平解决西安事变”的主张。当时他任省会公安局局长，负责治安。他号召全体警士“站在民族的立场上，保护爱国青年，拥护救国团体。我们要做革命的警士，爱国家救民族的警士，不要做那帝国主义者的走狗汉奸的工具。”[③]为了准备对南京“讨伐军”作战，杨虎城又任命赵寿山为渭北警备司令，驻三原县，将十七路军主力集中三原、泾阳一带。这时红军为了配合作战，主力也开到关中一带，驻泾阳云阳镇和富平庄里镇一带。在这期间，赵寿山多次和博古、彭德怀、任弼时、贺龙、左权、杨尚昆、罗瑞卿等面谈，他的司令部也成为红军南下的联络站，十七路军因此广泛地受到抗日教育。他公开向共产党表示“准备上山入伙”（意思是参加红军，参加共产党）。他接受了共产党派干部帮助他工作的建议。1937 年初，中共陕西省委委派申敬之为特派员到十七师工作，派蒙定军、胡振家负责领导三十八军地下

① 赵寿山《与蒋介石二十年的斗争史》，未刊稿。

② 赵寿山《与蒋介石二十年的斗争史》，未刊稿。

③ 《公安局长赵寿山告诫部属阐述一二·一二意义》，西安《解放日报》。

党工作。随后杨明轩、孔叔东、杨晓初、崔仲远等相继来十七师进行上层统一战线工作。

西安事变和平解决后，蒋介石背信弃义，扣留了张学良。杨虎城被迫出国考察。十七路军被缩编为三十八军，赵寿山被任命为该军第十七师师长。

抗战爆发后，杨虎城回国即被蒋介石逮捕。赵寿山对此极为不满。当时军统局西北区情报站转报蒋介石，说："杨虎城旧部的中心人物不是孙蔚如而是赵寿山。他思想左倾，跟他多年的秘书是共产党员。西安事变时期，赵寿山主张扣留委员长，并坚决反对释放。西安事变后，他认为受压迫、被歧视，对杨虎城被监禁极为愤慨。"说："赵寿山为杨将军在军事方面的化身。"

蒋介石以抗战为名，命令三十八军各师分别开赴华北抗日前线。7 月 21 日，赵部十七师从三原开拔，8 月 2 日到达河北保定，先后参加了河北保定以北新安镇一线的阻击战、漕河战役、阜河战役。10 月，赵部十七师 13000 余人，奉命扼守山西娘子关正面阵地。在反复争夺关口外的雪花山主阵地，争夺井陉车站，退守乏驴岭战斗中，日军两面夹击，飞机、炮火猛烈，使部队遭受重大伤亡。赵寿山临危不惧，亲自带领官兵与日军血战 13 昼夜，始终坚守了娘子关正面阵地。但由于指挥不统一，参战各军有的为了保存实力，在激战中右翼溃退，十七师后方受到敌人威胁，不能不撤出战斗。部队经苦战后仅存 2700 余人。这次战斗对十七师来说是一曲悲壮的凯歌，曾给日军以重创。

同年 11 月 8 日太原失守，山西境内国民党军队纷纷向晋东南溃逃。十七师这时已疲惫不堪。中国共产党为了保存这支抗日武装力量，建议赵部在晋西八路军留守兵团驻地进行整训，重整旗鼓。赵寿山接受了建议，率部经太原以南转移到离石县碛口一带，在八路军河防部队萧劲光旅帮助下进行了整训。赵寿山先后至绥德、延安参观，受到毛泽东、叶剑英和其他领导人的接见，决心与共产党共同合作抗日。年底至 1938 年，十七师先后在洪洞、赵城及晋东南长治、高平、晋城、阳城、垣曲等地开展游击战，直接受八路军总部和东路军指挥。

1938年秋，蒋介石把原十七路军编为三十八军和九十六军两个军。赵寿山被任命为三十八军军长，进驻平陆县茅津渡一带，背靠黄河，面向日军，开展了长期的斗争。同年冬，赵寿山接受共产党的主张，在茅津渡举办了训练班，自任班主任，改造旧军官，培养新干部。训练班提出四大口号：经济公开、人事公开、自我教育、自觉纪律；三大禁令：禁吸大烟、禁赌、禁嫖。训练班进行了国际时事和国共合作抗战的政治教育，明确指出蒋介石如果抗战就拥护他，不抗战就反对他，教育官兵要团结奋斗，抗战到底。在此基础上发展了一批共产党员，师、旅、团均建立了共产党的组织，从而提高了部队的战斗力。

三十八军在中条山坚持了两年四个月的战斗，先后11次粉碎了日军对中条山的扫荡，保住了原有阵地。日军由于大量被杀伤，曾先后补充新兵19次，称中条山是他们军事侵华的盲肠炎。国民党第一战区司令长官卫立煌也称三十八军是中条山的铁柱子。

蒋介石对这支“杂牌”军的这种变化和赵寿山的“赤化”极为恼怒，于1941年1月下令南调至黄河以南，在河南巩县、汜水、荥阳一带集结。不久中条山即为日军占领。赵部三十八军作为河防大军一部，驻守黄河铁桥南端邙山头桥头堡阵地两年多。

这时国民党已转向消极抗日，积极反共。赵寿山感到国共合作前途渺茫，决心投向共产党，并要求参加中国共产党。1942年底经中共中央批准入党。1943年冬，蒋介石调赵寿山到重庆国民党中训团受训，使他与部队脱离。1944年3月，又以明升暗降的方式，调赵寿山至甘肃武威国民党军嫡系部队任第二集团军空头司令，而派嫡系亲信张耀明接替三十八军军长，实行其“抽梁换柱”“分编遣散”阴谋。赵寿山临走前向旧部揭露了蒋介石的阴谋，并做了布置。三十八军一部2300余人，遂于1945年7月17日在河南洛宁之故县镇起义，投奔解放区。以后以这一部分队伍为基础，成立了西北抗日民主联军三十八军。

抗日战争胜利后，赵寿山决定脱离国民党奔赴解放区。他借口去美国考察水利，于1946年11月卸去第三集团军总司令职务，到达南京、上海。

然后在共产党的秘密护送下，由上海经北平、天津，于 1947 年 3 月进入晋冀鲁豫解放区。7 月 6 日发表反蒋通电，公开宣告起义。

1948 年 1 月，赵寿山被任命为中国人民解放军西北野战军副司令，并参加了前敌总指挥部工作，直接与蒋介石、胡宗南国民党军队作战，为解放大西北，进军大西南做出了贡献。

全国解放后，赵寿山转到政府部门工作，先后担任过青海省人民政府主席和陕西省省长。1956 年当选为中国共产党第八次全国代表大会代表。1954 年、1959 年和 1964 年先后当选为第一届、第二届、第三届全国人民代表大会代表和第二、第三届全国人民代表大会常务委员会委员。1959 年和 1964 年先后当选为国防委员会委员。

赵寿山于 1965 年 6 月 20 日因病于北京逝世。

深切怀念赵寿山同志

习仲勋

今年6月20日，是赵寿山同志逝世20周年，我以十分崇敬的心情，对这位老战友、老同事表示深切的怀念。

赵寿山将军是杨虎城的部下，是国民党的爱国将领。他在西安事变中，为迫使蒋介石联共抗日起了积极作用。抗战爆发后，他率部北上，与士兵同甘共苦，浴血奋战，英勇杀敌。他面对国民党反动派的种种胁迫，立场坚定，机智勇敢，深谋远虑，巧作周旋，终于摆脱困境，化险为夷。他顺乎革命潮流，不断追求进步，与我党的同志接触交往，主动为党工作。他所属的三十八军，经过教育、改造，由一支国民党的部队转变成为一支革命的部队，受到党中央和毛主席的赞扬。他自己也由一个爱国主义者转变成为共产主义者。后来，他在担任人民解放军第一野战军副司令员和青海、陕西两省省长，以及人大常委会委员等职务中，为中国人民解放事业和社会主义建设事业做了许多有益的工作。他的光辉业绩永远铭记在人民的心里。

赵寿山同志的一生，是革命的一生，光荣的一生。他爱国爱家爱人民，胸怀大志，忠贞不渝；他识时务，顾大局，正直坦诚，爱憎分明；他讲团结，守纪律，生活俭朴，平易近人；他活到老，学到老，严于律己，身体力行。今天我们纪念赵寿山同志，就是要学习他为国为民献身的革命精神和高尚品德，积极投身于四化建设中去，为振兴中华、统一祖国做出更大的贡献！

（1985 年 6 月 15 日于北京）

怀念赵寿山同志

孔从洲　王炳南　阎揆要　蒙定军*

赵寿山同志的一生，是不断追求进步的一生。他在党中央、毛泽东主席和周恩来副主席的关怀帮助下，由爱国主义者转变为共产主义战士，由

* 孔从洲，原名孔从周，陕西西安市人。1946年加入中国共产党。1924年参加杨虎城部，历任陕西警备第二旅旅长、独立四十六旅旅长、新三十五师师长、五十五师师长。1946年率部起义后，任西北民主联军三十八军军长，二野特种兵纵队副司令员。新中国成立后，任西南军区炮兵司令员，高级炮校校长，炮兵工程技术学院院长，军委炮兵副司令员，五届全国政协委员，六届全国人大常委，1955年被授予中将军衔。

王炳南，新中国成立后曾任外交部副部长，驻波兰大使，全国人大常委会外交委员会委员，中国人民对外友好协会顾问。

阎揆要，陕西佳县人，1924年黄埔军校第一期毕业，1926年入党，曾在杨虎城部任营长、团长。抗战时期，任八路军总部参谋处长，冀鲁豫军区参谋长。解放战争时期，任西北野战军参谋长，第一野战军参谋长。新中国成立后，任中央军委情报部部长，军事科学院副院长，中顾委委员。

蒙定军，原第三十八军中共地下工委书记，新中国成立后任全国政协委员。

国民党高级将领转变为我第一野战军副司令员。他走过一条艰难而光荣的道路。

一

赵寿山同志1894年出生于陕西户县一个贫农家庭。他的少年时期，正是中国国势极度衰颓，面临被帝国主义瓜分之际，他16岁便立志报国，抱着"富国强兵"的愿望，考进陕西陆军小学。辛亥革命后，转入陆军测量学校。1918年，他投入反对北洋军阀斗争，随同进步人士史可轩到于右任先生领导的靖国军司令部工作。1920年靖国军失败，他到冯玉祥将军的十六混成旅。1924年春，他又回到坚持靖国军旗帜的杨虎城将军的部队。这支部队，以后发展为十七路军。他在这支部队里度过了20年，同杨虎城、孙蔚如将军结下手足情谊。

大革命时期，1926年他随杨虎城将军坚守西安8个月，打退北洋军阀吴佩孚部队刘镇华的围攻。其后，为策应南方的北伐军，转战陕西、河南、安徽、山东等省。这期间，他同我党西北地区负责人魏野畴、赵葆华等同志常有接触，受到革命思想影响，吸收"西安中山学院"的进步青年到他的部队中工作。

1936年，在中华民族生死存亡关头，寿山同志为寻求救国道路，前往北平、南京、上海等地，与共产党人杨明轩等同志时相过从，阅读了一些马列著作，接受了我党提出的"停止内战，一致抗日"的主张。他回到陕西即向杨虎城将军提出《抗日意见书》，力陈："非团结不足以言抗日，非抗日不足以言救亡"，"只有停止内战，一致抗日，才是救国唯一出路。"随之，杨虎城将军在叶剑英同志影响下，为准备抗日培训骨干，决定筹办军官训练大队，杨虎城将军亲兼大队长，寿山同志任大队副。

在中华民族命运的转折关头，张学良、杨虎城将军毅然发动了"双十二"事变。赵寿山同志积极参加这场斗争，他指挥孔从洲同志的部队负责解除西安反动武装，维持西安社会秩序。就在这时，寿山同志第一次见到周恩来副主席。周副主席曾就抗日民族统一战线问题同他作竟夜深谈，坚定了他的抗日信念和与我党合作的决心，为他以后由爱国主义者转变为共产主义者打下基础。事变和平解决，寿山同志任渭北警备司令。驻防陕西三原期间，同任弼时、王稼祥、彭德怀、贺龙、徐向前、左权、杨尚昆、陆定一等同志经常往来。这些同志都对他进行了帮助。当时他同彭德怀等同志合影留念。彭德怀曾同他作了三天长谈，详细分析了当时国内外形势，介绍我党各项方针政策，寿山同志的思想觉悟得到进一步提高，并提出他想加入中国共产党的要求。他给红军支援了大量军备物资和武器弹药。同时他将仅有的两个子女送往延安红军大学学习。

7 月 7 日卢沟桥事变爆发。7 月 8 日正在庐山“受训”的寿山同志即请缨北上抗战，随之率十七师开赴前线。我党中央非常关心这支部队。9 月初，周副主席和彭德怀同志，到保定前线看望寿山同志，并鼓励全体官兵：巩固西安事变成果，坚持长期抗战。这支部队参加了保卫保定战役。在保卫娘子关战役中，以劣势装备，面对日寇精锐，浴血奋战 15 昼夜，做出极大牺牲，部队中不少共产党员为国捐躯。太原失守，国民党军队纷纷溃逃。寿山同志接受周副主席所给予的“坚持敌后斗争，不要撤到河西”的指示，率部转赴山西离石碛口。党中央、毛主席派南汉宸同志来到部队慰问，八路军留守兵团也派人到部队帮助整训。

二

1937 年底，赵寿山同志到延安见毛主席和叶剑英同志。毛主席提出“培养干部，改造部队”的建议。寿山同志表示坚决拥护我党主张，接受我党领导。从此，这支部队进入了一个新的历史阶段。

1938 年 1 月，部队经过休整补充开赴晋东南，接受第二战区东路军朱德、彭德怀同志指挥。朱德、左权、陆定一同志在八路军总部同寿山同志就抗日战争的战略战术思想和对部队改造问题多次详谈，给寿山同志很大教育和鼓舞，进一步坚定了他长期战斗的信心。此后，寿山同志就在彭德怀同志直接指挥下，一方面开展敌后斗争，配合八路军粉碎了日寇发动的九路围攻，先后进占晋城、长子、高平、壶关等城镇，收复屯留；另一方面在八路军总部、中共陕西省委帮助下，对部队实行政治改造。送了一批干部到东路军干部训练班学习。

1938年夏，寿山同志升任三十八军军长，奉命率部到中条山归还原十七路军建制后，全面展开了改造部队的工作。提出实行“新作风”：厉行三大禁令、四大口号（禁烟、禁赌、禁嫖，自我教育、自觉纪律、经济公开、人事公开）；轮训军官军士；由陕西省委和安吴青训班选派青年组成教导队，培养骨干；成立战地服务团、血花剧团，组织群众武装；创办《新军人》等刊物，宣传我党各项主张；组织部队种菜、养猪，减轻群众负担，支援农业生产；同党中央、八路军总部、陕西省委建立无线电通信联络。山西省委、牺盟会对部队改造工作给予了大力支持，华北党组织特派孔祥桢同志帮助寿山同志训练干部。不少文化界著名人士也到中条山参加抗日救亡工作，为部队改造做出了贡献。

经过一年多的努力，部队面貌为之一新。各方人才汇聚。干部茁壮成长。全军将士朝气蓬勃，同仇敌忾。军民合作，到处都有抗战歌声。中条山防区出现了一个团结、进步、抗战的大好局面。中条山背靠黄河，面对日寇三面包围，地形不利，补给困难，但军民团结一致，在“保卫黄河、保卫中条山”口号的鼓舞下，在两年半时间里，粉碎了日军的11次进攻。在第十次战役后，我重庆《新华日报》曾报道：“敌犯中条之企图，再度失败。迄今进犯十次。每战皆北。”1940年8月，遵照彭德怀同志电示，寿山同志派部队进出同蒲路两侧，打击日军，配合了“百团大战”。在两年多的激烈战斗中，许多优秀干部、战士和共产党员献出了宝贵生命，进步作家柳乃夫在战斗中光荣牺牲。

1940年冬，国民党反共顽固派为切断这支部队同八路军的联系，将十七路军调到洛阳、郑州河防，中条山防务由胡宗南部队接替。此后不到半年时间，国民党集中在中条山的七个军，就被日军打垮，高级将领数人阵亡或被俘，晋南地区全部沦入日军之手。

三

赵寿山同志坚持团结、进步、抗战和改造部队，经受了国民党三次反共高潮的严峻考验。在同国民党反共顽固派斗争的每个关键时刻，党中央、毛主席都及时给予指示。1942 年 10 月，赵寿山同志再次向党中央、毛主席提出加入中国共产党的要求。

第一次反共高潮中，国民党反共顽固派向三十八军派出了大批“政工人员”，妄图瓦解部队。寿山同志坚持党中央指示精神，经过几番较量，终于迫使反共分子退出连队。国民党派驻“三十八军政治部”的招牌，一度只能挂在远离部队几百里的陕西华阴。

1939 年 12 月，阎锡山集中 6 个军兵力围攻“新军”（抗日决死队），在中条山地区消灭牺盟会等抗日群众组织，捕杀爱国志士。寿山同志同阎锡山针锋相对，坚决镇压当地反共势力，掩护中共平陆地区党组织、牺盟会和“新军”一批干部。

1940 年冬，第二次反共高潮开始，国民党反共顽固派下令将原十七路军调到洛阳郑州地区。寿山同志根据我党中央指示，为顾全抗战大局，率部由中条山移防河南。周恩来副主席及时指出：蒋介石此举，系调虎离山之计，要借整补之名，行分化瓦解之实。要提高警惕，做好应变准备。从 1941 年 3 月到 1942 年秋，毛主席两次亲自听取了中共三十八军工作委员会关于部队情况的汇报，毛主席指示：“要继续大量培养干部，扩大充实部队新生力量。要整顿健全党的组织，坚持荫蔽精干，长期埋伏，积蓄力量，以待时机的方针。要提高警惕，防止蒋、日、伪的突然袭击。要进一步扩大统一战线。要做好原十七路军各部的工作。重大问题，工委要同赵寿山同志商量解决。”遵照党中央、毛主席和周副主席的指示，寿山同志在工委密切配合下，一方面同国民党反共顽固派坚决斗争，击败了他们各种分化瓦解阴谋和武装特务袭击；另一方面，放手广交朋友，扩大统一战线。从1938年到1944年，教导队连续办了五期，培养干部1000多人，发展500多名党员，大大增强了部队的政治素质和战斗力。

1943年，第三次反共高潮开始，国民党反共顽固派下决心消灭这支抗日革命武装。早在1942年秋，寿山同志截获日军派往重庆的秘密代表，收缴了日蒋联合反共文件和密码，立即报告党中央，后来由新华社予以揭露。这件事，使国民党反动派恼羞成怒，加紧了消灭这支部队的阴谋步骤。

1944年2月，国民党反动派将赵寿山留在重庆，先派蒋介石亲信张耀明接替三十八军军长。然后，再任赵为胡宗南指挥的第三集团军总司令，驻防抗日大后方甘肃武威。毛主席、周副主席同意寿山同志去武威就职，专门派了保健医生，从三十八军选派十余名党员干部随去工作，并负责他的安全。在寿山同志去武威之前，周副主席转告寿山同志："要时刻与三十八军党内取得联系，一旦形势变化，便于指挥。要在自己身边造成一个灰色局面，多与反动头目交往，迷惑敌人，做好随时行动的准备。"寿山同志离开三十八军时，委托孔从洲同志掌握部队。党中央、毛主席派周仲英等同志协助孔从洲同志和工委进行工作。毛主席、周恩来、刘少奇、朱德同志接见了周仲英等同志，彭真同志做了具体安排。毛主席指出：这支军队早就直接受党中央领导。三十八军在形式上是国民党编制，但实质上始终是按照党的方针、任务去建设部队，同日军进行艰苦卓绝的斗争。他们在国民党统治区贯彻党的抗日民族统一战线政策是有成绩的，是正确的。这支部队的成员，绝大多数是热爱党的，是反蒋抗日的革命队伍，要把他们当作八路军一样的去做工作。毛主席这一指示，给予这支部队以极大鼓舞。

1945年6月，国民党反动派将原十七路军主要负责人孙蔚如将军调到湖北恩施，任第六战区司令长官，将原有两个军缩编为一个军，阴谋将原十七路军彻底吞并。

正当国民党反动派自以为得计之时，遵照党中央、毛主席决定，三十八军所属部队从1945年7月到1946年5月先后回到晋冀鲁豫解放区。毛主席电令嘉勉："祝贺你们胜利地参加人民军队大家庭！希望你们团结一致，为中华民族的解放而奋斗到底！"1946年9月13日，根据党中央命令，成立西北民主联军第三十八军，任命孔从洲为军长，刘威诚、陈先瑞为副军长，汪锋为政治委员。从此，这支部队就在刘伯承、邓小平同志指挥下，参加了自卫反击和解放战争。

四

"双十二"事变以后，赵寿山这位十七路军将领，就为国民党反动派所仇忌，必欲去之而后快。在他接受我党领导以后的十年中，一直在国民党反动派严密监视之下。部队移防河南后，更在国民党嫡系重兵包围之中。三十八军所属部队回到解放区后，他的处境更为险恶。寿山同志立场坚定，思想缜密机警，在敌人营垒内部，同反动派多次进行了面对面的尖锐斗争和极其艰苦的周旋。

部队刚刚由中条山移防到河南，国民党反动派就以"异党嫌疑"多次追查部队中的共产党员干部。1941年春，国民党参谋总长何应钦到洛阳找赵寿山同志谈话。何应钦当面拿出一张列有37名"异党嫌疑"名单，其中包括工委负责人和几名团长。何应钦说，蒋介石命令将这些人送往"西安劳动营"（即集中营）。面对此一紧迫严重局面，寿山同志镇定自若，严正表示："既然委员长、何总长对我不信任，我请求辞职！"弄得何应钦难以下台，只好将此事推给第一战区司令长官卫立煌处理。与此同时，孙蔚如将军派孔从洲同志送卫立煌一信，说明三十八军中没有"异党"，望卫能从抗战大局考虑，不要将这些军官送"劳动营"，以免影响抗日。经过斗争和卫立煌将军的缓解，国民党反动派被迫让步，最后将此事搁置起来。

1944年4月，寿山同志到甘肃武威就任第三集团军总司令时，国民党反动派事先做了周密布置。蒋介石选派他的"侍从室"一个中将组长任副总司令，派一个宪兵连驻在武威，日夜监视寿山同志。当时武威传言："赵寿山不久就要撤职押解重庆。”寿山同志在武威当了两年半“空头司令”，终日无所事事，轻车简从，酬酢地方士绅，团结上下左右，做到忍人情之所不忍，使反动派无隙可乘，然而他的头上却添了不少白发。其间，他几次奉命去重庆开会、受训，每次出发前，他都做了充分的思想准备。他对随从参谋说：“我们此去，可能同杨（虎城）先生一样，有去无回。要做最坏的打算！”

1944 年 9 月，国民党调寿山同志到陆军大学甲级将官班受训。外有特务监视，内有蒋介石亲信考察。为应付此种困难处境，他广泛结交国民党嫡系将领，经常出入“侍从室”权贵之门。数月之后，几个蒋介石亲信反而成为他的“好友”。1945 年 1 月陆大毕业，蒋介石单独召见了赵寿山，仍追问三十八军的军官来源和训练情况。寿山同志从容自若，详陈三十八军在保卫中条山和河南邙山战役的战况，以及官兵英勇杀敌的战功。蒋无可奈何，只好说：“好的，好的！”

三十八军回到解放区后，国民党便决心对寿山同志下手了。1946 年 8 月，撤销他的总司令职务，以派其“出国考察水利”为名调到南京。他在“办理手续、等候出国”期间，殚精竭虑，麻痹敌人，终于摆脱了特务监视。1947 年 1 月，在董必武同志精心安排下，乘坐“救济总署”轮船，由上海到天津转北平，再经河北静海进入解放区。当他踏上解放区土地时，放声高唱“秦腔”，庆幸他真正回到“家”里。寿山同志在邯郸受到刘伯承、邓小平、薄一波同志热烈欢迎。他到陕北时，毛主席、周恩来同志给予很高评价，批准他自要求入党之日起为中国共产党党员，后并任命他为第一野战军副司令员、前委委员。以后，寿山同志协助彭德怀司令员指挥了解放大西北各个战役的胜利斗争。

在解放战争中，原十七路军主要负责人孙蔚如将军、李兴中将军相继回到解放区。原十七路军很多将士也回到人民怀抱。毛主席说：“党对十七路军的工作，是统一战线的典范。”这是对原十七路军的最高评价，也是对寿山同志的最高评价。

五

赵寿山同志一直把他1937年到延安见毛主席，接受党的领导，作为他生命的新起点。

寿山同志对周恩来同志十分敬慕。他每次去重庆，尽管处境困难，总要设法见到恩来同志，或与王炳南同志取得联系，听取恩来同志的指示。就在1946年8月，蒋介石解除他的职务要他到南京“准备出国”的危急时刻，他遵照恩来同志指示，从我军在西北地区作战考虑，协助当时留在西安的三十八军工委负责人，在胡宗南部建立了军事情报组。

寿山同志对彭德怀同志十分敬佩。他常对人说：“彭总能打大胜仗，也能打好败仗，化险为夷，转危为安，是真正的大将军！”1959年庐山会议以后，寿山同志在任青海、陕西省省长之后，调到北京工作。那时，彭德怀同志住在挂甲屯吴家花园。他前往探望，回来后不禁失声痛哭。他说：“彭总是党的功臣，长期领导我工作，我终生难忘。”

寿山同志非常关心杨虎城将军。1937年春，他到上海准备送杨虎城将军出国时，托杨的秘书在上船后再转告杨虎城将军：此去前途如何，难以逆料。但是“不管天变地变，双十二举义初衷不能变，抗日立场不能变，杨先生坚持的正义主张不可动摇”。杨虎城将军被关押期间，他给三十八军教导队讲话时，总要讲述杨虎城将军的经历，讲述杨虎城将军对国民革命的坚定态度和北伐中的光荣业绩。他每次去重庆，都要设法打听杨将军的景况。全国解放后，他常说：“未能救出杨（虎城）先生，是我终生憾事！”

寿山同志对人民疾苦非常关心。1942年水、旱、蝗、汤（恩伯），同时降临河南，民不聊生。他号召部队节衣缩食，帮助群众度灾。他收容了河南灾区100多名孤儿，成立了一个儿童连，俾使这些难童在生活上得到妥善照顾，在思想上受到革命教育。他在军部所在地巩县黄冶村，自己出资恢复了一所小学。1944 年，当地群众获知寿山同志调离三十八军的消息，自发捐款立碑镌刻了“惠我后生”四个大字。

寿山同志生活俭朴，平易近人，深得全军干部、战士信赖。寿山同志为培养干部，维护部队团结，费尽心血。寿山同志善于学习，严于解剖自己。他在繁忙的军务空闲，抓紧读书看报，或者同进步人士交谈，博采广闻。当时，中共三十八军工委负责人都很年轻，有关部队大事，他尊重工委，虚心求教，商量办事。全国解放后，他常对原十七路军的干部说：“我一生走了许多弯路，才找到真理。‘半路出家’的人，只有好好学习，才能跟着党走。”寿山同志对他这句话身体力行，老而弥笃，直到停止呼吸。

赵寿山同志 1965 年 6 月 20 日与世长辞。他离开我们已 20 年了。我们深深怀念赵寿山同志，也怀念杨虎城将军和孙蔚如、李兴中将军，怀念那些在北伐战争、抗日战争和解放战争中牺牲的战友们！他们为中国人民解放事业的献身精神和光辉业绩，将永远活在我们心里，激励我们前进！

回忆赵寿山将军

杨拯民*

赵寿山将军是中国旧民主主义革命、新民主主义革命、社会主义建设三个阶段的亲历者，是一位具有影响力的斗士。

赵老出身于农民家庭，就学于陕西陆军测量学校。从军后，曾在冯玉祥西北军部队工作过。以后到了杨虎城的十七路军，从教官做起，历任连、营、团、旅、师、军长、集团军总司令。西安事变前已是杨部可以独当一面的领导干部，是杨部核心领导之一。

据我们回忆与观察，赵寿山将军一生追求革命进步。他从一个国民党的高级将领转变为一个共产党员，是来之不易的。他的一生反映了中国人

---

* 杨拯民，陕西蒲城人，杨虎城将军长子。1938年6月加入中国共产党。历任中共陕西米脂县委书记，关中军分区副司令员，东府军分区、大荔军分区司令员。中华人民共和国成立后，任甘肃玉门市市长，陕西省委书记、副省长，天津市副市长，全国政协副秘书长，第二、三、四届全国政协委员，第五、六、七、八届全国政协常委。

民革命经历了一条曲折的道路。在该部的高级将领中首先把红旗坚持到底的正是赵寿山将军。

赵老在十七路军部队中作战英勇，指挥若定，善于团结同志。他智勇双全，是杨虎城将军在战略上放心使用的大将。1926年，杨虎城坚守西安城8个月，西安解围后，率部改编为第十军，东出潼关同北洋军阀张敬尧、张宗昌作战。当时，陕西三原留有留守部队几千人和全军的家属。留守司令是副军长李子高将军。因为李缺少文化，而且为人老诚，所以留下赵寿山将军做李的副手。又因为他过去在冯玉祥部待过，所以把他留下便于和冯部进行周旋。因此，赵寿山将军是后方的实际负责人。1928年部队在山东整训，赵即率领留守人员全部归队。名义是留守后方，实际也是前线（从对冯玉祥、宋哲元等的斗争而言），在这方面是赵的一次重大功绩。赵曾亲口对我谈过当时的处境与努力。

1930年，杨的十七路军进入陕西，开拓陕西和西北的局面。当时即派赵寿山将军进入陕南。以赵旅控制汉中，建立了川陕之间的屏障。并以赵为陕南警备司令，统一指挥陕南各部。当时交通不便，去陕南要经过秦岭栈道，需时半月。所以陕南的军事、政治均委托赵寿山将军。赵在陕南汉中盆地为十七路军建立了一个根据地，适应了陕甘川鄂的各种复杂局面，为孙蔚如从甘肃入驻陕南奠定了基础。

西安事变前国难日深，民族危机加重。赵寿山到平、津、沪考察，和进步民主人士接洽。回到西安向杨虎城亲口提出停止内战，反蒋抗日的主张。西安事变之夜，十七路军在西安城外的部队有：孔从洲的警二旅、李振亚的教导团、宋文梅的特务营、白志钧的卫士大队。在下命令行动时，请来了赵寿山将军，由赵寿山将军直接部署和指挥了城内各部队的军事行动。赵寿山将军翌日即被任命为陕西省公安局长，1942年，赵寿山将军光荣地加入中国共产党。

据我记起来的这三件大事，都说明赵在杨部的独特作用和重要性。

赵寿山将军在杨的十七路军中属于文武双全的将领，是足智多谋的特别细心的将军，遇事不发急、持重细致是他的明显特点。解放战争中他任西北野战军副司令员。在社会主义建设中，他先后担任青海省主席、陕西省省长、全国人大常委会委员，忠实地履行了一个共产党员的职责。他是永远值得陕西人民纪念的历史人物之一。

扼守娘子关天险的陆军第十七师

蒙定军

1937年7月7日，卢沟桥事变爆发。正在庐山受训的十七师师长赵寿山，7月8日请缨北上抗日。不久，陆军三十八军之十七师与一七七师之五二九旅，在陕西渭北地区集结誓师，群众数千人热烈欢送，军民同仇敌忾。在《牺牲已到最后关头》的抗日歌声中，十七师官兵怀着抗战到底的决心，于7月21日离陕，24日抵河北深县待命。8月2日奉命进驻保定，布防于保定至新安镇一线阻击敌人。第一七七师之五二九旅奉命由河北保定前线转进到山西忻口抗击日军的进攻。

中秋节前后，日军两个师团沿平汉铁路两侧向南进犯，部署在保定以北平汉线上的孙殿英部一触即溃，日军占领徐水。此时，前线总指挥刘峙乘火车仓皇南逃。华北的二十二个师，无人指挥，蒋介石遂命令关麟徵为临时指挥官。指挥关的第二十五师、郑洞国的第二师和赵寿山的第十七师坚守保定。十七师布防保定以北之漕河防线。日军首先向十七师阵地发动进攻，经过激战，阵地反复易手，敌不得前进。敌人遂兵分两路，向友邻部队防地进攻，阵地被突破，关、郑两部南撤，保定失守。十七师与关失去联系，大有被日军包围之险。赵师长与旅、团长研究决定：沿保定以东南撤至阜河一带，继续阻击敌人，并与敌展开白刃格斗。两次战斗毙伤敌数百人，自己也有重大伤亡。部队遂向石家庄以东转移，至晋县一带收容休整。

10月初，沿平汉线南犯之敌，在进攻石家庄的同时，以一部兵力西犯，企图夺取娘子关，与由晋北南下之敌合击太原。此时，保卫娘子关对于稳定华北战局有着极重要的意义。当时在娘子关一带有孙连仲的第二十六路军、冯钦哉的第二十七路军、滇军第三军和第十七路军的李振西教导团。蒋介石又派黄绍竑担任指挥官。十七师归冯钦哉指挥。但冯指挥部位置不定，联系困难，黄绍竑命第十七师归商震指挥，防守娘子关旧关一线。由于日军向西推进的速度很快，与我向娘子关前进的十七师距离只有20多里。赵师长接受防守娘子关外围的任务后，即率领部分兵力主动出击，敌在获鹿附近滞留了两天，十七师趁此机会在雪花山、乏驴岭一带进行了布置。雪花山、乏驴岭均为石山，构筑工事困难，只能用麻袋装土做成掩体，在拥有优势装备的日军进攻面前，十七师的防御任务是十分艰巨的。

10月12日晨，日军川岸文三郎第二十师团向娘子关发动全面进攻，雪花山首当其冲，激战两天一夜，雪花山反复易手三四次，敌受挫于我阵地前。唯我右翼刘家沟东端阵地，遭敌空军猛烈轰击，守兵伤亡惨重，阵地失守，敌遂向旧关突进。同时又以千余兵力攻我左翼雪花山阵地。十七师为保持雪花山防御的稳定，并牵制西进旧关之敌，遂抽调一个团的兵力，由赵亲自率领，于13日下午5时，分三路主动向井陉南关日军右侧背出击。右翼出击部队在九十八团陈际春团长率领下，于晚10时歼灭了突入我刘家沟、长生口阵地之敌；左翼为一〇二团二营，向井陉县城实施佯攻；中路在一〇一团张桐岗团长率领下，于雪花山麓（石板片附近）与敌增援部队1000余人相遇。我趁敌正在休息，立即发起冲锋，官兵奋力冲杀，砍得敌人尸横遍野。敌不支，向东奔窜，我跟踪追歼，至午夜，我连下施水村、板桥、朱家川、南关车站，缴获大炮、机枪、骡马及其他战利品甚多。其中仅山炮、野炮即有数十门。正当我军在井陉车站扫荡残敌、清理战场时，忽报敌已占领雪花山阵地，并以强大火力向井陉车站狂射，已逃窜之敌也反扑过来，对我出击部队十分不利。在此危急时刻，赵师长立即调集出击部队向雪花山阵地之敌发起反攻。至 14 日拂晓，敌继续向雪花山增加兵力，加之我伤亡逾千，且火力弱，仰攻不易，遂向乏驴岭转进。14 日晨，赵师长将防守雪花山疏虞的一〇二团团长张世俊就地处决，以正军法。在坚守雪花山战斗中，一〇二团共产党员、连长张登第率部坚守阵地，英勇奋战，全连壮烈牺牲，英雄事迹，可歌可泣。

敌占领雪花山后，向我乏驴岭阵地发起攻击，企图突破正面，与旧关之敌会合，继而进攻娘子关。激战数昼夜，敌不能越雷池一步。19 日晨，敌增兵两个联队，在优势炮火的掩护下向我进攻。我官兵依托阵地，沉着应战，奋勇抵抗，敌未得逞。10 时许，敌机 20 余架，与炮兵配合，猛烈轰击我防御阵地，并掩护步兵再次向我攻击，战至下午 1 时，我守备乏驴岭之补充团翟济民团长身负重伤，营以下军官伤亡 27 人之多，士兵前仆后继，伤亡过重，弹药殆尽，即以石击敌，终因寡不敌众，乏驴岭南侧阵地为敌突破。我守备荆蒲兰的黎子淦营终日与敌殊死搏斗，至下午 5 时，营附及八连连长阵亡，营长及九连连长负伤，全营除十余人外，均壮烈殉国。此时，乏驴岭北侧阵地正处于敌三面包围之中。耿景惠旅长、李维民团长率部与敌苦战至黄昏时分，带领余部百多人向神灵台转移。

至此，十七师在井陉、雪花山和乏驴岭与敌先后苦战了 15 昼夜，付出了极大的代价。此时，全师仅剩旅长 1 人、团长 2 人、营长以下干部不及 1/3，士兵不足 3000 人，已处于不补充难以再战的地步。赵师长虽五次致电蒋介石请求补充，蒋不但不予补充，反而再次命令十七师担负掩护其他部队后撤的任务。十七师为了纪念雪花山和乏驴岭战斗，以后成立了一个剧团。命名为血（雪）花剧团，并编了一首战歌，歌词是："我们在乏驴岭上，誓与阵地共存亡；我们在雪花山上，血花抚着我们的刀枪；井陉车站夺大炮，娘子关外毁车辆……"以鼓舞士气。

十七师奉命由娘子关正面转移到北面的驴桥岭时，旧关阵地已被敌占领，正在扩大突破口。三十八军教导团在李振西团长率领下，同曾万钟的第三军一部协同配合，在下盘石的后面抗击日军的进攻。教导团与敌短兵相接，以刺刀、大刀与敌展开拼杀、肉搏，全团2000余人，仅剩下五六百人，顶住了敌人的进攻。与此同时，十七师在驴桥岭激战三昼夜，阻滞敌人前进。26日晨，十七师左右翼的友军均已撤退，该师曾多次与上级联系，均得不到指示，后被迫撤出阵地，向西转移。

此次战役，十七师伤亡奇重。该师开赴保定前线时，有官兵13000多人，娘子关战役之后，仅剩3000多人，由于该部坚守阵地有功，第二战区副司令长官黄绍竑发电嘉奖称："十七师此次攻守皆很尽力，损失奇重，殊堪嘉慰。"并赏银圆3000元，以资慰勉。

十七师向阳泉撤退途中，八路军总部曾派两名军事干部来到部队。赵师长分别委派这两个同志担任师特务连副连长和排长职务。他们开展宣传鼓动工作，帮助巩固部队，直到十七师到达太原附近，才奉命离开。

11月4日，十七师奉命到太原东郊山地陈家峪、敦化坊一线设防。5日，与猖狂西进的日军激战5小时之久。此时，由忻口南下之日军已攻进太原北关，太原外围的各友军均在撤退，十七师遂向太原以南转移。6日，涉过汾河，然后西进至离石县以西之碛口一带收容整顿。

十七师到碛口镇时，八路军留守兵团组织群众敲锣打鼓、扭秧歌，夹道欢迎。不久，中共中央派南汉宸率慰问团代表党中央、毛主席来到碛口慰问十七师官兵。南汉宸曾多次讲话，分析抗战形势和中日国力对比，阐明坚持抗战必胜之道理。根据中央指示，帮助部队地下党整顿和进行5日整训。赵寿山师长为整顿军纪，颁布了三大禁令和四大口号：禁嫖、禁赌、禁吸大烟；人事公开、经济公开、自我教育、自觉纪律。当时还惩办了个别违犯禁令的军官。

1938年1月，十七师从碛口西渡黄河到绥德地区休整补充。驻防黄河西岸的八路军萧劲光旅和十七师的官兵举行联欢，交流作战经验。萧劲光在讲话时，赞扬了十七师抗日战绩和将士流血牺牲精神，极大地鼓舞了士气，增强了官兵重上战场杀敌的决心和信心。

与此同时，赵寿山师长取道延安去西安时，在延安受到毛主席、叶剑英总参谋长的亲切接见。毛主席详细地阐述了我党抗日民族统一战线政策，提出了培训干部、改造部队的建议，为该师以后坚持抗日，最后回到人民军队行列奠定了基础。

十七师在绥德整补近一个月，又奉命东渡黄河，到洪洞县集结待命。此时，朱德总司令来到部队，给连以上干部讲话，鼓励部队要团结一致，抗战到底。还同刚从西安返回的赵师长进行了长时间的谈话，对赵鼓励、慰勉。随后，十七师开赴晋城附近，编入第二战区东路军序列，在朱德总司令、彭德怀副总司令员指挥下开始了新的战斗历程。

血染中华沃土　抗战一支劲旅

姚　杰*

杨虎城将军创建并率领的第十七路军自1930年冬进入陕西后，曾发展到7万多人，由于蒋介石的分化和收买，西安事变前共有6万多人。1936年12月西安事变后，第七军军长冯钦哉等一些右派军官率部投蒋，兵力减到四万多，撤销了西安绥靖公署及十七路军总指挥部，缩编为三十八军，辖第十七师、第一七七师、两个警备旅、教导团、骑兵团等。杨虎城将军被迫出国，孙蔚如任陕西省政府主席兼第三十八军军长，赵寿山任第十七师师长，李兴中任第一七七师师长。1937年7月卢沟桥事变后，赵寿山请缨北上，接着一七七师所属的五二九旅和教导团相继走上抗日战场。1938年改三十八军为三十一军团，不久又改为第四集团军，孙蔚如任军团长，后又改任集团军总司令，辖三十八军和九十六军，赵寿山任三十八军军长，李兴中任九十六军军长，全部开往抗日最前线。

中国共产党在原十七路军有悠久的工作历史，我党早期的优秀党员，

---

* 作者原系三十八军三十五师情报参谋，中共地下党支部书记。

陕西党组织创始人之一的魏野畴和南汉宸等同志曾先后在这个部队长期工作，与杨虎城将军建立了密切合作的关系。1935 年我党中央到达陕北与杨虎城将军建立了直接联系。西安事变后，党又加强了在这个部队的工作。许权中同志任五二九旅旅长，汪锋、阎揆要等同志长期以来就在十七路军工作。这段时间，赵寿山向党提出加入红军的要求。我党派彭德怀、王稼祥反复恳切地向他阐述了团结抗日的重大意义，建议他仍然留在国民党军队发挥更大的作用。赵寿山接受了我党的建议，还欣然迎请彭德怀、任弼时等同志与其合影留念。此后，赵寿山与我党发生了密切联系，党在十七师建立了特别支部，申敬之任党的特派员，蒙定军任特支书记。杨明轩、孔叔东、杨晓初、崔仲远等同志，都先后来这里工作，后又建立了三十八军地下党工委，相应地进行上层和基层工作。在我党领导和影响下，以三十八军为主力的第四集团军，坚持了八年抗战。日本投降前后，也就是蒋介石发动内战前后，三十八军先后起义参加了中国人民解放军的光荣行列。

危难受命

1937 年 7 月 21 日，十七师所辖两个旅万余人，在赵寿山的率领下，由陕西省三原县誓师出发，在交口搭浮桥渡过渭河，在渭南车站乘车北上。五二九旅在旅长许权中率领下，于 8 月下旬誓师北上。当时，中共陕西省委和驻地群众，沿街列队，热烈欢送。周恩来副主席曾指示：三十八军的共产党员，要在抗日民族统一战线和战斗中起模范作用。陕西省委也提出了国民党军队中秘密党的任务是：坚决响应党的抗日号召，积极带头做好抗日工作，壮大抗日力量，决不允许共产党员离开部队。根据党的指示，凡在这个部队中的共产党员都走上了抗日前线。五二九旅到河北省保定以北的高碑店下车，随即调到易县、曲阳、行唐、灵山镇、白水峪一带作战，后又调往山西忻口作战。教导团开赴华北到平山县滹沱河南岸。十七师到达石家庄后，蒋介石于 8 月 12 日手令中说：沧石线的“晋县、深泽归十七师固守”。命令刘峙指挥孙连仲的二十六路军、曾万钟的第三军及关麟徵的五十二军等部队，固守正定以北至北平西南郊的平汉线。8 月 20 日，蒋介石任命刘峙为第一战区第二集团军总司令。为报西安事变之仇，蒋对三十八军等参加抗日的部队都分割使用，企图削弱以至消灭。刘峙是蒋介石的心腹，大权在握，便将十七师归关麟徵指挥，开赴保定作战。关将十七师多半部队分割出去，归五十二军各师指挥。不到一半兵力的十七师，便沿漕河车站、安新、白洋淀一线布防。9 月初，周恩来副主席到太原和阎锡山谈判，又到石家庄和卫立煌谈判，随后专程来到保定看望十七师官兵，并在赵寿山师长陪同下，给排以上军官讲了话。他分析了当时的形势，指出蒋介石抗日是被迫的；抗战是长期的，要机动灵活，不要打死仗；要注意官兵团结，军民团结；指示部队要提高警惕，注意投降派的各种阴谋活动，不能让消灭十七师的阴谋得逞。勉励该师官兵巩固西安事变的成果，坚持抗战，保卫祖国大好河山，为中华民族做出新的更大的贡献。

9 月 15 日，日军平汉线指挥官板垣征四郎指挥第五师团、第二十师团、关东军铃木兵团等部，在空军配合下开始进攻，孙殿英部一触即溃，17 日第二十六路军、第三军及骑兵部队纷纷后撤，许多部队失去指挥，位置不明，陷于混乱和溃退状态。21 日敌向保定地区阵地进攻。22 日，五十二军阵地先后被敌突破，开始溃退，只有十七师坚守阵地，打退了日军陆空联合进攻，自己也伤亡惨重。此时，赵寿山接受我地下党的意见，提出打击日军侧翼的作战建议，被刘峙、关麟徵拒绝，还说："十七师之右，敌未强攻，尚能支持"，要十七师死守阵地。就在这个时候，刘峙被敌人飞机大炮吓得魂不附体，仓皇南逃，直遁河南，时人讥之为"长腿将军"。两军对阵，主帅先逃，部队焉能战哉！在国民党军队大部弃城逃跑之时，唯有赵寿山师长在我地下党的支持下，指挥十七师沿平汉路东和白洋淀地区，转移到保定以东的阜河至仙人桥一线继续抗击日军。23 日，日军在炮火和坦克的配合下，向我十七师阵地猛攻。该军用集束手榴弹炸毁敌人坦克，炸不了的放过去就打步兵。一些部队官兵还挥起大刀和敌人白刃格斗，反复拼杀，坚持阵地两昼夜，毙伤大量日军，自己也付出了重大伤亡。此后，十七师转移到深泽县稍事休整，便经藁城、石家庄、井陉，到达山西省娘子关。9月24日保定失守，日军乘势急速向南推进。刘峙指挥的10多万国民党军队，败退将近千里，战线已经摆到漳河以南去了。此事，引起全国惊怒，有人主张将刘峙"按战时军律速正刑典"，因刘峙是蒋介石的嫡系，是何应钦的亲信，他上推下卸，要求处分抗战不力的七名军长和师长，其中包括"抗战不力"的赵寿山。因此事牵扯到蒋介石的作战部署问题，只公文旅行，结果不了了之。然而二十七路军的冯钦哉对刘峙要求处分赵寿山一事则幸灾乐祸，便引起我地下党及十七师官兵的警惕。十七师被分割的部队，在混乱中主动归还建制。此时十七师又归冯钦哉指挥，赵寿山提出在石家庄一带就地开展游击战争，冯钦哉坚决不允，仍要十七师去娘子关死守阵地。

初战告捷

国民党军从保定溃退后，日军逼近石家庄，直接威胁晋东。阎锡山的晋绥军在八路军的密切配合下，开赴晋北对日作战，他嫌兵力不足，便全线后撤，离开雁门关，又请蒋介石增调兵力，打算在忻口决战，根本无暇东顾。蒋介石和阎锡山商定：调冯钦哉的第二十七路军和十七师守娘子关以北至龙泉关之线；调曾万钟的第三军守娘子关以南至九龙关、马岭关之线；又派他的作战部长黄绍竑任第二战区副司令长官，指挥娘子关作战。黄绍竑又和阎锡山商量，把孙连仲的第二十六路军由石家庄调娘子关作预备队。10月10日晚，黄找赵寿山了解情况，当面交代任务。这样，冯钦哉的两个师远在娘子关以北，消极避战，第三军据守旧关以南国防阵地，而十七师则在关外突出部分担任迎击井陉正面敌人之任务。其主力扼守雪花山，余部布置在铁路两侧高地，推前进阵地于东窑岭、狼窝一带。这一带皆为石山，没有既设阵地，只能临时取石堆土做掩体，首当其冲地抗击敌人。10月21日，敌二十师团一部，在师团长川岸指挥下，以步炮空联合兵种向我十七师左翼刘家沟阵地猛攻，经两昼夜激战，大量杀伤了敌人，我守军也所剩无几。

敌人受挫后，于14日绕攻长生口，先头部队一举攻占旧关，第三军阵地被敌突破，黄绍竑督战无效，缺口越来越大。这时敌又增兵向我左翼雪花山阵地进攻，黄绍竑命令十七师向井陉方向出击。赵寿山为了钳制西进之敌，亲率一个团，向井陉南关之敌出击，直指井陉车站，适遇日军后续部队正在休息。敌军遭此袭击，纷纷逃窜，被我杀伤甚多，缴获新运到的大量军用物资，仅大炮就有数十门，很多军械物资还未开箱开包，就被该师所获。不料正在追击和清查战果中，忽报我左翼雪花山阵地被敌占领，我出击部队有被围歼之危险，部队不得不放弃被缴获的物资，只毁其一部和大炮23门，立即回攻并重新占领雪花山，还将违令放弃雪花山的一〇二团团长张世俊立即正法。在此战中，共产党员、连长张登第率部坚守阵地，没有一人生还。经过反复争夺，敌人不仅继续增兵，且以燃烧弹、毒气弹向我攻击，十七师伤亡惨重，不得已撤至乏驴岭阵地，继续坚持战斗。并抽出一部兵力，袭击日军侧后，支援第三军。敌人在压迫第三军的同时，又向磨河滩黄绍竑的指挥所突进，孙连仲的一个旅阵地亦被突破。这时，黄绍竑又令已经调来的三十八军教导团投入战斗。教导团与敌短兵相接，以刺刀、大刀展开拼杀，阵地经反复争夺七八次，终于顶住了日军的进攻，但全团2000余人，仅剩五六百人了，伤亡惨重。黄又令孙连仲的主力向旧关方面防守，第三军却向南撤退。19日、20日，敌人调遣伪满三十七师团增援，十七师经过激战，伤亡很大，遂退出乏驴岭阵地，撤至驴桥岭、神灵台抗击日军。23日、24日，国民党军全线向阳泉以西溃退。

经过保定、娘子关两个战役，十七师由5个团暂时缩编为5个营，4000余人，衣单弹竭，没有任何补充，只能沿途捡起其他部队丢掉的武器弹药。全师50多名共产党员也只幸存20余人了。部队思想混乱，士气低落，明显地暴露出旧军队的一些弱点。有人曾想借雪花山失守一事阴谋加罪赵寿山，我地下党和副师长陈硕儒，保护了赵寿山安全，据理力争，晓以大义。黄绍竑也发出寒戌电称："十七师此次攻守皆很尽力，损失奇重，殊堪嘉慰。"

当十七师从娘子关开始溃退时，八路军一二九师向娘子关以南进发。两军相逢，对十七师鼓舞很大。接着，彭德怀副总司令率部到达寿阳以南地区，并给十七师派来两名干部，传播胜利消息，帮助巩固部队。赵寿山任命他们在师直属队工作，还接受地下党和他俩的建议，把部队拉到晋西离石县之碛口收容整训，重整旗鼓。

10月上旬，正当阎锡山感到晋绥军伤亡过重情绪不安的时候，正在太原的周恩来副主席和一七七师师长李兴中等共同决定将五二九旅由河北调往忻口作战。这个旅是原十七路军中我党力量最强的部队。共产党员、抗日名将许权中就是这个旅旅长。共产党员、黄埔军校第一期毕业的阎揆要任该旅一〇五七团团长。部队由三原出发前，周恩来当面作了指示，后来又写信说，共产党员要在统一战线战斗中起模范作用。五二九旅遵照周恩来指示开到忻口，前线指挥陈长捷却把他们分割使用，经总指挥卫立煌纠正，才又集中起来。在进攻南怀花的战斗中，部队机智勇敢，连克几个山头，在用火力杀伤敌人的同时，还用刺刀、手榴弹拼杀，给敌很大打击。全旅3000多人，经过14个日夜的血战，伤亡2/3以上，剩下不到1000人了。其中一〇五七团原有210名共产党员，也只剩下60余名了。周恩来说，这些党员尽到了中国人民抗日的责任，牺牲的值得！此后，部队开赴离石交口镇整训。

我党和陕西各界人民对西安事变中有过卓越贡献的三十八军极为关怀，他们在部队被高度分割的情况下，不断了解情况，进行工作。西安进步报纸发表了赵寿山关于娘子关战斗给友人的一封信，以及《华北抗战实况》《许权中将军会见记》《三秦健儿一页抗日血战史》等稿件，向群众介绍了这些可歌可泣的英雄事迹，唤起人们注意，蒋介石想在两面夹击中消灭这个部队，并不是那么容易的！

碛口整军

忻口、娘子关失陷后，日军向太原进攻。山西省的军政机关早已撤至临汾，国民党军队一片混乱。所谓“死守太原”，阎锡山根本没有信心。十七师于11月6日渡过汾河，开往碛口，受到八路军留守兵团和广大群众的热烈欢迎。我地下党组织向中央作了汇报，南汉宸代表党中央、毛泽东来碛口慰问十七师官兵，给部队多次做形势报告，大大鼓舞了士气，坚定了抗日信心，并帮助整顿了地下党组织。部队在八路军留守兵团帮助下，轮流抽调班以上干部，举办“五日整军训练班”，着重学习了抗日民族统一战线有关政策，分析了抗战的形势、失利的原因和争取胜利的条件。通过学习，很多官兵懂得了坚持长期抗战、全民抗战和改造部队，实行官兵一致、军民一致等问题的道理。

十七师在碛口整训了50多天，办了五期军训班，部队思想基本稳定，抗战热情比较高涨，成为一个新的转折点。赵寿山在我党的帮助下，根据我军《三大纪律，八项注意》和改造部队的原则，结合实际，颁布了“三大禁令”、“四大口号”。三大禁令是：禁吸大烟、禁嫖、禁赌，四大口号是：自觉纪律、自我教育、经济公开、人事公开。反对打骂士兵，要求官长以身作则，把士兵当人看，同甘苦、共生死，准许士兵有权管理自己的事情。同时整顿了纪律，撤换了腐化庸懦的干部，提拔了进步勇敢的干部。

1938年初，十七师由碛口西渡过河，在绥德地区休整补充，和八路军萧劲光旅进行联欢，交流作战经验，受到很大启示。此时，赵寿山去延安受到毛泽东、叶剑英等中央领导同志的接见。毛泽东向他详细地分析了抗战形势，简述了我党抗日民族统一战线政策和改造部队等问题。赵寿山完全拥护我党的路线和政策，愿意在我党的领导和帮助下，把十七师改造成坚决自觉抗战的劲旅。毛泽东还解答了赵寿山提出的一些具体要求，同意派一部分骨干去十七师。

1938年2月初，十七师经清涧、延川东渡黄河，开抵山西省洪洞县，适与八路军总部相距不远。朱德总司令、左权副参谋长和陆定一同志，都和赵寿山多次聚谈了战略战术思想和改造部队等问题。朱德总司令看望了这个部队，又给连以上干部讲话，教育他们要英勇作战，团结一致，坚持抗战到底，用许多具体生动的事例，简述抗战必胜的条件，勉励大家增强抗战的信心，还向他们介绍了八路军、新四军开展游击战、运动战的经验以及处理好官兵关系、军民关系的重要性。朱德总司令的讲话，对该师官兵教育很大。这个部队在洪洞住了一周多，就奉命向晋东南进发，归东路军序列。当时彭德怀副总司令主持东路军。十七师在彭总直接指挥下，开展敌后游击战争，为创造根据地做出新贡献。可惜时间太短，只有半年。然而，这半年却是十七师在八年抗战中最生动活泼、最朝气蓬勃的光荣历史，成为国民党军队中的抗日主力。这期间，该师边战斗，边改进，边建设，成绩斐然，令人刮目相看：

——成立战地服务团和雪花剧团，发挥政治部的作用，对内进行思想政治工作，对当地人民进行宣传、组织及武装等项工作，对敌军进行瓦解，配合部队作战。

——向各营连选派政治指导员，从事连队政治工作。

——选派40余名干部去东路军受训；东路军召开各种业务会议，十七师便派人参加。

——经常请彭德怀到十七师为干部讲战略战术和抗日政治工作。彭德怀也常来部队了解情况，现场指导，并与赵寿山商谈作战方针、任务。规定了联系方法等。左权副参谋长也经常来往，给予指导。至此，赵寿山和党中央、毛泽东以及彭德怀都建立了直接的通信联系。到1944年初赵寿山调离三十八军前，这种关系从来没有中断。

——先后克复晋城、长子、沁水、高平、壶关等县市：

五二九旅忻口作战后，许权中调任一七七师参谋长，由杨觉天任旅长，全旅只编了三个营。该旅在离石县交口镇经过抗日教育，重新组织党支部。整训后，根据我党中央及中共陕西省委指示，开往晋东南，在东路军统一领导下，归十七师指挥，配合行动，共同开展游击战争。3月中旬，十七师在高平截击日军汽车队，并乘胜攻克高平。

4月中旬，在长治县西20里处猛袭日军抢粮队，迫敌退回城内，后在长治以南阻击敌人，缴获大最军用物资。

4月下旬，十七师在长治以南马麻岭伏击进犯之敌千余，并与徐海东旅配合，毙敌百余，迫敌后撤，又经徐旅、杨旅两面夹击，毙敌300余，迫敌撤退。

5月初，十七师在伪军别动队接应下，攻克了晋城县城。接着又在高平以南之界牌岭攻击敌人，毙伤200余，缴获战马10余匹，辎重、军用物资一部。

6月1日，晋东南各县均次第收复，人民返乡者十之八九。6月上旬，军民共同举行收复上党19县的庆祝会和展览会，同时准备迎接新的战斗任务。

蒋介石为了巩固反共反人民的一统天下，彻底驱逐十七路军离陕，便于1937年11月底囚禁了杨虎城还不甘心，又于翌年6月14日正式免去孙蔚如陕西省政府主席职务，任命蒋鼎文兼任陕西省政府主席，随又决定将已属三十八军的原十七路军，升番号为三十一军团，调晋南中条山作战。十七师奉命“归还建制”，赵寿山升任三十八军军长兼十七师师长，辖十七师和独立第四十六旅。为了巩固抗日民族统一战线，十七师离开八路军序列，经受新的考验。

蒋介石害怕阴谋败露，又命四川李家钰的四十七军归第四集团军指挥。1939年下半年又命李家钰为三十六集团军总司令，升格分离出去。

6月下旬，盘踞在豫北博爱、济源之敌，企图再犯晋东南，扫荡太行山区，打通济源、垣曲到侯马的交通。十七师在归建途中，奉八路军总部命令，在王屋镇、封门口一带打击西进之敌；于29日至30日，在封门口、西承留一带，与敌一混成旅团发生激战，给敌重大杀伤后，转进王屋、横河镇山区，相机打击敌人。经过迂回袭击，白刃格斗，迫使敌人退出封门口、王屋镇，分兵去侯马。在这次战斗中，连长王春山率部突击敌指挥所时，全部壮烈牺牲。共产党员、营长呼品一阵亡，党在十七师的特派员申敬之负伤，中共陕西省委指示由蒙定军接替申的工作。

训练干部

1938年春季，在中共陕西省委的支持和帮助下，十七师在陕西三原县办起了200多人参加的教导大队。这个大队有由安吴堡青训班抽出的共产党员、进步青年百余名以及由地下党发动共产党员和先进青年报名参加。先由黎子淦、李慕愚，后改由胡振家等同志负责，基本按照抗大教育方针治学，他们学政治、学军事，练作风，一开始就显示了革命活力。6 月上旬，这个大队迁搬晋东南根据地山西阳城县山区，并改为三十八军教导队，随十七师开往平陆县茅津渡。经过整顿，一些意志薄弱者被淘汰，同时教育发展了一批党员。1939 年 1 月，绝大多数学员毕业被分配到十七师所属部队，见习初下级军官。至此，这个部队的师、团、营都建立了党支部，为巩固和改造部队，提高战斗力，坚持长期抗战，打下了比较坚实的基础。

同年秋，三十八军在茅津渡成立了干部训练班，还创办了军官队、军士队和通信队，明确提出把培养干部作为改造部队的中心环节。这时，我党和八路军总部派来的一些负责同志和原来坚持地下工作的同志共同负责教导队的军事、政治、经济、教育、统战等教学工作，如杨明轩、孔叔东、杨晓初、崔仲远、姚警尘、温朋久、陈雨皋等同志，都发挥了重要作用。他们还创办了《新军人》半月刊和战斗小报，编辑发行了十多种小册子，抓教育，造舆论，指导行动。

教导队在三原虽然时间总共不到两个月，但政治影响是很大的。在此期间，还有经过碛口整训的一部分部队，也进行了补充训练，同样显示了新的活力。麦收时节，西安《老百姓》报作了几次报道。6 月 26 日一篇题为《祝三原军队收麦运动》的稿件中这样写道：

“十七师，军队好，抗战建国离不了！教导队，更是好，军纪风纪比人高，论程团（注：团长程鹏久），功不小，士兵有勇官有韬。夜眠迟，朝起早，上罢学科又上操。帮农人，做庄稼，麦收运动人人夸，刀磨快，镰安把，各带毛巾把汗擦！鸡儿叫，命令下，早点起床收庄稼！ 2 斤馍，腰间挂，吃喝不扰主人家！说声割，真是怕，一片一片如风刮。三原城，没镰价，每亩只是 4 角 8。问原因，究为啥，老总与咱做庄稼。军民和，成佳话，传遍千家传万家。”

第二年年初，这个部队抽调了一些干部，和教导队 40 名毕业学生组成补充营，去安康接带新兵。安康是陕南巴山、秦岭之间，汉水之滨一个山区州城。由于国民党政治腐败，办兵役的都是贪污发财，图钱卖兵，乱抓壮丁；

接兵的都靠打骂、捆绑维持纪律，搞得人心惶惶，紧张恐怖。老百姓看见新兵就掉泪，抗日空气比较低沉。三十八军补充营到达安康，分组进行抗日宣传，张贴标语，街头演戏；帮助群众扫院挑水，说话和气，买卖公平，与其他军队迥然不同。当地抗日救亡团体纷纷来访，老百姓交口称赞："这才是真正打日本的队伍。"接着，群众扛粮食，送铺草，让房子，青年踊跃参军。新兵入伍开了欢迎会、同乐会，官兵同吃、同住、同唱救亡歌曲，发扬民主，建立生活检讨会，实行官兵平等。新兵一换装，就将便衣打包送回家；家属来队看望时，新兵营领导盛情接待，挽留再三，部队出发时，群众聚集街头巷尾，鸣放鞭炮，欢送战士开赴抗日前线。三十八军的这一行动，国民党当局本应赞赏，其他部队仿效。可是，哪料到国民党安康地方党政和兵役部门上告诬蔑新兵营"赤化得和共产党一样了"。蒋介石闻讯向赵寿山电称："安康接兵纯系异党分子"，责令严处。

早在1938年六七月间，蒋介石就采用软硬兼施、分化瓦解等手段，迫害三十八军。赵寿山刚升任军长，蒋介石召他去武汉谈话，当面赞扬，还亲自给赵批了法币10万元、俄式轻机关枪100挺。但背后却给三十八军派来了国民党的所谓"政治部"，进行特务活动，调来一些军校毕业生，企图掌握兵权，逼迫赵寿山解散教导队。我党根据这种情况，采取了适应白区工作特点的实际步骤：继续办第2期、第3期教导队，培训干部，还在第四集团军总部办了学生大队，对学员进行革命教育，发展党的组织。1939年春，成立了中共三十八军地下党工作委员会，由蒙定军、郝克勇、张西鼎等同志组成，蒙定军任书记。赵寿山采取了与我党积极合作的态度，不因威胁利诱所动摇。部队英姿勃勃，团结一致，尚有生气。

劲旅奋击

日军占领晋南后，一心想渡过黄河，控制陇海铁路，进攻西安。由于山西敌后军民及三十八军的英勇战斗，日军这一阴谋终未得逞。1938年5月，一七七师（缺五二九旅）在许权中这样久经考验的抗日名将指挥下，由陕西郃阳夏阳渡河，与当地游击队密切配合，先后攻克了临晋、猗氏、虞乡、永济等县。6月初，独立四十六旅由陕西朝邑大庆关渡过黄河，在永济地区的尧王台、东西姚温、东西文学一带构筑工事，阻击敌人。7月间，三十一军团总部由风陵渡过河，到达芮城地区，教导团、骑兵团也渡河北上。曾在井陉、娘子关和十七师等部打过恶仗的敌二十师团乘三十一军团立足未稳之际，集中进攻，在永济展开争夺战，敌重占了永济、风陵渡等地。解县之敌越过二十里岭，企图进袭芮城。这些初进入晋南的部队三面受敌，战斗较为激烈。这时，十七师赶到平陆、茅津渡地区，集中主力，突往中条山西端，占领了二十里岭，迎接三十一军团总部进入中条山区，开始新的布防，开展新的战斗。从这时起，直到1940年10月止，先后经过11次反扫荡（其中规模大的有3次），阻止了敌人渡河西进。三十八军官兵用自己的血肉之躯向中原及西北地区的人民表达了爱国热忱。

8月8日，敌二十师团分四路向中条山进犯，其中一路2000余人，由张店镇沿张茅公路南犯，直扑茅津渡。十七师在南村、大臣村、马村、圣人涧一带展开了阻击、侧击。其他各路均以数百或不到千人之众，在平陆东西佯攻钳制。经三十八军、九十六军共同反击，敌于14日退回运城、张店。为此，敌华北方面军总司令寺内寿一，16日由北平飞抵太原，17日视察晋南地区。20日，日军沿铁路南进，决心夺取黄河渡口。8月中旬，五二九旅由晋东南归还建制，增强了九十六军的战斗力。22日，敌人在飞机掩护下向其进攻。23日敌占领永济、芮城。经九十六军及四十六旅坚决反击，次日敌退出芮城。十七师夜袭安邑敌后，同时伏击增援之敌，迫使敌人不得不由南段收缩回撤，三十八军首次告捷。当时西安一些报纸报道说："西北整个得以安定，皆赖我英勇将士在北岸艰苦支撑所赐。"过了几天，敌二十师团长川岸北调，牛岛任师团长。

9月13日，敌师团长牛岛指挥之联合部队5000余人，分两路向中条山进攻，企图占据平陆以北地区。我军以逸待劳，主动消灭敌人。加之秋雨连绵，使敌无所进展。张店敌一部五六百人，16日分三路进攻槐树坪、侯家岭等地，我军潜伏不动，待敌进至200米左右，突然开火，敌人顿时混乱，连滚带爬，逃回张店据点，死伤不少。经三日激战，各部均于16日将敌击退，取得了第二次反扫荡的胜利。我军乘胜派出部队，开展敌后游击战争。

11月4日，敌军数千人，分三路向中条山进攻，一路2000余人，在炮兵配合下，经二十里岭、墩台岭、范家窑，向我阵地进攻；一路为运城盐池南岸大小李村一带之敌，向榆树岭、扁豆凹、黄龙岭进攻；一路自永济、韩阳镇，向中条山西段九十六军阵地进攻。敌均经我正面抗击，袭其侧背，经一周多反复冲杀，迫敌先后退回原出发地。我军第三次打退了敌人的扫荡。

牛岛师团屡犯中条阵地不逞，遂于12月初，集合同蒲南段兵力万余人，分路西犯吕梁山。三十八军组织的游击支队积极行动，在闻喜附近破坏铁路和敌通信线路、公路桥梁，截击、伏击西犯之敌。山西决死队在同蒲南段打击敌人，袭其后路。报纸称为："我初试所受新战术，一鼓击溃晋西犯敌。"

1939年1月23日，集中在安邑、运城、解县之敌二十师团主力，以步骑兵4000余人，在炮火掩护下，分向中条山磨凹、马家岭、黄草坡、黄龙岭三十八军阵地进犯。经过两日激战，毙伤敌军六七百，我亦伤亡500余人。我反击后，26日恢复阵地。

24日，永济、韩阳镇、六管村之敌千余人，在飞机炮火掩护下，向中条山西端之苍龙峪、桃坡里阵地猛犯。当地人民自卫武装乘敌不备，26日由山南至雪花山一带袭击敌人，一部进至赵伊镇南关山峪，毙敌司令官一名，敌兵50余名，迫敌向永济退去。我四十六旅之一部，26日向张村之敌攻击，毙敌50余。27日敌机6架，在平陆侦察扫射，我四十六旅用机枪对空射击，击落306号敌机一架，俘敌驾驶员山田青中尉及曹长大石信三，获机枪一挺。至此，敌人第四次扫荡被粉碎。第三十一军团改番号为第四集团军。

日军为渡河西犯，企图第五次"肃清"中条山守军。3月29日，敌军4000余，在飞机炮火配合下，向十七师太臣村阵地进攻，我军坚决抵抗，敌人施放毒气，十七师一部伤亡较重，敌人占了太臣村。第四集团军总部要该部死守阵地。十七师则拒命向敌侧后出击，一部深入敌后，向闻喜以南、夏县以北之铁路沿线袭击；另一部向张店之敌围攻，当敌呈现动摇时，正面部队集中主力进行反击。同时精选百人大刀队，带着手榴弹，在炮火掩护下，英勇冲杀。经一番恶战，毙敌六七百。日军狼狈后撤，不敢再战。

敌人另一部千余人，向我独立四十六旅之东西祁村一带阵地猛攻，我军同样避开正面，攻其侧后，敌军向北退去。西段九十六军阵地，亦有钳制性的进攻，均被击退。

是役，激战6天，毙伤敌军近千名，我亦伤亡500余人，打退了敌人第五次扫荡。敌撤至闻喜一带整顿。蒋介石向第四集团军通电嘉奖："该军与敌血战，迭挫凶锋，良堪嘉许。"第一战区长官司令部亦通令嘉奖。

敌视中条山为盲肠，决欲取之而后快，春季扫荡失败后，经过两个月的准备，便集中二十师团全部、三十七师团之一个旅团、野炮二十六联队、山炮第一联队和山口集成飞行大队轰炸机38架，于6月6日，分九路进行第六次大规模扫荡。因为第四集团军主要指挥官思想保守，惯用国民党的错误战法，命令所属各军死守阵地，结果部队在敌强大火力袭击下，经过3至5日的苦战，遭受很大损失：独立四十六旅损失2/3；坚守平陆及其以西地带之一七七师被敌压迫在黄河岸上，伤亡过半；有的部队几乎全军覆没；十七师坚守茅津渡以北正面及东北侧面阵地，虽也伤亡较重，因战术较为灵活，避免了严重摧残。6月8日敌陷平陆，10日陷茅津渡。茅津渡及河南会兴镇被敌炸成一片焦土。在此严重关头，第一战区司令长官卫立煌征得有关方面同意，命令第四集团军所辖部队统归赵寿山指挥。赵寿山遂与各军商量，以运动战为主打击敌人，西段部队分别突围。独立四十六旅在突围中，途经平陆县北之东车村时，以突袭方式，一个小时就将敌一炮兵中队包括队长瘠升村田以下100余人全部消灭，缴山炮四门、迫击炮一门、机枪三挺，步枪、军用品一部和敌之作战命令及军用地图等文件资料。8日晚，九十六军突围北进，两日后与三十八军会合，协力反攻。此时，十七师一部秘密进入敌后，猛袭敌高平部队1300余人，敌向北溃逃，我军缴获大量军用物资。6月10日收复茅津渡，11日会攻茅津渡以西，两日毙伤敌军千余，遂收复平陆。至此，部队情绪由低沉而振奋。15日向茅津渡东北淹底、过村一带之敌进攻，敌不支，向西北方向退去。我军同时进攻毛家山、崔家岭等地，敌向夏县退去。四十七军推至横岭关西，威胁敌之侧后，平陆、茅津渡以北，我军继续反击，穿插侧击。21日后，敌人被迫退出中条山，西段芮城等地也告收复，取得了第六次反扫荡的重大胜利。

此次战役，敌军积尸累累，第四集团军亦伤亡近9000人。其中九十六军伤亡6900多人，这给那些惯用国民党懒汉战术的保守势力以沉重打击和无情讽刺。报纸新闻向全国报道称："月初晋南大战，我军又造成光荣之胜利。""敌我在此山岳地带展开剧战，血肉横飞，积尸遍野，情况之悲壮，前未曾有，敌军死伤奇重，我军亦有壮烈牺牲。""现除陌南镇以西有残敌数百外，其余均已退回原阵地。""敌第六次攻击中条山，乃复告失败。"国民党的军事概况报告中说，这是最近三个月来最激烈的一次战斗。卫立煌称"三十八军是中条山的铁柱子"。中条山的战绩，曾使全国的目光投向这一角落。新华社和一些进步报刊的记者，以及左翼作家代表团相继来到这里，他们掬着一腔热泪，洗涤官兵们的创伤，以异乎寻常的热情搜集着各种资料，如实报道了官兵们英勇顽强的杀敌热情、部队内部的民主生活、良好的官兵关系和军民关系，以及强有力的思想政治工作，介绍了中条山抗战对西北及中原地区产生的重大政治影响。中条山将士的抗战伟绩，像盏明灯，照射着古老而新生的祖国，激励着更多的人拿起武器，与日军奋战。可是，在这次欢庆胜利的日子里，少数反共顽固分子继续播弄是非，质问："赵寿山的葫芦卖的是什么药？""他把三十八军引向何处？"为防暗箭，我党地下工作者与赵寿山将军百倍警惕，严密注视事态发展。

第六次反扫荡后的敌我态势是：敌以同蒲路为大动脉，以运城、安邑为战略据点，驻有三十七师团之主力；以夏县、张店为两大支撑点，贯以公路与运城相连，盐池四岸亦在敌之据点中。同时在虞乡、永济、风陵渡各设据点，贯通同蒲南段，威胁黄河以南以西与中条山西段，企图伺机而动。第四集团军在这东起垣曲，西至永济300多里长的中条山里，距山背水，与敌周旋，敌在山北各隘口构筑的碉堡工事，多被我军摧毁。

七八月间，敌人抽集力量向晋东南大举扫荡时，九十六军在解县、虞乡地区向敌进行多次袭击、伏击，曾经占领董村车站和清华镇等敌军据点。日军在晋东南扫荡失败后，又向中条山西段进行报复。9月下旬，风陵渡、永济、虞乡、解县南二十里岭之敌数千，沿河越山，分三路向芮城、陌南镇地区进犯。九十六军等部队组织迎击，迂回、侧击，经过近10天的战斗，打退了敌人第七次扫荡。

10月中旬，安邑、夏县、闻喜之敌近4000，配合坦克、炮兵，向中条山东段扫荡。我三十八军在安邑、闻喜以东，横岭关以西的丘陵山岳地区以及同蒲路沿线，阻击、伏击，炸毁铁路运兵列车，始终破敌于沿山地带，使其不得深入腹地。经过半个月的激战，毙伤敌军数百，打退了敌人第八次扫荡。

11月上旬，中条山西段遭敌之进攻。永济敌分三路进攻雪花山、风陵渡和永济之敌，分路向永乐镇和芮城进犯，解县南二十里岭之敌不断南袭。九十六军分头迎击、侧击，激战一周，打退了敌人第九次扫荡。三十八军派出部队，由东段向闻喜、夏县之敌进袭，支援西段反击。

太原失陷后，阎锡山已对抗战前途悲观动摇，1939年，他曾试图联日反共。11月初，阎锡山派代表去临汾，和伪山西省政府及日军代表谈判。29日阎发出密令，集中了六个军的兵力，于12月初向决死队进攻。同时在中条山的平陆、夏县、芮城等地，捣毁各县、乡的牺盟会等抗日群众组织，捕杀抗日爱国人士，发动了“十二月政变”，配合蒋介石掀起了第一次反共高潮。三十八军我党地下工作委员会和赵寿山指挥所属部队，及时掩护了平陆地委和几个县委的负责同志，及大批牺盟会员和进步人士，决断回击了反动分子。在此同时，日军三十七师团万余人，秘密集结闻喜、夏县、安邑、运城、张店一带，以突然袭击的方式，向中条山发动了第10次进攻，由于三十八军及时察觉了敌人的阴谋，作了战前动员，主动出击，所向皆捷，使全线逐步由被动转入了反击。

此役，打退了日、阎勾结的破坏和扫荡，毙伤敌军2000以上，继续保持了中条山阵地。敌联队长森户隆山大佐被击重伤（按：森户隆山为广岛县福山市人，当年48岁，士官第25期高才生）。重庆《新华日报》12月

26日转载消息谓："敌犯中条之企图，再度失败"，"迄今进犯10次，每战皆北。"

打退敌人第10次扫荡之后，三十八军于1940年1月上旬至2月初，抽出部分兵力，以游击战、运动战的方式，向敌主动出击，加之春节前连日降雪，天气奇寒，敌人到处招架，被动龟缩，不敢轻举妄动。春节过后，三十八军、九十六军又对闻喜、安邑、运城、解县各据点之敌发动袭击，粉碎其封锁山口之企图。

1月，三十八军教导队第2期200多名学生毕业于平陆县中条山深处的寺头庙，其中共产党员90余人。至此，全军共有共产党员200多名，军直和师、旅、团、营、连都有党员骨干。其中十七师党的力量较强，已经形成一支打不烂、拖不垮的革命军队。

4月17日，敌二十师团主力及三十七师团之一部，在飞机大炮配合下，由夏县、安邑、运城分路向中条山大举进犯。卫立煌命令赵寿山指挥第四集团军反击。

在强敌进攻面前，三十八军除进行必要的阻击外，主力则避开敌锋，向其侧后转移。敌于18日占领平陆、茅津渡、茅津渡以东的古王计王、东西延村、淹底、毛家山一带腹心地区。23日后，三十八军以游击战、运动战的方式，将敌分成多段，进行冲击。经两日激战，25日敌主力北撤，三十八军攻占淹底、狮子沟等据点，毙伤敌军2000以上；乘胜进占庙凹、尧店、古王计王、东西延村等地，张茅大道以东地区遂告恢复。九十六军进击平陆以北之上下张村，以神速行动，一夜间破坏了陌南镇至二十里岭之间的公路，曾一度收复芮城，打得敌人不得安宁。

经两周激战，终于打退敌第11次的大举扫荡，第四集团军伤亡3000余人。十七师一部在毛家山、窑头一带阻击敌人时，共产党员、排长马勤动英勇顽强，寸步不让，全排壮烈牺牲。《新军人》杂志介绍了他的英勇事迹，发表了他父亲马吉甫的来信，部队倍受鼓舞。

8月20日，八路军在华北战场发动了"百团大战"，彭德怀电示三十八军配合作战，要求抽调部队进入铁路沿线破坏交通，牵制日军。

三十八军按彭德怀的指示，派全军各团轮流出击。出击部队活动在安邑、运城、闻喜、夏县一带，先后出击数十次，打得敌人缩守据点，不敢轻举妄动。在“百团大战”巨大威力震撼下，仅仅一个月时间，晋南形势大变，广大军民扬眉吐气。就在这时，蒋介石以换防整补为名，下令调第四集团军离开中条山，驻河南洛阳、郑州之间，守卫河防。9月下令，限期10月移防完毕。这对那些贪生怕死之徒和反共顽固分子无疑是个福音；而广大抗日军民和进步人士，无不义愤填膺。赵寿山以秦桧调岳飞的历史事例告诫部队，要大家不要愚忠。

蒋介石要消灭原十七路军首先消灭三十八军的阴谋已久，只是由于战斗紧张，一时未能得逞，而三十八军在抗战中越战越强，影响越来越大，这就成为蒋介石的眼中钉。“十二月政变”以后，蒋介石对这支部队更加敌视，而三十八军已成为第四集团军的主力，为防“赤化”，割断三十八军与八路军的联系，就将整个第四集团军调离中条山，置于蒋介石的嫡系与日伪包围之中，以便分化瓦解，逐步削弱，以至消灭。三十八军全军上下强烈要求拒受蒋命，拉进太行山，继续抗日。经请示八路军前总，未获同意。三十八军执行党的指示，顾全大局，撤军河南，经受新的考验。

第四集团军调离后，国民党在中条山和高平地区集结了11个军，加上河防部队总计兵力20余万。参谋总长何应钦特奉蒋命，于1941年4月18日，在洛阳西工19号房召开了“检讨一、二、五战区的敌情匪情及我军部署”的军长以上高级军事会议，讨论了中条山作战等问题。26日，发布了《对晋南三角地带作战指示提要》。5月7日日军集中6万左右兵力，以钳形与中央突破之方式（日军称为“铁脚合击”），分六路开始进攻。日军首先切断中条山与高平地区之联系，攻占孟县、济源以西之黄河渡口，随即分段向合围圈内之国民党军队进行扫荡。国民党军队在三周之内，被消灭了将近6万，伤亡和被俘将领10余人，至27日，全部放弃中条山，向黄河以南以西溃逃。此时，蒋介石也哀称：这是“抗战史中最大之耻辱”，“我军亦如常时而毫无万一之准备。”但他仍坚持反共政策，为推卸罪责，竟通过喉舌叫喊："十八集团军集中晋北，迄今尚未与友军协同作战"，"尚未据报与敌正式接触。"有意颠倒是非，当即受到周恩来副主席、十八集团军总部及新华社的严词驳斥。

忍辱负重

三十八军调防河南，蒋介石就电令军长办公室主任姚警尘解职。姚即去第四集团军总部孙蔚如将军处工作。11 月中旬，蒋介石以异党嫌疑，给孙蔚如发电报，指名要三十八军 37 名团、营、连军官调洛阳干训团受审。我地下党和赵寿山用事实揭露了蒋介石借整补之名，调虎离山，行分化瓦解、吞并之实，达到消灭异己，吃掉杂牌的目的，争取孙蔚如的同情支持。孙复电蒋介石，说明所有调训的人都是十七路军的老人，是部队的作战骨干，河防吃紧，无暇受训。蒋介石便以"思想不纯正"为由，坚持调训。经我地下党组织多方面的工作和卫立煌的协助，要求缓训。赵寿山又以全家生命财产作保，并酌送三人应命后，才渡过这一难关。

三十八军驻守郑州、巩县之间的百里河防，是在日伪和蒋介石嫡系部队包围之中。国民党的军、政、特勾结日伪汉奸和发国难财的投机奸商，以及流氓恶棍走私贩毒，为非作恶，严重地腐蚀部队。1941 年 1 月"皖南事变"之后，蒋嫡系汤恩伯气焰嚣张，他的六个军对三十八军形成包围圈，部队随时都有遭受袭击的可能。国民党派来以张泰祥为首的政治部，存心不善，进行特务活动。蒋介石嫌其反共不力，先后委派罗仁任军政治部主任，刘文光到十七师组织特别党部，后秦怀玺为军政治部主任，极端反动分子龙冠军为十七师政治部主任兼副师长。这些人，在三十八军发展特务组织，拉拢腐蚀干部，进行瓦解工作，随后派来军校毕业学生及职业特务 300 余人，刺探真情，企图控制部队。1941 年夏天的一个夜晚，龙冠军突然搜查军长办公室的机要人员，强唤军长起床，态度蛮横至极。后又增设执行特工任务的军邮局，检查公文信件，扣发进步书刊。1942 年春，蒋介石又令部队进行“整编”，取消了旅的编制，十七师由五个团编为三个团，独立第四十六旅改为新编三十五师，整个第四集团军也由19个团编为14个团，人数减为三万左右。三十八军至1940年前伤亡12000余人，他们补充的兵员只有7000余人，一个军相当原来一个师的兵力。另外，该军装备落后，炮兵缺少炮弹，一些土造机枪不能连发。抗战以来，国民党统治地区粮价上涨10多倍，布价上涨20多倍，而官兵饷项尚未增加，往往连草鞋也穿不上。对此，为民族解放事业前仆后继的三十八军的官兵们，怎能不气愤呢？1941年6月接任第一战区司令长官的蒋鼎文，勾结日军的公文函件和电报密码被三十八军情报部门查获后，他们恨不得一口吃掉三十八军，竟在该军驻地周围增设特务网点，夜袭地下党专用电台，软禁威逼赵寿山，对部队实行高压政策，强令交出受训名单。在忍无可忍的情况下，赵寿山军长主张将部队拉过黄河，向太行山靠拢，并且拟了通电，作了行动计划。我党认为抗日统一战线未到破裂程度，为了团结抗日，没有同意这个行动，同时建议赵寿山将军委曲求全作为方针，以求自全。为了中华民族的利益，三十八军北抗日军，南斗重庆，忍辱负重，在夹缝里生存。为此，该军认真加强内部工作，以适应新的形势。

第一，以地下党为核心，整顿了组织，严格了纪律，清除了内奸，加强了思想领导。对极少数和国特敌伪相勾结、走私贩毒、腐化堕落，向敌特告密者，都以党纪军法论处，并对部队不断进行形势任务的宣传教育。军部多次组织战地视察团，检查部队的作战、训练、生活、纪律、作风和学习情况。奖励好的，惩办违法分子，撤换了一些腐化堕落和反动倒退的顽固军官。

第二，继续办教导队，训练干部。三十八军教导队第二期在中条山结业后，由于国民党反动势力的破坏，不能再以教导队的名义办学了，经向孙蔚如将军建议，由他出面创办了干部训练班，培养干部，抵抗蒋介石并吞异己的政策。这个训练班设军官队和军士队。三十八军教导队改编为干训班的学生大队，在豫陕招收了300多名进步青年（其中有共产党员50余名）进行训练，1941年元月在河南偃师毕业。为了避免敌人的注意，三十八军以教育连的形式，办了第3期教导队，学员有90余人（其中共产党员50余人），1941年夏季毕业，大多分到本军机关部门工作。此后，该军以野战补充团的名义，在河南省巩县、汜水先后开办了第4期、第5期教导队，培训学员500多人；在汜水县峡窝开办干部训练班，培训军官、军士和军需、军医。教导队自1938年春至1944年春，为党培养了1500多名干部，发展了大量的共产党员。这时，三十八军共有共产党员500余名。

第三，三十八军地下党工委，根据我党"隐蔽精干，长期埋伏，积蓄力量，以待时机"的政策，采取了一系列措施，保证党的力量不断巩固和发展。要求每个党员切实做到"内红外白"，牢牢掌握枪杆子，随时准备应付各种突然事件。同时坚决支持孙蔚如抗战，团结和支持一切进步人士，结成广泛的民族统一战线，化敌为友，孤立反共顽固分子，与特务、叛徒、日伪汉奸，进行针锋相对的斗争，有效地巩固和保护了党在国民党军队中的地位和安全。

赵寿山自西安事变以来，一直为党工作，经受了严峻的锻炼和考验。1942年10月，他提出参加中国共产党的要求。经地下党工委转报党中央，中央原则上同意赵入党。但为了防止暴露赵的真正身份，他不办入党手续，在党内不公开，时机成熟后再追认党籍。

1943年国民党发动了第三次反共高潮，卫立煌由四川派人告诉赵寿山，如果蒋介石胆敢发动内战，他就在四川联络部队进袭重庆，要求三十八军在河南策应。赵寿山根据我党中央指示，采取了慎重态度，对来人以礼相待，暗示知道此事。

第四，第四集团军所处的河南地区，除与日军对峙外，还并存着"水、旱、蝗、汤"四大灾害。国民党军队遵照蒋介石的命令，于1938年6月9日在花园口决堤，滔滔洪水，滚滚东泻，给千百万人民造成卷屋灭顶之灾，仅河南省黄河泛区就有17个县，受难人口70余万。1942年至1943年又接连发生大旱和蝗虫灾害，受灾群众千余万人，一般贫民只能用草根、观音土果腹，许多地方连草根树皮也剥光了，人民流离失所，饿殍载道。国民党政府虽拨了一定数量的救灾款，而贪官污吏尽食民膏，老百姓根本无所指靠，有些地方，弃婴成风，甚至卖儿鬻女，人间惨事，演至顶点。而汤恩伯部队却乘机抓壮丁、抢民财、侮辱妇女，军官们尤其中高级军官中饱私囊，为自己置家产、修公馆，发国难财，发灾难财。据基督教调查，1942至1943年两年内，在四大灾害围攻下死亡的河南人民就有250多万。这就不能不对国民党地区的民心、军队士气以及战争形势造成严重影响。三十八军地下党工委不断进行调查，随时将情况电报我党中央。根据党中央指示，带领全军广大官兵和灾民患难与共，同度灾荒，一次就在荥阳、广武、汜水三县发放救灾粮10万余斤。赵寿山还派人去关中运来大量麸皮、代食品，济民渡灾。在广武等地设立粥饭场，收容难民，附设灾民宿舍。又通过广大官兵，向西逃者告知去关中乃至陕北的路线和注意事项。发动官兵帮助驻地群众捕灭蝗虫，保护庄稼。教育部队严守纪律，做到秋毫无犯，打击一切为非歹徒，保护人民生命财产。军直属队和一些有条件的单位，发动官兵生产，种粮食，栽红薯，点瓜种菜，养鸡、养羊，改善部队生活。十七师还将收容到的100多名十五六岁的孤儿编成儿童连，由工委书记蒙定军兼任连长，田焕贵任副连长，班、排长大都是共产党员。这一行动，受到群众欢迎。由于与人民群众建立了深厚的情谊，人民群众为部队探消息，送情报，积极支援部队。从而使三十八军广大官兵进一步加深了对国民党腐朽没落反动本质的认识。

1942年冬，三十八军地下党工委派郝克勇和已在延安的张西鼎，向党中央作了详细汇报，毛泽东反复详细地询问了各方面的情况，经过反复研究，对三十八军地下党工委的工作予以肯定，并作了重要指示。

毛泽东首先肯定了三十八军地下党在陕西省委领导下，善于开展统战工作，并把统战工作同地方武装结合起来，不但保存了党的组织免遭破坏，还发展壮大了党的力量，掌握了部队实力，是陕西和地下党中一个好的典型。毛泽东要求进一步做好上层统战工作，坚持抗日民族统一战线，贯彻执行隐蔽精干的方针，要广泛交朋友，“外灰内红”，掌握兵权，保存实力。要巩固部队，增强战斗力，北斗日军，南斗重庆，合法与非法相结合，利用矛盾，壮大自己。毛泽东说，蒋介石看上你们这个部队有战斗力，能在前线抵挡日本鬼子，但又不愿你们太强大，要借日本人的手，慢慢削弱、消灭你们。他很想消灭你们，又怕搞得其他杂牌部队人人自危，众叛亲离，你们就利用这个矛盾，在夹缝中生存。你们既要坚持抗战，又要采取灵活战术，不要打死仗，不要使部队实力受到严重损失，在抗日战争中站住脚跟，使蒋介石不敢轻易向你们下毒手。

毛泽东说，赵寿山领导的三十八军和党的利益是一致的。赵寿山要求入党是一个根本的转变。对他要完全信任，向他全部公开三十八军的党员名单，使他安心，决不向他保密。毛泽东要工委转告赵寿山，党中央是信任他的，是不会忘记他的，党的重大决定都要和他商量，要他不但做好三十八军的工作，还要做好西北军将领的工作，要拥戴孙蔚如向蒋介石做斗争。毛泽东还指示，对国民党要同流而不合污，防止部队腐化。一定要搞好军民关系，做好群众工作，这是你们生存的根本条件。

毛泽东说，干部是部队的生命，要大量培养新的干部，提拔新干部。

毛泽东还对起义的时机和政策等，作了详细的指示，同时还就这些工作做了详细的解释。

工委对党中央和毛泽东的各项指示，作了认真的讨论，各项工作都做了长期打算和具体安排。增补了李森（即梁励生）、徐又彬、朱曼青为工委委员。

广武鏖战

太平洋战争爆发前，日军为了巩固在中国的占领区，同时压国民党屈服，于 1941 年 8 月对晋察冀边区进行了大规模的扫荡，最后以失败告终。9 月又发动了湘北战役，未获胜返回原防。10 月 2 日，日军又以第十七、第三十五、第三十六、第一一〇师团及骑兵第四旅团一部，2 万余人，进攻郑州。国民党以九个军约 15 万人对付敌人，由于没有坚决抵抗，奉命增援之汤恩伯的第三十一集团军，根本没有认真接触，两日之内就放弃了郑州，敌人来去自如，形同演习。三十八军虽受蒋介石的压迫谋害，仍然一面固守黄河河防，一面派十七师星夜驰援郑州。在须水、三官庙等地，初挫敌锋，阻止敌军西进，并在须水至荥泽，霸王城以西的荥阳、广武地区，与日军展开了激烈的争夺战，称为广武战役。

10 月 3 日，我在荥泽西的田庄、孙庄、韩庄、谢洞等地，毙伤大量敌军。敌增援反扑，三十八军又与其在广武东北之南王村、大胡村至樊河寨之线展开血战，尤其在军岭峪、南王村一带反复肉搏冲杀，敌以飞机施放毒气，掩护反扑，先后占领该地。我军猛烈反击，毙伤敌军数百，将其击退。6 日敌又进行反扑，与我激战在纪信庙地区。

8 日，敌一高级指挥官率部数百人进占张沟，经我军两昼夜围击，敌除以直升机抢走指挥官、少数人夺路逃生外，余均被我歼灭。10 日晨，摩旗岭对岸之敌乘船南渡，被我击沉 4 只，余均逃回。11 日晚，我军攻占须水，毙伤敌军一部。15 日拂晓前，我军向大小胡村、军岭峪之敌进击，毙伤百余，攻克大胡村，并阻止了敌之反击。

21 日，敌 4000 余，附战车七辆，分三路围攻广武城，11 时占领该城及其东南之苏楼。23 日，又西犯荥阳之苏寨村，被我击退，毙伤 200 余，我军乘胜攻克广武城，敌退据董庄、苏楼。30 日晚，我十七师又袭攻旧荥泽县及霸王城附近顽抗之敌，毁敌工事铁丝网多处。

正当日军占据郑州，三十八军在广武与敌激烈争夺之时，在彭德怀的关怀下，晋冀鲁豫军区的八路军向平汉线猛烈出击，破坏武安公路桥梁 10 余处，攻袭彭城，进攻安阳，夜袭新乡飞机场，威胁敌军后方。郑州日军于 10 月 31 日分路撤退。国民党只宣布“收复郑州”，闭口不提八路军的配合，汤恩伯等部仍履行他那反共反人民的勾当。对坚决与敌拼杀的三十八军，不仅不予褒扬，蒋介石、蒋鼎文还以“丢失河防”的罪名，追查赵寿山的责任，下令撤职查办刘威诚团长和王廷杰营长。第四集团军总部作了应付处理，对刘撤职留任，王调军部任特务连连长。

11 月 7 日，毛泽东同志发表了广播讲演，指出：“全中国人民的任务则是团结起来，反对日本的进攻。”“全国人民和全国军队，一定要保卫我们每一个抗日阵地，一定要粉碎敌人的进攻阴谋。”还严词告诫国民党当局，必须当机立断，迅速采取措施，改善抗战营垒中各方面的关系，加强团结，准备一切反攻条件，坚持抗战到底。

根据毛泽东同志的号召，三十八军于11月上、中旬继续向黄河以南之敌发动攻势，陷敌于韩洞、大西沟以北至霸王城一带狭小地区。敌负隅顽抗，企图固守桥头阵地，十七师攻入大西沟，与敌巷战，毙伤数百。此时，敌另一部向陈洞绕袭，被我军截击，负创后撤。18日，敌又反扑，我军与敌在韩洞、王洞、霸王城一带展开对抗战，往返冲杀，均无进展。11月下旬，全国正面战场上，均无重大接触，只有这个地方与敌激烈鏖战。

12月上旬，太平洋战争爆发后，赵寿山奉命指挥九十六军的一七七师，孙桐萱第三集团军的八十一师及三十八军的第十七师，围攻敌桥头阵地。经战半个多月，大小战斗30余次，由于本部装备太差，伤亡较大，加之友邻协同不力，战果不大。这时他决定调集民工在敌阵周围深挖壕沟数道，构成一个封围线。12月下旬，一七七师及八十一师相继撤去，只留三十八军长期监围，与敌对峙。

荥阳、广武、汜水以及巩县的人民群众，大力支持三十八军抗日，他们当向导，运送弹药粮秣，抬伤员，成千上万的群众挖工事，掘壕沟。有一次，十七师向敌进攻时，主动领路的8名青年农民，先后牺牲了7个，还继续协助部队作战，广大官兵深受感动。

中外记者团曾来广武阵地访问。他们说，赵军长筑造的阵地“敌人是攻不破的”。荥、广、汜、巩的人民，对三十八军“放心”“指得住”。可是国民党的特务却向蒋介石报告说：三十八军多一半是共产党、赵寿山是杨虎城的“化身”。蒋介石与蒋鼎文合谋后，1943年10月中旬突然下令，限三十八军于月底交防完毕，撤离郑州、广武前线，调巩县、偃师地区集中整训，桥头阵地交由八十五军接防，三十八军遂被汤恩伯的部队包围监视起来。与此同时，国民党在西安发动“清共运动”，11月16日，任第四集团军参议的抗日名将许权中在眉县槐芽途中，被国民党派的12名狙击手突袭杀害。同行的三十八军任耕三团长和警卫员刘兴坤遇难。接着，调赵寿山去国民党中央训练团受训。

蒋介石动手了！

调虎离山

蒋介石调赵寿山去重庆国民党中央训练团受训的指令是12月初到达三十八军的。当时，地下党工委认为此去凶多吉少，经与赵寿山商量，拟以三十八军为主，带动九十六军举行起义，北渡黄河，靠拢八路军，并已编好行动序列，经请示党中央，中央回电说，只要三十八军实力不垮，蒋介石就不敢危及赵寿山的安全，抗日统一战线还要维持，不宜举行起义，同意赵寿山去重庆。赵寿山是28日由宝鸡乘飞机去重庆的，任中训团第二大队大队长。1944年1月9日开学，30日结业离校的前两天，孙蔚如来电说，已任命张耀明为三十八军军长，赵寿山升任第三集团军总司令。接着，蒋介石召见他，吹捧他，蒋对赵说："你在三十八军很好，战斗力强，军风纪好，别人说你什么你不要介意，我相信你。我现在给你一个集团军，就按你的办法做，我支持你！"升官加吹捧，使赵寿山陷入请客宴会的重围，直到2月8日，才由珊瑚坝机场脱身，随行的参议温朋久，副官雷清翰、马宝嘉等同志忙得不可开交。赵寿山急于回军，问问党中央的态度，再看看孙蔚如、孔从洲的态度。

在重庆时，温朋久曾去新华日报社，和乔冠华、戈宝权等聚谈，并随赵寿山看过于右任、冯玉祥。冯玉祥惊奇地问赵："为什么你总受训啊？"赵说："野性难驯呗！"于右任给温朋久写了"山海承新运，风云护圣人"10个大字。冯玉祥给温朋久画了一棵大白菜，上边写着："后方同胞们咬得菜根香，忠勇将士们一定打过鸭绿江。"

2月9日，赵寿山回到西安，14日到洛阳，16日到偃师和义沟第四集团军总部，大家相见，百感交集，人们对军长之返欢喜非常，想到远别，又十分不悦。心情矛盾，整个部队沉浸在一片沉郁气氛中。

蒋令公布后，孙蔚如向蒋鼎文提出，让赵寿山任第四集团军总司令。蒋鼎文公开表示：此种措置完全是要赵寿山离开三十八军，并非为升官。一语道破实质，大家完全清楚。张耀明于2月7日到任，反共情绪特别激烈，开展自首及告密运动，态度十分骄横。地下党工委一面及时向党中央报告这一情况；一面与赵寿山研究拉部队起义，组织西北抗日联军问题。党中央指示该军地下党工委：暂不起义，同意赵寿山赴第三集团军上任，将暴露了的干部送陕北学习。至此，工委主要负责同志和其他许多同志开始撤退，但担任军事指挥和在基层的党员，仍留部队坚持工作，更加隐蔽精干地进行斗争。

2月18日，应张耀明之邀，赵寿山去巩县军部所在地芝田镇赴宴后在和义沟住了一些日子，嘱令待机起义，并提出三十八军内部由孔从洲负责，同时拥护孙蔚如抵抗蒋介石的瓦解吞并政策，我党予以支持。赵寿山含泪忍痛离开了操劳多年的三十八军。

3月初，孙蔚如在偃师县和义沟第四集团军总部驻地为赵寿山举行送别宴会，师以上军官和九十六军军长李兴中、三十八军军部处长都应邀参加。当天早晨，赵寿山向党中央发了电报，报告他已离军西去。酒席宴前，惜别之情甚浓，只有一位心口皆非的幕僚将军举起杯子向着赵寿山吟诗曰：“劝君更进一杯酒，西出阳关无故人。”而存心向善的人嘟囔着：“黑霜未免太早了。”

血洒中原

赵寿山调走，张耀明调来，工委主要领导同志离开部队，使三十八军地下党和部队都进入了一个困难时期，部队情绪受到很大影响，一部分人惶惶不安。三十八军直接归蒋鼎文指挥“整训”，其整的重点对象仍是十七师。他们原先准备大查大换，只因中原战役爆发，数十万蒋氏嫡系部队不战而溃，蒋、汤只顾逃命，三十八军又归第四集团军指挥，开赴前线作战。

1944年4月上中旬，日军集中六个步兵师团、一个混成旅团、一个战车师团、一个独立战车联队、一个炮兵联队和一些特种部队，共约7万人，于4月18日晨在中牟县分三路强渡黄河泛区，22日攻陷郑州后，一方面沿平汉路南下，与由信阳北犯之敌在驻马店会合，打通了平汉铁路，西进之敌，一股西犯虎牢关；另一股经密县进犯登封，绕过离山，侵入禹县、宝丰、临汝等地，再沿公路向西北，扑洛阳，经伊川西进。5月5日进占龙门，25日占领洛阳，至此历时37天的中原战役大致告一段落。国民党军队在蒋鼎文、汤恩伯指挥下，以40万的兵力，在数量上以五倍以上的优势与敌作战，在短短的时间内，失地40县，中原大好河山遭敌蹂躏，日军直逼潼关，威胁关中，给人民生命财产造成一场大的浩劫，国家物资损失尤其难以统计，惨败之速，大出意料。日军原来主要想打通平汉铁路，但战役一开始，汤恩伯统率的几个集团军一触即溃，有些部队闻风溃散，不战而逃，蒋、汤只顾家属私财，根本不顾整个战局，因而开战不久，敌即转锋西向，采用迂回包剿，首先企图围歼血战在虎牢关至登封山地的第四集团军，然后再图其他。

4月19日，蒋鼎文电令第四集团军进入巩县以东国防主阵地，第四集团军令三十八军守备老饭沟至褚岭间阵地，九十六军守备褚岭至金沟间阵地，并守牛峪口、马峪沟河防。4月20日晚，日军步骑战车联合向三十八军阵地进攻。21日晨，又以空军掩护，继续进攻，同时派遣轻便部队千余人，绕道汜水河，侵入虎牢关隘路，企图偷袭夺关。一七七师守备虎牢关400余人，坚决还击，经过两天一夜的激战，敌人发动数次进攻，在火力配合下，我以刺刀、手榴弹与敌反复拼杀，毙敌约600，我400名钢铁健儿血战疆场，牺牲只剩3人。增援部队赶到后，将敌击退，阵前敌尸累累，虎牢关安然无恙。23、24日，步炮空联合之敌数千，又不断向虎牢关猛攻，九十六军亦不断增援逆袭，进行侧击，十七师暗袭敌后，第三十五师对敌伏击，虽伤亡较重，但虎牢关仍在我手。敌我激战5天，26日晨，虎牢关阵地一部被敌突破。九十六军猛烈反击，至27日晚，将敌逐出阵地。27日晨，十七师一个连绕至米河敌侧进行突袭，毙敌50余，缴获文件多种。

虎牢关血战八天，28日午后陷落敌手。此时第四集团军仍在巩东主阵地坚持，各部队不断向当面之敌发动进攻，穿插袭击，短兵相接，相持数日。5月7日，敌又向主阵地发动进攻，各军英勇冲杀，敌未得逞。攻占龙门之敌向北突进，萼岭口之敌进袭偃师府店镇，形成围歼第四集团军态势。第一战区长官部于当日19时命令第四集团军向洛阳西北地区转进，“另策后图”。蒋鼎文于8日9时“手谕”，三十八军自白马寺沿洛河至宋湾、祖师庙之线布防，对东南警戒，九十六军自祖师庙、徐家村，西折铁谢至王庄之线布防，对东北警戒。9日12时，他电令第四集团军派兵一部，向登封、汜水搜索前进。11日电令第四集团军向宜阳县的韩城镇挺进，“策应友军作战”。这一招实际上是以第四集团军作牺牲，掩护中央嫡系的刘戡兵团及三十六、三十九两个集团军西撤。第四集团军遂以十七师掩护，集结西往，经新安转向西南。这时，社会情况极为混乱，由于长期的“水、旱、蝗、汤”四灾，加之国民党各级政府腐朽糜烂，百姓早已怨怒并加，敌人一来军队又望敌而溃，还要扰害民众，这就必然激起民变，敌特汉奸亦乘机作乱。在国民党军队撤退途中，当地群众成群结队，有组织地截获辎重，收缴枪支，打死零散和伤病官兵不计其数，甚至整营整团地被当地群众缴械。国民党军委会办公厅也承认“国军遗失民间枪支在10万支以上”。在这样的情况下，第四集团军向韩城镇转进途中，难免不遭袭击，一些地下党员也遭到伤害。加之大雨倾盆，山洪暴发，兵员装备损失很大。部队路过新安时，敌人已由白浪渡南渡黄河，占领渑池东进。第四集团军总部和三十八军的全部辎重损失净尽，部分人员被俘。一些共产党员积极主动地相互联系，主张起义树旗，留在敌后打游击。由于当时党组织缺乏核心领导，现场无人指挥，部队思想混乱，求人无助，未能得成。

5月15日，九十六军向韩城以北的温村转移，三十八军所属第十七师和新编三十五师到达韩城附近，掩护中央军撤逃。16日晨，洛河南岸敌军强渡数次，均被击退，敌又配合战车数十辆，沿公路向韩城猛进。三十八军坚决抵抗，伤亡惨重，十七师第五十团遭敌袭击，伤亡、失散过半，有些人员被俘。17日，敌又由韩城北犯，第四集团军三面受敌，战斗至为激烈。

经过两天激战，部队弹药接济不上。集团军电台连日向蒋鼎文的长官部呼叫不应，电话也打不通，不得已，只得向西转移。22日抵阌乡县西南地区整理待命。一部分党员和非党干部自动离队，零散不断地去西安找寻党的领导。张耀明看到十七师损失较大，幸灾乐祸地向他的参谋人员说："'老基本'差不多了吧？"（因十七师是杨虎城将军最早的部队，故称"老基本"）嫡系蒋军则说："这一下才把三十八军主力消灭完了！"

蒋鼎文、胡宗南唯恐第四集团军入陕后于己不利，遂于5月24日发出代电："第四集团军应向洛宁、长水以北地区推进，反攻目标临时指定。"接着又电令："第四集团军进出洛宁。"6月9日，蒋鼎文又电令三十八军一团守备十八盘，一部在崤山区的上戈镇及瓮关对北警戒，其余集结黄城村附近；九十六军主力在长水、中山镇西侧布防，一部与洛宁敌保持接触；总部驻岭南。此后，就在洛宁、卢氏与敌对峙。

6月12日，守备在灵宝西南地区之胡宗南第一军阵地，被敌一触即破，日军进至虢略镇、朱阳镇，已临陕西大门。华阴、渭南等地形势紧张，西安疏散市民，风声鹤唳，草木皆兵，国民党嫡系有西逃南窜之势。

毛泽东在《学习和时局》一文中说："河南战役已打了一个多月。敌人不过几个师团，国民党几十万军队不战而溃，只有杂牌军还能打一下。汤恩伯部官脱离兵，军脱离民，混乱不堪，损失三分之二以上。胡宗南派到河南的几个师，也是一触即溃。这种情况，完全是几年来国民党厉行反动政策的结果。"周恩来在《如何解决》的"双十节"讲话中说："河南战役中，能够守虎牢关守洛阳而打得较好的，偏偏不是用美国枪炮武装起来的汤恩伯军队，而是没有得到美国枪炮的地方系军队。"《新华日报》5月13日社论中讲："虎牢关之战，我守土战士全部牺牲殉国，更是壮烈之极……战士们可歌可泣的事迹，将永垂千古！"

1944年，国际国内形势都发生了重大变化。欧洲进入决战阶段，将要直捣柏林；太平洋上已经突破了日军内外防线，我国解放区战场大大增强了反攻力量；而国民党的正面战场，一连串的挨打战役和一系列的失败，不仅损失了50万至60万兵力，失掉了洛阳、长沙、福州、桂林等四个省城，

140多个大小城市，还丢掉了20余万平方公里国土，在国内外引起了强烈震动。蒋介石竟置国家民族利益于不顾，乘机利用美援保存更多的实力，继续依靠盟国打日本，自己依然全力反共反人民和消灭异己。6月间，蒋任命孙蔚如为第一战区副司令长官兼第四集团军总司令，逐步将孙蔚如和部队隔开，以便直接动手，完成消灭第十七路军的最后步骤。军长张耀明，对三十八军官兵实行高压盘剥，大喊要抓共产党。部队作战3个月，只发了4两草鞋麻，士兵饿肚子，脚上没鞋穿，病号不断增加，药物缺乏，伤寒、痢疾流行，实在无法忍受。张耀明却公然说："牲口吃草可以肥，人吃草也可以上膘！"三十八军官兵听后，气愤地称他是"张要命"。

走向光明

1944年下半年和1945年春，日军企图进占西安，胡宗南部队准备西逃入川，第四集团军若奉命西调，特别是主力三十八军一旦西调，定会被他人吃掉。加之中原战役中，部队损失严重，元气大伤，处境更为困难。这时官兵思变之心强烈，党的基层组织主动进行了一些整顿，急待上级指示。与此同时，三十八军地下党组织和一些进步人士，以及赵寿山等，通过各种渠道向党中央反映情况，提出要求，希望派人领导起义，和八路军组成一支抗日武装，开展敌后游击战争。新编第三十五师师长孔从洲也去西安找蒙定军交谈部队情况，要求派人帮助他的工作。为此，党中央派周仲英、张西鼎去完成这个任务。毛泽东、周恩来、刘少奇和朱德召见他们作了指示，彭真作了具体安排。

毛泽东指出：西北军这支部队早就有地下党的组织。1935年以后，就直接受中央领导。三十八军在形式上是国民党的编制，但实质上地下党工委始终是按照党的路线、方针、任务，去建设部队，同日军进行艰苦卓绝的斗争，英勇地抗战，是很坚定的、很坚决的。同时他们在国民党统治区贯彻党的抗日民族统一战线政策是有成绩的，是正确的，同国民党进行了针锋相对的斗争。这支部队的成员绝大多数是热爱党、热爱马列主义的，是反蒋抗日进步的革命队伍，你们要把他们当作八路军一样地去做工作。

周仲英、张西鼎遵照党中央和毛泽东的指示，1945 年 1 月 1 日由延安出发，先后和汪锋、在西安的蒙定军交谈了情况，研究了起义的组织工作。又到扶风县十七师新兵团和徐又彬等接上头，商讨了动员干部归队和到部队后如何做好思想政治工作等事。2 月底随接兵部队来到河南洛宁驻地，住在陈嘉谋营，和梁励生接上了头。

周、张到部队不久就得到消息：由于国际舆论的压力，特别是敌后各抗日根据地力量的壮大，把敌人的据点控制成了孤点。日军怕兵力分散，不敢入潼关进占西安了。胡宗南也不准备西逃了。形势暂时稳定。情况变了，原定的工作方针也随之改变。即不立刻转回延安，不立刻把部队拉出来。他们用了一个月左右的时间一面和孔从洲谈话，一面对部队进行思想政治工作。仍然坚持隐蔽精干的方针，巩固阵地，以待时机，号召归队，团结抗日。当时的主要问题首先是扭转部队的涣散局面，稳定情绪，提高胜利信心，统一思想，提出归队运动。由负责同志分头讲党的路线、方针和政策，包括延安整风和准备开七大的情况，讲抗日到了反攻阶段，讲现存的两个地区、两种军队、两个政府的情况等。

经过深入细致地思想动员和缜密地组织领导，三十八军官兵对形势认清了，对胜利充满了信心。这时恰逢朱曼青由华北回来介绍他沿途看到解放区的情况，大家对抗战必胜的信心更加坚定。同时，到陕西接两个团的新兵也陆续来到部队，兵力大为增加，部队情绪基本稳定，但斗争仍很尖锐、复杂。

当时，周仲英负责团以上干部的工作。周和张去新编三十五师，住在李慕愚营部，经过联系，先后和孔从洲交谈多次。不久，李慕愚告诉周仲英说：孔从洲得到消息，张耀明通令部队捉拿奸细。周和张向孔告别，由李慕愚派人送经小南川，去豫西军区，向中央报告情况，并以小南川尤继贤处为据点，继续和部队联系。他们临行前确定：到了万不得已就坚决先将十七师拉出来，其他部队不成熟不要勉强。

4 月间，在重庆的周恩来副主席获知蒋介石调孙蔚如任第六战区司令长官的消息，并准备派大批反动军官去十七师替换部队连以上的干部。中央指示部队可以起义。在西安的蒙定军即按中央指示给部队党组织各负责同志写了密信，由鱼化龙立即赶送，并就对十七师的起义从各方面做了妥善安排。

6 月间，孙蔚如受命任第六战区司令长官，7 月到达湖北恩施就职，同时将第四集团军合编为三十八军，张耀明任军长，辖第十七师、第五十五师（由新编三十五师改编）、第一七七师，取消了新编第十四师，部队由 14 个团缩编为九个团，并准备撤换师长、团长，搜捕地下党员，决心在抗战胜利前夕，消灭这支功勋卓著的抗日劲旅。他们还准备肢解刘威诚任团长的第五十一团，调刘威诚为第十七师副师长。党组织决定以刘威诚为首，由刘威诚、张复振、梁励生、徐又彬等同志组成指挥部，和陈嘉谋、雷展如、朱受青等同志率领陆军第十七师准备起义。刘威诚按照党的决定，以他对革命的忠诚和较高的威信，和各有关人员做了商量安排，又找孔从洲谈了话，了解了各方面的情况，做了具体布置。

1945 年 7 月 14 日，我党中央电示，立即将第四集团军内我党能掌握的部队坚决拖出来。7 月 17 日，十七师在河南洛宁故县镇宣布起义。28 日安全到达豫西第二军分区，受到当地党政军的热烈欢迎。尤继贤率 200 多人的游击队前来会合。五十五师由于条件不成熟，没有举行起义，只将党员干部撤退出来，随十七师进入解放区。十七师四十九团两个营因洛河水涨未能同时行动，一些党员干部离开部队回关中地方工作。

十七师在河南渑池县向党中央致电报告，毛泽东复电嘉勉。据刘威诚回忆复电的全文是："张西鼎、周仲英、刘威诚、张复振同志：祝你们胜利地参加人民军队大家庭，希望你们团结一致，为中华民族解放事业而奋斗到底！毛泽东。"

在渑池，刘威诚又给孙蔚如发了电报，告他后会有期。十七师不会忘记他的。

部队起义时，对国民党特别人员只在政治上进行封锁，使他们得不到消息，无法破坏，没有触动他们。对师长李维民，没有强迫他跟部队走，而是将枪支马匹和勤护人员都留给他，由他自便。

1945 年 8 月下旬，太岳军区负责人陈赓、王新亭等同志接见了十七师的领导干部，不久参加了解放垣曲和上党战役。刘伯承司令员接见了团以上干部，讲了很多勉励的话。9 月下旬，邓小平、滕代远、杨秀峰、张际春等同志接见了刘威诚。10 月初，中央军委电令十七师归刘、邓指挥，参加平汉战役。刘伯承司令员向十七师传达后，即开赴邯郸作战。战后，和高树勋的民主建国军联防整训，监视高部行动。1945 年 12 月至 1946 年元月，参加解放临漳战斗，3 月参加白晋线战役，接着参加豫北战役和辉县战斗，使十七师在人民军队的行列里接受了初步的锻炼。毛泽东主席曾要十七师去延安，十七师党委代表全体指战员向革命领袖表示：继续留在晋冀鲁豫军区作战锻炼。

1946 年 7 月下旬，新华社公开发表消息，报道了十七师在邯郸某地隆重举行“七一七”起义周年纪念，发表了十七师号召全国一切爱国袍泽严拒乱命、退出内战的宣言，晋冀鲁豫《人民日报》发表专文《光荣之路》，介绍十七师“光荣的过去和后一段令人悲愤的历史”，说明十七师是杨虎城将军在辛亥革命时代创建的农民革命武装，是西安事变时“英勇起来逼使蒋介石停止内战，接受人民抗日要求的有功部队之一”，叙述了十七师参加抗日战争的光辉历程，指出蒋介石对此有功军队不但不赏，反而采取了利用抗日削弱、分化、吞并、消灭的政策。同时也介绍了杨虎城部由 42 个团近 8 万人，被蒋介石摧毁、分化、吞并为 19 个团约 4 万人，以至最后只剩下几个团万余人的情况。指出十七师在这严酷的考验面前，以反内战的起义回答了无耻的反动派，为国民党军内爱国军人做了光荣的示范。

十七师起义后，蒋介石继续消灭原三十八军剩余部队。日军宣布无条件投降，蒋把他们调至郑州、开封、商丘、砀山，随后又调往新乡内战前线。1945 年 11 月中旬，中央决定仍由刘威诚负责做孔从洲的起义工作，争取把部队都带过来。刘伯承和邓小平同志作了传达布置。西北局派王国、沙夫、杨信等人前往，配合孔师统一行动。

1946 年 3 月，国民党军队进行整编，五十五师改编为五十五旅，旅长孙子坤，孔从洲调任三十八军副军长（即整编师的副师长），监视很严，并准备将营以下干部全部调换。在此危机下，孔从洲派人去邯郸，要求起义甚急。刘、邓于 4 月 29 日立即请示我党中央。中央当日复电同意立即起义将部队拉至解放区，并要求布置接应与堵截追兵。

5 月 14 日，张耀明命令五十五旅第二天一早开往新乡“备战”，不许带炮，实际上已在郑州、广武地区布置重兵，拟于行军途中缴械消灭。孔从洲发觉后，连夜由孝义赶回巩县五十五旅驻地，于 15 日拂晓前率旅长孙子坤宣布起义。蒋介石以第二十七军、第九十军、三十八军十七旅和一七七旅，在空军配合下，追击围攻。起义部队因行动仓促，准备不足，通信联络不好，敌我力量悬殊，被敌打散，二〇四团团长陈日新叛变投敌，余部陆续进入晋冀鲁豫解放区。旅长孙子坤，译电员、共产党员孙乃华（亦名陆仲平）被俘，押送南京审讯后，在雨花台光荣就义。孔从洲脱险后，派人去邯郸联系，军区遂派王国去河南南阳接护。孔从洲在我地下党的护送下，于 8 月 13 日下午安全抵达晋冀鲁豫边区。8 月 31 日，邯郸市举行盛大干部会欢迎孔从洲将军，孔从洲在军区交际处会见了记者。朱德总司令 9 月 6 日致电慰问孔从洲将军。

1946 年 6 月，国民党又调一七七旅于辉县前线。党派杨信、樊中黎前往工作。8 月 8 日，吕元璧、薛生荣率两个连起义，与十七师会合。各师被蒋帮撤换的团、营干部先后越过封锁线，来到解放区。一七七旅的起义，由于投机分子的出卖和反动分子的破坏，大部未能成功。

进入晋冀鲁豫解放区的人员，经过调整，编为五十五师，同时补充了解放区参军新战士 1600 多名，充实了骨干力量。

根据党中央命令，十七师和五十五师按人民解放军的组织原则，组成西北民主联军第三十八军，原部队番号不变。1946 年 9 月 13 日下午 1 时，在河北省邯郸体育场召开了 4 万人的群众大会，庆祝西北民主联军三十八军成立及八路军冀鲁豫自卫战大捷，向全国发了通电。会上，杨秀峰、薄一波、邢肇棠发表了热情洋溢的讲话。朱德、刘伯承、邓小平、滕代远、张际春、王宏坤、王新亭发来了贺电，边区政府以及太行、太岳各党政军机关都发来了贺电，高树勋也发来了贺电。

中央任命的领导干部为：

军长孔从洲，政治委员汪锋，副军长刘威诚，参谋长王汝昭，政治部主任崔仲远。

十七师师长张复振，政治委员梁励生，副师长李慕愚，副政治委员秋宏，参谋长尤继贤，政治部主任张西鼎。

五十五师师长杨健，政治委员薛韬，副师长崔治堂，副政治委员雷展如，参谋长姜树德，政治部主任杨信。

此后，三十八军在刘伯承、邓小平指挥下，在中国人民解放事业中经受了锻炼，做出了自己的贡献。随着形势的发展，部队进行了整训、整编。1948年3月，五十五师一六四团划归豫西三分区建制，4月1日，一六三团归陕南二分区建制：6月，军直与四纵队后方司令部合并组成豫西军区，一六五团编为军区警卫营，1948年6月26日，十七师奉命抵荆紫关整训，划归陕南军区建制，按人民解放军序列，改番号为五十七师。在解放战争中，原五十五师一部渡江南下，参加解放云南作战，一部留陕南、豫西发展地方基干武装，原十七师所属五十一团参加淮海战役后，调归人民解放军序列的五十五师建制，改为炮团。

全国解放后，五十七师由张复振率领转为石油钻探第一师，为祖国的石油开采贡献力量。

1944年中原战役中离队去西安的一部分党员，按西北局指示，学习结业，于1945年9月派往关中陕南地区，打入敌人内部，收集情报，掌握武装，迎接解放，其中不少同志壮烈牺牲。

1946年7月，蒋介石下令撤销第三集团军司令部，要赵寿山去美国考察水利，司令部官佐全部调回西安，我地下党组织将这些同志分别作了安排。赵寿山经党中央同意，先去南京，以办出国手续为名，迷惑敌人，然后由上海地下党负责送到天津温朋久家里，并由姚警尘、温朋久陪同，于1947年3月5日由天津乘火车到达静海县，通过封锁线，进入解放区。7月6日，赵寿山发表了致全国各界通电，历诉去解放区的缘由和今后行动的方针，9月1日到达陕甘宁边区。1948年1月，党中央任命赵寿山为中国人民解放军西北野战军副司令员、前委常委委员。

毛泽东主席曾高度赞扬了杨虎城将军和原十七路军以及赵寿山对革命做出的贡献，肯定了赵寿山从1936年起为党做地下工作的历史，给他补办了入党手续，党龄从1942年申请入党之日计算。

日本投降后，孙蔚如将军兼任国民党武汉区受降主官，1946年任武汉行辕副主任，1948年调任国民党战略顾问委员，7月移家杭州，1949年春，解放军进至苏州，在我党的安排和保护下，由胡振家负责，将其潜居上海，因而未被迫胁去台湾，11月周恩来总理请往北京，1950年8月任陕西省政协副主席。

杨虎城将军所属各部队，按照西安事变的要求，在中国共产党的领导、影响和帮助下，顽强地坚持了八年抗战，光荣地承担了自己的历史任务，其中三十八军（首先是十七师）实际上已改造成为抗日的一支劲旅，实行了革命转变，光荣地加入了人民解放军的行列，无愧于杨虎城将军的历史功绩，走上了杨虎城将军想要走的道路。党在三十八军工作的成功，是长期坚持斗争的结果。历史证明，我党的路线、方针、政策是正确的。广大党员和爱国进步人士在党的领导和影响下，不屈不挠，前仆后继，做出了自己的历史贡献。三十八军走向光明，它凝结着毛泽东、周恩来、朱德、彭德怀、叶剑英等老一辈无产阶级革命家的英明伟大和远见卓识。

历史往往只能遗憾，不能强求。旧军队的改造并非易事，人们世界观的转变亦非易事。三十八军先后起义进入解放区的部队总共不满4000人，不及西安事变后原第十七路军总兵力的十分之一，是一支小小涓流，但她是在伟大的中国共产党的领导和帮助下，数万优秀的中华儿女，用鲜血和生命换来的。中华民族尤其是陕西各族人民为有这支部队而感到光荣和骄傲。杨虎城部三十八军的战斗历程及随后光荣起义的功绩所产生的历史影响和通过这个部队培养保存的大批干部所发挥的作用，远远超过这支武装力量本身的威力。事实是不可磨灭的。

原杨虎城部三十八军的烈士们，安息吧。中国共产党及其领导下的各族人民，决不会忘记你们的历史功绩的！你们热血染过的中华沃土，在中国共产党领导下，将以崭新的姿态，去迎接祖国光辉灿烂的未来！

抗战中固守中条山的日日夜夜

晋震梵[*]

举世闻名的“双十二”事变，由于中国共产党统一战线政策的英明正确，而得以迅速和平解决，促成国共第二次合作，揭开了全民抗战的序幕。事变结束初期，国民党蒋介石认为西安局面“混乱”“复杂”，将东北军调往苏、皖北部，以于学忠任江苏绥靖主任，刘尚清为安徽省主席；逼杨虎城将军出国考察，以孙蔚如将军任陕西省主席，兼负统率第十七路军之责。这种处置，系国民党迫于当时情势的权宜之计。

孙蔚如主陕共一年又五个月（1937 年 2 月至 1938 年 7 月）。1938 年春，孙奉蒋介石电召赴武汉述职。其时，抗日战争虽处初期阶段，而国民党之中央军已节节败退。孙名为述职，实［则］是蒋介石预定要免去其主席职务而另有算计。6 月间，蒋介石又在汉口召见陕西省政府秘书长杜斌丞，在杜返回西安不久，就接到国民党中央电令，分别免去孙的主席和杜的秘书长职务。

---

* 作者原系第四集团军机要人员。

一

孙蔚如卸去陕西省主席后，即接蒋介石电令，着孙即日率部东渡黄河，防守晋南中条山地区对日作战。抗日杀敌，共赴国难，诚为全军爱国将士之天职，既是孙的夙愿，也是杨虎城将军的主张。1938 年 6 月，正值全民抗战的第二个年头，西安各界对孙蔚如将军亲统所部抗御日寇，给予极大的支持和声援，并假西安易俗社举行隆重热烈的欢送大会。当时在西安的国共两党军政大员、地方耆老士绅以及知名人士等，均莅临大会，会场气氛极为热烈。

军次之前，孙蔚如将军已晋升为第三十一军团军团长。军团官兵共约 3 万人，序列为：第三十八军，军长赵寿山（军辖第十七师，师长赵兼）；第九十六军，军长李兴中（军辖第一七七师，师长李兼）；独立四十六旅（系原警备第二旅改编），旅长孔从洲；独立四十七旅（系原警备第三旅改编），旅长王镇华；骑兵团，团长孟庆鹏；教导团，团长李振西。

军团东渡黄河前，十七师和一七七师位置不在西安。

第十七师（欠一个团）配属一七七师之五二九旅，先已在晋东南高平、晋城一带，归第十八集团军彭德怀副总司令指挥进行游击战。在收复上党等 19 个县后，始奉命归还建制。部队在高平附近集中，通过太行山西段山区，到达豫北封门口、邵源一带。稍事休整中，适遇日军一个旅团进犯封门口，接第二战区副司令长官卫立煌电令，师即在原地对敌堵击，激战一日夜，我阵亡营长胡某一人。后终因敌众我寡，难以再战，在指挥部退却命令下达前，部队即行转移，沿太行山北向，迅速摆脱敌火力追击。继续数天日夜强行军，出太行山，沿黄河北岸通过三门峡、茅津，到达晋南平陆附近，靠近了军团。

一七七师（欠五二九旅）配属十七师之孙子坤团，亦先军团部于 1938 年 5 月间，从合阳、夏阳渡河，进驻吴王，归卫立煌指挥，师先后收复了晋南之虞乡、猗氏、闻喜、夏县、安邑、运城、永济等13个县。在收复诸战役中，以虞乡之战最为激烈，敌凭借精良武器对我劣势装备，但我军士气旺盛，斗志昂扬，加之师参谋长许权中捕捉战机适时，指挥得当，使敌遭受重大打击。

一七七师甫驻吴王，日军即向吴王附近之张营镇猛犯，我李少堂营长身先士卒，率部拼搏，战斗至为激烈，李虽身负重伤，而敌则死伤数百。日寇收尸不及，即就地焚化，未烧死者被当地男女乡民用农具或刀剪肢解，此足证日军之残暴兽行激起我国人民之仇恨已达极点。

敌于张营镇受挫后，复来进犯师指挥部驻地吴王，时我军兵力分布较散，除少数部队外，仅有师部官兵及辎重营数百人。敌以强大火力向我进攻，我全体官兵包括炊事、勤杂、饲养人员，一致奋勇还击，予敌重创，得获全胜。是役毙敌数百，缴获枪支、马匹、衣物甚多。我营长李锦峰亦身负重伤。十七师于军团渡河前奉命归还建制，遂进驻永济县之黄家窑。

二

1938年7月下旬，孙蔚如将军亲率独立四十六旅、四十七旅和教导团、教导大队（骑兵团留驻洛川）以及军团部各处、队、台等，从西安乘火车至华阴，再徒步行军到朝邑之成家庄停驻旬余。关于军团部过河后的位置选定，当时意见不甚一致，对此孙曾电赵寿山军长征求意见，赵认为军团部不宜驻永济，其距当面之敌甚近，易受威胁，并牵制部队作战，时卫立煌亦有着孙军团指挥部驻张茅大道之茅津比较适宜的意图，但均未被孙采纳。1938年8月上旬，军团部由朝邑富民村过河，连夜行军至次日上午，抵永济县之六官村，并以该村为军团部驻地。

永济战役——六官村至葛赵镇

军团部甫驻六官村，全军战略部署尚未就绪，遂先以独立四十六旅孔从洲部暂驻永济县城，牵制日军，使军团有时间确定全面作战方略。时永济县境为我一七七师收复不久，敌人蹂躏过之六官村及其附近，满目疮痍，备极荒凉。因避敌外出而陆续归来之群众，无不饱含血泪深仇，痛诉日寇烧、杀、淫、掠罪行，闻之令人发指。笔者所住农家，即有乡民在敌退却时被强拉作挑夫，返回时竟被用刀砍头，幸咽喉未断，以手扶头忍痛逃回者2人。后经我军医抢救，始得活命，而被寇兵污辱、强奸之妇女，甚至老妪、卧床不起者，亦屡见不鲜。

为使广大乡民群众深刻认识日本军国主义之侵略罪行，以期同仇敌忾，我军宣传队向当地群众广泛进行慰问，宣传抗战意义，公演抗日话剧，教唱救亡歌曲，以及组织识字班等活动，收到良好效果。群众义愤填膺地检举日军盘踞期间助纣为虐的一些汉奸、维持会会长等，经我军核实后予以逮捕、关押、审处。

军团部驻六官村，军民相处融洽，但发现当地有些民俗不甚健康。如妇女不论老少，夏天多不穿上衣，仅以坎肩（背心）护住前后心，几乎上半赤身，实有伤大雅。孙蔚如将军目睹此状，即坦率告诉当地村长，着严令取缔，一革陋俗。惜驻时短暂，未知以后如何。

8月下旬，敌牛岛二十师团扑犯永济，与我独立四十六旅激战至烈。配属一七七师之十七师孙团之杨法震（共产党员）副团长，在掩护独立四十六旅战斗中壮烈牺牲，永济失陷。敌突破我左翼尧王台下之西姚温阵地，军团即令总部直属教导团第三营向西姚温逆袭，张希文营长率全营官兵与敌奋战，肉搏一日夜，官兵300多人全部壮烈殉国。与此同时，我一七七师防地黄家窑、李家窑及各山口，均虽与敌接触交火。由于敌系主攻永济，对黄、李等地只是佯攻牵制，故短暂接触激战后，敌即退去，我阵地仍安然无恙。是役，我独立四十七旅副旅长邱铁生、营长谢济民阵亡。

六官村附近有一土山，为永济县之制高点，日军占领时，曾在山上筑有炮兵阵地。土山上有一塔名六官塔，相传为古时遗迹，唯因戎马倥偬，未及查考。某日，孙蔚如将军偕幕友数人前往登临，举目远眺，永济山河尽收眼底。记得孙当时曾赋得七律一首：

烈烈风云荡寇氛，中条走马日将曛。
十年积恨侵辽沈，百战提兵涉潞汾。
师克在和壮在直，挥汗如雨气如云。
待看斩尽楼兰日，痛饮黄龙建大勋。

由于教导团张营奋战肉搏争得了时间，军团主力及炮兵遂得从容转移阵地。之后，敌又进犯我第二线之新店。教导团凭借坚固工事，持续与敌激战七日之久。军团部为避免受敌威胁，即由六官村夜行军转入中条山内，初撤“水幽”，继撤至“神西村”。“水幽”“神西”两地处于群山环抱之中，林壑蔚秀，溪流淙淙，松柏苍翠，景物宜人，行军至此，顿感心旷神怡，不禁为我大好河山而自豪。唯该地偏处深山，虽物产丰饶，生活殷实，但乡民风化迟开，与山外相比几同隔世。村妇均发绾顶髻，钗环罗插，衣着红绿，袖宽盈尺，犹若戏装，观之甚觉离奇。部队到时，群众惊愕，也不知抗战为何事，与年长者交谈，竟说是中国与俄国人打仗，还以为我国仍系帝制，皇上为阎锡山。斯时抗战已逾周年，而此地群众仍愚昧如此，即为洞见老奸巨猾的阎锡山数十年愚民统治，达到何等惊人地步！另外，在如此闭塞之山区“神西村”，居然有外国人修建之二层旧式砖楼教堂一幢，当时尽管人逃楼空，但不能不使人感到帝国主义对我侵略，在旧中国真是无孔不入。

山村房屋太少，大部队宿营困难，且当时芮城已陷，形势对我极为不利，于是军团决定继续东移，不料开抵“江口”，又陷入敌围。前临敌军，背依黄河，枪炮声清晰可闻，山间敌骑出没搜索，情形险恶，进退不易。军团指挥部再三研究，一时无法解此危局。后知悉，西安对我军此时处境曾谣传三十一军团已全军覆没。际此情况，曾决定急电洛阳第一战区司令长官卫立煌，要求速派船只接应军团南渡，暂解全军覆没之危局。当笔者持电将送电台拍发时，幸赵寿山军长在平陆之中张村已与军团部取得联络，接通电话。孙即找赵通话，因赵外出看地形，由参谋处长于寿亭接话。孙告于以情势万分危急，请赵率部立即西进解救“江口”。赵得报后，说，解救“江口”之危，于公于私均不容稍缓。军团部接赵致孙急电，电文内容大意是请孙坚定沉着以待救援，同时也有责难之意，因渡河前未考虑赵之建议，致有今日之危。孙得赵电，立即口谕致卫立煌电停发。此时，赵即以约3个团（第十七师殷锐敏团、李维民团及张恒英一个加强营）之兵力连夜向陌南镇挺进，拂晓与敌接触，激战至下午，将陌南镇收复。军团得报，当晚即行东移，到陌南附近之二十里岭，发现敌炮兵阵地在山上，我军在山下，距敌人很近，遂令部队暂停前进，口传命令：扔掉不必要之行李辎重，禁止说话，勿使武器械具发生声响，继续轻装前进。敌从山上用探照灯对山下交叉照射，并以骑兵搜索，我军则衔枚疾走。幸逢滂沱大雨，敌探照灯作用不大，终于顺利通过敌之封锁线，次晨到达陌南镇时，赵部与敌战斗甫停，但见敌尸遍野，可想战况之烈。军团脱险后，仍以强行军奔赴葛赵镇。

“六六”战役——葛赵至东延村

军团10多天日夜奔走于深山丛林之中，官兵已很疲劳，遂在葛赵镇休整旬余，后继续东移至车村，停驻近月，再转进张峪，直至东延村，设军团指挥部。当时部署，以独立四十七旅王镇华部，于虞乡一带作运动战，其余大部担任解县、运城、安邑、夏县一带迤山防地之防守任务。此地区前为同蒲铁路，后背黄河，横亘300余华里，纵深约40华里，其间沟道错杂，交通极为不便。是时与敌仅有小接触，并无大战，故我军宣传队在东延村及附近村镇，广泛向群众宣传抗日，演出抗日话剧，宣传队人员还担任教师，恢复乡镇小学，举办妇女、成人识字班。由于宣传队积极宣传鼓动，因而群情振奋，抗日情绪高涨。

同年10月，孙蔚如奉蒋介石电召赴重庆述职。孙到重庆后，蒋除沿袭官场惯例予以奖励外，还特别手谕军政部给我军团数百挺前方急需补充之轻重机枪，在重庆经国民党参谋总长何应钦批交军械司发给，但未拿到实物，而是批到宝鸡军械分库。孙返回时途经宝鸡，分库又以库无存品，复签转至西安军械分处，而分处仍以库无存品相支吾，后经我军西安办事处赵雨晴处长以狐皮大衣等“厚礼”送给该军械处长李英豪，始领得总数之一半，其余一半就再无下文了。国民党军政人员之贪污腐化和对所谓杂牌军之苛待，令人发指。

孙返东延村前线不久，11 月间晋升为第四集团军总司令。部队除原有军师旅团外，另配属第四十七军（川军），该军军长李家钰还兼任第四集团军副总司令。

这期间，我军谍报人员席尚武参谋，常在安邑、运城一带刺探敌情，搜集情报。因之与日伪皇协军某部有所接触，了解到在伪军中亦有少数人尚有爱国之心。为日伪皇协军戚文屏师之尚老五团，在席策动下，意欲反正。总部指定宣传人员刘剑与该伪团接触往来。在席尚武引导下，尚老五本人曾化装由运城潜来总部一次。待时机临近成熟，孙派苏资探持孙亲笔函，由席导路由运城策反，得到成功。电报蒋介石批准后，即将尚部改编为新编第三十五师，孙派姜伯范为临时指挥官。

1939 年初，敌猛犯我九十六军、独立四十七旅中条山西段防地，我军迎击，2 月间，敌又分六路围攻四十七旅，激战七日夜，终以众寡悬殊，粮弹不继，为敌冲破防区。王镇华旅长负伤后，仍率部反冲敌军正面，突围而出，转经虞乡、猗氏、闻喜、夏县，由中条东段返回。是役，官兵虽有伤亡，但在战术上实创一先例。3 月间，敌又纠集数千人，由运城张村犯我茅津十七师防地。我军奋勇逆袭，敌不支溃退。惜四十七军未按限期到达指定位置，致误战机，使敌逃逸。

6 月 6 日，日军牛岛二十师团、川岸三十七师团的一个旅团、关原六野炮二十六联队、山炮一联队，配合山口飞行一队，计战斗机、轰炸机共 38 架，分九路向我九十六军、三十八军、独立四十六旅阵地进犯，将我军大部包围于平陆以北，战况至为激烈。总部驻地大受威胁。当孙蔚如将军正考虑总部是否转移时，赵寿山军长从前沿跑至总部，促孙立即转移，以免牵制部队作战。7 日午后，总部由东延村移驻岳家庄。总部甫离东延，就见火光冲天，敌又以“三光”狠毒手段大肆纵火烧毁田间成熟小麦，进行中枪炮声不绝于耳。但由于我赵、李两军长指挥有方，配合紧密，激战 10 日，予敌重创，复又绕敌后安全转移至张茅大道以东，恢复了原有阵地。敌以损失惨重，未敢立足，遂窜出山口退走。是役，我军伤亡官兵约5000人，敌则伤亡逾万，其中包括歼敌一个山炮中队。后得情报：敌在运城开追悼会时，仅士官以上骨灰盒即达1700余具。

“四一四”战役——郭家恒至河南蔡庄

“六六”战役后，8月间总部由岳家庄继续东移至郭家恒村，此后较长时间敌我进入相持阶段。

1940年4月14日，敌又以牛岛、川岸两师团之大部万余人，侵犯我左翼九十六军防地。我依原定之作战计划，逐步诱敌深入我既设阵地后，立即由我右翼之三十八军主力向敌侧猛烈攻击，激战持续两周，予敌沉重打击，敌终不支溃退，我仍恢复了原所有阵地。此役，除缴获敌大量枪械马匹外，还缴获敌之作战命令一件，我则伤亡甚微。

此后，虽有战斗，但多系小规模接触，未发生大战，故我军得以长时期整休。原编入我集团军战斗序列之四十七军，因李家钰升任第三十六集团军总司令，奉命归还其建制。

1940年八九月间，为了提高下级军官军事素养和政治思想，总部在郭家恒附近之娘娘庙，成立了军官训练班，孙兼班主任，申及智任教育长，军事教官有樊雨农等人，政治教员有宋绮云等人。训练期间，孙之旧友及原十七路军一些人士，如杜斌丞、续式甫、王居仁、王宗山、韩威西等，曾相继由西安来郭家恒慰问孙、赵和李等人。

郭家恒地方，男婚女嫁年龄相差过于悬殊，男的10岁结婚，女的则已20多岁。据说这种情况，当时在晋南中条山区还相当普遍。而地方政府却听之任之，从无改革之说。旧政权的腐朽以及无视民众利益之现象即可见矣。

11月间，第四集团军奉调至河南驻守，担负郑州、洛阳河防。所辖各军、师、旅除就近选点南渡黄河并按指定方位进驻外，总部各处、团、营、队、台等，由大坪东进，驻于偃师县之南蔡庄。沿河东西一线之部署态势是：九十六军驻洛阳之平乐为左翼，三十八军驻荥阳一带为右翼，总部及直属部队居其中，全军同心协力开始执行抗日战争的新任务。

至此，第四集团军全体将士固守中条山，与日寇拼搏三年之久的战斗历程始告一段落。

三

回忆第四集团军在40余年前抗日作战的史料，勾起人的无限感想。第四集团军系当时国民党所谓的杂牌军队，它以劣势装备，对付装备精良、配有现代化之飞机、坦克和大炮的日本侵略军，卒能杀敌致果者，皆赖我军官兵士气旺盛，斗志坚强，指挥得当，破敌有方。其能如此，主要缘于这支部队是杨虎城将军数十年亲自精心培育，不间断锻炼，逐步由小到大发展组成的。杨虎城和张学良两将军发动震惊中外的“双十二”兵谏，其苦心实为挽救民族于危亡。第四集团军全体官兵用命疆场，克敌致果，亦在于完成杨将军未竟之志。记得孙蔚如将军曾在东延村对军团部全体官佐进行过一次测验，以针对敌强我弱特点，必须发扬高度爱国心和勇猛作战精神之意命题作答。孙及参谋长陈子坚、秘书长李百川等均亲临试场，对此十分重视。事后回思，此举从武装思想做起，不仅当时必要而且意义深远。

中条山系陕东屏障，为日军必争之地。我军防守三年中，敌大举进犯计11次，小接触每天皆有。抗战初期，正值敌气焰十分嚣张之际，但仍畏视守中条山之我军为其盲肠之患，亟欲拔除之而后已。我军面对强敌，身处险境，运动不便，回旋维艰。兵法有云，“置诸死地而后生”“两军相遇哀者胜”。我各部队作战多是独立担当任务，不望增援，勇战三年，终使日寇未能西越雷池一步，使陕境得以保全。虽大局主要在于中国共产党领导的广泛游击战对敌起战略牵制作用，但就局部而言，我三秦健儿厥功甚伟。我一七七师初过黄河，在虞乡战役中获敌上报文件中，虽载有“一七七师素质（指装备）不良，是杨虎城的部队，骁勇善战，不可轻视”。敌之判断也算“敏聪”矣！

我军纪律素较严明。防守中条山期间，与当地群众关系融洽，广大乡民不为敌用，而实有助于我。山间居民习惯利用山沟、河畔及路旁栽种桃杏李枣等果树，田间则多种玉米、红薯，平时无人看管，问其故，则答以有“哨兵”看管甚为保险。驻地我军官兵中亦从无人随便挖掘摘食。我军作战于山区，行军较难，常得乡民导路而顺利行进。三年来，未发生过由于错引路径致遭敌算的情事。尤其是敌始终不知我高级指挥部所在，实系军民一心，严守机密之故。“六六”和“四一四”两次战役中所获敌全部作战命令，其附图所标记我之高级指挥部位置均属错误，可证敌不知无疑。搞好军民关系，实为兵家决胜不可或缺之重要条件。

中条山防守战，我军伤亡固大，而敌则更数倍于我。从所缴获敌之文件中看，即载有敌二十师团在侵犯中条作战以来，曾先后补充新兵达 19 次之多，其损失之惨重概可知矣。

笔者原系第四集团军之机要人员，从部队始渡黄河至调守河防，均未离开部队。上述片断回忆，虽系亲身经历见闻，但时隔 40 余年，贻误之处，必所难免，希望知者予以教正。

抗战初期北战场的一些情况

赵鸿勋 *

一

1937 年 7 月中旬，我由庐山训练团毕业，国民党军委会政训处调派我到西北军十七师做政训工作。离庐山，到九江，转汉口，搭平汉铁路火车赴保定。在黄河以南还没有看出战争状态，到火车过黄河铁桥时就戒严了，车窗完全关闭，宪兵在车上巡察监视，铁桥上每隔一节都架设着高射炮，到保定后，我去师部政训处到职，师长是赵寿山，陕西人，年龄 50 来岁。我是云南人，他不相信："云南人会像你这个样子吗？我以为你是下江人。"他介绍旅长耿志介、团长孙子坤等。同我见面（这个部队是杨虎城的部属，他们对"中央"思想上是有意见的）。他们表面上是敷衍客气，但对我很有戒心，在我面前总是少说话。作总理纪念周同他们讲了一次话："中央决心抗战，委员长在庐山随时同我们讲，这次是下了决心，要抗战到底，

---

* 作者当时系第十七师政训处主任。

动员全国的人力物力，支援前线。华中部队，源源北上抗日，我们十七师是坚决抗日的先锋，在全国早已闻名，有光荣传统的历史和战功，中央非常倚重，希望各位英勇的官长弟兄们，继续发扬光辉的革命精神，与日寇誓不两立，予以迎头痛歼。”

由于这个部队对国民党中央原来就有隔阂，由“中央”派来做工作是很棘手的，随时有受歧视、不理睬的种种阻力，工作无法进行。与我同时派来西北军的一些工作人员，因为受了排斥，工作也还未着手，就借故发脾气回南京，加重语气，乱报一通，更造成抗日统一战线的矛盾局面。我认为这些做法，是完全不顾大局，不以国家民族为重，还要意气用事，是错误的。在全民族一致抗日的前提下，应当是“抗战第一”，委曲求全，和衷共济。虽然环境不同，主客悬殊，更应当要创造条件，迁就笼络，以达到团结一心，同仇敌忾，共同对付民族敌人的目的。所以我对他们讲话与相处，专门注重打气、鼓励，设法接近他们，化除他们对“中央”的成见。

赵师长对旧文学很有修养，喜欢饮酒赋诗，我与他年龄尽管悬殊，但因为我也好古典诗词，由于兴趣相投，时间一长，有了交情。师长对我接近起来，有时候饮酒唱和。副师长、旅、团长等对我的态度也就转变，互相戒惕的心理，也逐渐化除了。

我是云南人，云南在旧社会是半殖民地的省份，英、法两国对云南的侵略、压迫，早已感受很深。尤以日本军国主义从甲午战争至“九一八”事变以来，一系列对中国的侵略蹂躏，痛恨的印象，从小就深入脑际。现在能够到前线参加抗战，得偿平生夙愿，不禁使人奋发。

我到保定后，日军的兵力源源增加，继续进犯，妄想长驱直入，是无疑的了，前线节节转移，不可能稳住下去。那时总指挥是冯钦哉，在保定一线调集10万左右部队（部队也很复杂，有西北军、东北军、川军，等等）。准备在保定决战，河北都是大平原，无险可守。好几万人在外围挖战壕，构筑工事。十七师少数部队在城里，大部分在城外参加筑工事。我经常下乡去看，几十里无数的部队都在做工，人喊马叫，非常紧张。有一天我骑着马去视察，在农民家里休息，农民捧来一杯茶给我，无意中茶杯打碎在地上，我觉得这是不吉的预兆。刚一出门，一群军马互相乱踢，我膝盖上被踢了一脚，由马上滚下来。战争就要临头，又受了伤，思想上非常沉重，如果前线不支，一旦撤退下来，脚是跛的，怎么办呢！幸而药效好，在短期内就很快恢复了。

战壕的修筑，进度很快，交通壕内可以开汽车，在地下旋回奔驰，10万大军积极布置，士气也很旺盛，保定的决战是已经肯定了。几十里密密麻麻，尽都看见士兵，简直成了兵的世界了。

一天，我同赵师长并马出城去视察，在中午的时候，保定城发出了空袭警报，顷刻之间日本飞机来了30多架，向保定城更番轰炸了1个多小时，烟灰弥漫，有几处起了火。赵师长怒不可遏："这些强盗啊！这回战争快要临头了！"又对我说："赵主任，你年富力强，有胆量、勇气，以后我两个随时在一起！"

敌机走后，我们回城一看，好多大街小巷炸得歪三倒四，不能通过。大火正在燃烧着，军队、医院到处救死扶伤，尸体像木材一样，堆在大车里，运出城外埋葬（后来统计，死伤达1800多人）。政训处的房子也被震歪掉，传令兵炸死一人。因为大家都没有预防空袭经验，不知疏散隐蔽，敌机一来，就拥挤逃命，目标太大，造成严重牺牲。经这一次轰炸，军队、群众受到了教训，大家提高了警惕，更激励了同仇敌忾之心。民心士气更紧张起来，清除街道、整理房屋，几天之内，又恢复了保定市容。

师部、政训处搬到农村去住，我们所住的房子还算不错，有花木、有玻璃窗，房主人是一个中学校长，曾到过日本留学，年龄50多岁，家里相当富裕。老百姓惊惶不安。有的已疏散迁徙，独有这房主人神态自若，照样浇花、养鱼，没有疏散避居的打算，我怀疑他大概是个汉奸，但因部队不久撤退，没有机会侦查落实。

前线抵御的部队，有点不能支持，步步南移。保定已经隐隐约约地听到远处传来的炮声，敌机每日有几起在上空盘旋侦察。各部队忙碌、奔跑、紧张的现象，已改变成冷静、沉默、隐蔽，郊区几十里，已很少见有行人，部队已在战壕及乡村民房里，很少出来，辽阔的原野在沉寂中呈现着一股杀气。有一天清晨，阵地前方突然发现日军的几十个侦察骑兵窜来，被前沿部队的机枪扫射，便狼奔豕突地向后跑了。我阵地战的部队死守抵抗时，八路军友军正分成小队向敌后挺进。

两天后，前线部队分成几路撤到后方去，敌机继续来保定阵地上空施行轰炸，跟着炮弹也飞来了，炮打得差不多后，又用坦克来冲。我们沉着应战，在他飞机、大炮狂轰时，我们置之不理。等到敌坦克接近后，就用炮同机枪集中火力猛烈射击，把它打得狼狈后退，无法接近。到了夜间又沉寂下来，尽管敌无数次的进攻，我们士气并未低落，全线在艰苦中继续抵抗，敌人也不敢轻易前进。

赵师长作战很坚毅、勇敢，随时在战壕里与士卒共甘苦。他对我讲："我早已把生死置之度外，与日寇誓不两立。"有一次敌人炮弹轰来，战壕前沿的土块崩下来，把赵师长的身子盖了半边，我马上把他扶起来，他昏过去几分钟后，马上又振奋起来说，"没有关系，毫无问题"，继续指挥。他这种坚毅的精神，使我很受感动。

这样打了10余天，牺牲相当大，敌机是不断地来炸。有的官兵窃窃私语说：我们这方面的飞机，平素听见有多少多少，不知逃避到哪里去了？这里有个啼笑皆非的答案：蒋介石的侍从秘书邓文仪（黄埔一期、十三太保之一）曾在南昌开了一个大玩笑：他在飞机库里，忽然起了个好奇心，擦了一支火柴，在飞机器材上试烧了一下，看是什么质料做的，不料飞机器材一着火，就完全烧起来，无法扑灭，硬烧掉了50架飞机。蒋介石气极了，先要杀他，继后一想，杀了也无济于事。这种胡闹，损失之大，也太令人发指了。

有一天我同师长在前线督战，敌人猛扑过来，战况进入白热化，双方伤亡惨重，阵脚有点动摇。师长用手枪指着孙团长喊："孙团长你不能退哟！你退我就先打你！"孙团长脸色苍白，下巴上淌着血，硬抵着不退。他又喊各营长坚持下去！阵脚稳下来，继续又抵抗了两天。不料到第三天夜里，左翼的友军暗中撤退，第二天敌人就锥形插入，阵线动摇。有了漏洞以后，插入的敌人蜂拥跟进，迂回抄袭。我军各自为战，已无统一联系，总指挥采用紧急措施，令调损失较轻的部队留后，掩护大军南撤。

在中秋节前后的一天夜里，我军由保定城外撤退，远望保定城中，已是火光冲天，照彻郊原，火焰中有很密的爆炸声音，究竟是日军已包抄占领了保定城呢？还是汉奸放火呢？这一点在当时我真不得其解，又是愤慨，又是激动的情绪不能平静下来，多少万漫郊遍野的部队，含枚急走，只听见脚步声、马蹄声。几十路纵队你挤我拥地撤了下来。

急退沙场十万兵，漫山遍野密层层。
山川肃静人声寂，只听嘶风战马腾。

走到第二天太阳已落的时候，前面部队停住了，只看见一望无际的一大片部队停满了田野，问为什么不前进，答说：前面是滹沱河拦住，部队正在渡河，一下过不了。那时我们的队伍已被拥挤冲散，师长、副师长、参谋长都不知冲到哪里去了。我同师部及政训处的几个同行，下了马，从很乱、很复杂、就地休息的队伍中曲折穿插前进，走了十几里路，已经快要黄昏的时候了，才看见河边。河上事先预备铺设的两道浮桥，因前面抢渡的部队太多，把桥压断，搭桥的浮船也冲掉了。我在河边看了一下，还是有很多人徒涉抢渡，会泅水的浮过去了，不会水的淹下去很多，有不少的军帽浮在水面上。天是黑下去了，水的深浅更看不清，如要徒涉抢渡，那是绝无生还的，万不能冒这无谓之险。

我率领跟我的人到下游，看浮桥的船会不会漂在下面，结果一无所有。时间已是10点多了，大家疲乏不堪，饥肠辘辘，找到了农民家，给他们钱，吃了一顿晚餐。又请来村里的当事人员，付了点报酬，请他连夜找好板子，扎成浮排。在拂晓以前，我们划过了对岸，回头看时，后面未渡河的部队还很多。国民党的军队——大兵团，就这样地不断溃退，但在拂晓时，我又遇见八路军的部队两起，有三几百人，向敌方活动前进。我心想，为什么我们这多的军队撤退，而八路军倒反能够前进呢？天亮后，又听见传来很密的炮声，掩护部队正同敌人激战中，在退却的当中，敌机沿路追袭，发现密集队伍，就俯冲投弹、机枪扫射，我方一无飞机抵御，二无防空设备，天空中敌机成群，来去自如。白天简直不能走路、起火，只在隐蔽地方休息。夜间才能行军、煮饭，有时做饭不便，就吃干粮、喝冷水度日，沿途经过的村庄，所有老百姓都已跑完了。一段时间内，干粮也缺乏，只找着枣子充饥。

敌机沿途丢下了很多传单："南京、上海已经失守，蒋介石失踪"，等等谣传，以乱军心。人们太疲乏了，走起路都在睡觉、做梦，绊着脚一下又惊醒过来。一路的大小火车站，特别炸得厉害。一天清晨，一个小火车站被炸后，工人正在抢修，部队又刚过来，敌机经过发现，就更番俯冲投弹及用机枪扫射，一时没有地方躲避，当时炸死了 100 多人。

二

到了石家庄，师长及师部的人，在收容集中本师的官兵，本师原有五个团，因伤亡溃散，结果另编着三团多点。同其他部队扼守石家庄，抢修工事，挖筑战壕。等掩护部队退下时，又在此拦敌抵抗，先退下的部队有五六万人，又加上增援的生力军，总计七八万人，以数量来讲，还是不少，可以一战。

石家庄的堵截部署，很快就准备好，前线掩护部队，且战且走，也退到了石家庄，敌军先锋部队，跟踪又追上来。由于他们轻率冒进，被我布防队伍，猛烈夹击，把他们消灭大半，我军乘胜反攻，前进 30 多里。士兵们还在一个被打死的敌军下级军官尸体上搜获一封家信，一张很漂亮的日本女子照片，是这个死者的妻子寄给他的。信内大意是祈祷她丈夫在前线平安，并盼望战事很快结束，夫妻早日得到团圆。日本军国主义战犯，强迫征调其人民，侵略中国，"寡人之妻，夺人之子"，丈夫已死在异国了，妻子还在祈祷夫妻早日团圆。正是："可怜无定河边骨，犹是春闺梦里人。"

我军把敌人先头部队击退，但敌又猛烈反扑，村落据点反复易手。在敌军大部队增援及飞机轰炸下，石家庄阵地跟着沦陷。这一次战役，对我军心士气挫伤不小，终于分两路撤退，一路沿平汉线南移，一路退入山西。

十七师被指定守娘子关，进关时受晋军及山西老百姓的欢迎，一路悬挂灯笼，贴满标语，供应粮草。山西还有很多抗战组织："决死队"、"牺盟会"——救国牺牲大同盟等等。看起来是井井有条的，不像在河北那样混乱。

娘子关有绵亘不断的崇山峻岭，是河北进入山西的天险，已不比黄河南北一望无际、无险可守的大平原。我们进关后部署防务，满以为如此的天然屏障，敌人插翅难飞，可以作长期的扼守。当初几天，敌机也不来侵扰，部队在抽空整理。过了半月左右，敌机来了，头几天在上空盘旋侦察，后来就是轰炸，用它的老一套来进攻，我们沉着应战，不理睬它。有时敌机一来，师长就带两个卫士约我到隐蔽地方疏散。敌人这样的用空军扰乱了十几天，最后用部队进攻了，但是娘子关山势很险，我们居高临下，它是仰攻，我们是俯击，它的死亡是相当大的，它很多次数的进攻都被我们击退，山坡上到处都是敌军的尸体。但它的部队不断增援，飞机大炮更加倍狂轰，我们也是坚决固守。我同师长在指挥所几昼夜都没有睡，在确实疲倦的时候，师长也只是扑在桌子上随便眯一下，有时喝酒来兴奋精神，战斗意志丝毫没有消沉。师长还写了好些诗来发抒感怀，我还记得有一首七言绝句：

妖氛弥漫寇方张，百战何辞作国殇。
士卒冲锋杀敌处，娘子关外月如霜。

敌人在猛烈的火力掩护下，向我方扑来，我们的工事被炸弹轰毁很多，作战的情况是相当恶劣的。

娘子关前面，有一座雪花山，同娘子关高处差不多，成掎角之势，要守住娘子关，就一定要守住雪花山。师长派张团长率领所部守这个山，敌人先来攻这个山，因为地势险峻，颇不易攻，敌人曾付出了很大的代价，伤亡不小，进攻了十几次，均遭击退，最后用30余架飞机轮番轰炸，大炮猛烈射击，才夺了制高点。张团长率部退向侧翼，这样一来，大为影响战局。总指挥黄绍竑下令追究："雪花山的得失，关系娘子关的弃夺，责令夺回！"赵师长就斥责张团长"不惜任何牺牲，定要夺回雪花山"。给张团长补充兵力、武器，筹划反攻。我曾写了一首诗给师长，预祝反攻胜利。

> 对垒重关夜寂寥，河山无色景萧萧。
> 军书草罢鸡初唱，战斗方酣血未消。
> 角鼓频传呼杀震，兵符密领气冲霄。
> 出奇当用包抄计，破敌还须在拂晓。

一天在拂晓以前，张团分为两路“含枚急走”，以极迅速勇猛的行动，进行反攻，娘子关方面以 20 多门重炮猛射掩护，拼命地冲上去又被打下来，几经反复。很紧张地打了 5 个多钟头，最后到了拉锯战，双方伤亡惨重，我军兵力配备数量，本来超过敌人两倍以上，以数量的优势，终于夺回了雪花山。但事有不幸，张团长占领雪花山高地以后，应该固守。可是他凭当时一股勇气，驱兵下坡追击，敌人又以另一部分兵力，从侧面迂回，再次占领高地。雪花山得而复失，敌人用重兵固守，无法再攻。雪花山为敌占后，就以重炮猛烈威胁娘子关，昼夜不停地射击，娘子关受了敌人火力控制，难以久守。

山西是华北战略要地，娘子关的存亡，关系到山西的存亡，山西的存亡，关系到华北的整个战局。因此问题不小，总指挥部追究责任，要惩办赵师长，赵师长无法庇护，只有追根卸责，将作战经过，据实呈报，上令军法从事，不能姑宽。赵与张本来私交很深，为执行军令，出于无法，先把张团长拘禁起来，听候处决。一天早晨，师长的几个武装卫士把张团长拉出来，张知道有点不妙了，说：“杀我也好，我要见见师长！”卫士说：“师长出去了。”（其实那时师长在房里，也是很难过的）就把他拖出营门外，枪声一响，师长就跑出来，痛哭流涕，就像三国上失街亭“孔明挥泪斩马谡”的故事。

雪花山失守后，娘子关在敌人火力威胁下，坚持固守，双方昼夜不停地炮战，但因敌我火力悬殊，又加以敌人的飞机天天轰炸，娘子关的国防工事，均被摧毁，继后敌步兵在猛烈炮火掩护下，反复攻关。双方进行了半月战斗，敌人屡退屡进，娘子关阵地有点动摇了。阎锡山是把娘子关交给前线下来的部队后，把晋军后撤，保持实力，不给支援，娘子关在这种情况下终于失守。

娘子关退却时，部队已经所剩无几了，伤亡的伤亡，溃败的溃败。赵师长在退下来时，忧愤交加，头发、胡子都急白了（从前在故事上讲：伍子胥过昭关，一夜把胡子急白了，确实话不虚传），路也走不动，骑马也没有精神了，由士兵扎了一架滑竿，坐着滑竿，继续后撤。

一天走到了一个村落——三郊边村，第二天清早，正在吃饭，准备继续前进，忽然听见枪响，对面的山坡上，有人向我们射击。门外的警戒兵向他们还击，我出去一看，见有十几个穿棉布大褂的人，在树林里架起轻机枪正向我们射击。师长说：一定是敌人的便衣队来了，可能后面还有队伍，我们不要在此耽搁了（那时我们只有师部的一些杂务兵，没有战斗力了）。早饭也没有吃完，马上收拾东西就走，由特务连掩护，一面抵抗，一面走。村子里的老百姓也跟着我们跑。到了晋阳，收罗人马，编下来只有3个营，装备也不齐，已不能作战。我给“军委会政训处”拍了一个电：“本师五经战役，仅存三营，溃不成军，无法作战，我准备即日南下来处，详情面陈。”同时，对师长说：“现在本师不能作战了，只有请求补充，我也要回南京，请求另调工作，我们后会有期。”我同赵师长相处很好，又要分离，非常“惜别。”

到新中国成立后，1960年前后，赵师长因为是抗日名将，德高望重，出任陕西省省长。我同他通了一两次信，曾写过几首诗给他：

廿载风霜半白头，沧桑每忆昔从游。
传闻尚喜廉颇健，破贼曾看裴度猷。
名重三秦推物望，功成百战慰民区。
轻裘缓带西京道，今朝人物数风流。

西北风云永奠清，民安物阜庆升平。

服膺马列融通政，兼备文武见独真。
名将风流诸葛度，书生意气放翁情。
辉煌事业犹须待，祝公珍重在尊身。

尚忆当年抗日秋，三门险峡我曾游。
急流澎湃人难度，夜气阴森鬼亦愁。
战马绝蹄惟止步，怒涛拍岸势翻舟。
和平建设于今日，已是安然天际流。

三十八军抗日战场战地见闻片段

于景祺＊

震惊中外的西安事变后，时间甫及半年，日本帝国主义者即迫不及待地把蓄谋已久的侵华政策，由蚕食进而一变为鲸吞。遂于1937年7月7日在宛平演习，故意挑衅，制造了卢沟桥事变。

原十七路军第三十八军，在陕西首先请缨抗日，开赴前线，在河北、山西、河南各个战场，坚持了八年抗战，谱出了可歌可泣的英雄事迹。最后起义，“回归人民大家庭”，参加新中国的各项建设工作。

河北战场

1937年8月，三十八军所属的第十七师（赵寿山部），在陕西三原集结后，南渡渭河，开赴河北战场。

＊ 作者当时系三十八军军部作战科长、参谋处长。

当时的战斗序列为：

师长赵寿山

副师长陈硕儒

参谋长方少海

第四十九旅旅长耿志介

第九十七团团长李维民

第九十八团团长陈际春

第五十一旅旅长张骏京（在河北，张为自行车撞伤，由副旅长申及智代理）。

一〇一团团长陈鹏九

一〇二团团长张世俊

补充团团长王尧辰

炮兵营营长赵益元

工兵营营长（姓名忘记）

特务连连长赵伟如

辎重兵团团长上官树德

一七七师五二九旅（许权中）亦归赵的序列，随同出关，后被有意分割到同蒲线北段参战。

部队东开，在渭南登车，经由洛阳、郑州，北开至保定、徐水，在固城车站下车集结，旋即在漕河南岸布防。在西由漕河车站，东迄新安、白洋淀之线占领阵地，构筑工事。左翼为二十六路军孙连仲部，右翼依托白洋淀湖。师之阵地正面过宽，难以作纵深配备。

当时平汉线指挥官刘峙，指挥部设在机动的专用列车上。他在铁道正面控制和配置的部队为二十六路军孙连仲部（孙为第一线的左翼，三个师，十七师为第一线的右翼），阵地直前（在左前）为杂牌军孙殿英部，由固城向北至琉璃河线警戒。直后控置了装备较好的五十二军关麟徵部，为机动部队。

刘峙等人执行蒋介石的指示，仇视参加过西安事变的部队。第一，把这些部队摆在宽广的第一线上，借日军之火力，以消灭异己；第二，还把十七师之几个团，分割使用，将半数部队拨给关麟徵所属各师指挥，以削弱其力量，造成指挥和战斗上的困难。

平汉线南侵的敌人，为川岸兵团，由二十师团和其他一些特种部队组成，约近两个师团。于 9 月下旬（中秋节前后），在陆空配合，坦克大炮的掩护下，沿平汉路向南侵犯。同一时期，津浦路敌人也开始南侵，作战于大城、青县之线。

刘峙坐在火车上，为飞机大炮所吓倒，随即离开保定南逃。关麟徵的五十二军各师，也秘乘火车，撤离前线。左翼孙连仲部与敌接触后，逐次南溃。

十七师受有掩护左翼兵团退却之任务，于原阵地奋战两昼夜，伤亡极重，遂撤至保定东南之阜河，继续设防。在仙人桥、狭窄桥一线，与敌苦战。在这条线上，日军以坦克、重炮配合猛扑，直至开展白刃战。我军坚持了一昼夜，予敌以重创后，逐次后撤至深泽县附近。

在后撤途中，还经过沙河、滹沱河，河水泛滥，人员辎重也损失很重。

部队南撤至藁城，遂向西转进，奉命扼守晋东娘子关既设阵地。

娘子关战役

1937 年 10 月初，守备娘子关的部队，先后进入阵地。娘子关正面为十七师，左翼为二十七路军冯钦哉部（两个师），右翼为中央军第三军曾万钟部（三个师）。孙连仲的二十六路军（三个师），正在集中，准备至太原以北战场，经黄绍竑要求，留娘子关作总预备队。还有正在增调的入晋川军孙震军，正在运输途中。

黄绍竑以第二战区副司令长官名义，指挥娘子关战役，于 10 月 10 日到娘子关。后设指挥部于娘子关西 30 余里之下盘石车站。黄到娘子关后，首先和十七师赵寿山师长见了面，了解了情况，继以无线电向冯钦哉联络，但一直到娘子关失陷，都未与冯钦哉联络上，原因是冯钦哉根本就没有把电台架起来，为了避开上级给他任务。

日军川岸兵团（敌二十师团，并配属其他特种部队）于10月11日向娘子关侵犯，攻击娘子关正面。一部（一说为主力）向娘子关右侧循微水、南漳城前进，进攻旧关。这里是十七师与第三军的接合部，是战线上的薄弱部分。

十七师担任娘子关正面防御，布防于关外突出部分雪花山、乏驴岭。一部配置于铁路两侧高地。前进阵地推进至东窑岭、狼窝。这一带皆为石山，没有什么“既设阵地”，只能取石堆土，或以麻袋填土做成临时掩体。10月11日上午，敌川岸二十师团以步炮空联合兵种，向娘子关一线进攻，雪花山首当其冲。经一昼夜之战斗，敌人被挫于我阵地前。

向娘子关右侧迂回的敌人，一举突破了旧关。并随着后续部队的增加，突破口愈来愈扩大。敌以一部向南压迫第三军，以主力向北，企图占领下盘石车站，截断娘子关的后路。黄绍竑即令准备上车西运的孙连仲部的侯镜如旅，增加上去，阻止敌人。侯旅上去之后，伤亡很大，亦被冲破。适这时十七路军的教导团李振西部由陕运到。这个团官兵2000余人，青年学生多，有些共产党员在团里当教官。士气旺盛，官兵勇敢。由下盘石后山前进，向敌迎击。上午9时接触，战斗至下午4时，遂把敌人顶住。但该团官兵伤亡很大，李振西也负了伤。

黄与此同时，令十七师向井陉出击，以阻止敌人后续部队向旧关前进，继续扩大缺口。赵寿山师长亲率一个团，即于当夜向井陉出击，直指井陉车站。适遇日军后续部队正在休息，敌受此突然袭击，纷纷逃窜，被我杀伤甚伙。缴获了新运到的大量物资，山野炮就达百余门。还有很多军械器材等物资，未曾开箱打包。我正准备扩大战果，井陉车站堆积的军械物资，还未及处理，讵意日军一部也于昨夜同一时间，向我左翼袭击，攻占我雪花山。正当我主力在井陉车站扫荡残敌，清理战场时，占领雪花山之敌，居高临下，以强大之火力，向我车站狂射，原车站逃窜之敌，也反扑过来，企图包围我出击部队。我不得已放弃了所缴获的军用物资，撤离车站，向雪花山方向转进，在雪花山背后发起反冲锋，重新占领了雪花山阵地，并将放弃阵地的团长张世俊正法。

娘子关右侧旧关失陷后，第三军曾万钟虽曾亲督所部，多次反攻，终未夺回，该处成了相持的局面，孙连仲主力集中后，黄绍竑以夺回旧关的任务，交给孙担任。孙连仲部增加上去之后，情况有所转变，首先将敌压迫到旧关附近，经多次攻夺，但旧关终在敌手。黄曾悬赏 5 万元要孙连仲选部夺旧关，孙指定他的二十七师的一个营担任这个任务，但终未夺回来。

这时，仍不知冯钦哉的消息，与曾万钟也失去了联络。由于孙连仲的增援，旧关方向的局势，稳定了一些日子。

就在旧关相持稳定的日子里，敌对我娘子关正面阵地并未放松。于 10 月 14 日后，由于后续部队（三十七师团）的增加，继续向我主阵地发起猛攻。日军曾以燃烧弹、毒气弹向我雪花山射击，反复抢夺阵地要点。雪花山曾反复易手 5 次，战斗空前激烈残酷。一〇二团连长张登第（共产党员）率全连坚守阵地，英勇奋战，全连壮烈牺牲在阵地上。在雪花山血战 9 昼夜，部队付出重大伤亡，兵力渐感不足，遂缩小正面防线，沿铁路各隘口防守。

10 月 20 日后，突破旧关方面之敌，陆续增加。一部向南压迫亦进迫昔阳。大部向娘子关阵地右翼迂回，占领下盘石车站，向阳泉进迫。娘子关后路被遮断。此时，十七师不得不撤出娘子关正面阵地。将部队转移至娘子关以北驴桥岭阵地。并以一部主力出击。袭击日军侧后，阻滞了敌人的前进。十七师在娘子关战役中，由于坚守阵地有功，受到传令嘉奖。

10 月 23 日增调由川入晋的孙震军，先头部队到达阳泉，黄命其向铁道以南平定、昔阳方向增加，阻止敌人。此时孙连仲亦撤退到阳泉。

10 月 23 日、24 日，全线向阳泉以西溃退，十七师由驴桥岭于 10 月 24 日沿正太路铁道北经盂县山地，向太原方向转进。

在转进途中，将部队稍加整顿，所属部队损失极重，只编了 5 个营。第四十九旅的九十七、九十八两个团，每团各 2 个营。第五十一旅只编了 1 个营，暂名为独立营。全师由出关时的 1 万余人，仅收容到 4200 余人。

碛口整军

1937年11月6日黄昏，太原以北同蒲路南侵之敌，先头到太原北关附近。稀疏的炮声和隐约的机枪声，已有可闻。敌空军亦不断在空中盘旋，制造恐怖气氛。十七师于是日下午转进至太原东关。傅作义受到指示，坚守太原，城门紧闭，城内已不得出入。

太原郊区，一片混乱。正太、同蒲两路国民党溃军，纷纷南逃西窜。十七师于11月6日晚，绕南关车站，此时南关起火，部队在火海中冲过，渡汾河西撤，经文水、交城、离石，开往碛口整训。在向碛口西撤中，官兵思想混乱，因慑于日军的炮火，挫伤了斗志，还有部分人员，辄思脱离战场。

到碛口时，受到八路军留守兵团及地方群众的热烈欢迎，并在留守兵团的帮助下，开始整训。中共中央派南汉宸同志率慰问团来部队慰问，并赠送了慰问品。整训期间，抽调了班长以上干部轮流学习。前后共抽训了5期，每期为期5天。南汉宸作了多次讲话。学习内容是：（1）形势报告；（2）抗日民族统一战线政策；（3）抗战必胜道理等等。士气受到了很大的鼓舞。

在整训期间，在中共地下党组织的帮助下，提出了“三大禁令”“四大口号”。

经过整训，官兵明白了救亡图存、抗战必胜的道理，情绪大有改变，抗战胜利信心大为增加，从而精神为之一振。头脑里想的是如何能打胜仗，驱逐日寇。谈必作战经验交流，唱必抗日革命歌曲。那种“恐日病”，怕飞机大炮和“战必亡”的论调，一扫无余。1938年元旦在碛口度过，部队精神面貌转变，争上战场杀敌，为人民立功。

1938年1月间，在离石军渡，西渡黄河，并赴陕北绥德继续休整补充。到了绥德，受到陕北驻军萧劲光部的欢迎，互相联欢，备极亲切。在绥德整补期间，赵寿山师长曾到延安，受到毛主席、叶剑英参谋长等领导同志的接见。

1938 年 2 月，得到重返战场的指示，由绥德南下经清涧延川，在永和关渡河，经隰县开到洪洞。洪洞西距八路军总部不远，朱总司令到洪洞十七师师部，对连长以上干部讲了话，并和赵寿山师长聚谈终日。嗣把十七师划归太行山东路军战斗序列，继续东进，经浮山、阳城，进入太行区晋城，开展游击战。

晋东南太行山区游击战

1938 年 3 月初，十七师由洪洞县经浮山、阳城等地，进入晋东南太行区的晋城县。

晋东南这一地区，当时尚处于一个广大的空间地带，即所谓上党 19 县。日军铁蹄还未践踏。北为八路军的沁县、襄垣等县的根据地。东临邯郸、安阳敌占区的平汉线，南为豫北敌占区的焦作、博爱等县。

十七师由陕北绥德，经由晋中洪洞，继而东进开到晋东南的晋城县城。虽经千里行军，长途跋涉，仍显示出了士气昂扬，毫无疲态，这都是碛口整军的结果。这时，兵员尚未补充，仍为四十九旅之 4 个营、五十一旅之 1 个营，共 5 个步兵营。在太原西撤中，有由太原退出的晋军一部，愿跟随十七师部队，遂编为工兵营，营长为恩向午，是随晋军过来的干部。

在晋城县稍事休整，还不到一个星期，在 3 月 10 日前后，即奉到电令："日寇对晋南三角地带发动攻势，另一部由河北武安、涉县向长治方向西侵，着十七师即向长治突进，堵击西进之敌。晋城防务，着由新开到的五二九旅杨觉天部接替，并归十七师指挥，同加入东路军序列。"

此时国民党卫立煌所指挥的部队，已放弃晋南咽喉韩侯岭，转入汾河东西两岸的山岳地带。日军牛岛师团，已侵入晋南三角地带中条山麓。

十七师由晋城北进到高平县境时，由武安西侵之敌，已侵入长治。同时豫北方面之敌，亦由博爱侵入晋城。五二九旅转进至晋城以西山区。十七师以一部控制高平县城，主力进入高平以西山区。

此时崔仲远同志率领的战地服务团和雪花剧团，都到了晋东南。战地服务团除崔仲远同志外，还有袁洛同志领导，该团尚有梁芬、刘雪琴等同志。雪花剧团为史锐和冷波两同志领导。后据赵明锦同志谈，战地服务团和雪花剧团，都是在延安组成，开赴前线的。

部队到了高平后，彭德怀副总司令坐小吉普车，由襄垣前来高平。彭总到部队后给赵寿山师长指示了当前的作战方针、任务，规定了电台联络方法。从此时开始，到赵寿山调离三十八军，电报联系一直没有中断过。在晋东南期间，十七师在朱总、彭总的统一指挥下，进行了以下一些战斗：

（1）3 月中旬，在高平县以西，端氏镇以东山谷，截击敌人的汽车部队。这是一次规模较大的战斗。敌侵占长治不久，即有由同蒲线曲沃，经翼城、沁水，向长治东进的一股强大的武装运输部队，约 3000 人。我们发现后，即以十七师之主力布置于高平以北山地，一部并扼守高平关。五二九旅布置于高平关以南山地。中间为一条谷地，有由端氏镇通向长治的一条公路。我们在此公路两侧伏击敌人。早 9 时前后，敌先头已到高平关附近，为我守军阻止。敌下车编成一支带有机枪、山炮的护运突击部队，向公路以北山区我军仰攻。我军无炮、机枪少，火力压不住敌人，难于接近敌之汽车，就在公路北侧山头与敌展开激战。公路南侧为五二九旅，也只有两个营，无炮，机枪少。因此就难于尽歼此股强敌。战斗至下午，毙伤敌甚众，十七师亦有相当大的伤亡（还阵亡连长 1 人，姓名忘记）。敌估计东进长治难以完成，遂掉头西撤，我尾追截获汽车 1 辆，当即烧毁，敌仍西窜曲沃。

（2）4 月中旬，在长治县西，袭击敌抢粮部队，迫敌退回城内。

（3）4 月下旬，在长治以南的马麻岭，伏击进犯之敌，与徐海东旅配合，击退敌人，毙伤敌百余，迫敌撤退。

（4）我军这一时期，专门制造了一大批带齿爬钉，撒于长治通晋城的公路上，多次破坏敌之汽车，迟滞其行动，伏击敌之运输部队，曾多次缴获了敌大量的物资。

这一时间，尽管在敌后处于四面包围之中，与外界隔绝，但官兵精神生活却非常愉快。有仗就打，不打仗的时候，不是开会学习（包括每两周一次生活检讨会），就是作文艺活动。雪花剧团轮流到各处演出。战地服务团政工人员到宿营地，就做群众工作，集合群众开会宣传。因此地方群众对部队倍加亲切。群众组织得很好，用鸡毛信方式传递情报，消息封锁得更严密。如有敌特混入，可立即发现逮捕。记得在高平附近，有一次就捕杀了两三个汉奸，暴尸田野。另有一次在横河镇捕获了一个汉奸。雪花剧团里，有个女同志，名叫崔汉卿，要求亲手杀了这次捕捉的那个奸细。这就说明当时在部队中每个同志对敌人的气愤和憎恨的心情。

沁县八路军总部，还不断有电报指示派干部到总部学习，当时学习过的，记得有魏洪涛、张明襄等同志。

（5）配合八路军收复上党 19 县。在晋东南太行区另一个较大规模的战斗，是收复上党19县。侵入长治（即上党区）的敌人，由于北有八路军的压迫，西有十七师的控制，东边连接涉县、武安、平汉线上的补给线，为八路军所截断，南连焦作、博爱、道清线上的补给线，也为十七师和五二九旅所截断。上党区各地之敌，处于孤立困境，企图突围南窜。八路军遂发起向困守长治的敌人进攻。在长治敌人突围南窜途中，十七师协同徐海东旅并肩作战，在高平县以西通向晋城公路两侧山区，侧击敌人，与敌展开激战。并截夺敌尾巴，毙伤敌甚众。夺获了大批武器弹药、被服装具、器材等物资。在高平县西南山区一个村庄，开了庆祝会，并将俘获的武装弹药、被服器材等物资进行展览。地方群众杀猪宰羊，对部队进行慰问，我军一举收复了上党 19 县。

王屋山区封门口战役

1938 年 6 月下旬，十七师在八路军朱总、彭总直接指挥下，扫清了晋东南残敌，收复了上党 19 县后，由于三十八军军长孙蔚如免去了陕西省政府主席职，把原属部队改编为三十一军团，接着又改为第四集团军，调晋南中条山参加抗战。在此种情况下，十七师接八路军总部指示，也令开往晋南三角地带，归还孙蔚如第四集团军的原建制。

第四集团军辖三十八军和九十六军两个军，独立四十六旅（归三十八军建制），独立四十七旅（归九十六军建制），及其他直属部队。除在战场上的十七师和一七七师之五二九旅外，其余在陕西的部队均随孙蔚如总司令先后由合阳夏阳渡、朝邑大庆关，以及渔关的风陵渡，分别渡过黄河，进驻临晋、猗氏、虞乡、永济等县。四集团军总部驻风陵渡以东之芮城县。

此时赵寿山升任第三十八军军长，仍兼十七师师长，李兴中任九十六军军长。

1938 年 6 月底，十七师于收复上党 19 县后，在高平县城附近，正在休整，得八路军总部归还建制的电示，即制订行军计划，经由高平西的端氏镇、阳城、横河镇开至王屋镇（属豫北），宿营仅一二日，和王屋八路军的冀、鲁、豫办事处作了联欢。接着又接八路军电令谓：盘踞豫北博爱、济源之敌，企图再犯晋东南，扫荡太行山区，打通济源、垣曲到侯马的交通。十七师当夜布置于王屋以东封门口南北之线，占领阵地，构筑工事，阻止敌人西进。

济源西侵之敌，有四五千人，为一个混成旅团，于 6 月 29 日下午先头部队已到封门口山下，和我警戒部队接触，并有稀疏的炮声，向我主阵地射击。

经与八路军冀鲁豫办事处联系，允派两个连进出于封门口以南地区，警戒十七师之右翼，配合作战。

6 月 30 日拂晓，敌人在优势火力的掩护下，向我封门口阵地进攻。我以兵力武器皆处于劣势，在阵地上和敌搏斗，反复冲锋，由于我伤亡过大，九十七团二营呼品一营长（共产党员）阵亡，连长王春山率全连出击到敌指挥所位置，用刺刀大刀，与敌白刃肉搏，全连官兵壮烈牺牲。中共地下党员特派员申敬之负伤（后蒙定军同志由三原赶赴前方，接替特派员任务）。战斗至 11 时左右，阵地右翼为敌突破，不得已遂逐次掩护转移于封门口以北山地，侧击敌人，迟滞敌之西侵。

敌受重创后，沿王屋山麓西犯，经垣曲未停，北窜同蒲线上的曲沃、侯马一带。

十七师在王屋山区横河镇稍事休整后，尾随敌后，仍经王屋台原镇向垣曲、平陆急进。

7月初，十七师进到平陆附近，已和第四集团军总部架通了有线电话，孙蔚如总司令直接给赵寿山军长打电话："希望十七师连夜向芮城前进，解救芮城之围。"

晋南三角地带　芮城县解围战

1938年6月，日军占领晋南后，企图强渡黄河，控制陇海路，截断西北大动脉，进一步威胁西安。三十一军团（旋即改为第四集团军）其先头部队十七师后方整补的五十一旅和独立四十六旅，先后渡河与敌战于永济附近，挫败敌人。即当时盛传一时的"血战永济"战役。其在5月间渡河的一七七师（缺五二九旅）连战临晋、猗氏、虞乡，迭获胜利，此刻也集中永济附近。

7月初，敌二十师团乘我三十一军团立足未稳之际，集中主力，向永济进攻，重新侵占了永济。另一部由解县南犯，越二十里岭，向西威逼芮城。

芮城为三十一军团指挥部所在地。此时此刻，所处的形势非常恶劣。新渡河的部队，由永济撤出，向芮城退缩。北背中条，南面黄河，进退确极困难。

三十八军之十七师到达平陆后，解县南侵之敌已越过二十里岭，对芮城已形成包围形势。十七师在平陆由有线电话接孙蔚如总司令亲自给赵寿山军长的指示，要求十七师星夜急进，解救芮城。

十七师经过数十日的行军，中途还经过封门口一次战役，到达平陆后，得到孙蔚如总司令的电话指示，乃重新部署，以新由陕开到的殷汝敏补充团，布置于中条山各隘口，警戒师之北侧安全。其余九十七、九十八两团（共四个营）及五十一旅之独立营、工兵营等，随师向西急进。

第二日中午到陌南镇稍休息，进午餐后，继续西进，午夜时刻到芮城以东指定的到达线。部队已极疲劳，即就地露营。当日晚敌我双方宿营地很接近。

第三日，拂晓前后，敌突然发现其侧背为我军包围，即发起突围。我九十七、九十八两团即就地展开，与敌混战，反复冲杀。此时期的士气，已不同于河北、晋东了，我军虽仍处于装备劣势，但已有新补充的苏式转盘轻机枪，每连有三挺，敌人虽有大炮掩护，但由于双方阵地非常接近，第一线的战斗，都在步机枪射程之内。师指挥所也很接近第一线，在高地上听步机枪声，即能清楚判断分析战斗情况。战斗至中午，敌拼命挣扎，左翼闯开了突破口，遂突围西逃。九十七团北撤山上掩护，九十八团及其他部队随师部沿中条山南麓后撤。敌人仍循二十里岭北撤解县，芮城之围遂解。

芮城解围后，第四集团军另作了新的部署。九十六军（五二九旅于8月中旬始由晋东南归还建制）守备中条山西段至平陆（不含）以北各隘口。第三十八军守备平陆至茅津渡以北中条山各隘口。东接川军李家钰四十七军防地。

三十八军军部驻茅津渡以东数里之马沙涧村。第四集团军总部设茅津渡以东之东西延村。

坚守中条山战斗

日军牛岛师团（三十七师团），于1938年3月间，突破晋南咽喉韩侯岭后，卫立煌所指挥的国民党各部，退据汾河两岸山地，日军即侵入晋南三角地带，企图进入中条山区进行扫荡，以减轻同蒲路上的威胁，从而进一步进窥潼关，截断陇海路，侵入西安。可是出他们意料之外的是参加过举世闻名的西安事变的第十七路军（当时已改为第三十一军团）所属各部东渡黄河，守备中条山。同时早期开到抗日战场的三十八军赵寿山部，后为群众誉为铁的三十八军，此刻亦归还建制，到达了中条山。在中条山区，与敌周旋将近三年，杀伤敌大量的有生力量，我军亦付出极大的代价，坚守了中条山，屏障了大西北。

中条山，日军对其发动了多次的进攻和扫荡，对中条山视为华北战场上的“盲肠”。群众却把第四集团军誉为“中条山铁柱子”。

中条山区的坚守，是成功的。这为我西北大后方积聚生产和为敌后方我根据地的巩固发展，都产生了重要的作用和影响。

第四集团军，特别是三十八军部队内部，战斗力增强的因素，有着“中共地下工委”的正确领导，这是不可忽视的一个原因。

中条山的坚守，将近三年来，约有11次较大的战斗，包括我军在阵地前的出袭。平均每三个月发生一次大的战斗，还不包括进出敌后几十次的游击战。所谓“日寇九犯中条”。在这九犯中条中，以1939年的“三二九”“六六”，以及“四一七”各次战役规模为最大。尤以“六六”战役，我军把中条山西段全部放弃，九十六军和三十八军的四十六旅，都几乎遭受“覆没”的厄运，后经十余日的顽强战斗和各方友军的支援，中共地下党帮助赵寿山军长，灵活运用运动战、游击战，并突入敌后，打击敌人，终于夺得了最后胜利，击退敌人，恢复了中条山原阵地。

1939年“六六”战役，是一次关键性的战役，特只追述这一战役的概略经过。

日军于1939年春季“扫荡”失败后，经过准备，又集中二十师团和三十七师团之一个旅团，配属野炮兵二十六联队和山炮兵第一联队，山口集成飞行大队轰炸机38架，于1939年6月6日分九路向中条山进攻。企图压迫第四集团军于黄河岸截为数段而歼灭之。九十六军在中条山西段苦战，受到极大的损失，所属部队部分被压迫于黄河岸边，几遭覆没。独四十六旅守备平陆以北地区，损失几达2/3。第十七师坚守茅津渡以北正面及其以东连接川军四十七军之夏县以南之侧面阵地。战斗开始，遵总部命令，死守阵地，以致部队蒙受极大的损失。

三十八军接受以前多次战役之教训，经苦战挫敌于阵地前，以后，采取灵活机动战法，绕敌背后，迂回侧击，取得了应有的战果。6月8日敌陷平陆，10日陷茅津渡。四十六旅在突围中，在平陆之东车村，歼敌一个炮兵中队，将缴获之山炮数门，随即破坏就地掩埋，俘获物品还有其他武器及军用地图文件等等。

十七师在茅津以北阻击张店镇南下之敌，与敌战斗至平陆失陷后，放弃张茅大道正面阵地，转移至东、西延村以北之高地上的侧面阵地，坚持与敌战斗，掩护第四集团军各部队之安全转进。在东、西延村以北高地，坚持终日。五十一旅孙子坤部先被迫撤下，阵地被突破，山炮数门未及转移。四十九旅亦陆续转移于望原洗耳河东岸（即望原西原边），占领阵地，拒止敌人东侵，收容和掩护中条山西段部队之转进。

由于总部指挥不当，主要是参谋长陈子坚有偏见，坚持陈腐战法，以致战斗初期各部队遭受严重损失。后由于战局形势严重，几陷中条山，我军难于立足。第一战区下令，在中条山的三十八军、九十六军，以及川军第四十七军，统归赵寿山军长指挥，经过召集有关指挥作战人员开会研究，制定恢复中条山作战新方案，依托中条山东段根据地，在中条山与敌陆续周旋，战斗持续到十余日。6月13日收复茅津，6月14日收复平陆。在恢复战斗中，十七师一部进入敌后，袭击高平敌部队，敌狼狈北逃，我军缴获了大量的军用物资。6月15日冲过淹底、过村，恢复毛家山、崔家岭等处原阵地，敌北退夏县。6月21日后，敌人退出了中条山，西段芮城县城亦次第收复。

此次战役敌人死伤甚众，高桥联队长被击毙。我第四集团军伤亡达9000余人。其中九十六军占半数以上。这是我军进入中条山后最激烈的一次战斗。

此次战役，虽付出了极大的代价，也给了日军以极大的打击。恢复了中条山原阵地，对屏障大西北以及影响中原战场，都具有重大的价值和意义。

在巩固中条山各次战役中，同蒲路以西稷王山根据地，决死队、牺盟会等各友军部队，亦各作出了重要的支援。

晋南日军在1938年至1940年间，侵犯中条山，其较大规模的战斗有

11次之多，其具体时间记载如下：

（1）1938年8月8日，敌犯张茅公路，与我战于南村、太臣村、圣人涧。同时另一路沿同蒲路南犯，进犯永济、芮城。

（2）1938年9月13日，张店敌进犯我槐树坪、侯家岭等处阵地。

（3）1938年11月4日，敌分三路南犯，一路经解县南侵二十里岭。一路为盐池南岸大小李村之敌，向榆树岭、扁豆凹、黄龙岭进犯。一路自永济韩阳镇犯中条山西段。

（4）1939年1月1日至23日，安邑、运城之敌，向中条山磨凹、马家岭、黄草坡、黄龙岭等处进犯。

1939年1月26日，独四十六旅在平陆上空，用机枪击落敌“306号”飞机一架，俘敌驾驶员山田青中尉及曹长大石信三两名，获机枪一挺。

（5）1939年3月29日，即“三二九”战役，敌4000余在炮空配合下，向太臣村进犯。另一部进犯平陆以北之东西祁村。

（6）1939年6月6日，即“六六”战役。

（7）1939年9月下旬，敌分三路向芮城、陌南镇进犯。

（8）1939年10月中旬，安邑、夏县之敌，向中条山东段进犯。

（9）1939年11月上旬，永济之敌向永乐、芮城进犯。解县敌向二十里岭进犯。

（10）1939年12月，阎锡山密令集中晋军六个军，突然向决死队、牺盟会等新军进攻，发动了“十二月政变”。日军配合行动，安邑、运城、闻喜各处之敌，集中万余，向中条山东西各段进犯。

（11）1940年4月17日即“四一七”战役，敌二十师团主力，及三十七师团之一部，向我中条山东段，进行大规模之“扫荡”，平陆、茅津，以及东西延村、古王等地均陷敌手。经重新组织部队进行反击，至4月25日后，次第恢复原态势。

策应百团大战

1940 年 8 月，八路军在华北战场上发动了“百团大战”。彭总直接电示三十八军，要求调派部队进入同蒲路南段铁路沿线，破坏铁路、公路，并深入敌后，分散活动，大造声势，消灭敌人有生力量，严重打击敌人，以策应“百团大战”，改变华北整个战场形势。

三十八军据此，遂制定了越同蒲路在稷王山广大地区的游击计划。破坏铁路、公路，袭击列车，打击敌人。

十七师五十一旅一〇一团，有一次在稷王山区，袭击敌人，缴获大量的枪支、弹药、马匹等等，军部把他们的胜利汇报到正在第四集团军总部开会的高级干部会上，大家受到了很大的鼓舞，也给主张经常死守阵地、不配合新的战法的部分人员，以新的启发。

三十八军所属之十七师及独四十六旅，各团轮流出击，活动于安邑、运城、闻喜、夏县一带铁路沿线，并越同蒲路，进入稷王山游击，前后数十次。打得敌人缩守据点，不敢出动，使同蒲路南段铁道不时中断，一时声势浩大，敌寇大为惊恐。晋南局面，大为改变。但反动派却不以为然，说什么“赤化”“葫芦里卖的什么药”等等，时刻盘算着消灭这支部队。于 1940 年冬，以换防整补为名，将第四集团军所属各部，调离中条山，以使与八路军关系隔离，守备黄河以南之巩县、汜水、荥阳、广武百余里之南岸防线，置于蒋介石嫡系部队监视和控制之下，进行分化瓦解。

1941 年 5 月，在第四集团军调离中条山不到半年时间，日军调集了较大兵力，以东西钳形攻势，一举消灭了我中条山的部队，中条山遂为敌全部控制，这就影响到全国形势。敌企图打通平汉线，而终于打通了平汉线，控制了我国腹地中心的大动脉。

广武地区战役

1940年11月间，蒋介石以换防整补为名，将第四集团军全部调离中条山地区。过河后，以九十六军担任洛阳东北邙山至郾师河防防线，三十八军担任守备巩县、汜水、荥阳、广武至邙山头黄河铁桥一线河防阵地。

军部驻巩县（站街）官庄，后移县区八沟。部队移防南岸后，一面整补，一面多次派部队过黄河北岸游击。在黄河北岸游击时迭有斩获。有一次伏击敌汽车队，烧毁敌汽车3辆，缴获了不少武器、物资等等。同时在部队中组织视导团，检查纪律执行情况和部队教育训练情况。

此一时期独立四十六旅孔从洲部，已改编为三十五师。

1941年10月2日，日军以数万之众，在步炮空协同下分数路南犯。敌主力在黄泛区渡河，进攻郑州，孙桐萱部不支，退出郑州，敌另一部分由黄河铁桥（已破坏）向南强渡，与我十七师战于铁桥西之邙山头地区。在郑州失陷前，十七师还派出一部东援孙桐萱部与敌战于郑州西之须水镇。铁桥北岸南犯之敌，在强大的炮空掩护下旋即突破我阵地。遂与敌在广武东北之南王村、大胡村、樊河暴之线展开血战，反复肉搏冲杀，敌以飞机施放毒气，威胁我军。数日间在古荥泽、纪信庙间展开了争夺战。三十八军军部组成临时指挥所，先到虎牢关以西之官庄，继进到荥阳北之苏寨村。

日军占领郑州后，三十八军在广武地区与敌展开争夺战时，在彭总的关怀下，晋冀鲁军区的八路军向平汉线猛烈出击，破坏武安公路桥梁，攻袭彭城，进攻安阳，夜袭新乡飞机场，威胁敌军后方。侵入郑州之敌感到严重的威胁，遂退出郑州北逃。孙桐萱部仍进入郑州。

10月8日，敌一高级指挥官在退出郑州北逃中，为我十七师之四十九旅一部包围于郑州西北之张沟村附近。经围击，敌以直升机接走（后侦知为日军的一个旅团长），余部被我歼灭。

军部指挥所到苏寨后，重新部署，组织部队进攻敌留广武、荥泽之各个据点。克广武后进攻古荥泽，攻入土围发生剧烈之巷战，敌我伤亡均极重。十七师继向河岸邙山岭上之汉王城、霸王城，以及邙山头的各据点进攻，经连日之争夺战，敌逐次退缩，仅占领邙山头和铁桥头，在北岸敌炮火掩护下，星夜筑起坚强之桥头堡阵地。

我十七师各部经数十日之攻防战，伤亡极严重。第一战区卫立煌调孙桐萱之八十一师，第四集团军赶调九十六军之一七七师，集中于广武地区，统归三十八军赵寿山军长指挥，勒令对敌桥头堡阵地，组织攻击。

日军占据邙山头及铁桥桥头，组织坚强的桥头堡阵地，外围利用自然沟道和在局部地区用人工，掘数十米深的外壕一周。炮兵阵地设于黄河北岸。新乡机场的敌机可以随时起飞支援。

我军处于邙山岭下，岭西为张洞、韩洞、霸王城等村落，有南北纵横沟道相隔，东面及南面均为开阔地带，南面处于仰攻形势。孙桐萱第三集团军的八十一师、一七七师，各部集中后，即组织进攻，以八十一师攻敌东面，十七师攻敌南面，一七七师攻敌西面。经过多次的向敌围攻，一经接触，敌河北岸之数十门野炮在南岸高地观测所的指挥下，就速射压制，新乡机场的敌机也应时而起。我围攻部队，八十一师和一七七师均无炮兵，十七师仅有山炮数门，炮弹亦极缺乏。若在白昼发起攻击，部队则全部暴露于敌监视之下，很难活动，虽经多次向敌攻击，终未奏效。不得已遂采取夜间进攻，前后发动了三次总攻。因为我军装备太差，无足够之火力掩护，友军协同配合不好，加以邙山头以西重点攻击方面的一七七师受沟道纵横之阻，大部队夜间活动有困难。因此虽军部下有最大的决心，终未能攻下敌邙山头桥头堡阵地。进攻持续了半月之久，予敌以重创后，我也因伤亡太大，遂采取在敌外围一周构筑一道阻绝壕（以纵、横、深沟组成），将敌封围起来，暂取对峙状态。12 月下旬，一七七师及八十一师相继撤走，各归还建制，留三十八军封围监视敌人。

中原战役

1944 年 4 月，日军集中很大的兵力，共五六万人（五至六个师团），配以战车、重炮，在空军掩护下，分三路由中牟强渡黄泛区。4 月 22 日攻陷郑州，并以一部沿平汉线南下，与由信阳北犯之敌打通平汉线，会合于驻马店。

第一战区蒋鼎文受蒋介石的指示，已早于 1943 年 10 月，把三十八军调离广武前线，令集中驻于巩县、偃师地区，置于蒋的嫡系包围监视之下，进行所谓“整训”。桥头堡阵地交由八十五师马法五部接替。

日军侵入郑州后，除以主力打通平汉线外，其另一部分路西犯。一股西犯虎牢关，一股经密县进犯登封。登封及其以南守军为汤恩伯集团（三十一集团军），约 30 万人，一触即溃，纷纷西撤。

其在虎牢关至登封（不含）一线，为第四集团军扼守，北为九十六军，南为三十八军。蒋鼎文指示，在巩、登一线，必须坚守 18 天以上。虎牢关守军一七七师一部在鳖盖山前进阵地，由王汝昭营与敌兜圈子，白天撤下山，夜间复予占领，与敌周旋坚持阵地达 20 余日。虎牢关以南至登封一线，由十七师和三十五师坚持战斗到 20 余日。犯登封之敌，在我阵前受挫后，南绕临汝转向西北，猛扑洛阳。我守巩县、登封一线的第四集团军各部，后路为其遮断，不得已始绕洛阳以北邙山岭南麓向西转进，到新安后，向南转进至洛宁、卢氏一带。在转进途中，收到蒋鼎文的电示，令三十八军向洛宁附近韩阳镇之敌反攻。曾反复争夺，激战两个日夜，完成了掩护汤集团的撤退任务。但我军受到了极严重的损失，始撤到洛宁、卢氏一带休整。

中原战役，我被部队派往成都受训，没有亲历这次战斗，故难于详叙战斗过程。

中原战役后，1945 年 8 月 15 日日军投降，抗日战争胜利结束。

赵寿山第十七师在河北抗日战场

呼中汉

众官兵请缨北上抗日

1937年“七七”卢沟桥事变爆发，日寇入侵中国，全国人民闻讯无不愤慨。事变的第二天，驻陕西渭北地区的杨虎城部第三十八军十七师广大爱国官兵，在我地下党组织和共产党员带动下，踊跃报名，决心要北上抗日。正在庐山“受训”的赵寿山将军，也相继请缨北上抗日。不久，赵寿山由庐山回归部队，奉命率十七师北上奔赴抗日前线。

第十七师是杨虎城部三十八军一支主力部队，赵寿山是杨虎城将军的老部下，西安事变后升任了十七师师长。西安事变期间，赵多次受到周恩来副主席和叶剑英同志的帮助教育。事变以后，部队驻三原期间，又多次受彭德怀、贺龙同志的接见谈话。党的教育使十七师官兵逐渐坚定了抗日信念和与共产党合作的决心。1937年初，中共陕西省委派申敬之为特派员到十七师负责领导三十八军地下党的工作。十七师的官兵中早有地下党组织和一定数量的共产党员。7月20日，赵寿山率十七师官兵由渭北三原县出发时，中共陕西省委和当地数千名群众热烈欢送，在“牺牲已到最后关头”的抗日歌声中，为坚持西安事变抗日的坚定立场，怀着报效国家的忠心，别离三原，星夜急驰，到渭南乘火车出潼关，经河南省洛阳、郑州向北进发。

这次同十七师北上抗日的还有同部三十八军一七七师许权中第五二九旅，由陕西出发时该旅原归十七师战斗序列，并随十七师一同出关，后被有意分割到同蒲路北段参战。

7月24日，十七师各部陆续到达河北深泽待命。这时该师四十九旅辖两个团，即九十七团和九十八团，五十一旅辖一〇一团和一〇二团，以及师属补充团、炮兵营、工兵营等共1万余人。他们怀着满腔爱国抗日激情，驰骋千里来到河北大地，准备随时奔赴前线，消灭入侵的敌人。

同日军激战在漕河前线

8月2日，赵寿山奉命率十七师进驻保定，师部和部分部队驻城内，大部分部队在城外，后因敌机轰炸，师部亦迁城郊。当时蒋介石兼任第一战区司令长官，在平汉路北段沿线调集10多万人的军队，刘峙任平汉线指挥官，指挥部设在机动的专用列车上。刘峙执行蒋介石的指示，仇视参加西安事变的部队，他们从装备最差的十七师中调出几个团的兵力归关麟徵五十二军各师指挥，下余不足半数的兵力，命布防在西由漕河车站，东迄新安、白洋淀之线，为漕河防线右翼，漕河车站以西为关麟徵部第五十二师和第二师。当时十七师漕河防线不但正面过宽，而兵力又被分割使用，这就给十七师抗敌造成了指挥上和战斗上的极大困难。尽管如此，由于十七师官兵杀敌心切，斗志未减，同其他友邻部队在几十里宽广的漕河南岸，挖战壕、筑工事，日夜奋战。当地民众也积极配合，奔忙不息。整个阵地上人喊马叫，热气腾腾，到处呈现出一片临战前的紧张气氛。

这时，周副主席和彭德怀同志由山西乘火车到保定前线会见赵寿山和十七师其他领导人，并给官兵们作了一次演讲。周副主席首先论述了当时的形势，鼓励全体官兵：巩固西安事变成果，坚持长期抗战。又在演讲中提醒全体官兵注意投降派的各种阴谋活动，争取为国家为民族做出贡献。赵寿山和十七师官兵受到了周副主席和彭德怀同志的极大鼓励，大家下决心要长期战斗在抗日前线，保卫中华民族的大好河山。

日军侵占平津后，气焰更为嚣张，以 20 万人的兵力，沿平绥、平汉、津浦分路向南进攻，妄图在三个月内灭亡中国。沿平汉铁路南侵的为川岸师团和其他一些特种部队，约有三个师团数万人，9 月中旬，在空军配合下，开始沿平汉路两侧向南入侵。部署在保定以北固城至琉璃河一线的孙连仲等部与敌接触，相继溃败，18 日涿州、琉璃河失陷，21 日敌人侵占徐水后沿平汉线继续南侵，十七师漕河防线首当其冲。在飞机、大炮和坦克配合下的日军，连续发起猛攻，十七师官兵奋起抗击。赵寿山师长冒着敌人的炮火，在战壕里亲自指挥作战。我地下党组织在特派员申敬之同志的领导下，鼓励全体官兵，击退日军多次进攻。日军受阻，遂分路向十七师的左翼友邻部队防地进攻。地下党负责人和师的领导人还向赵寿山提出迂回打击日寇侧翼的作战建议，但都被负责这次战役的刘峙全盘否定，命十七师各团死守阵地。然而，就在十七师官兵与敌浴血奋战之时，坐在火车上的刘峙却被敌人的飞机、大炮吓倒，迅速乘火车向南逃离前线。漕河防线左翼（漕河车站以西）为关麟徵部第二师和第二十五师，与敌接触，失去阵地，遂向南溃退。阵地洞开，日军乘虚而入，长驱南下而直通保定，十七师且有被敌人四面包围之势。十七师与敌激战两昼夜，这时已和刘峙、关麟徵指挥部失去联系。赵寿山根据各旅团的建议，即于 23 日命各团逐次沿平汉线东侧向南转移，撤至阜河一线继续抗击日军。

阜河苦战和别离河北

刘峙南逃后，河北前线的部队指挥无人，蒋介石命关麟徵为临时指挥官，指挥他的五十二军郑洞国第二师、张耀明第二十五师，以及赵寿山第十七师等部坚守保定。

9 月 23 日，日军侵占保定郊区，在飞机大炮配合下开始攻击保定城。入侵的日军遭到我爱国官兵的英勇抵抗，但国民党各主力部队相继南撤，守城部队只有第二师一个旅和十七师一个团等。十七师大部分转移保定城东南阜河下闸桥、仙人桥一线，继续抗击南下的日军。

日军入侵保定，即以坦克、大炮配合步兵向十七师防线发起猛攻。十七师官兵英勇抵抗，不少共产党员和进步军官身先士卒，和广大士兵一起，在阜河与敌苦战，同突入阵地的日军展开白刃格斗，战斗十分激烈。与敌苦战一昼夜，待友军撤退后，于黄昏时撤出战斗。24 日保定沦陷，十七师离开保定，遂向西南方向转移。这次十七师在阜河抗敌，毙伤日军数百人，自己也付出重大伤亡，连同漕河战役，共损失一个多团的兵力。

十七师转移到石家庄，准备继续抗击日寇，后又奉命转进石家庄以东晋县一带进行临时整训。此时，十七师归冯钦哉指挥，冯原属杨虎城部下，西安事变时叛杨投蒋，如今已升任第二战区副司令长官。他按照蒋介石的意图，对十七师损失的兵力不但不给补充，又要把十七师推到晋东抗敌第一线。全师官兵对冯钦哉非常不满，不愿受他指挥，如该师九十七团官兵，反映更为强烈。该团在西安事变时就有地下党支部，团的领导人又多是共产党员和进步军官，并且有不少官兵家居冀鲁豫中原地带，团长李维民是鲁西南博平人，团附牛子明（共产党员）是豫北安阳人，二营营长呼品一（共产党员）是冀南大名人。由于他们对当地的地理环境比较熟悉，极力主张就地与日寇展开游击战。经赵寿山请示，均被冯钦哉制止。后在晋东战事告急下，全体官兵为了顾全整个华北战局，服从命令，听从我地下党指示，10 月初赵寿山率部离开河北大地，向西急进到晋东，参加了扼守娘子关的战役。

十七师自 7 月 20 日北上抗日至 10 月初转进晋东抗日，历时 2 个多月，广大官兵怀着满腔爱国激情，先后在河北参加了保定以北阻击战、漕河战役、阜河战役等，最后又不忍心离开河北大地，驰奔晋东抗日。虽说该师在河北配合大兵团作战，由于在刘峙等人单纯防御战的指挥下，战不自主，孤掌难鸣，没有发挥该师应有的抗敌力量，但广大爱国官兵在河北抗日战场上却表现了英勇顽强的战斗精神，这已给河北人民留下了深刻的印象。

回忆赵寿山将军

车国光

1937 年 8 月，我在晋北忻口战场上经常听到抗日名将赵寿山在平汉线北段抗日的事迹，后来又在报纸上看到赵寿山在娘子关雪花山一带血战经过，久慕其名，而未见其人，甚以为憾！

同年 10 月间，太原失守，我就在晋西山区流窜找寻部队。到离石县招贤村时，被十七师九十八团收容，即把我送碛口十七师师部。到师部以后，才知道师长是赵寿山，有幸到此部队，就欣然服从录用。因我小楷字工整，到师参谋处任文书工作。在一个朝会上见到了赵寿山将军，40 岁左右，红光满面，说话铿锵有力。他满口陕西音，才知道他是陕西户县人，与杨虎城、孙蔚如结盟兄弟。“七七”事变后第一批开赴前线的 25 个师中就有赵寿山将军领导的第十七师。

以身作则　整训部队

十七师内部官佐，大部都有烟赌嗜好，经过抗日战争实践证明，这种部队，不能适应抗战需要，赵寿山将军就决心在碛口开始整训。首先以八路军“三大纪律，八项注意”为准则，结合自己部队实际情况订出“三大禁令”（禁烟、禁赌、禁嫖）、“四大口号”（自觉纪律、自我教育、经济公开、人事公开）。我记得他在朝会上宣布：“从今天起，上至师长下至列兵，严格执行‘三大禁令、四大口号’，不管是谁，胆敢违犯，一律枪决。”话说完，面对师部全体官佐将自己吸大烟的工具当场摔坏，从此部队面貌焕然一新，士气大振。

指挥有方　足智善断

1939年6月上旬，敌人进攻中条山。当时赵寿山是三十八军中将军长，我是他办公室电务员。芮城陌南镇会战失利后，前线部队已撤退至军部驻地附近。四十九旅旅长陈际春，九十八团团长张恒英要求军部火速后移。赵寿山说，后移必须到日暮，因敌机轰炸扫射，目标太大。遂命张恒英与敌人血战到黑，不能让敌人越雷池一步，并命陈际春旅长今晚负责掩护军部后撤，拂晓前，必须到达茅津渡以东地区，不惜任何牺牲，完成这一任务。凡作战不力，有贻误戎机者，先杀后报。此时敌人已逼近军部驻地附近，赵寿山将军站在村边，沉着指挥，全军将士在军部驻地外围，血战肉搏竟达两小时之久。此次战役，因在6月6日故叫“六六”战役，计九十六军有些部队覆没，而赵寿山领导之三十八军，虽伤亡惨重，但军部安然无恙。

谙熟韬略　博学多才

1939 年 9 月间赵寿山赴渝中训团受训，我由贵州遵义译训班毕业回到重庆，赵要我留渝，随身工作。他当时给蒋介石写了一个签呈，原稿系秘书姚警尘手迹，但他改了好多，交我缮写。改得的原文是："窃职晋都述职，目睹耳闻，领会实多。今后归去，自当遵照一本方针彻底做到，期仰副总裁训勉之殷，期望在隆。唯念本军浴血抗战，武器极缺，且昨接前方电告，敌人有进攻潼关之说，果所传非虚，则不禁余械拙辱，难从愿之感。日前虽蒙军座批发四集团军枪支若干，然'六六战役'九十六军损失过钜，杯水车薪，恐难惠及。职明知库房缺乏，然私心耿耿，迫不获已。是又不得不上渎聪听，为此，伏恳军座发给本军机枪 500 挺，步枪 5000 支，以利抗战为祷。"这个签呈上去以后，蒋介石批示军政部照发。我过去总认为赵寿山将军只是出入疆场的赳赳武夫，没想到他满身文学艺术细胞，真是一位文武双全的将领。

爱护部属　同甘共苦

1940 年部队进驻河南巩县。敌人渡河向郑州进犯，黄河铁桥，已被敌人控制，三十八军任务是固守广武、荥阳，我随赵寿山将军坐一辆卡车到汜水指挥所。刚到汜水虎牢关附近，正遇敌机三架轰炸扫射，汽车不能前行。敌人正投弹时，赵寿山下车拉住我的手掩蔽在一个高塄前边。当时我很恐惧，赵寿山安慰我说，不要怕，沉住气。由于他的精神感召，我在此次战役中三昼夜没有睡觉，以报答军长对我爱护之恩。在战役中晚上电报特多，他坐在我的身旁，因双重密码费脑力，他不时给我喝茶，吃牛奶饼干，并命我在他灶上吃饭。当时管伙食人不十分同意，赵寿山说："青年人工作这样忙，应该吃好些，增加营养。”并将荥、广、汜各县送的慰劳品如石榴、梨、柿饼分给我们吃，同吃同住一月有余。赵寿山将军在危急关头尚能爱护部属，平素就更不用说了。

审时度势　体贴士卒

在桥头堡激战中，一股敌人南渡进至广武边陲。县城附近有一个汉王城村，作战参谋拟命令电稿时，令九十七团李维民于明日拂晓前以一个加强营兵力将汉王城盘踞之敌驱逐，务必攻克该村，以利尔后之作战。赵寿山批发这个电稿时，叹口气说：“这个命令下去，至少得牺牲200人以上，这200人不是一天长大的。”于是“务必攻克该村”改为“相机攻克之”。这样一来，第二天才伤亡了1人。后赵寿山以玩笑的口气说：“这个汉王城村庄，并不关系大局，不值得200人的生命来夺取一个村庄。”并说，对日作战，应采取持久，不宜速决。

立场坚定　威武不屈

1940年三十八军担任广武、汜水河防，蒋介石密令汤恩伯率三个军约10万兵力集结三十八军后方——新郑、鲁山、登封一带相机解决三十八军，因三十八军内部共产党员很多，并有党的组织机构。赵寿山将军向全军营长以上发出命令。一旦有人来消灭我们，我们同心同德与来敌拼到底，不得已时北渡黄河与刘伯承部联系。汤恩伯始终未敢动手。硬办法不行，蒋介石又来一套软办法，电令赵寿山赴渝聆训。赵寿山到渝见到蒋介石后，蒋一再口头嘉奖，说什么赵军长作战勇敢，指挥有方，战绩卓著，提升为第三集团军总司令，并当面说只有你（指赵寿山）和李仙洲，是由军长直接升为总司令的。赵寿山将军洞悉这是调虎离山计，为了抗日前途，革命利益，将计就计。蒋介石即派嫡系（黄埔一期）张耀明（陕西临潼人）来接任三十八军军长职务，王作栋接任三十八军十七师师长。赵寿山将军为了部署三十八军内部工作即由渝乘机飞西安，当日乘车到河南防地，把党的基本干部集中在五十团、五十一团（团长为张复振、刘威诚均系共产党员）。故日本投降以后，刘威诚、张复振在河南洛宁起义，投奔我人民解放军行列。1946 年孔从洲在河南巩县又率五十五师起义，这两次起义，都是与赵寿山将军临别指示与部署分不开的。

我随赵寿山将军做机要工作六七年，他那忠心耿耿的革命精神，他那文武双全的大智大勇，他那艰苦朴素的生活作风，使我刻骨铭心，至今不能忘却，他对祖国、对人民、对革命的光辉业绩，理应载入史册。

十七师大战高平关

李铁山

1938年2月20日，高平县城惨遭日机轰炸，人民的生命财产没有保障，局势严重，人心惶惶，十分混乱。十七师师长赵寿山率领着九十七团、九十八团、独立营浩浩荡荡地来到了高平县。根据上级指示精神和高平的地势情况。部队分别在高平关（亦称老马岭）、黑虎岭、陈山、相公山等地安营扎寨。

十七师的主力部队开上了海拔1188米的高平关，两边高山，中间是通往端氏之路，地势险要，是高平县的西大门。周围的山上松林密布，生长茂盛，利于防守。为了防御日寇侵犯，我师即占领有利地形，于老马岭、搭鸡坡、虎头山、杨甲村一线构筑防御工事，严阵以待。

1938年3月3日，日军第十四师团黑石联队侵占沁水县城后，继续进犯高平的消息，很快传到老马岭上的指挥部。经师首长研究决定，在老马岭上召开全师营以上干部紧急会议，分析研究敌情，师长亲自指挥。具体战斗计划是：老马岭上的部队用炮火打头，阻击敌人前进，左翼武神山上的部队掩护增援老马岭上的部队，右翼搭鸡坡上的部队向敌人拦腰射击，前沿阵地在虎头山上的独立营用炮火截击敌人的后尾，再集中炮火狠狠打击。战斗地域是东起老马岭，西到杨甲村，以老马岭上的枪声为号，一旦打响，立即配合，首尾呼应，并注意隐蔽，不准暴露。从部署起，各山头的部队迅速进入战备状态。

3月7日，接到驻沁水县城的日军向高平县方向进犯的情报后，立即传达到各个部队，爬在高山上松林之中的官兵们，忍受着寒风和雪雨的袭击，握紧枪杆，聚精会神地凝视着敌方。

3月8日早晨，雪雨停止，云层淡薄，银白色的阳光照亮了大地，隐蔽在山头上的官兵们兴高采烈地说："日寇来送死吧！这一仗，老天助我们成功！"

不久，从远方传来汽车声，接着看到日寇的装甲车，耀武扬威，大胆而来。战士们在数着1辆、5辆、7辆、10辆……看不到头，拉开距离，速度很慢，因为小铁轮车路，路面坎坷不平，桥涵建筑不全，雨后泥泞，行驶打滑，只能颠颠簸簸地前进。第一辆进入我防线内，接着一辆辆地进入到曲曲弯弯的老坟沟村，从杨甲、德兴号、三义店到坡根拐弯上坡时，前线指挥官立即发出开火的命令。这时，喊声、炮声、轻重机枪声、步枪声响个不停，右翼搭鸡坡上部队向来敌开火拦腰射击，猛烈的炮火劈头盖脸，打得日寇抬不起头来，手忙脚乱，无法前进。

守备在虎头山上的独立营官兵们，距杨甲只有200—300米，看到敌装甲车一辆辆从眼皮下过去，一听到主峰上的炮火便一齐射向敌群，指战员们看得清，瞄得准，打得狠，个个斗志昂扬，势如猛虎，把日寇逼进两山夹一沟的死胡同，进退两难。激烈的战斗从上午打到中午，在当地群众的支援下，战士们情绪更加高涨，愈战愈强。又从中午打到下午，打得日寇死的死，伤的伤，狼狈不堪。

日寇指挥官看到其部队陷入深沟，伤亡惨重，败局无法挽救，只好狼狈回窜，以失败而告终。

激烈的战斗历时8小时，打死日寇120名，打伤200余名，打毁敌装甲汽车12辆，缴获日寇钢炮三门，轻重机枪15挺，三八式带盖步枪130支，各种弹药50余箱。敌人的尸体遍地，钢盔、大米袋、罐头、饼干、饭盒等军用物资掉了一路。

站在老马岭、武神山、搭鸡坡、虎头山上的十七师官兵，互相呼应，振臂高呼“我们胜利了！”“打走了日本鬼子！”

胜利的炮声震荡着太行大地，胜利的战果鼓励着士兵们奋勇前进。胜利的捷报在全县迅速传开，广大群众笑逐颜开，拍手称快。高平关上的第一次战斗就把日寇打得丢盔弃甲，狼狈逃窜，受到全县25万人民的赞扬。

县长刘涵森为了祝贺十七师在高平关阻击战的胜利，率领地方政府的县直单位、农救会、自卫队、青救会、妇救会、商会、学校、各行政村村长、各界人士组成慰问团，携带猪肉、白面、烟酒等礼品，前往十七师师长驻地，对积极抗日的官兵和伤病员进行了亲切的慰问。

为了唤起群众，进行抗日宣传，请慰问团观看了此次战斗中缴获的战利品展览。大家都很感动，并表示决心在抗日战争中多做贡献。同时认识到胜利来之不易，是烈士们用鲜血和生命换来的。要继承烈士们爱祖国、爱人民、积极抗日的精神。

县长为了表示地方政府对抗日军队的积极支持，决定给十七师在晋东南各抗日战役中牺牲的烈士树碑纪念。纪念碑地址选择在主峰山的窑则头村，正北方向，青砂石结构，基础深6尺，台高5尺，碑高13尺，于3月中旬进行奠基仪式。聘请县有名的书法家韩廷修、吴振声书写了碑文，精工细刻，于6月底全面竣工。

还有烈士人名碑37块，每块高3尺、宽1尺，砂石质结构，碑的周围停放着十七师在晋东南各战役抗日牺牲的烈士灵柩，计有独立营机枪连连长李登先、机枪连下士高振山、上等兵王子明、九十七团二营五连连长柴锦堂、四连连副张连、二营二连一等兵宋和水、九十八团一营五连队长李秀奎、二连连副王秉坤、一连一等兵白占标等37名。

1938年7月3日在窑则头村，举行了给陆军第十七师在抗日战争中阵亡烈士树碑仪式，参加会议的有县政府各机关、学校、各村村公所的领导和手拿红缨枪的自卫队、学生、广大群众以及十七师的武装部队计10000多人。

按当地习俗，吹奏哀乐进行祭奠。

大会十分隆重，上午10时开始，由县政府主持，县长刘涵森讲了话，师长赵寿山致悼词。最后安葬诸烈士，焚烧花圈等。会议在响亮的鞭炮声和悲壮的哀乐声中结束。

回忆在三十八军片段

陈廷琨*

洛阳战区政治部的一次审问

1938年，蒋介石派军统特务张泰祥到三十八军十七师任政治部主任。张带来大批亲信骨干，分任各科负责人、文秘及事务人员，形成一个小集团。但基层政工人员除九十八团政治指导员王铁夫是个老职业军人外，其余各团及各连的指导员大都是武汉战干团毕业，从敌占区逃亡的富有爱国思想的青年学生。我当时任一〇二团政治指导员。我们这些基层政治指导员对张泰祥的种种做法素表不满，十分厌恶。

1939年10月间，张泰祥与赵寿山军长矛盾激化。为了给赵军长施加压力，张泰祥把所有政工人员撤离部队，集中在茅津渡“集训”。就在“集训”的第二天，一些连队的指导员和张泰祥的人发生冲突，引起一场泾渭分明的打群架事件。事后，我请假去西安养病，吕振寰（九十七团政治指导员）、

* 作者当时任第三十八军第十七师第一〇二团政治指导员。

彭业相（一〇一团指导员）也先后请假离去。不久，我在西安接到洛阳战区政治部主任陶峙岳的电召，立即去洛阳见陶。陶态度严肃，以审问的口气问我："你认为军队政治工作怎样做好？"我稍事沉思说："除了加强军队政治思想教育，提高政治认识，增强抗战意志外，更重要的是搞好部队团结，有效地打击日本侵略者。否则，不是中央政治工作的意图。"陶沉思良久又问："你对三十八军有把握吗？"我说："三十八军今天抗战，明天抗战，不会当汉奸的，这个把握，我绝对有的。"陶默然无语，叫我下去。

不久，我接战区政治部令，调我到骑兵第二师。我没去。又调我到洛阳干部训练团任教官。第二年春，我接到中央总政治部电，着我仍回三十八军。时张泰祥已调离三十八军。

稷王山游击战

1939 年 4 月十七师一〇二团团长习勤奉军长赵寿山命带两个营到敌后稷王山打游击。当时，我是该团政治指导员，自应随军出发。赵寿山军长以我是一介书生，打电话不叫我去。当然去敌后打游击的艰险是意料中事，赵军长对我的关心，我深表感谢。但大敌当前，苟且偷生是可耻的。除此外，就是前不久的"四一七"战役中，习勤受到赵军长的批评（赵批评偏颇，责任不在习），思想本来就不通，接着又叫他去打游击，他更有情绪，这更需要我去。事实证明，我去后刘习的安慰和鼓励是起了作用的。

一切准备就绪，薄暮前把部队运动到山上，天黑开始下山。因路途崎岖，天又很黑，前进十分困难，中途又把两个弹药兵掉下沟去，耽误了时间，故到深夜 2 点才抵山下。距铁道线尚有二三十里路，天亮前能否通过，习勤思想有顾虑，意欲返回，第二天早些下山。我以为这样几上几下，暴露了目标，危险更大。最后决定采取"飞行军"，天亮前一定通过铁路。第一营前卫先走，第二营后卫。我和习勤带了几十个警卫人员在中间行进。我们只管埋头走路，一小时后，前卫失掉联系，后卫也没跟上来。我们万分着急，但又不敢耽误路程，只得加速前进。两边村子里的敌人，不断用探照灯搜索扫射。东方发亮时，到达铁道线，见前卫营正在通过，一会儿，后卫营亦赶上来，我们才相顾长出了口气。过铁路后又行15里路，在一个村子休息，并将村周围严密封锁，只准人进，不准人出。队伍疲倦到极端，决定休息一天，晚上再走。不多时该村“维持会长”来见，问如何向敌人报告。不报告，日本人要烧杀。我告他：“我们走后你再去报告，就说我们进村后不准人出去。”

天黑以后，我们整队出发，并在该村留了两个便衣。第二天上午8时在一个村庄吃饭后，继续前进。12点留置的便衣追上，说今晨拂晓时敌人将该村包围，经搜查后向北出发了。我们叫队伍向前后传话：“走快些。”黄昏时到达稷王山下的三路李村，吃过饭后，留下两个便衣，部队连夜上山。上山时把二营四连留在要口八将门，阻击敌人。其余部队在山上休息。第二天拂晓，留三路李村的便衣上山报告：“敌人昨晚在三路李村宿营，并找布鞋准备上山。”我们当即命令守八将门的四连，提前吃饭，做好准备，敌人上山时，予以迎头痛击。其余部队，亦提前吃饭，待命行动。8时许，八将门响起激烈枪声，知敌人已与我接触。跟着四连送来报告，说：“敌已向我阵地猛烈进攻，我连正坚持抗击中。”12时，接到四连报告，知“敌曾以密集队形，反复向我阵地猛攻，均被我连击退，现仍在严密监视中”。当地群众，闻知敌被击退，欢欣鼓舞，奔走相告说，中央军打得好！并积极筹集慰劳品，用小驴驮着向八将门送去。群众如此爱戴自己军队，令人感动。下午，我们整队向山北转移，并通知八将门四连俟薄暮后撤离，并向山北寻找部队。

在敌占区时间长了，我们也胆子大了，不再那样天天移动。使官兵们有充分的时间休息、理发、洗衣，给群众打扫卫生。夏收季节，除担任岗哨外，还帮群众割麦、打场。有一天早晨，我外出散步，猛然打了个冷战，心情也似有所感，吃饭时对习勤说：“吃罢饭移地方。”习勤同意了，当天撤离到20里以外某村宿营。晚上便衣回来说：“我们队伍走后，下午2时敌人突然把那村包围了。扑空后，撤走了。”习勤听了以后，很惊奇地问我，如何能知敌人今天要来，我说，这是“精神感应”。从此麻烦了，习勤天天早晨问我要“感应”。

在我们没有来稷王山以前，我看过了一份通报说敌人选派大批经过训练的日本人，给打过“哑巴”针，派到我方刺探军情。刚巧有一天哨兵捕获一个哑巴，习勤问不出啥，放走了。我回来闻知后，把有过通报的事告诉了他，他立即派人去追。还好，此人认为他已蒙混成功，仍在村子逗留侦察，很快找回来了。我给他一支水笔叫他写是“哪里人”。他一拿水笔就与我们不同，日本人拿水笔写字和我们拿毛笔写字一样。他写的是“太原省河津县人氏”。我们没有人把山西省叫“太原省”的，尤其是在人字后边带“氏”字，这是中国古人的用法，现在没有人这样用了，日本仍普遍的这样用。我又叫先后给他一支烟和一碗酒，他都双手举到眉际，低着头很恭敬的对人一一礼让。这种动作中国古书上叫作“举案齐眉”，现在中国已无此种礼貌。礼让后足足吸或喝一大口，合着嘴，闭着气，闷口咽下去，中国没有此种习惯。日本文化是隋唐时候从中国传过去的，许多古礼，中国已不用了，日本人还用着。据此，充分证明是日本人无疑。遂电报总司令部，过了些天总部派了四个武装便衣来将其带到了总部。

在敌后打游击，情报是至关重要的。因此我们一到稷王山，就很重视情报网的布置。叫我们的便衣人员和那些受雇于敌人的中国谍报人员，先后都取上联系，他们为我们提供了大量的敌情报告，使我们清楚地掌握了周围据点的敌人人数、装备、动态，因而能心中有数地和敌人周旋。我们还和敌人在各县城内成立的所谓“皇协军”（地方治安部队），建立了良好的关系。就在他们的掩护下，我们在各县城内设立了情报点。闻喜皇协军队长吴泽知道我们没有带马匹来，还送了我们一匹马。在敌人企图大举进犯我中条山防地的“六六”战役之前，他们就给我们提供了情报，我们立即据此向军部做了报告。

敌人在进犯中条山我军防地之前，调集绝对优势兵力，企图先全歼我稷王山游击部队。我们收到闻喜县“皇协军”队长吴泽的报告，知敌已调集周围各县之敌3000多人，并附炮数门，因此我们选好有利地形，留置少数兵力，牵制敌人，灵活袭扰，主力部队连夜撤离，向稷王山西沿转移，使敌找不到我们主力部队，无用武之地。我主力部队经过两三天的兼程行军，进入稷王山西沿向南去的一条大沟道内，拟向薛汉村前进。行到天明后，打算在沟西找个村子休息吃饭，叫部队暂停前进，派一便衣上去侦察情况。不意便衣上去刚一露头，即遭敌哨兵的机枪扫射，迅即返回。部队当即加速前进，正赶进中，山上一人呼喊“不要走了”，边喊边向下溜，到跟前后说：“我看是咱的队伍”，并说：“昨晚从山北开来很多汽车，装的日本兵，沟西村子都住满了，听说薛汉村也住的日本兵。”问他是哪个村子人，他说他是沟西郝家庄人，半夜日本人进村时他逃出来。看起来情况已是十分险恶的。我们决定派五连上东山，先控制东边高地，以掩护沟底安全，其余部队在沟底严密隐蔽。不料五连上山也遇敌人哨兵射击，该连当即顺山向北撤去。不一会儿，沟西之敌闻东山枪声后用望远镜向沟底探视良久，未发现目标离去。

下午4时许，敌全部向南撤去。我们判断此敌在山北因未能捕捉到我军主力而撤离的，因此集合部队向山北出发。在行军途中，遇一荷枪士兵单独行走，一问知是我们从山北撤走时，四连忘记撤回哨兵，被敌俘去，但未解除武装，几天来随敌食宿，敌向南撤走时，他逃回寻找部队。

部队在山北集中后，查知我各营毫无伤损，即向军部电报战役经过情况。接到军部回电，着我们紧急回防。时“六六”战役已结束。

回防后，我和习勤当即去见赵寿山军长，得知“六六”战役敌调集10万步骑兵附炮兵两个联队，并配属三四十架飞机，分九路向我中条山防地进犯，经过多次激烈战斗，敌我双方均损失惨重，但我方还是取得了此次战役的胜利。我团在稷王山的游击战对敌起到了一定的牵制作用。赵军长得知我们稷王山游击战全员返回，也感到欣慰。

我去看望孔从洲，知道三十五师被敌压迫于黄河北沿平陆地区，背水之战，伤亡惨重。孔部最后冲出重围深入敌后，于深夜中全歼敌人一个炮兵联队，毁敌炮后，获敌军马100多匹。但他师政治部向蒋介石中央报他“作战不力，指挥无方，放弃有利地形，致遭重大损失”。孔对此非常愤慨。

黄河桥头堡争夺战

1940年秋季，敌人强渡黄河后，与十七师在桥头堡展开争夺战，战斗十分激烈。我所在的三十五师张履迁团，奉命增援十七师。时值中秋佳节，明月当空，部队经过广武县城时，城内已空无一人。继续东行，沿途难民，扶老携幼，背扛肩挑，像潮水一样地涌向后方。前边枪炮震耳欲聋。我们加紧前进，到达岭军峪后，由副团长杨健招呼队伍原地休息。我和张履迁团长急促地去北边村子，在一个破窑洞里找到十七师五十一旅李维民旅长。他们正围着地图研究敌情，知道我们带来两个营后，指着地图说："派一个营到上河王村接九十八团一营防务，着该营向北收缩，拂晓前接交完毕。并在岭军峪东边布置一个营，作为第二线。团指挥所设岭军峪附近。"接受任务后，我们立即回到岭军峪，按照指示做了布置。二营向上河王出发了，天明时，上河王村枪声很紧，据二营报"我军在交接防地时被敌发觉，敌以为我军撤退，作追击进攻，现我营已全部进入阵地，正反击中"。一时前方枪声愈来愈紧，同时敌炮已向岭军峪村轰击，爆炸声震耳欲聋，房屋纷纷倒塌，浓烟四起，伤兵也大量抬下。二营报告说"敌人增加兵力，反复猛攻，我营正在与敌激烈战斗中"。

我们围着电话机，焦急地等候着二营的报告，电话线在敌轰击下屡修屡断，不得已着通讯连在沿线布置人看守线路，随断随修，不得延误。这时前方轻重机枪声、炸弹声、迫击炮声响成一片，打电话也要大声喊才能听见。正焦急中二营营长来电话说："敌人一度冲入我营阵地，经我军反复肉搏，敌已被击退。但我营伤亡太大，请速派兵增援。"张团长当即告他"坚守阵地，马上派一营来两个连增援"。这时，太阳已经很高了，敌人出动了5架飞机，在岭军峪以东一营阵地上低空投弹，穿梭扫射，一营已无法行动。通旅部电话也屡修屡断，修线的通讯兵也屡有伤亡。我们正在万分焦急中，二营副营长来电话说："敌人多次反复冲入我营阵地，营长亲自督战，在激烈混战中，营长已不幸阵亡了。"张团长立即面色惨白，二营既已伤亡很重，一营又增援不上去，旅部电话也不通，经紧急磋商，断然决定："叫副营长代营长职相机撤退。"并通知一营："二营已在撤退中，该营准备阻击敌人，掩护二营撤退。"中午时分，二营剩余部队，陆续绕道撤回。副营长一见团长，放声痛哭，请团长处分，他没有把营长尸体抢回，最后一批伤兵也掉在阵地上。大家相顾默然。后来副团长杨健才告二营副营长去安排队伍休息吃饭。

下午，二营一个19岁的青年兵，蹒跚地绕道回来，说："我不知咱队伍撤退，看见一伙敌人用刺刀刺咱伤兵，我才往后跑，还撞见我们连的王排长，两条腿都受重伤，我要背他，他说不行，你把手榴弹全留下赶快走。我要换几个敌人。正说着远处几个敌人端着刺刀上来，我跳下坎向南跑，一会儿后边轰轰几声，大概是王排长投手榴弹。我找不到队伍，又饿又累，在一个坟里睡了一觉。"

巧妙的指挥　艰苦的阻击

1938年"四一七"战役，敌人向我中条山阵地进犯，沿张茅公路前进。我所在的一〇二团奉命坚持阻击该敌前进，以掩护主力部队作战略转移和调动布置。任务是艰巨的，完成与否关系主力部队的安全和整个战局的发展。我们深感任务重大，而兵力单薄，抱着坚持到底与阵地共存亡的决心。

敌人恃其装备的优良，兵力的众多，拟一举歼灭我们，来势十分凶猛。先以大量炮弹向我阵地倾泻，我阵地工事全被摧毁，接着敌步兵蜂拥而上。但我官兵抱着必死的决心，充分利用炮弹坑，坚持抵抗不退。敌虽多次轮番猛攻，但均未奏效，敌我伤亡均甚惨重。我预备队已全部用上。

时赵寿山军长来电话，要我们再坚持两个小时，我主力部队已绕到敌后将进行分段围击。我们将此情况传达给所有官兵，士气倍增，俟敌接近阵地处，集中以手榴弹轰击，敌死伤累累。正在此时，敌发紧急号令，前线之敌骤然全部后撤，行止狼狈。我团虽已伤亡很大，但仍一鼓作气，奋勇追击。敌且战且退，一时四面山上机枪大炮齐发，响成一片，沟道的回音中，像山崩地塌一样。此役敌遗尸累累，伤亡惨重，这是中条山抗战以来的第一次重大胜利！

赵寿山被召见

赵寿山将军是一位经验丰富，长于思索，政治头脑清醒，富有爱国思想的军人。他个性较强，常抱合则留，不合则去的态度。他曾对我说过，他当连长时，箱子里常放着纸包好的50元钱，上面写着“人格保险费”，遇不合时有盘费随时可以走，无须低三下四，委曲求全。但为了抗战，为了保住三十八军却受了很多委屈。

1940年冬，由于信任问题，三十八军奉命从中条山调过黄河，驻河南偃师县整训。翌年春，蒋的军政部长何应钦飞抵洛阳，召见赵寿山。过了几天，我去洛阳行都旅社去看赵，见赵的汽车发动了。我加紧了脚步，赶到门口，见赵手里拿着一个纸卷出来，看见我眼睛有些湿润了，拉住我的手说：“你在战区人熟，给人多作解释，人家对咱误会很深。”我问：“你手里拿的啥？”他说：“给何部长写的检讨。”我当时心情很不平静。他上汽车去长官部了，我在那里站立良久，不觉掉下眼泪。赵军长领导三十八军，以极低劣的装备，在中条山坚持抗战几年，经过多少次激烈战役，无数战士英勇牺牲，把中条山变成敌人的“盲肠炎”。难道没有功劳？

保定抗战后赵寿山与关麟徵的隔阂

1937年卢沟桥事变后，敌继续南犯。当时赵寿山的十七师归五十二军军长关麟徵（关和赵系陕西户县小同乡）指挥，布置在平汉路两侧。开始十七师在左翼布置，关部五十二军、二十五师在右布置。关麟徵判断敌必先从左翼主攻，考虑把十七师放在左翼，一则恐不能胜任，二则恐十七师遭受重大损失，则对不起赵寿山，对不起三秦父老。故把部队重新调动，把十七师放到右翼，把二十五师放到左翼主阵地。战事一开始，敌果由左翼主攻。二十五师首当其冲，虽英勇抗击，但因伤亡很大，兵力不支，不得已把十七师部队逐次增援上去。结果二十五师固然损失惨重，但十七师亦有重大伤亡，对此赵寿山很有意见。

1938年，我奉派到赵寿山部十七师政治部工作，拟从武汉乘火车回陕赴赵寿山十七师到差。因许昌发现敌情，火车到河南漯河站拐回武汉。下车喜出望外地遇见关麟徵，遂一起坐汽车到临汝县关的军部。晚住葛林蔚处，与在五十二军一些老朋友得以畅谈。并见到二十五师师长张耀明，得知他们在台儿庄击溃敌土肥原师团，获得大捷，轰动全国。第二天关又去洛阳，借便把我送到洛阳。中午在途中吃饭时，关把在保定作战后与赵寿山存在的误会告诉了我，并托我见赵后代为解释。为了郑重起见，还写了名片让我带上并向赵问好。回西安后，第二天一早，我就去甘露巷七号赵公馆。时会客厅已经人满，我把我的名片交给赵的随从副官拿进去。不大一会儿，赵寿山军长从后院出来，进会客厅和客人一一握手。我坐在沙发上看报。俟赵把最后一个客送走，我才把我奉派到十七师政治部事提出，赵和我握手表示欢迎。谈了一些有关话题后，我把关麟徵给他的名片拿出来递给他，并把关麟徵所托之事向他作了解释。赵说："我对这些丝毫没有啥，下边干部不懂事，胡瞎说。"

隔了几年，在河南广武驻防时，一天我和孔从洲去军部看赵，吃饭时赵喝了几杯酒以后，提到保定作战之事说："关麟徵把咱一个骆驼拿铁勺炒着吃了。"我笑着说："你不是说你对这没啥？看起来还是有啥。"孔从洲把我看了一下说："军长，打仗还能不伤亡？并且是咱要关先生指挥咱，也不是关先生要求指挥咱的。"赵寿山笑了一笑，再没说啥。但赵的思想问题并没有解决。我接着说："这问题的关键并不在铁勺炒骆驼。当时保定大战之后，全国各报纸都纷纷以特大标题宣传关麟徵将军率五十二军在保定与敌进行激烈的血战等情况。而赵寿山将军同样率十七师在保定同一战线与敌血战，没有得到报纸宣传与赞扬。是不能令人心平的！此事也怪关麟徵，他有责任向新闻界提供十七师血战情况。因为十七师归他指挥的。关麟徵没有这样做是该怨他的。但关麟徵可能也有为难，因为十七师不唯不是所谓中央嫡系军队，而是中央不感兴趣的部队。关麟徵为十七师作宣传，造声势，则他的最高领导对他将会产生怎样看法？这也是关麟徵值得考虑的。这叫作军事领域内的政治斗争。不懂此，也会挨错！此关麟徵之所以有难为而不应怨关也。”大家听了哄然大笑，并赞我不愧为政治部的人。

（段景礼　整理）

记赵寿山军长二三事

邓元温 *

一

1940 年 2 月，春节刚过，我和共产党员王培基等一批进步青年，通过党的关系，准备上延安，但因上级有新的方针和路费无法解决，又转介绍给三十八军驻西安办事处处长杨晓初同志，这时，恰好军部派李子文到西安为教导队第三期招生，我们一行 30 余人于 2 月下旬就开到抗日前线中条山三十八军军部所在地望原村，心里非常高兴。随即编入军部特务连当兵，开始过正规的士兵生活。每天出操上课，每周还要上山打柴一两次（多在星期天）。连里有个小小图书馆，由贺仲马管理，因领导分配他办民众夜校，就移交给我管。共有 110 本新书，其中有《共产党宣言》2 本、《论持久战》3 本，还有《新华日报》等。当时在班、排里流传着赵军长在雪花山枪毙一

* 作者系陕西蒲城人，原三十八军教导队第三期学员，曾任地下党军部秘密电台译电员。

○一团长张世俊的故事，说得有声有色，借以说明军纪严明，抗日坚决。有时我也看到赵军长穿一身绿色军装在周围察看地形的情景。这时，抗日战争进入相持阶段，战局比较稳定，我们都住在老百姓家中，群众情绪也稳定，不像在大后方对日寇那样恐惧。3月中旬，军部成立了教导队第三期（对外称为教育连），我们即转入教导队学习。为了坚持长期抗战，4月上旬的一天中午，军部在望原村西边一条沟沿的平坦地召开军部机关和直属部队大会，由赵寿山军长发表了题为《建立巩固的中条山抗日根据地》的长篇讲话。他首先讲明中条山地理位置的重要性，东西300余里，南北80余里，处于黄河以北，像一把刀子插入华北日寇的腹部，是敌人西进或南进的门栓。这里山高林密，进可攻，退可守，有迂回余地，我们又有群众的支持和拥护，就是说群众条件很好。我们有抗战以来的作战经验教训，如保定战役、娘子关战役、晋东南高平晋城地区战役。敌人对中条山的进攻已遭到几次失败，如“三二九”战役、“六六”战役等。我们要多采用运动战、游击战消灭敌人，巩固阵地。为了能够长期坚持抗战，争取最后胜利，就必须建立巩固的中条山抗日根据地，实行“三大禁令”“四大口号”，做到兵强马壮、铜墙铁壁。军部设在望原这个地方很好，背靠大山，前边是开阔的平原和丘陵地带，东西都有大沟相隔，还有一条小河，人畜用水也比较方便（在讲的过程中他用手指着有关地形），我们建设好根据地，就可从老百姓家里搬出来，减轻群众负担，军民两便。这里地形（指马上就要动工挖窑洞的一条沟周围）我都看了几遍，较为隐蔽，又有大路，距望原村也不远，顺这一条沟挖几排窑洞，军部先住进去，再建其他设施。这是我第一次听到的赵军长讲话。真是讲到全体军民的心上了。三十八军虽属国民党的编制，但他讲话的内容、用语却不像国民党高级将领的腔调，倒有很浓的八路军作风。我们这些年轻人从军长的讲话中明白了要长期在中条山和日本侵略军战斗的理由，有了以中条山为家的思想准备。他的讲话，实际上是向全军发出的号召。听了军长的动员部队情绪特别高涨，当时就开到望原村西沟摆开阵势分段施工，大挖窑洞。每班先挖一个，以后还要为军部指挥所和有关部门挖哩，叶光宇编写出了《挖窑洞》的新歌曲：“挖窑洞啊挖窑洞，为了建立抗日根据地，大家加油干来加油干……”由章安祥教唱，各连各排的歌声不断，有的班两天就基本挖成了。受到军长和连长尤继贤的表扬，还出了小报。热火朝天地挖了一个礼拜，“四一七”战役就开始了（我觉得好像是日本鬼子有意破坏）。特务连、教导队担任军部的警戒任务，望原以东我军和日军展开激战。黄昏时候，我放哨时看到日寇烧尸体的汽油烟柱股股升天。第三天上午，日本的飞机在望原村低空盘旋侦察，我因夜间放哨和两个同学爬在战壕里观看日本飞机的标志和驾驶员。这时教导队先行撤退，我们三人没跟上队伍，行动迟缓，受到排长马洪武的训斥：“你们想死哩！”随后转入战地服务，这时一些干部在马路边议论说：“赵军长还在望原村指挥前方部队作战，我们在等待他的撤离。”

二

“四一七”战役结束后，中条山战场又相对平定，军部转往马泉沟，教导队设在姜树坳，距军部五里，进行紧张的军政训练，军纪严明，党组织的秘密活动很活跃。当时实行的是两餐制。我记得在一个多月里，赵军长在繁忙的军务中，两次抽出时间来教导队了解情况，每次都是当我们开午饭时（下午 2 点钟）。他事先从军部出发来到教导队的饭场（村边一块平坦地）坐在场边观看。我们开饭时，每班围成一个圆圈，值班员把饭打好后，值星排长喊“开始！”全队蹲下稀里哗啦地吃开了。军长面向全场，仔细观察每个班吃饭情况，一边听着队长张西鼎和排长朱曼青的汇报，他还要亲自问学员吃饭情况。他大声问：“雷垒！你吃几个馍？”雷垒立刻站起回答：“吃 5 个。”又问：“张国丛，你吃几个馍？”答：“吃 4 个。”接连问了三四个学员吃的情况。等我们吃完了饭，准备去打野外（战术训练的通俗说法），赵军长就转身回军部了。我们这些年轻人往往贪吃，常常吃饭过饱，有时狂吃狂饮，以吃多少论输赢。我曾一顿吃过 10 个馍，有的吃 20 个包子，赵军长针对这种情况，专门给我们讲了胃的形状和疾病。

他说："人的胃就像个橡皮袋，吃得过饱，就会撑得很大，消化后就收缩，胃壁就会折叠，发生胃炎和溃疡，我年轻时就因多次吃得过饱，得了胃病，身体消瘦，难受得很，影响工作，我曾在北平协和医院透视过，医生告诉我，胃已有了折叠，所以吃饭一定要有定量，大便有定时（顶好每天起床后大便），保持健康的体魄。"他还经常向队干部询问病号情况。赵军长就是这样对我们这些年轻人真诚地关心和具体地指点。

经过一年来的学习训练，我们将要毕业分配工作了（这时教导队已移驻河南巩县柏庙村）。赵军长通知要和每个学员进行一次个别谈话，听到这个消息，大家都很激动，洗刷得一身干净，衣帽整齐，精神振奋，等待着这一重要时刻。排长把我们整队带到军长住宅大门外，依次接受军长的谈话。先接受谈话的学员出来以后，大家都争着询问："军长给你讲了些什么？你是怎样回答的？"学习"经验"。轮到我接受谈话的时候，已领会了班排长的指示精神，吸取了其他学员的经验，庄重地走向军长的窑洞，在门外先喊"报告"，待军长说"进来"，就跨越门里，立正姿势向军长行军礼。军长坐在一张方桌的对面，纠正了我的动作后，叫我坐在一条凳子上，问我是哪里人，多大年纪。根据他掌握的情况，知道我在训练过程中射击成绩较好，鼓励我进一步提高射击技术，看到我身体较弱，指示我要爱护身体，保持健康的体格，要为巩固和建设杨先生（指杨虎城将军）创建的这支革命武装做出贡献。短短几句，使我受到很大鼓舞。我虽想多听军长的教诲，但时间有限，只得告退。经过军长谈话之后，每个人好像增添了新的精神力量，走起路来格外有劲，全排整齐得像一个人一样，喊着口令，唱着抗日歌曲回营了。

三

蒋介石要瓦解消灭三十八军的企图蓄谋已久。1943 年 10 月，他把正在郑州、广武前线和日本侵略军坚持战斗的三十八军调集到巩县芝田镇、回廓镇、黑石关一带狭小地区，以其嫡系部队三个军从西、南、东三面包围之，北面为黄河天险阻拦。在此情况下，蒋介石用调虎离山之计把赵寿山军长调离三十八军，明升暗降，任命为远在甘肃武威之第三集团军总司令，而以其亲信张耀明抢夺三十八军的领导权。真是“黑云压城城欲摧”。赵军长的去留，确系三十八军前途命运的头等大事。当此严重关头，赵军长和地下工委秘密地紧张地进行着起义的准备工作。为了打破蒋介石的阴谋，拟以三十八军为主，带动九十六军举行起义，计划把部队拉到黄河以北靠近太岳军区。一则为了继续抗击日寇，二则给蒋介石的阴谋予以揭露和打击。到了 12 月，赵寿山军长和工委负责人范明向中共中央主席毛泽东发电请示批准。而中央回电指示说：“抗日战争尚未结束，统一战线没有破裂，不宜举行起义，还是服从蒋的调动为好。把已经暴露的党员干部撤离，尚未暴露的继续荫蔽工作，并和中央取得通讯联系。”因此，赵军长和工委取消了起义计划，完全按照中共中央的指示办事。经过各方面的部署，到 1944 年 3 月 10 日上午 6 时，赵军长向延安中共中央主席毛泽东发了“我今日离军部西去”的电报，告别了多年辛苦经营血肉相连的三十八军，经洛阳、西安（准备了一个时期）、兰州到武威国民党嫡系第三集团军总部赴任了。经赵军长和工委负责人范明研究决定，带去的随员有崔仲远、温朋久、何寓楚、王安仁、周杰邦、杨荫东、固镇、史毅、张归仁、孙宏奎、雷清汉、法文秀、邓元温、赵存升、吴江善、崔伍德等 30 余人，多数为共产党员，王安仁为党支部书记。蒋介石对赵寿山军长此举，名为提升，实为监禁，但赵军长和党组织仍准备在该部开展新的工作。我原是赵军长和工委与延安中共中央主席毛泽东之间绝密来往电报的译电员，也准备在此建立与中央联系的绝密通讯。我们进入虎穴，精神就特别紧张。赵军长以“总司令”的合法身份率领我们和国民党反动派进行周旋。我在参谋处任司书，每天抄写国民党国防部的电令和《共匪活动通报》等文件。参谋处长、科长们的任务是研究部署该集团军如何防共“剿共”问题。为了避免暴露的危险，赵军长和王安仁调我到他的办公室当文书，给他抄写由何寓楚挑选的古诗。赵军长就任“总司令”一个多月他发出通知要视察部队了。决定带参议温朋久、秘书王安仁（专门作视察记录）、副官处第一科长周杰邦、副官孙宏奎及警卫员等共8人出发。在1944年5月下旬的一天上午8时，总部中将参谋长池中宽率数百名军官在武威城南门外列队欢送。赵“总司令”身穿将军服，腰挂马刀，足蹬马靴，精神奕奕，红光满面，检阅了欢送列队，乘一辆黑色卧车西去。从武威到星星峡，对第三集团军各部进行了将近一个月的视察，了解了各方面的情况，包括军事、政治、经济以及新疆、甘肃、青海、宁夏等省的主要情况，视察完毕，可以说“满载而归”。不久，由王安仁整理了一份重要的准确的军事情报，约2000字，列了10项。其中包括第三集团军各部的番号，师以上主官基本情况，如姓名、年龄、籍贯、学历，各部兵力、兵种、装备驻地、运输能力等，还有河西走廊各地物产等等。赵总司令个人办公室设在山陕会馆（总部主要处室所在地）后边一个很讲究的小楼上，没有他的命令，任何人不准进入。7月初的一天，赵总司令有意离开，安排王安仁把我领到他的办公室，当我走进办公室时，参谋长池中宽站在他那一排三间平房办公室门口看着我们，他也没敢问，又没敢上到“总司令”办公室来。我把门关好，王安仁拿出这份情报资料，念了一遍，叫我看了两遍，他要我背诵记牢，因为内容较多，不能一字不漏地背下来，为了不使主要情节失误或忘记，他将主要情况用很小的字缩写在一张10公分大的白纸片上，然后到我的宿舍共同缝进我盖的被子棉花里，他还用手摸了摸，看是否有手感，要我带到西安交给蒙定军，具体情况要口述。随后由我写一请病假条，理由是到西安看肺结核病（实际没病），呈请参谋长池中宽批准，第二天就办完了请假手续，我把批条带在身上作为证明文件。赵军长安排我和铭锦（赵女儿）、元介（赵儿子）坐一辆以他的名义租用的到西安的货车。7月10日，在赵“总司令”公馆门口，赵军长、崔仲远、温朋久、王安仁等领导亲自招呼我们上车坐好，赵军长站在车旁再三叮咛：“路上要注意安全，如果遇到麻烦，立刻给我打电话，以便及时解决。”我上车后就坐在自己的铺盖卷上。经过兰州到了东岗镇，遭到宪兵的阻拦，要进行检查（拦的车辆较多），赵元介和崔伍德下车向检查站的当官的说明这是赵总司令租用的车，赵小姐还在车上坐着，我当时装着有病无精打采地观看情况，经过一番交涉和说明，允许通行。路途三天，到了西安，首先把情报资料交给蒙定军，他看了之后，要我很快带回陕甘宁边区交给省委。我本来想请10天假回家看望一下父母和新婚妻子，但他不批准。第二天晚上，杨明轩先生在赵军长家中找我谈话，问了我的情况，对我进行教育和鼓励，并从赵军长家中拿出一张1000元法币支票交给我，我又交给蒙定军，他说："这是赵军长给你的，你看如何使用。"我以300元购买进边区化装用的衣服和路费，其余仍交蒙定军，作为党的活动经费。我和郝耀高（郝步荣）一起按照蒙定军指定的路线，经三原、淳化到铁王与王国同志接上头，然后到马栏将所带情报资料交给了杨信同志。

回忆赵寿山将军的几件事

薛高涛*

与八路军密切配合

1938年8月，我参加了赵寿山领导的三十八军，在干训班通讯训练队学习，年底毕业，分配到军部电台工作。在我来电台之前，三十八军就早已和十八集团军总部（八路军前总）建立了电台联系，一直没有中断。

1940年8月，八路军发动百团大战，彭总致电赵寿山军长，要求派部队去敌后出击，钳制敌人，策应百团大战。赵军长令三十八军各团轮流去敌后出击。八九月间，十七师九十八团奉命去晋南敌后进行游击战，沿同蒲铁路两侧及稷王山一带打击敌人。其时我随九十八团工作。随九十八团行动的还有因避阎锡山追捕而在三十八军隐蔽的新军（决死队）二一三旅五十九团团长张瑞达，及部分新军干部、地方共产党员、牺盟会员。他们联系地方组织发动群众，帮助部队解决给养，封锁消息，侦察敌情，传递

* 作者当时系第三十八军电信人员。

情报，配合部队破坏铁路、公路交通。由于地方党组织和广大群众的大力帮助，九十八团及时捕捉战机，多次较准确地伏击敌之汽车运输队、巡逻队，袭击敌据点，打得敌人龟缩在据点内不敢轻举妄动。

1941 年秋末，郑州广武战役时，地下党的专用电台随军长在军临时指挥所工作，我在专用电台任报务员。

1941 年 10 月，数万日寇分路渡河南犯。敌一路在优势炮火和空军掩护下，猛攻铁桥南端的三十八军正面阵地。日寇主力从黄泛区渡河，汤恩伯的十几万军队不战而退，日寇长驱直入，突破花园口孙桐萱部的防线，紧接着孙桐萱部放弃郑州，全部后撤，把日寇主力放到了三十八军的侧背，使三十八军腹背受敌，孤军奋战，汤恩伯竟切断了三十八军的粮弹供应。在此危急关头，彭总致电赵寿山，让开正面坚持游击战，避免与优势之敌打阵地战。同时，八路军在豫北向平汉线发动了强大的攻势，迫使南犯之敌放弃郑州，大部撤到黄河以北，使蒋介石借日本人消灭三十八军的阴谋不能得逞。

1943 年元月，赵军长把我从巩县叫到军部（当时驻荥阳县苏寨村），亲自向我布置和太岳区唐天际的电台建立通讯联系。当时蒋介石迫害三十八军日甚一日，除国民党派到三十八军的政治部、特务、军校生从内部分化、瓦解部队外，还在三十八军驻地周围设立大批特务网点，蒋日汪的大军把三十八军四面包围，日蒋暗地勾结又很频繁，三十八军的处境十分险恶。为了应付突然事变，并能得到八路军的接应，和三十八军驻地较近的解放区太岳区建立电台联系，就有非常重要的作用。

根本的转变

1939 年 2 月，三十八军地下党工委成立后，赵寿山军长鼎力支持地下党工委利用军部电台进行秘密通讯。电台由刘振高负责，我任报务员，协助刘振高做报务工作。

1940年初，赵军长抽出一部电台作为地下党工委的专用电台，开始设在十七师，由李景浒负责，我任报务员。10月，部队南渡黄河时，专用电台随军部行动。1941年10月郑州广武战役时，地下党的专用电台随军长在军临时指挥所工作。

1941年11月底，广武前线战事暂取对峙状态时，地下党的专用电台离开军部，移驻巩县新沟村，和教导队同住一村。此时，李景浒调离，地下党的专用电台由我负责，直到1944年春。张越、赵一平和我一起工作，赵一平担任专用电台的保卫工作。

地下党的专用电台，同党中央、八路军前总、陕西省委、太岳区的电台联系，还抄收新华社的新闻。新闻中有些文章和时事述评等，供军部期刊《新军人》转载（去掉一些政治术语，使文字较隐晦些），以教育广大官兵。社论、整风文献和有些重要文章，供党内学习或作教导队的教材。赵军长经常阅读新闻。在郑州广武战役中，有几天因战争紧张，部队内部电报很多，漏抄了新闻中的战况报道，赵军长即找电台工作人员询问原因，并指出要特别注意抄收晋冀鲁豫解放区的战况报道。

1942年9月，军部参谋处情报科长梁布鲁查获了侵华日军头子派往重庆直接与蒋介石秘密谈判的三个代表和一份密码电报。赵军长指示梁布鲁妥善处置三个代表，由地下党全文报告党中央，经党中央破译出来，其内容系日蒋合流的密约，还提到日军派往重庆的代表中有一名日军大佐。由于情报内容重要，还得到党中央的表扬。对日蒋合流密约之事，经新华社予以揭露，蒋介石对此非常恼怒，派武装特务袭击地下党的专用电台；把三十八军调离河防，在国民党的大军包围中集中“整训”，并把赵寿山军长调离三十八军。

1942年冬，国民党中央派员来点验三十八军的部队，本军驻巩县的所有留守部队都去荥阳苏寨军部驻地应点。国民党反动派借此机会，派了一群武装特务黑夜袭击地下党的专用电台，幸被保卫队长罗曼中和电台工作人员将敌击退。事后侦悉，袭击电台的是打着“黄河支队”招牌的国民党第一战区长官部（蒋鼎文）的特务，袭击电台时被击伤3人，当晚抬到五沟村有1人毙命。我们在击退袭击电台的特务的当晚，即用电话向军部报告。第二天一早，赵军长把接待国民党中央点验委员交给军参谋长，他带了随从副官雷清汉、刘长举及警卫员、少数随员赶赴巩县小黄冶村。中午，雷清汉叫我和罗曼中去向军长汇报情况。下午，军长派军法官王耕宇去找国民党巩县县长说，我们的部队在前线打日本，我们在巩县留守的仓库和看守人员却遭受土匪抢劫，县政府有维护治安之责，要求缉拿土匪归案，防止今后再发生类似事件。

还在1942年初，赵军长决定成立军部搜索连，作为地下党的保卫队，同时也是军部的警卫部队，由军部情报科长梁布鲁兼搜索连长。这时，梁布鲁即来巩县进行筹建事宜。当时决定把地下党的专用电台编入搜索连，所以梁布鲁曾数次找我谈筹建搜索连的问题。但是，梁布鲁筹备了一段就回军部去了，从此就再没有信息了。1942年10月，才正式成立搜索连，郝克勇（范明）任连长，由刘机生带了些干部去陕西接新兵。搜索连内设立了一个保卫队（便衣队），罗曼中任队长。保卫队和军部情报科长梁布鲁、十七师情报科长陈光舜密切联系，互相配合，打击特务，对保卫党组织和地下党的电台起了重要的作用。保卫队还打击了一些走私、贩毒分子，对于巩固部队也起了一定的作用。

1942—1943年底，我兼作地下党工委的部分经费的保管。这部分经费，基本上是朱曼青送来的。据朱曼青讲，赵军长招了二十几个原巩县孝义兵工厂的工人，成立了一个修械所，以铁轨做原料，手工制造短枪，每月约可造二号驳壳枪和八音手枪二十几支，所造枪支的卖款作为地下党工委的活动经费。修械所由朱曼青负责。约在1943年底赵军长赴渝时修械所停工了。在国民党发动皖南事变，掀起第二次反共高潮的情况下，赵军长保护地下党，更加坚定地与共产党密切合作。

胜利归来

1944年春，赵寿山军长被调离三十八军后，国民党任命他为第三集团军总司令，实际上是置于蒋介石的嫡系胡宗南部队中受武装监视。

1946年秋，国民党撤销了第三集团军总司令部的编制，让赵寿山总司令出国考察水利。10月，赵老回到西安，托姚警尘找我。当时我是陕西省工委统战部的联络员，在高陵及咸、长、周、户一带搞地下工作。约于11月中旬（阴历十月十四日晚）我到姚警尘家，第二天去户县定舟村赵的家见赵老。他原想在农村和我谈话，因为去看他的人很多，他又不能在农村多住，所以着我到西安甘露巷赵府去住，说他有事要给我讲。我到西安先去向蒙定军汇报。蒙说赵老回农村前向他问过我的情况，并说要见我，蒙估计可能要代向省委汇报未能从永寿进边区的问题。蒙同意我去赵府住，告诉我，如赵老问到什么时，可如实讲。

赵老从农村返回西安，每天也是接待应酬不暇，即使借机找我谈，也只能在深夜。赵老说，省委派黄艾民和蒙定军到武威，约他办完第三集团军总司令部的结束手续后，于返西安途中，掌握在黄昏时分到达永寿县监军镇停车，让随从人员喝水吃饭，天黑后随从人员驱车向西安进发；赵老从监军镇化装去保安团董策成（大队长）的防区，由省委派人接进边区。黄艾民和蒙在武威时，距约定赵老进边区的时间还有一个多月，赵老借这段时间去迪化（乌鲁木齐）一趟，向张治中辞行，看望屈武等老朋友。赵老去新疆，同时黄艾民和蒙定军回西安作具体安排，办好之后来兰州，约赵老从新疆返兰州时，三人再碰个头，然后分头行动。但是赵老到新疆因张治中挽留，不好推却而耽误了一趟班机，在新疆多住了几天，待返回兰州时，却不见蒙定军与黄艾民。打长途电话询问，蒙说情况有变化，你回西安后再商量。赵老到西安后，才知道董策成因国民党相迫太甚，已危及其安全，早已起义了。赵老要求我把这个情况代向省委汇报，还要求我在他的行动定下来后把其儿媳（罗少岚）和孙子陆原送进边区去。当时商定赵夫人黄居仁由蒙定军派人送进边区。因为要等赵老决定他的行动，所以先派黄克勤进边区向省工委统战部长吕剑人汇报赵老未能进边区的问题，顺便沿途落实送罗少岚母子的路线。

赵老急于要进边区，想在陕找一条路线。他周围的人连我在内，都认为他的目标太大，不好行动，也没有安全的路线，希望他去南京和八路军办事处联系，设法绕道进入解放区。杨晓初说，最近王劲哉逃出监狱，特务和胡宗南的军队在西安城内外和城南搜查很严，总司令的目标太大，又没有安全路线，不如去南京。董必武办理撤退军调处的人员，估计目前还在南京或上海，到南京设法找董必武联系，比较妥善。最后赵老决定去南京，佯办出国手续，设法找董老联系，绕道进解放区。赵老动身后，我们把罗少岚、陆原等人送进边区。

1947年底，党中央任命赵寿山为中国人民解放军西北野战军副司令员、前委常委。1949年初，赵老被狂犬咬伤在洛川治疗，我去洛川探视，住了两天，赵老谈了许多往事。在谈到进解放区的情况时，赵老说，1946年底他和姚警尘到南京，经八路军驻南京办事处的帮助，秘密会见董老，并在董老安排下，化装乘联合国救济总署的轮船到天津，绕道北平找到预留的联络员后同返天津，会同温朋久，他们三人在联络员帮助下，经静海，于1947年3月到达晋冀鲁豫解放区。7月奉党中央之召，首途赴延安。9月在贺龙司令员的陪同下，晋谒毛主席和周恩来副主席。当毛主席问到多年置身虎口而能安之若夷的原因时，赵老说他汇报了四条，大意是，第一，多年身居虎口而能安之若夷胜利归来者，全靠党中央、毛主席的格外关怀和英明领导，各个关键时刻，我都及时得到了党中央、毛主席的指示而化险为夷。否则我早已被蒋介石杀掉了；第二，党派了那么多的干部帮助我建设了三十八军这样一支有战斗实力的部队，迫使蒋介石不敢轻易下毒手；第三，部队在蒋管区团结了大批可以团结的人，他们帮助办了很多我们所办不到的事；第四，我个人决心革命，不怕牺牲和困难，坚持和蒋介石进行了有理、有利、有节的斗争！

在我记忆中的赵寿山将军

袁德起*

我是1930年在南阳参加杨虎城将军领导的十七路军一〇一团的。当时团长是赵寿山，我在团部军需处当勤务兵。1937年我被提升为三十八军辎重营二连准尉事务长。1938年赵寿山将军任三十八军军长，驻防中条山、马沙涧一带。这时我又调任三十八军少尉副官，主要负责赵寿山将军的警卫、安全。从此，我就一直在赵寿山将军的身边工作，直至1959年，赵寿山将军调往北京工作时，我才由他亲自介绍到省人委办公厅工作。

在我跟随赵寿山将军20多年的日子里，赵老那种为了寻求真理，为了党的壮丽事业和中国劳苦大众的彻底解放，呕心沥血，鞠躬尽瘁，生命不息，奋斗不止的革命精神给我留下了不可磨灭的印象。尤其是赵老一生节俭，平易近人，关心他人比关心自己为重的高贵品质，更令我敬佩，使我难忘。

---

* 作者当时系第三十八军连事务长、副官。

名为赵公馆，实为地下党秘密联络点

赵寿山将军的公馆坐落在西安市桥梓口甘露巷6—7号院内，后门兽医巷2号通往西大街。1938年至1947年间，赵公馆实际上已经是共产党人、进步人士经常出入秘密聚会的场所。当时常住在此的有杨明轩（共产党员，原西北救国会民盟中央主席、人大常委会副委员长，他以三十八军高级参议的身份住在赵老家）、姚警尘（三十八军军部秘书主任，共产党员，原军委办公厅副主任）、常汉三（三十八军军法处处长，共产党员）、温朋久（三十八军参议，原对外友协顾问）、张叔东（三十八军高级参议，原中纪委常委，共产党员）、周子健（共产党员、八路军办事处处长）等一些地下党要员。他们常在这里开会、研究工作，会晤有关人士，向外传递一些秘密文件。当时赵寿山将军不在西安，他在中条山前线，我经常护送杨明轩到前线同他商谈工作。记得有一次，临别前，赵老把我叫到跟前，神情严肃，语重心长地说："德起，你知道我为什么要调你到我身边工作吗？"不等我回答，他便接着说："因为我信任你，你一定要安心，负责好在我西安家中居住人员的人身安全，照顾好他们的生活起居。"我听后感动地说："请您放心，我一定能做好您交给的任务。"

抗战结束后，形势更加紧迫，白色恐怖笼罩了整个西安地区。国民党已对赵老的行踪有所怀疑，经常派特务在赵公馆周围进行监视，甚至派敌政治部人员住在赵老家窥探情况。另外有些国民党的右派人物也会突然"来访"，在这种情况下，如果赵老不在家时，总是由赵老的夫人黄居仁在正院客厅接待应付，黄不是拿着针线活和他们泡时间，便是以问对方是吃浆水面还是喝户县稠酒为话题，分散对方的注意力与他们进行巧妙周旋。就在这种复杂、险恶的环境里，赵老想到的不是家人和个人的生命安危，而是以党的事业为重，以他的勇敢、机智掩护了一大批共产党员和进步人士，为我党事业的最终胜利保存了实力。

1946 年，赵寿山将军从前线回到西安，我记得那些天，赵老常常外出，很晚才回家，回到家里不是看书就是写东西，直忙到深夜才休息。有时，我还看到他和杨明轩、杜斌丞（杜先生当时是西北民盟创始人）等人在一起交谈。那些天，赵老明显地消瘦，眼睛里常常布有血丝，我担心地劝他要注意身体，不要累坏了自己，他笑着说："没关系，我的身子骨结实着呢。"接着他对我讲："德起，我最近可能要出远门，我走后，你把我从武威带回的地图整理好，还有那部电台，枪支以后抽空和铭锦（赵的女儿）商量办理。"1947 年五六月间，赵铭锦同志让我把电台、地图交给杨力同志（赵铭锦的爱人），枪支由我装箱送上车，由赵老的夫人黄居仁和女儿赵铭锦送往户县老家。这批枪支由赵伟如（原三十八军特务营营长）、杨海涵（原三十八军军部副官长）在户县解放时组织游击队所用。

随着形势的不断恶化，胡宗南对赵公馆已公开进行严密的监视，杨明轩、杜斌丞等一些人员的名字都被列入了特务机关的黑名单，他们随时随地都有被捕遇害的危险（赵老这时已在党的安排下，辗转进入解放区，这是我后来才知道的）。杨明轩及赵老的夫人黄居仁、孙女赵望原决定奔赴延安。我的任务就是护送他们安全出城（护送杨明轩到兴平，然后由唐磊（共产党员）接送上延安）。赵铭锦、杨力夫妇是最后离开西安的。他们刚刚撤离不久，1947 年 8 月 24 日胡宗南便出动了特务、军警包围了赵公馆，查封了甘露巷和昌仁里两个住处。

身居高位却平易近人，银饷丰厚却生活俭朴

赵老身为将军，却爱兵如子，平易近人，在我们这些副官、随从、警卫人员的眼里，赵老既是一位戎马疆场的将军，又是一位慈祥可亲的亲人，他经常和我们拉家常，询问我们每个人的家庭情况，如：父母身体情况、家乡的收成怎样、生活有什么困难等等，使我们这些远离家乡、远离父母

的穷孩子就像生活在自己的家里一样，心情舒畅、精神愉快。

赵老生活中的业余爱好，就是喜欢打太极拳，无论春、夏、秋、冬从不间断，其次是喜欢下象棋，有时工作劳累一天，回到家里总要让我陪他下几盘棋。我俩一边下棋，一边闲聊，他时常教导我："做人要堂堂正正，为人要忠厚老实。"这些话我一直铭记在心，把其视为自己做人的标准和镜子。

赵老的银饷虽然丰厚，但他的日常生活却很俭朴，吃饭、穿衣从不讲究，在家期间，他一般早点就是2片烤馍，1碗绿豆稀饭，1小碟咸菜，中、晚餐常常是浆水菜烙的菜饸，或下着荠荠菜的小米面条、揪面片等。家里如来了客人，也多是请吃家乡（户县）风味的干捞臊子面，桌子中间放一个大拼盘，还放有辣子、酱油、醋、盐。喝的是自制的黄酒。赵老还有一种生活习惯，就是吃完饭要用舌头把碗舔得干干净净。赵老吸烟都是让我给他买四川柳叶卷烟叶，由他的夫人黄居仁亲手卷成烟卷，而且他给自己限定，每日只抽3根。赵老在穿戴方面更是俭朴，他除了开会或接待重要人员时穿皮鞋外，平时都是穿夫人黄居仁亲手做的布鞋。赵老对家人和子女要求都很严格，从来不让他们大手大脚乱花一分钱。

慷慨助他人，心比菩萨善

赵老生活节俭，从不铺张浪费，但他对手下的工作人员却关怀备至，有一副菩萨心肠，无论谁生活有难处，他得知后便会慷慨解囊，想方接济。记得赵老家里的炊事员周祥生因家里贫穷，说上个媳妇很困难，赵老夫妇得知后，便给周祥生一些钱，并给他做了一床被子，帮助他办了婚事，周祥生感动得逢人便说："赵老一家对自己恩重如山。"

赵老不仅对周祥生如此，对我更是关怀备至，视若亲子。当时，我的孩子多，生活有困难，赵老除按月给我发工资外，还负责我每月的生活费，并且每月给我家里补助50斤面粉。赵老自己穿着朴素，但却时常给我及家人添置衣服。他送给我的一件狐皮大衣和一套灰色羊皮制服至今我还珍藏着。一看到它，赵老那慈祥可亲的面庞就浮现在我的脑海里，使我陷入深深的怀念之中。

赵老虽然早已离我们而去了，但他一生为真理奋斗的革命精神和高风亮节、宽厚待人、先人后已的高尚情操却永远留在我的记忆里。

（袁玉萍　整理　1992年6月15日）

缅怀赵寿山同志

李文章*

赵寿山同志逝世已经20多年了，在我的印象中他好像还活着一样。他一生不断追求进步和为党的事业殚精竭虑的情景以及洁身自爱的事迹还历历在目，特别是在他任三十八军军长期间的所作所为，使我永远不能忘怀。

赵寿山同志注重学习。坚持以马列主义、毛泽东思想教育部队，改造和提高部队的素质，将毛主席的著名论著《论持久战》注释印交全军学习与运用。在抗日战争的遍地烽火中，当日军处于绝对优势的情况下，我们怎样才能坚持抗战直到取得最后的胜利呢？这是人们最关心的问题。同时，无数鲜血的教训，也使人们认识到，绝对不能单纯地打阵地战去以死硬性拼搏，只有采取灵活机动的战略战术，才能适应当时的战场实际情况。在这方面，中国共产党领导的八路军已经做出了光辉的榜样，取得了惊人的战果。在日军后方，一个个抗日根据地陆续建立起来，给全国人民和全国的抗日部队以极大的鼓舞，给全世界反法西斯战争创出了一条光明大道。

* 作者当时系第三十八军军部参谋。

这样，一切要求积极抗日的部队，都在想方设法学习八路军的游击战，以取得抗日战争的胜利。

赵寿山同志所领导的三十八军，蒋介石曾因其参加西安事变怀恨在心。蒋介石的嫡系部队，一个个装备精良，而对于三十八军则任其损耗而不给予补充。为适应抗战的需要，提高全军的战斗力，赵寿山同志下决心学习八路军的战略战术。但当时的情况是：蒋介石对八路军游击战的赫赫战果表面上视而不见，内心极度恐慌，多方肆意贬低，侮辱为“游而不击”。对于毛主席这方面的论著，如《论持久战》等书更是列为禁书，不准公开出售。他派到三十八军部队中的政治工作人员，以加强部队的政治思想工作，提高战斗力为名，实际上进行秘密监视。这些反动特务，对有关八路军的书报杂志，视为眼中钉、肉中刺，如有所发现，便以“通匪”的重大问题论处，搞得人心惶惶，欲学而不敢，在这样的险恶形势下怎么办呢？！

赵寿山同志指使秘书：秘密将《论持久战》这类书籍改头换面，把毛主席原著中的一些明显的用语和八路军的一些习惯说法，全部注释为国民党部队的常用语言，极其认真地下了一番功夫，改头换面地把《论持久战》这部名著印发给三十八军全体将士，并下令作为抗战必读课本之一，不仅要学习钻研，还要在实际战斗中具体地运用。经过反复学习和努力，大大增强了部队的战斗力，提高了全军将士抗战必胜的信心。并在当时的历次战斗中取得了显著成绩。

赵寿山同志为了挽救中华民族的危亡，争取抗日战争的早日胜利，他当时采取的这种办法的苦心，不是三十八军以外的同志所能想到的。今天回忆起来，使人不能不怀念他为抗日战争的伟大胜利所做出的重大贡献。

赵寿山同志想方设法为革命扩大力量，组织动员一些进步人士去延安学习和工作。

1946年秋季，赵寿山同志在西安时，一天，他秘密告诉我：“你动员李维民先生到延安去。他如果不愿意去延安了，就叫他在家闭户读书，绝对不要再为国民党工作！这些话，你作为你自己的意见向他讲，不要流露是我说的。”我当即按他的指示去办。

李维民同志系山东齐鲁大学学生，黄埔军校四期毕业。他跟随赵寿山同志在三十八军曾任营、团、师长等职，有勇有谋，文武全才，是一位难得的军事人才。但由于他长期在赵寿山将军领导下工作，蒋介石为了瓦解这个被视为“赤化了的部队”，李维民同志在1946年被免去师长职务，实为清洗。他当时在西安，心情很苦闷。他为人持重、稳健、老练、不多言，从不轻易表态或者表示自己的观点。我将赵寿山同志的话，原原本本地作为我自己的意见向他坦率地谈了。他仔细地听了我的话后，沉默不语，只说了声：“去延安吗？”

原来三十八军第十七师在他任师长期间于1945年7月17日在河南洛宁故县镇起义回到人民军队大家庭时，没有通知他一同到解放区去。大概他联想到这一点，便有所顾虑。其实这次行动没有通知他一起走，赵寿山同志对这次行动的负责人还进行了批评。大意是：“李维民是一个很好的参谋人才。你们没把他带到人民军队大家庭是一个错误，也是一个损失。如果他到解放军里，便是个很好的幕僚长。”从这儿可见赵寿山同志对李维民的赏识和对他在三十八军中一贯表现的肯定。同时也看到赵将军对党的事业的重视。

当时，李维民家中住着地下党人程文津同志。程利用他给的军用护照到延安去了。他嘱程到延安后着人同他联系，他再去延安。但时局变化，这期间国民党宪兵每隔两三天就要到他家看他。表面说是“来保护李师长的”，实际监视，接着就有特务跟踪了。为了摆脱这一险境，1947年他以黄埔同学关系，找关麟徵介绍到当时在山东的王耀武部做事。再从山东转上海与地下党员胡振家同志会晤。胡以西安要比上海早日解放，请他马上回西安为善。这时姚国俊任三十八军军长，他接到赵寿山同志秘密送来的策反信件。姚约李维民任副军长，以便有所作为。但因顽固师长李振西向胡宗南告密而影响到李维民与姚国俊的设想。这样，不久西安就解放了。

李维民后改名李新民，在赵寿山同志的教育影响下，走向革命。解放后组织原拟派他任渭南军区司令员。他要求学习和提高，去西北民大学习。后任西安市政协委员、参事室副主任和市民政局副局长等职，为革命事业做出了自己的贡献。

赵寿山同志同时也很重视党在白区的工作。张耀明任三十八军军长后，对进步人士迫害不遗余力。我被清洗到国民党第二十五军军官总队了，退役后原想到延安去，组织上没有同意，决定我到原绥远省联合勤务总司令部第七兵站总监部去工作。当我向赵寿山同志汇报了这个情况后，他即表示赞成组织上的这个决定。他说："你去了好好革命。"他的这个指示，我牢牢地铭记在心，并认真地贯彻执行了。

1955年春节前后，梅兰芳在西安公演，有些人建议赵寿山省长，由省政府设宴招待梅兰芳先生。赵寿山同志说："国务院通知不准用公款请客，这个规定必须遵守。干脆请他在我家里吃个便饭好了。"赵寿山同志认真贯彻执行上级规定，忠于党的事业。

赵寿山同志不仅是著名的军事家，而且是一位有名望的革命家。同时，他还是一位教育事业的热诚支持者。半个多世纪以来，他一方面积极推动革命事业的发展，另一面时刻关怀人民文化水平和科学素质的提高。在"振兴教育，救我中华"思想的指导下，他节衣缩食，创办了"户县善慧小学"。并慷慨解囊资助家乡户县的其他学校及曾驻军的汉中、河南巩县的师范学校及小学等十余所学校。

他还积极出资支持青年上学。我所在的为适应西安事变而成立的政治处被撤销了，赵寿山同志告我："我愿意供给你继续上学。"当时我看到日寇侵略中国，中华民族处于生死存亡的最后关头，本着"国家兴亡，匹夫有责"的想法婉谢他的盛意而投奔延安上了抗大。赵寿山同志自愿出资培育青年的高尚精神，使我非常感激！

（1989年8月1日）

回忆赵寿山军长

王有轩　邓元温*

赵寿山将军原是杨虎城将军麾下一位智勇双全忠诚感人的将领。由爱国主义者转变为共产主义战士。在西安事变中起了积极的重要作用。抗日战争时期，他最早率领第十七师（后为三十八军）奔赴前线抗击日寇，他英勇作战，战功卓著。他为了提高部队革命素质，积极改造部队，清除旧习气，建立新作风，培养革命青年，选用革命干部，把三十八军建设成为一支革命的武装力量。他坚定地拥护共产党的方针政策，积极请求参加共产党（后经党中央批准从1942年起为正式共产党员），坚决服从党的指示，在军内他和军工（党）委配合得很好，凡属重要事情都与工委负责同志商量而定。当国民党反动势力加害部队革命干部时，他英明果断、机智勇敢地予以应付，多次掩护了干部。他善于团结干部，关心爱护群众，待人宽厚，生活简朴，平易近人，深受部队干部战士的尊敬！

我们于抗日战争时期在三十八军从事党的地下工作。初为教导队学生，

---

* 王有轩当时系第三十八军参议。

后来在军部直属单位工作，多次听过赵军长的讲话，他语言通俗，内容纯朴，每次都使人受到启发和鼓舞。赵老（最近多年我们对他的亲切称呼）对青年学生干部十分关心，寄予深切的希望。我们为了表达对赵老的深切怀念，现将我们直接感受和间接所闻赵老的崇高品德简述如下。

赤胆忠心跟党走　惊涛骇浪不动摇

赵寿山将军出生于陕西省户县一个贫苦农民的家庭，青年时期即投入反对北洋军阀的斗争，以后紧跟杨虎城将军及其事业，忠贞不贰。“九一八”事变后，国难日重，内战不止，在寻求救国救民的出路中，他考察了华北、华东以至全国的形势，和中国共产党人取得了直接联系，并读了一些马列的基本著作，很快接受了中国共产党提出的“停止内战一致抗日”的主张，因而在西安事变中成为杨虎城将军核心人物之一和得力助手，发挥了积极的重大作用，为国共第二次合作走向全民抗战做出了不可磨灭的贡献。这一时期，他和我党高级领导人周恩来、叶剑英、彭德怀、贺龙、秦邦宪、任弼时、左权、陆定一、杨尚昆等频繁来往，受到启发和提高，在三原驻防时就提出了加入中国共产党和当红军的要求。而在物资方面，又给红军以慷慨的援助。1937 年 5 月下旬，他在上海送别杨虎城将军“出国考察”后，奉命到庐山受训。7 月 7 日，卢沟桥事变爆发，7 月 8 日，赵老即向蒋介石签呈，要求率部抗日，7 月 9 日，蒋介石在牯岭住处请赵吃饭，并约于右任、张群、张季鸾三人作陪。饭后，蒋和他单独谈话，问他“在西安事变时在什么地方和红军什么人见过面，看法如何”？赵老作了如实的回答，并说：“我看红军每个人对抗战都很积极热情。”又说：“我愿到抗日前线最艰苦的地方去。”此情被关麟徵得知后对赵老说：“你在委座面前说红军的好话是甩了个大黑板。”赵老说：“我是为了国家。”他毫不迟疑地当了抗日先锋，在一系列重要战役中，身先士卒，战功卓著。1938 年初，在部队整训间隙，赵老专程赴延安会见了毛泽东主席和朱德总司令，受到很大教诲和启发，他在以后和日、蒋斗争过程中，总是求教于党和得到党的帮助。由于他在抗日战争中和八路军紧密配合，特务向其上峰报告中称赵寿山为“杨虎城的化身”。蒋介石非常恼怒，于 1940 年 10 月命令三十八军（包括第四集团军其他部队）调离中条山，到黄河以南河南的巩县至郑州守备河防，割断他与八路军的联系。赵老则针锋相对，准备率部投奔太行山和八路军会合，我们得知后都精神振奋。由于中央不同意，未能实现。渡河之后，蒋帮迫害更甚。1941 年春，赵老请陕西省委转报中央，要求把部队拉到黄河北岸，又因日寇在汾阳、信阳集结大军，有进攻西安可能，据此，中央指示暂时勿动。1943 年 10 月，蒋介石突然命令三十八军从郑州抗日前线调至巩县、偃师、登封之间狭小地区，名为集中整训，实为陷入蒋之嫡系重兵包围之中，准备软硬兼施瓦解消灭三十八军。当此危急关头，赵老和工委即秘密地积极地准备起义工作；拟以三十八军为主，带动九十六军，把部队拉到黄河以北，太岳军区南沿。电请中央批准，中央即回电批示：“抗日战争尚未结束，统一战线没有破裂，不宜举行起义，还是服从蒋的调动为好……”赵老再一次顾全了大局，服从了中央的决定，接受蒋的安排，忍痛离开了三十八军，到远离抗日前线的甘肃凉州（武威）当了一个空头集团军总司令，实为软禁。就在此处境十分困难的情况下，赵老仍为党提供了蒋介石方面在西北极为重要的军事政治情报（邓元温曾担任中央毛泽东主席和赵寿山军长及工委之间的绝密通讯的翻译工作，并于 1944 年 7 月将第一份重要情报送回陕甘宁边区马栏陕西省委）。真可谓“身在曹营心在汉，红心处处向着党”。

1946 年，蒋介石发动了全面内战之后，赵老坚决巧妙地和蒋介石进行了周旋，不为其高官厚禄所诱惑，避开多次被害的危险，在党的帮助下，终于回到了解放区，投进了党的怀抱，实现了他多年的夙愿。这就比杨虎城将军高明一筹，实为原三十八军将士之幸，西北人民之幸，我党之幸。

以身挡剑　掩护同志

在部队南渡黄河不久，即 1941 年 1 月份，蒋介石就进一步对赵老和三十八军实施迫害。首先下令指名三十八军中数十名（37 人）旅、团、营、连长及参议参谋人员为“异党”，要调劳动营听审，实际就是要逮捕“治罪”。其中主要有崔仲远（中央政治局特派员）、孔祥桢（中央军委特派员）、工委书记蒙定军、委员郝克勇、张西鼎、军长秘书主任姚警尘、军务处长胡振家、人事科长陈雨皋（民主进步人士）、团长刘威诚、营长李森、特务连连长尤继贤等等，都是党的领导核心和骨干。在这种严重情况下，赵老除准备拉部队北渡黄河外，就想方设法和蒋介石方面周旋，借故否认，拖延应付。4 月间，蒋在洛阳召开军事会议，会议期间，何应钦约见赵寿山军长，第一战区司令长官卫立煌在座，三人对面。何应钦又拿出这份名单，先交给卫立煌，卫又传交给赵寿山。何应钦说：“赵军长，名单上这些人都是共产党，你看怎么办？”赵老看过名单后，很沉着冷静地说：“何总长，三十八军有没有共产党，我不敢保证，但这些人不是共产党，都是部队的老人手，战斗骨干，我敢用全家性命担保，如果何总长不相信我，先把我撤职。”赵老这一表态，把何应钦弄得不知所措，无话可说，骑虎难下，卫立煌在一旁不作声色，暗地佩服赵老有胆有方（这一情况是卫立煌将军解放后回到北京时对接待他的杨荫东同志讲的）。何应钦无法，只得推给卫立煌处理。经卫的调解，为了应付蒋介石，赵老写了具结书，以后只送了三人去西安劳动营受训。即陈居莘（营长、其岳父刘守中，国民党执委）、邵青山（连长，行伍出身，没有文化，非党）、魏洪涛（共产党员，被指明为军工委书记、军部参谋），赵老估计他们三人不会出什么事。临走时，赵老给他们诚恳地谈话说：“我一定想办法把你们要回来。”随后，赵老就给本军驻西安办事处长杨晓初（共产党员）布置办理此事，杨晓初又给管钱和印件的刘顺明同志具体交代说“为了把送去的人放出来，要全力活动，要多少钱给多少钱”。硬是把劳动营有关队长用钱买通，不久，即获释放，安全回到了部队。

这年春季，正是国民党第二次反共高潮时期，蒋介石给部队派来许多“政工人员”（特务）。有一天早晨，教导队（教育连）第三期学员出早操时，派来的姜指导员（特工）从七班学员章安翔床头搜出一本《苏联文艺论》，认为有“共党”嫌疑，就被抓起来关在军“政治部”审查，但没有其他证据是“共党”，经军部有关领导交涉，半个月后获释放。在一次军直部队朝会上（每周一上午举行），赵老发表讲话说：“青年人好奇心强，有些书你不叫他看，他就越想办法拼命看，甚至躲在苞谷地里不吃饭也要看。其实，不要把一些书看得那么神秘，放开，让他们去看，不一定都会争着看的……”他用这种道理驳斥国民党当时对文化思想的封锁政策，讲话时，军“政治部”主任就在场，也未敢上台辩驳。

1959年在党的庐山会议上，彭德怀元帅受到极大的冤屈，在北京工作的赵老不随声附和，他敢冒天下之大不韪，前往西郊吴家花园探望彭总，为彭总的处境十分担忧，回到家中不禁落泪，他说：“彭总是党的功臣，长期领导我工作，我终生难忘。”当范明同志被错划为极右分子，实行双开。赵老认为处分太重了，为此，他曾亲自去某领导同志家中说情，请其疏通，为求一见，而坐了两个钟头的冷板凳。赵老为党为同志之心，由此可见。

呕心沥血　培养青年干部

为了抗日反蒋，改造提高部队的战斗力，根据党的指示，赵老十分注意对青年干部的教育培养。他不顾蒋介石的一贯反对，从1938年到1944年，采取各种方式，连续开办干部训练班和教导队五期，为党培养了大批干部。我虽在“双十二”事变前参加杨部，但较系统的学习还是在教导队第一期。在中条山时，为了贯彻三大禁令、四大口号，军部组成视察督导团，赵老为团长，刘威诚为副团长，我是团员之一。赵老经陈雨皋先生转告我，到部队后，专门考察了解团、营、连干部的政治思想状况，可见赵老对我们的信任。赵老对青年干部十分关心，凡教导队的学生，他基本上都了解，教导队第三期毕业学员几百名，赵老都要和每个学员个别谈话。三天谈完，一个不剩。了解每个人的基本情况、特长，并指出今后努力方向。对教导队第四期毕业学员也是如此。如对王拯中（共产党员，17岁）谈话时，赵老首先就说："不要因我是军长就害怕，不要拘束，自由交谈。"由于我长期在军部工作，除了经常聆听赵老的讲话外，还多次得到他的具体指点和教诲。军部驻巩县大巴沟时，特务连连长尤继贤（共产党员）出操演习武器时不慎，枪走火，打死一个在旁观看的8岁小孩。赵老命我参与处理此事。他首先把尤继贤关押10天禁闭，就自带各处处长到老乡家中慰问，捐钱捐物，圆满解决了这一军民之间的大事，对我有很大启发和教育。尤继贤工作期间，连里亏空军粮500多斤，有关部门追查，我向赵老汇报说："尤继贤家在河南陕县，地少人多，很是困难。"赵老听后，批准予以报销。尤继贤调走后，连长暂缺，目下尚无合适人选，我知王建杰（共产党员，系五十团营长，因丢失郑州黄河桥头堡，第一战区长官部追究责任而撤职）闲着无事，我向陈雨皋先生建议让其充任，陈先生也同意，即向赵军长签请，立即得到批准。王建杰被任命为特务连少校连长。军部驻苏寨村时，赵老都是以身作则，每天带领各处干部出早操，打太极拳。为了培养锻炼干部，特别是年轻干部的演讲才能，赵老号召早操时自由演讲。记得参加演讲的有雷觉民、杨海涵、王安仁、李文章、王有轩等，以抗日救国为内容，轮流在朝会上发表演说。既锻炼了我们，又宣传了党的基本政策。我任军部教育参谋，有一次去南下部干训班了解干部思想情况，班副主任申及智知道后很不高兴，向军长报告我插手他的工作，随后军长给我谈话说："以后要注意工作方法，不要使他发觉和误会。"1942年，我报考陆大，赵老给我个别谈话，并要我路过西安到户县看望崔日尧（共产党员、儿童连连长，在家养病）身体如何？如果好了，就到前方把自己连内的事情了结一下，以免贻误工作。赵老就是这样无微不至地关心爱护干部。他善于用讲故事的办法教育干部，关于干部之间的团结问题，他就讲将相和的故事。关于如何对待部属的问题，他就讲唐朝郭子仪、李光弼两员大将复唐的故事。他说：一个宽，一个严。我们应该宽严并济，也就是诸葛亮的治军方法。1945 年秋，工委书记兼第三集团军驻西安办事处主任蒙定军去了陕北，叫我（王有轩）临时接应来往工作同志，如王建杰、王安仁、赵古振、王拯中等，解决路费和化装问题。这时，参议温朋久先生也从甘肃武威返回西安，因为他是我尊敬的老师，我就将蒙定军的情况向他透露了。赵老知道后，立即把我叫去，进行了诚恳的批评。他说："再是熟人，万一出了问题怎么办？今后必须注意。"可见赵老对保守党的秘密警惕性之高，对年轻党员爱护之至，对赵老这种精神，我们终生感激不尽。

（1992年12月于西安）

抗战时期党在三十八军的工作

蒙定军

党的抗日政策教育了十七师官兵

西安事变以后，赵寿山升任十七师师长。赵是杨虎城的老部下，“九一八”事变以后，赵寿山接触了不少进步人士，对蒋介石集团对外妥协投降，进行反共反人民的内战政策有所不满，接受我党“停止内战，团结抗日”的主张。西安事变期间，赵多次受周恩来副主席和叶剑英等同志的帮助教育。事变以后，部队驻三原县期间，又多次受到彭德怀、贺龙等同志的接见谈话。党的教育使赵逐渐坚定了抗日信念和与共产党合作的决心，愿接受共产党派干部帮助他的工作。1937 年初，中共陕西省委派申敬之为特派员到十七师负责领导地下党的工作，随后杨明轩、孔叔东、杨晓初、崔仲远等同志相继到十七师进行上层统战工作。

1937 年“七七”事变后，十七师奉命开赴河北，参加伟大的抗日战争。我党中央非常关心这支部队，9 月中旬周恩来、彭德怀同志曾到保定前线看望赵寿山师长，并鼓励全师官兵巩固西安事变成果，坚持长期抗战。从

1937年9月至11月，十七师先后参加了河北保定以北新安镇一线的阻击战、漕河战役、阜河战役、山西娘子关雪花山乏驴岭战役、太原东郊陈家峪战斗等。由于整个国民党军队的腐败和蒋介石长期不抵抗政策的影响，作战指挥不统一，各自都企图保存实力，因此多次战役都失败。十七师虽有抗战之决心，又有共产党员和爱国将士浴血奋战，但由于蒋介石阴谋借日寇炮火消灭这支参加过西安事变的抗日力量，在河北战场上将十七师两个团割归国民党嫡系五十二军指挥，严重削弱了十七师的力量。而且战斗刚打响，刘峙就乘火车跑了，剩下十七师孤军奋战，受到日寇两面夹击，损失很大。在固守娘子关雪花山和乏驴岭战斗中，我军与日本军队激战九昼夜，曾一度夺取了井陉车站，缴获了大量武器弹药，给日寇以重创。但由于单纯军事防御，互相配合不好，因此付出重大代价，没有取得应有的战果。

1937年11月8日太原失守，山西境内的国民党军队纷纷向晋南溃退，十七师经过河北和晋东两战场连续作战，疲惫不堪，思想相当混乱，一部分进步官兵要求随同东进的八路军去敌后打游击，一部分人则对抗日悲观，逃亡不断发生。党为了保存这支抗日武装力量，当时曾向赵寿山建议部队留在正太路以北之盂县地区开展游击战争，但未能取得一致意见。在由娘子关向太原方向撤退时，我八路军派两名干部来十七师进行抗日宣传，帮助巩固部队，同时建议赵寿山率部去晋西八路军留守兵团驻地进行整训，重整旗鼓，继续抗日。严酷的事实教育了赵寿山和十七师广大官兵，不仅从战争中看到国民党军队的腐败，也进一步认清了蒋介石不顾国家民族危亡，甚至不惜借用日寇炮火消灭异己的反共卖国面目。于是赵率部经太原以南，转移到离石县碛口一带。

碛口整训，十七师走上革命道路

部队由离石去碛口途中，受到我留守兵团及群众的热烈欢迎，并在兵团帮助下开始收容整顿。这时党中央派南汉宸率慰问团来部队慰问。南汉宸多次给部队官兵做形势报告，宣传抗日民族统一战线政策和全民抗战最后一定胜利的道理。萧劲光同志讲话时，肯定了十七师抗日战绩，赞扬了部队流血牺牲的精神，极大地鼓舞了士气，提高了抗日信心。部队在八路军河防部队萧劲光旅的帮助下，抽调班以上干部办短期训练班进行整训（即五日整训），学习抗日民族统一战线政策，学习全民抗战方针，总结河北、晋东战场失利原因，学习游击战术。为了整顿军纪，改造部队，在地下党的帮助下，赵寿山颁布了“三大禁令”，提出“四大口号”。

通过碛口整训，十七师广大官兵抗战精神为之一振，广大官兵有了重返前线的决心，当时就编有《碛口整军振旗鼓》的歌曲。

1937 年底，部队从碛口过黄河到绥德进行补充，我受地下党委派，以去后方安抚伤病员和收容散失官兵为名，去延安和云阳向中央和陕西省委汇报工作。在延安，罗瑞卿听取了汇报，后由刘向三向我传达了中央的指示：抗战是长期的，地下党要协助部队大量培养干部，加强部队的政治改造工作，巩固和发展抗日民族统一战线，健全和发展党的组织，扩大实力，准备长期抗战。随后，在泾阳以北之云阳镇，又向省委书记欧阳钦和军委汪锋作了汇报，研究了贯彻中央指示的具体办法。

此时赵寿山师长也到了延安，受到毛主席、叶剑英和其他中央领导同志的接见。毛主席向赵寿山详细讲述了我党的抗日民族统一战线政策，提出了改造军队的建议，为赵寿山指明了今后奋斗的方向。赵寿山表示完全拥护我党的抗日民族统一战线，愿意和我党合作，愿意改造部队，使其适应抗日的要求，配合八路军抗战到底。毛主席还交给赵寿山一本密电码，约定以后通信联系。毛主席亲自做十七师的统战工作，对赵走上革命道路，起了决定性的作用。

1938 年元月，十七师由绥德到延川，从延水关过黄河，经永和、隰县抵洪洞集结待命。这时，八路军朱德总司令来到部队，在一所小教堂里给连长以上的干部讲了话，分析了形势。阐述了持久抗战，抗日必胜的道理，使大家受到极大鼓舞，留下了深刻的印象。朱总司令还和赵寿山师长作了长时间的交谈，向赵讲述了运动战、游击战的方针，进一步坚定其团结抗日的思想。3 月，部队经沁水、阳城到达晋城一带，编入第二战区东路军(十八集团军)战斗序列，受朱德总司令和彭德怀副总司令指挥。此后彭总多次来十七师进行视察指导，慰勉部队坚持长期抗战。

开办教导队，培养青年干部，改造部队

赵寿山接受党中央关于改造部队的意见后，在地下党的帮助下，从 1937 年开始对部队进行改造。改造工作大体可以分为四个阶段：第一阶段是碛口整训；第二阶段是 1938 年在晋东南期间；第三阶段是中条山期间；第四阶段是 1941 年在河南守备黄河河防期间。

从 1938 年开始，地下党把培养青年干部和改造部队作为工作的中心。经过碛口整训，十七师进行大量补充，需要大批下级军官，赵寿山师长为了防止蒋介石、胡宗南以偷梁换柱的手法，派中央军校学生来替换部队干部，接受了中共陕西省委意见，开办教导队大量培养下级军官。第一期教导队在三原开办，由陕西省安吴堡青训班调出一批学生做学员。在教员学员中都有不少共产党员，还有一些知名的进步人士任教。教导队的大队长、区队长等干部，大都是共产党员。以后各期的学员除由青训班选调外，也选招陕西、山西的青年学生及地方党团组织和民先队从关中陕南各地介绍来的党员和进步青年。

教导队从 1938 年元月在陕西三原成立到 1944 年 3 月，共办了 5 期。第一期是十七师教导队，1938 年 7 月后改为三十八军教导队，以后遭到反动的政治部主任张泰祥破坏，即改名教育连，四、五期又以补充团二营名义续办[①]。其中领导干部虽有变动，但一直完全由我党掌握。教导队的教材都采用抗大的，还有从安吴青训班抄来的政治时事教材。开设的课程除军事课外，

---

① 三十八军教导队第四期用的是补充二营名义。第五期用的是辎重团二营和五、七连名义。

政治课有：哲学、政治经济学、社会发展史、土地问题、抗日战争的战略战术、群众工作等。地下党还用电台抄收新华社发的社论和党内文件中有关毛主席的讲话报告等。1942 年全党整风时，整风文件就全部用电台抄收下来，不仅作为党内学习文件，也曾作为教导队的教材。

教导队（包括一个儿童连）先后培养了 1000 多人，其中约半数先后发展成党员。他们不断被派送到连队，有效地加强了部队的改造工作，增强了部队的战斗力。后来，针对蒋介石制定的控制杂牌军的一条规定（即非中央军校出身的人不能担任连队主官），地下党经请示陕西省委同意，又有计划地选派了百余名共产党员和进步青年去国民党中央军校“镀金”，毕业回来后，担任排、连、营长职务。1938 年底，政治部主任张泰祥和以后的罗任一，要所有军官必须加入国民党。为了掩护党的工作，经请示省委同意，地下党又指示党员军官可随其他军官集体加入国民党。为进一步开展部队政治教育和战地群众工作，1938 年十七师到晋东南后，成立了战地服务团，由崔仲远任团长、武志平任副团长，团内工作人员大部分是中共党员。战地服务团派人以指导员的名义到各团、营、连检查和贯彻纪律检查会、生活检讨会制度，组织官兵发动群众，宣传抗日，密切军民关系。战地服务团还出版油印的《战地》报，发表抗日言论、官兵学习体会、作战经验等文章，进行抗日宣传。这一时期由于受东路军的指挥，经常和八路军并肩作战，举行驻地联欢，还派了一批干部去东路军游击干部训练班学习，这对促进部队政治改造，改变部队作风和作战方法都起了积极作用。

部队在绥德期间，八路军警备区政治部帮助十七师组织了宣传队，派警备区政治部司锐和原八路军战地服务团的袁洛等同志负责，并组织了血花剧团（由从绥德随军到晋东南的青年学生和从延安等地调来的革命文艺工作干部组成）。演出的抗日剧目有：《放下你的鞭子》《江山好》。教唱抗日救亡歌曲，如《大刀歌》《游击队员之歌》《黄河大合唱》及东北流亡曲等。这些活动对鼓舞部队士气，进一步坚定抗日信心，起了很大的作用。

开办干部训练班，进一步推进新作风运动

1938 年 7 月赵寿山升任三十八军军长，辖十七师和独立四十六旅（后改为新编三十五师），部队随即由晋东南调中条山，归还三十一军团（后改为第四集团军）孙蔚如建制。为了进一步加强部队的改造工作，军部在茅津渡办起了干部训练班，赵寿山任主任，孔祥桢任教育主任，设有军官队、军士队、军需队、军医队和通信队。教导队也从陕西三原来到前方，加强干部训练工作。教学内容除前述学习内容，还有周恩来副主席 1938 年任军事委员会政治部副部长和郭沫若任该部第三厅厅长时颁布的《学习小组讨论会实施简则》《生活检讨会实施简则》。为了进一步推进新作风运动，改造干部的旧思想、旧作风和旧的作战方法，干训班进一步重申"三大禁令""四大口号"，同时提出"官兵一致，军民一致"的原则，废除打骂，反对克扣兵饷和贪污，反对欺压打骂驻地群众。部队还实行了三项措施：一是军队不驻城镇，住在农村，自己开荒种菜养猪，节约开支，减轻群众负担，并且支援农村生产，救灾救荒；二是军师长带头不带眷属，眷属来前方探亲至多不能超过半个月，敌占区逃来的眷属，由于生活困难送各师陕西后方生产基地安置；三是派小部队轮流到敌占区进行游击战，实习游击战术。连队还成立了"民运组"，平时帮助群众生产，宣传抗日，战时帮助群众转移、疏散，密切军民关系。

部队在中条山时期，还与山西新军、牺盟会、妇救会建立了较密切的联系，牺盟会、妇救会帮助部队联系群众，每逢战斗及时给部队传递情报，解决给养，部队则送给他们枪支弹药，建立地方游击武装。1939 年 12 月阎锡山配合蒋介石发动反共摩擦，动用六个军的兵力向我党领导的山西新军（即决死队）各部展开全面进攻，同时指使其晋南反共突击队在中条山芮城、平陆、夏县等地破坏各县、乡的牺盟会、妇救会等群众组织，大肆逮捕杀

害抗日志士和共产党员。三十八军除了镇压当地反动势力，立即动员部队将大批受追捕的同志掩护起来。如当时中共平陆地委书记薛涛、县委书记姚文、新军团长张锐达、夏县牺盟会负责人甘玉梅等同志都受到三十八军的掩护。

与蒋介石的破坏活动展开针锋相对的斗争

西安事变后，蒋介石对三十八军极为仇视，千方百计企图消灭这支部队。在极其尖锐复杂的形势下，地下党和进步力量有效地粉碎了蒋介石的种种阴谋。

1938年冬，蒋介石召开了武功军事会议，置杂牌军于对日作战第一线，置其嫡系部队于第二线，将胡宗南部留陕西包围陕甘宁边区。赵寿山参加了这次会议。会后我们把赵谈的会议情况向中央和省委作了汇报。此后，蒋介石对三十八军的仇视和压迫也日甚一日，从1938年底[①]派张泰祥为政治部主任开始，陆续派大批特工及中央军校学生来三十八军，以指导员名义分配到连队，进行反共活动，破坏部队抗日和进步，妄图“化掉”这支抗日力量。他们强迫撤销了血花剧团、战地服务团，不准《战地》报出版，扣发《新华日报》《解放周刊》，没收进步书籍，阻挠部队的改造工作。地下党和进步力量同他们进行了针锋相对的斗争。干训班不让办，赵寿山就通过孙蔚如同意，在四集团军总部干训班继续办，不让办教导队，就改名为教育连，以后为了掩护，又以补充团二营名义继续办；扣发《新华日报》《解放周刊》，就派人到边区秘密携带。为了及时了解形势，就用电台抄收新华社新闻和社论，在连队以办中山室为掩护，继续组织官兵学习，撤销了战地服务团和血花剧团，就将部分同志送回边区，其余人员分配到连队继续工作。并公开组织战地视导团，由赵寿山担任团长，刘威诚担任副

① 据张泰祥当时给陈诚的电报，张泰祥是于1938年10月28日率第十七师自后方抵达山西平陆县茅津渡三十八军驻地的。

团长，到各部队检查部队训练、生活检讨会和小组学习会执行情况。视导团成员由共产党员和进步军官组成。他们同官兵谈话，检查学习日记、壁报，访问地方进步组织及驻地群众，了解部队纪律，最后评比发布“奖惩令”。部队驻守黄河河防时，国民党军统特务组织的“黄河支队”和胡宗南的渡口“检查站”走私贩毒十分猖獗，对部队腐蚀影响极大，视导团视察河防时，惩办了违法乱纪分子，震动了全军，加强了部队纪律。

1939年11月，蒋介石以反共不力撤销了军政治部主任张泰祥，另派罗任一充任，并派刘文光组织十七师“特别党部”。1942年又撤换了罗任一，改派秦怀玺任军政治部主任，并派极端反动的龙冠军任十七师副师长兼政治部主任[①]，这些反动分子偷听官兵谈话，搜查官兵行李，拉拢腐蚀干部，发展特务组织，斗争日益尖锐复杂。省委及时传达了中央指示：地下党为了掩护和隐蔽，要内红外白，要入污泥而不染，同流而不合污，要把上层统战工作和群众工作结合起来，顶住逆流，团结抗日。我们按照指示精神，一方面研究利用国民党自抗战初期发布的一切可以利用的命令、法律以及社会习惯，使我们的言行“合法化”，坚持抗日与进步；另一方面则发动官兵对特务政工人员展开多种形式的斗争。在抗日的前提下，能争取的争取，不能争取的设置障碍使其活动困难。对派到连队的反共分子则利用他们畏缩怕死的弱点，派其带小部队出击侦察或到敌后游击，结果这些人吓得大部逃跑。对个别已经危害地下党组织和进步官兵安全的极端反动分子则秘密加以惩处。在中条山时，曾发生过包围共产党员王廷杰营，企图搜捕共产党的事件，地下党即团结进步力量，将被收买利用的反动营长撤职查办。由于地下党组织团结了全体官兵进行斗争，使特务政工人员几乎无法活动，一度不得不把政治部的牌子挂在远离前方的陕西华岳庙。他们无法了解到部队的真实情况。

蒋介石用特务手段瓦解不了这支坚持抗日的部队，于是就采取了更加

① 据龙冠军当时写给张治中的报告，龙被任为十七师政治部主任兼副师长的时间是1941年5月13日，实际到职时间约为1941年6月。

阴险毒辣的手段，从组织上下毒手。在中条山时，就已经发生电令孙蔚如查处总部干部训练班“异党”分子雷展如等同志的事件，经孙复电：雷展如并非“异党”。1940年冬为了切断三十八军与八路军的直接联系，蒋令四集团军全部调离中条山，南渡黄河，守备洛阳郑州间数百里河防。三十八军守备巩县郑州间百余里河防，处于日伪及汤恩伯数十万中央军包围之中，换防刚结束，蒋介石就以“异党”嫌疑为名调孟定均（我当时名蒙鼎钧）等37名军官去洛阳干训团“受训”。这37人中有地下党员，也有非党的旅、团、营长，明显地暴露了蒋介石以抽梁换柱的手法来搞垮、吃掉三十八军的阴谋，引起了全军官兵乃至四集团军总部的不满和愤怒。地下党立即利用上层统战工作揭露蒋介石消灭异己，吃掉杂牌军的阴谋，并向全军握有实力的军官说明利害。军、师长联名发电进行抵制：查无孟定均其人，部队也没有“异党”，河防吃紧，无暇受训。但蒋介石回电，名单上去掉了孟定均，但仍坚持其余人员去受训。赵寿山看到送走这些部队骨干，蒋介石必将派反动军官来任职，那时三十八军就会被蒋介石完全控制，于是与地下党商议，决定举行起义，渡河到豫北。部队一面进行起义准备工作：控制渡口船只，补充战备物资，派人去豫北进行侦察联系；一面向省委、中央请示报告。中央复示：国共合作还不会完全破裂，起义不符合团结抗日的原则，要采取各种方式进行斗争，坚持下去。根据中央指示，工委和赵寿山研究取消了起义。工委也否定了党内一部分同志要求将指名调去受训的党员撤退的意见，因为这样做既不符合坚持斗争的方针，又会暴露这些人的政治面目，使留下的同志和赵寿山的处境更加困难，甚至会破裂我党同全部第四集团军的统一战线关系。在蒋介石接二连三的电令催促下，赵寿山感到硬顶不是办法，担心蒋介石以“违抗军令”加罪，于是去和孙蔚如商谈，要孙致函第一战区司令长官卫立煌，证明被指调军官均系第四集团军的老部属，绝非异党分子，要求免训。孙蔚如也看出蒋介石指调是为了瓦解异己，但他从自己的处境和杨虎城将军尚在关押考虑，同意采取婉转拖延的办法应付，向卫写信保证，卫接孙信后，以河防吃紧要求缓训复电蒋介石。蒋介石虽仍不同意，但退了一步，指令先送少数几个人去洛阳审查。当时卫和赵之间私人关系较好，卫答应可以送几个人去洛阳应付蒋介石，然后以日寇企图渡河进犯为由要求将人调回。赵于是派下级军官张西鼎、尤继贤、陈居莘等八人去洛阳，旋即又以河防吃紧要求免训，经卫批准，八人全部返回部队。不久，蒋介石又来电称：军长办公室主任姚警尘就是“异党”，必须离开部队。为了减少对方攻击目标，这次由赵寿山出面将姚介绍到孙蔚如总部工作。接着又发生了胡宗南电令指调魏洪涛（党员，军部秘书）、陈居莘（非党，营附）、邵青山（非党，连长）去西安劳动营受训。为此，赵寿山再去洛阳活动，经三十八军驻西安办事处杨晓初请客送礼，并利用陈居萃岳父刘守中（国民党中央执委）的关系，将三人先后要回部队。部队没有因魏等受训暴露地下党的组织，更无一个党员因此受到牵连。但 1942 年又连续发生了要查处孔叔东（孔祥桢）、王安仁（王静先）及章安翔的“异党”嫌疑和部队有“异党”活动等一系列事件。为了孔叔东的安全，工委派人护送孔回太岳解放区，由赵寿山军长报告卫立煌说孔早已离开部队。对王、章二人则分别经军法处（处长常汉三）进行假审问，然后以二人均非“异党”，也查无其他“异党”分子活动进行应付。经过以上事件的斗争，蒋介石不仅没能搞垮三十八军，反而使军内更加团结。

蒋介石不仅从组织上，而且从文化教育、训练方法、干部作风等方面，妄图瓦解这支部队。三十八军到河南后，政治部除了继续查禁《新华日报》和进步书籍，还大量推销《扫荡报》和反动书刊。为了抵制反动影响，地下党和进步力量创办了《新军人》刊物，十七师还办了《前哨》，转载新华社消息和抗日文章，在党内传阅。

1942 年日寇大举渡河进犯[①]，由于右翼孙桐萱部花园口防线被突破，威胁到三十八军右侧背，不得不将右翼部队撤至北邙山抵抗。三十八军在百余里长的防线上孤军奋战，而汤恩伯几十万大军不仅按兵不动，且断绝三十八军的粮弹供应，使三十八军在日寇优势炮火下伤亡惨重，黄河铁桥南岸为

① 根据当时战役，日寇这次大举南犯的时间为1941年10月，我军在广武一带与敌展开激战，称广武战役。

日军突破，蒋介石不但不追查孙桐萱部的责任，反而乘机以丢失河防的罪名压迫三十八军，追查赵寿山的责任，下令撤职查办刘威诚团长和王廷杰营长。为对付蒋介石，第四集团军总部对刘作了撤职留任处理，对王以假关押应付，后调任军部特务连少校连长。同年，蒋鼎文又派武装特务偷袭我地下党专用秘密电台，被电台保卫人员及时发觉，将敌打退，保卫了电台。1942年秋，军部侦察兵截获了日寇派驻重庆进行日蒋勾结的代表，地下党立即将查获的情报，包括日蒋合作，以黄河为界，北面归日本，南面归蒋介石，以及日蒋联合反共的文件和日蒋联络用的密电本等全部报告了党中央。后由新华社作了揭露。对此蒋介石恼羞成怒，并于1943年冬将赵寿山调离三十八军，以便消灭这支抗日力量。

经过改造的三十八军受到人民的爱戴

三十八军经过教育改造，面貌发生了变化，官兵关系和军民关系都与国民党一般军队有了明显的不同，大大减少了侵犯驻地群众利益的事情。1942年至1943年，河南广武一带连年发生蝗灾、旱灾，加上蒋介石炸毁黄河花园口河堤，河水泛滥，人民流离失所，饿殍载道，国民党汤恩伯部队又乘机抢掠灾民，群众愤恨地称为水、旱、蝗、汤（恩伯）四大灾害。当时三十八军则拨出一部分军粮救济驻地灾民，动员官兵帮助群众扑灭蝗虫，十七师还将100多名儿童（大部分是十三四岁的孤儿）收编成一个儿童连，连、排、班长大多由共产党员担任，使他们有吃有穿。这些都受到了当地群众的欢迎。在晋东南时期，三十八军配合八路军徐海东部进攻长治一带日寇，使我八路军收复了晋东南上党地区19县。在中条山抗日期间，从1938年8月至1940年冬，日寇对中条山进攻11次，大的9次，其中有1939年“三二九”战役、“六六”战役，1940年的“四一七”战役。1940年，三十八军还按彭德怀指示积极策应八路军百团大战。在这些战役中，三十八军虽因受上级的不正确指挥，坚持打阵地战，没有完全发挥战斗力，但仍是这一地区战斗力较强的部队，对确保中条山地区和保卫洛阳起了重要的作用。由于作战勇敢顽强，部队被群众誉为“铁的三十八军”。

1939年春节，中共陕西省委派田静沉和安吴青训班樊中黎率慰问团来中条山前线慰问，给第四集团军和三十八军分别赠送了锦旗，同时了解了三十八军地下党的工作、部队改造工作和对日作战情况。为了进一步加强党的工作，1939年3月，中共陕西省委决定由我和郝克勇、张西鼎组成中共三十八军工作委员会，由我担任书记。这时三十八军地下党的组织已经有了相当大的发展，军、师部，教导队及十七师各旅、团、营都分别建立了党的支部。工委成立后，为了对付蒋介石的反共活动，根据省委指示，改变了组织形式，团以上保留支部委员会（3人），团以下改为单线联系并加强了保密纪律。

毛主席、党中央深切关怀三十八军

在同蒋介石和顽固派斗争中，三十八军得到了中共中央、中共陕西省委的关怀和八路军的帮助。从1938年起，地下党就和党中央、省委及八路军总部建立了电台联系，开始是利用军、师通讯连电台联系，电台由共产党员刘振高等同志掌握。1940年，在赵寿山的支持下，地下党建立了专用秘密电台。1941年3月在洛阳调训事件以后，工委派张西鼎去延安向党中央汇报工作，毛主席亲自接见，叶剑英和陕西省委汪锋同志参加听取了汇报。毛主席肯定了工委的工作，并指示：要继续大量培养干部，扩大充实部队；整顿健全党的组织，清理内部，要隐蔽精干，长期埋伏，积聚力量，以待时机，反对急性和暴露；要进一步扩大统一战线。毛主席还针对蒋介石妄图破坏地下党组织，消灭三十八军的阴谋，指示我们要提高警惕，防止蒋日伪的突然袭击，和顽固派斗争要尽量利用国民党内一切可以利用的矛盾和关系，在必要时要征得赵寿山的同意和合作才能将部队拖出。根据毛主席的指示，工委认真总结了工作中的经验教训，进一步扩大教导队，吸收一批进步知识分子参加部队、加强干部训练工作，同时，严密了党内纪律，停止了少数动摇分子的党籍，清除了部队中的内奸，挤走了蒋介石、胡宗南派来的中央军校学生中的特务分子，撤换了部队中的顽固军官，做好了一切应变的准备。

1942年秋，省委通知工委派人去延安汇报。工委研究决定派郝克勇和已在延安参加整风学习的张西鼎进行汇报。他们汇报了抗战以来三十八军的情况和赵寿山自毛主席接见后的表现，以及蒋介石分化、瓦解、迫害三十八军的种种阴谋。毛主席亲自听取了汇报，并对党在三十八军的方针政策、工作方法做了指示。指出要进一步做好原十七路军各部的工作，要学会交朋友，广泛开展抗日民族统一战线的工作，进一步团结原十七路军广大官兵共同抗日，重大问题工委要同赵寿山商量解决。毛主席还针对一些同志急于将部队拖出和不安心三十八军工作，要求回延安的思想状况，指示我们：现在国共还在合作，主要敌人是日本人，只要还能合作，就要合作，不能急于拖出。并说："你们穿国民党的衣服，吃国民党的饭，而为革命工作，这还不好吗？你们有合法身份比派别的同志去方便得多。"毛主席还接受了赵寿山的入党要求，但指出目前不入为好，更方便些。毛主席的教导指明了方向，坚定了我们做好工作的信心。

在晋东南、中条山时期，三十八军的工作也多次得到八路军的帮助。八路军派人帮助训练部队，与三十八军并肩作战，特别令人难忘的是1941年日寇大举渡河进犯，三十八军孤军奋战，伤亡惨重的危急关头，彭德怀副总指挥一面指示三十八军让开河防，靠近嵩山一带开展游击战争，避免和优势敌人打阵地战、消耗战，一面派八路军在黄河北岸武陟一带出击，牵制了日军继续南侵。

地下党根据毛主席的指示，把统一战线中的上层工作与群众工作密切地结合起来。在三十八军中担任高级职务的党员同志，专门负责进行团以上军官及第四集团军孙蔚如等高级将领的统战工作。三十八军和第四集团军的上层人士在抗日战争时期，基本上能够坚持抗战，而且对蒋介石消极抗日积极反共的行径有一定的抵制，这是与上层统一战线工作分不开的。

地下党特别注意团结部队中的进步人士一起工作。当时，在三十八军和第四集团军中，有一批抗战开始后来部队工作的进步民主人士和高级知识分子，他们对这支部队坚持抗日、坚持团结、坚持进步都有一定的贡献。特别是陈雨皋先生，他在陕西民主运动中有较高的威望，西安事变期间，曾参加过陕西民众运动指导委员会的工作，1937 年 3 月以“联络工作组”的名义去延安，受到毛主席的几次接见。抗战开始后，他来三十八军，一直担任军部参谋处人事科长，并在教导队和干训班代课，主讲群众工作，在学生中有很高的威信，工委能够有计划地把大批党员安排在军部、师部的各要害部门，如办公室、参谋处、译电室、通讯连、特务连，任命党员担任排、连、营长，撤免一批反动军官，这是与陈雨皋先生的密切配合分不开的。

1942 年，根据毛主席的指示，工委向赵寿山公开了一批共产党员名单。此后，赵寿山对党更加信任，合作更为密切了。

协助赵寿山工作十年

崔仲远 *

1937年4月，经杨明轩、杨晓初介绍，我到赵寿山的十七师工作，直到1947年进入解放区。今将这十年的主要工作简述如下。

到北平给部队采购军鞋

西安事变前，我没见过赵寿山。事变后，虽曾和赵在会议中见过几面，但未曾交谈。大约在1937年4月间，杨明轩把我介绍给赵。但在尚未与赵约定见面之前，杨晓初（十七师军需处长）即派我到北平给十七师采购军鞋。当时红军驻西安办事处叶季壮同志亦着我一并代为采购。两个单位先后汇款近2万元。那时，南汉宸、申伯纯、王世英等同志均在北平。我一到北平便找到申伯纯，请他代为介绍军衣庄。杨晓初并给安子文同志（后

* 作者当时系第三十八军军法处长。

任中央组织部部长）写了一封信，托他协助。事不凑巧，正在军衣庄交货，我们点收之际（安子文曾帮助我点收），卢沟桥事变发生了，形势日趋紧张。军鞋运走之前，我只好离平。所有北平存款和订货合同，都一并留给申伯纯保存。我和安子文同志于当年8月由天津搭乘轮船转赴陕西、山西。红军的钱，据说已由申伯纯陆续归还，但十七师所付商号的订款，因那个军衣庄关门，尚未结清。

北上抗日

1937年8月底，我回到西安，十七师和八路军两个师业已北上。周恩来和彭德怀等同志就要离开西安去太原。经南汉宸、博古同志批准，我不再去十七师，随周恩来同志赴晋，留在八路军工作。但到太原不久（我住在安子文同志的岳父刘少白家中），南汉宸同志又通知我和周恩来、彭德怀同志一同去保定见程潜，仍着我去十七师工作（当时十七师驻扎在保定）。我到十七师不久，便打起仗来。从此我跟着这个部队，并未离开。十七师向晋西北撤退路过山西盂县时，赵师长曾着我向一二〇师驻该县部队要了一个连级干部（姓谭）、两个排级干部，帮助十七师学习游击战术。但这些同志到十七师后，看到这个部队每天只是后退，不肯留在敌后，待退到山西交城附近时，乃向赵师长告别归队。十七师到阳泉附近时，赵师长派我去阳泉见过刘伯承将军，要求帮助。到太原附近时，赵又着我去太原（放弃太原的前三天）请示周恩来同志今后如何行动。周嘱留在敌后，坚持游击战争。十七师于1937年11月到山西离石县碛口镇整顿队伍。赵师长办了短期训练班，着孔祥桢（时任赵师参议）、我和李秘书（CC分子，解放后被我枪决）三人担任教官，将所有排长一级干部都轮训一遍。学习内容为游击战术、抗战形势。这时，恰好南汉宸、程子华等同志亦先后到了离石。南汉宸、阎揆要（中共党员，五二九旅一〇五七团团长）到十七师讲了几次话，部队的失败情绪到这时才初步扭转过来。

去战地服务团

1938年初，十七师西渡黄河到陕西绥德休息。不久奉命调晋东南。当时，因孔祥桢病，留我看护。孔病稍愈，我即经延安遄返西安，同行的有杨明轩同志。我和杨在延安约住一周，参加过几次大会，向王世英作了汇报；罗瑞卿、刘向三（后曾任煤炭部部长助理）曾约我在饭馆吃饭，会见了林里夫（陕甘宁边区政府秘书）和萧明（后曾任北京市工会副主席）同志，我向王世英同志提出不去十七师，留在延安工作。王谈了些道理，勉励我坚持下去。4月左右，我和杨明轩一道回到西安。

抵西安一个多月，孔祥桢也从绥德到了西安。此时，赵寿山来电催我去前方，并着我带去一些学生。行前，八路军西安办事处交我带去党员4人、群众3人。党员都是抗大学生，群众多是安吴堡青训班学生。那4个党员2人已故（刘润辉死于1939年中条山战役中，何振宣死于1948年陕南军区）1人不知下落（名叫牛天顺），1人叫王安仁。

我们到晋东南时，十七师已成立了一个战地服务团，团长由武志平担任。团内党群关系不好。还有一个血花剧团，是部队在绥德时成立的，团员多是抗大学生，袁洛当时就在该团工作。我到后，赵师长命我重新改组战地服务团，由我担任团长，剧团也归并在内。战地服务团的机构，设有组织部、宣传部、武装工作部、群众工作部、妇女儿童部。团员50余人，除吸收一部分地方青年外，绝大部分是延安抗大、陕北公学的学生，安吴堡青训班的学生也有一些。那时，主要工作是演出抗日文艺节目和动员群众抬担架，在部队内部很少进行工作。直到1939年初，国民党的师政治部成立以后，我们的工作重点才摆到部队内部。这时，有20余人被派到各连工作，主要是教唱歌，上文化课。到1939年3月，蒋介石下令迫使赵寿山解散了战地服务团。当时，团内共产党员较多，宣传部长司锐、妇女儿童部长赵铭锦、组织部长申敬之都是党员，申还是十七师党的负责人。我和部队的党没有直接联系，只和申敬之一人发生关系。申敬之于1938年夏离队后，十七师党的工作即由蒙定军同志负责。战地服务团结束后，团员除少数赴陕北学习、少数经赵寿山送中央军校学习外，多数留在赵的司令部或到团营转任文书、书记等职务。1939年4月，赵派我去重庆担任赵部联络工作。在此之前，赵升任三十八军军长，部队由晋东南转移到中条山，驻扎在山西平陆茅津渡一带。

在三十八军重庆办事处工作

1939年4月底，我由西安搭汽车经成都到重庆。在此之前，国民政府已迁重庆，八路军办事处也由武汉迁到重庆，周恩来、秦邦宪（博古）均在渝。我由西安出发时，吴德峰同志叫我带一封我的组织关系介绍信给博古同志。我一到重庆，就托王炳南同志转去。博古同志很快和我见了面，并指定周易同志同我联系。在重庆期间，我除代表三十八军交涉一些具体工作和定期以电报供给情报外，还给八路军办事处做些情报工作。周易同志转延安后，我曾和叶剑英同志直接发生关系。叶曾前后发给我400余元的活动经费。皖南事变后，叶曾着我为他准备一旦需要时的秘密住所。那时，和我经常来往的除王炳南外，尚有冯玉祥的几位秘书，如赖亚力、王倬如、吕向宸、梁蔼然等同志。

1941年皖南事变后，赵寿山电召我离开重庆，遄返西安。行前，我见董必武同志一面，询问能否准许回到延安，他说可以，但路线要我自己找。我还在曾家岩八路军办事处住了一夜，记得和邢西萍（曾任中央组织部副部长）睡在一张床上。周恩来同志对当时的形势作了分析，他认为有好转可能，让我转告赵寿山坚持下去。是年约4月间，我回到西安。

再回赵部工作

大约1940年，第一战区司令长官卫立煌向赵寿山提出一个在该部的共产党员名单，着赵查办，其中就有我的名字。经赵向各方说情（说情只是一个小因素，主要是怕赵拖起部队造反，因为当时所提的名单中，有团长一级的2人，营长一级的八九人，连长一级的十几人），因而从宽处理，批准送往劳动营改造。赵用拖的办法，结果只送三人去劳动营，其余获准送重庆中央训练团受训。我呢，虽然赵再三交涉亦送中训团受训，迄未获准。这时，我正在重庆工作。赶到皖南事变发生，赵怕我被抓去，给他增加麻烦，因而急电召我回部队。此事，我到西安后才知道本末。因此，我到西安一月之久，赵寿山未表示是否需要我去他处（河南巩县）汇报。那时，孔祥桢同志虽在前方，但被藏在一老百姓家中，不让他同熟人见面。约6月间，才由三十八军参谋长打电话叫我去前方。原因何在，现时已记不清。到前方后，我去第四集团军总司令部见孙蔚如总司令，以自己在重庆看到、听到蒋介石吃掉杂牌部队的事例，作了一番鼓动。孙和我前后曾争辩几个钟头。孙认为只有逆来顺受，才能保持实力，以待时机，逐鹿中原；我则主张加强部队教育、团结，随着国内情势，软硬兼施，才能站得住。结果，谁也没能把谁说服，但我却站住了脚，未被赶走。不久，苏德战争爆发，大家都要看看形势发展，于是，我就得以长期待了下来。到1943年初，还当了赵寿山三十八军的军法处长。为了避免敌人的注意，同时又接到从陕北回来的范明同志的传达，让部队的同志尽量隐蔽，于是经赵寿山及其副参谋长段森（曾任西安市林业局局长）介绍，参加了国民党。1944年初，蒋介石以明升暗降的办法，将赵寿山调离三十八军，委以第三集团军总司令，驻甘肃武威，我也随之前往。

我自参加赵寿山部队以来，一直以第三者的面貌出现。直到范明1943

年初由延安回来，传达了毛泽东主席的指示，将部队党员名单全部向赵公开，并请赵决定取舍后（不包括我在内，党决定叫我自己斟酌），赵才向我揭明，说周恩来同志在保定时就把我的政治面貌向他作过交代（此事，周恩来、王炳南当时都未告我）。

跟赵寿山去第三集团军

1944 年 2 月，赵寿山调走的命令已经公布，尚未离开三十八军时，部队党组织曾致电党中央，请示方针。中央答复，能隐蔽的尽量隐蔽，过红的分子应即随赵离开，有的可去陕北（范明就是这时去陕北的）。我和其他五六个同志随赵前往甘肃履新，记得当时连战士共去 12 人，除两三人不是党员外，其余都是党员。第三集团军是蒋介石的嫡系部队，赵去名义上是总司令，实际等于软禁。我们在这样的环境中待了两年，每天除打球、看书，游山玩景以外，并无别事要做。1946 年 7 月，蒋介石下令撤销第三集团军总司令部，我们被编到西安军官总队。1947 年，我从军官总队（不在里边住）跑出，进入解放区。在甘肃时，国民党对我们虽然封锁很严，我们还是做了些事情，如组织上不断派人去联系，十七师起义时我们还给西安做过指示。

地下党领导的秘密电台

薛高涛　邓元温*

1939年3月，三十八军地下党工委，为了保证与党中央、八路军前总和陕西省委联系，同蒋介石进行针锋相对的斗争，在赵寿山和工委领导下，建立了一个秘密电台，具体由工委负责。这部电台一直工作到1944年4月，胜利地完成了它的历史使命。

电台建立后初设在山西平陆县和夏县的岳家庄、望原、黄家山，后设在河南巩县的阎沟、南窑湾、新沟、西村、芝田镇、小官庄、清易镇和荥阳的柏庙等村。从1940年的11月到1944年的4月大部分时间设在巩县。

电台在工委直接领导下，先后由刘协、李景浒、薛高涛负责具体工作，收发报是薛高涛、李景浒；参加过抄收新华社新闻的还有张越、王万禄及进步青年郭景龙、邵耀华、柏宗良等；先后翻译绝密电报的有陈真伦、孙乃华（共产党员，因五十五师起义，不幸被捕，被蒋介石杀害于南京雨花台）、张志刚、邓元温等。发电机摇手是杨世祥，电台保卫员有罗曼中、赵一平、

* 作者薛高涛当时系第三十八军地下党秘密电台负责人，邓元温任译电员。

郭成斋等。

电台有四项任务：第一，转发党中央、赵寿山和工委的指示、报告等，来往电报均以公兄（中央）勤兄（赵寿山）的代号相称。中央来电，多由毛泽东同志亲自起草。电台每天早晨6点钟，准时和中央台取得联系。第二，全部收抄新华社播发的新闻、社论、评论、时事述评、中央公开发布的文件，以及边区的生产、整风、解放区情况介绍等。重要新闻和文章，首先在党内传阅学习，以适当方式向教导队和民主人士传阅，对部队进行教育。这些材料在敌特严密封锁，我党书刊文件传阅困难的情况下，发挥了重要作用。第三，转递中央、军委总部、省委和三十八军重要人物来往调动、党员关系。第四，培训党的通信技术人员。这部电台开始和陕西省委联系，1942年党中央指示，三十八军由中央直接领导，工委秘密电台专门和中央、华北局、八路军前总联系。

四年里，电台收发了不少电报，其中重要的电报有：

1940年5月，三十八军在山西黄家山时，国民党规定：“不是国民党员不能任命军官、军佐。”工委电请中央如何对待？中央电示：我们的干部可以加入国民党，担任军官掌握兵权。

1940年8月，百团大战开始，彭总电示，要三十八军配合作战。赵寿山同志即派部队出击同蒲铁路两侧。电台收抄的百团大战消息，由军部印刷成战报发给部队。当时的第三期教导队学员，每天可看到战报。

蒋介石为了切断三十八军和八路军的联系，1940年9月突然命令第四集团军限10月底必须全部离开中条山，赴洛阳郑州间守卫河防。这时周恩来同志通过重庆十八集团军办事处电台转西安三十八军办事处电台，电示工委：“蒋介石此举是调虎离山之计，企图借移防整训之名，行分化、瓦解，并吞之实。要提高警惕作好应变准备。”在此关键时刻，赵寿山和工委向中央提出要求，拟将部队拉到太行山区。中央复电：为顾全大局，三十八军应按时赴郑、洛险地。

1941年10月初，日寇以两万多兵力，从原武、中牟等地渡河进攻郑州。孙桐萱部没有坚决抵抗，汤恩伯部10余万众闻风溃逃，郑州陷落。正面战场唯有三十八军在广武一带与敌浴血奋战。赵寿山同志通过电台向中央请示，要求八路军支援。晋冀鲁豫军区接中央指示后，在平汉线猛烈向日寇进攻，破坏了武安公路多处，攻袭彭城，夜袭新乡敌飞机场，威胁日寇后方的安全，迫使日军撤退，10 月 31 日郑州收复。

郑州收复后，三十八军面对日寇压力，黄河以南还有蒋军包围，蒋介石又向部队内部派遣特务破坏，在此情况下，为巩固部队，抵抗蒋介石的瓦解、吞并政策，做好原部队上层指挥员的统战工作，成为一个重要问题。工委研究后，提出了具体的方针、策略、步骤和方法，发电请示中央，中央复电完全同意工委的报告。

1942 年春，电台把党中央关于整风的文件全部收抄翻译出来，如《改造我们的学习》《整顿党的作风》《反对党八股》《关于增强党性的决定》等，除领导人传阅外，还有计划地刊登在墙报上，作为思想教育的主要教材。工委领导把收到的《土地法大纲》稿向教导队学员们作了讲解，使学员们及时听到了党中央的声音。

国民党妄图消灭抗日进步力量，发动了第二次反共高潮，对三十八军的压力也日趋严重，以其嫡系汤恩伯的六个军形成了对三十八军的包围，威胁到部队的安全。蒋鼎文任第一战区司令长官后，对三十八军增施高压政策。1942 年春，蒋介石以“整编”为名，对三十八军实行缩减，取消旅的编制，将十七师的五个团缩减为三个团，独立四十六旅改为新编三十五师。但对战斗伤亡则限制补充，部队不满员，武器装备不予补充，部队处境日益恶化。1942 年夏，赵寿山向工委提出，派代表向党中央汇报，请求起义，并提出加入共产党的要求。工委发电请示省委，省委转报中央。中央来电：要工委派一个能代表赵寿山，又能代表工委的负责同志向中央汇报。经工委研究，并取得赵的同意，派郝克勇（范明）去延安汇报。行前，工委将三十八军的基本情况、敌我情况、起义后的对敌斗争策略以及各种应变方案，拟成简要提纲电报中央，准备范明汇报时参考。

1942 年 9 月，中央来电，要将三十八军全面情况向党中央汇报。汇报说明全军共有多少人，多少团、营、连，团以上军官有多少，全军党员有多少，军饷、粮食有多少。工委经过一周的查对落实，将详细情况电报中央。

1942年秋，日蒋加紧勾结，军部情报处梁鲁同志在巩县洛口（黄河渡口）截获了驻新乡日军头目佐滕荣佐派赴洛阳与国民党第一战区司令长官蒋鼎文联系的人员3个，有一封向蒋介石致敬，提出日蒋合作、共同“剿共”的2000多字的长信，还有供日、汪、蒋联系的绝密电码本。赵寿山和工委领导将此事电报中央。中央复电：这一情报非常重要，应继续注视事态发展，如获新情况，即报中央。对此，中央还特予表扬。

1942年至1943年河南连续大旱，又发生蝗灾，人民流离失所，饿殍载道，三十八军节约口粮，赈济驻地灾民，赵寿山派人从陕西运来大量代食品，济民渡灾。工委将河南遭受严重灾害的情况及三十八军根据党中央指示精神，开展节约粮食、赈济灾民的活动向中央发电详细汇报。

1943年夏，国民党发动了第三次反共高潮。八九月间，日寇第四次向蒋介石诱降，派人去重庆做蒋的工作。蒋介石在对三十八军软硬兼施均告失败之后，突然命令三十八军于11月15日撤离郑州、广武前线，调驻巩县偃师地区，在汤恩伯部队包围中集中整训。接着调赵寿山去重庆国民党“中央训练团”受训。工委研究赵去重庆凶多吉少。赵同工委研究，拟以三十八军为主，带动九十六军，举行起义。发电请示党中央。中央复电：起义时机不利，只要三十八军实力不垮，蒋介石就不敢危及赵寿山的安全。抗日战争尚未结束，国共合作不会全面破裂，抗日统一战线还要维持，不宜举行起义，同意赵寿山去重庆。

三十八军由郑州广武前线移驻巩县芝田镇。中央电示工委：我党在国民党地区的政策仍然是“隐蔽精干，长期埋伏，以待时机”。共产党员可以跨党加入国民党，以免暴露。按照党中央指示，我三十八军一批地下党员办理了加入国民党手续。在电台工作的邓元温、薛高涛由温朋久、周杰邦介绍加入了国民党。

1943年12月，国民党嫡系部队由洛阳、登封、密县到荥阳、汜水，完成了对三十八军的包围。敌特活动十分频繁。同时，蒋介石正在施行他的调虎离山之计——调赵寿山同志到甘肃武威任第三集团军总司令，妄图消灭、瓦解这支武装抗日力量。在此紧急关头，赵寿山同志和工委秘密进行起义准备工作，电请中央批准。中央当即回电："抗日战争尚未结束，统一战线还要维持，不宜举行起义，赵还是服从蒋调动为好，并和部队保持密切联系。"赵寿山和工委领导同志都坚决服从了中央指示。

1944 年 2 月初，张耀明接任三十八军军长。不久，他反共反人民的面目充分暴露了出来。部队中有同志思想混乱，工委立即向中央作了汇报，为此，中央来电紧急通知：（一）已暴露的党员，调回边区培养提高；（二）能够存在的党员继续潜伏，坚持工作，更加隐蔽精干地进行合法斗争，争取团结原部队上层人士，抵抗蒋的瓦解、吞并政策；（三）继续和中央保持联系；（四）另选调一批党员打入陕西地方保安部队，长期埋伏，掌握兵权。

1944 年 3 月 10 日早上 6 时，赵寿山向中央发电："我今日离开部队西去。"遂将这部电台拆卸装箱，带回西安赵的家中。1946 年蒙定军同志在西安曾用这部电台和中央进行联系。

1944 年 3 月 10 日，专用电台装箱后，按照工委安排，薛高涛去巩县芝田镇以三十八军军部无线电排排长的身份，利用军部电台向延安联系，停止抄收新华社新闻。4 月中旬，工委负责人之一的朱曼青同志，连续两次通知，敌已对薛进行监视，情况紧急，薛随即离开部队去西安找蒙定军同志。从此电台停止了工作。

（摘自《巩县文史资料》第 6 辑）

我在三十八军经历的一些事

李扶汉 *

北上抗日

1937 年 7 月 18 日，十七师由三原出发。那时，我刚由三十八军军部调到十七师师部，任中尉副官。部队出发前一天晚上，赵师长命令我带特务连一个排连夜出发到交口（距三原县 40 里），在渭河上搭一浮桥，限次日 12 时以前完成。我们于当晚午夜出发，天亮时赶到交口，立即动员群众，收拢船只，铺上木板，按时搭成浮桥，并设岗警戒。部队顺利渡过渭河，到渭南车站集结，乘火车开往石家庄。当时南京政府还没有正式对日宣战，所以我们戴的臂章不是十七师，而是警五旅，表示我们抗日是地方部队进行武装自卫。

十七师到石家庄后，即沿沧石公路到晋县地区布防。不几日，又奉命开赴保定归关麟徵的第五十二军指挥，布防于保定漕河一带。一部分被抽

* 作者当时系第三十八军第十七师传令队长。

去作关麟徵的预备队，还有一个团配属给郑洞国的第二师守保定城，被分割使用。9月24日保定失陷后，十七师在友邻部队撤退后也向石家庄转进。

10月10日前，转移到井陉附近，担任娘子关以东正面防御任务，划归冯钦哉的第二十七路军指挥。在娘子关战役中，冯不但将十七师布置在首当其冲的前沿正面，而且在战斗打响以后不给支援，致使十七师伤亡惨重。在十七师的防御地带内，雪花山是娘子关的屏障，是我必守敌必攻的重要据点。经数日夜激战，敌不得逞，但突破了我右翼防线，向我旧关方向突进。赵寿山师长为防止敌占我雪花山阵地，同时牵制向旧关进攻之敌，于13日晚，组织一个团的兵力，亲自督战，主动向敌发动攻击。不但收复被敌占领的阵地，而且乘势追击，一直打到井陉火车站，缴获不少枪支和大炮。在清理战场中，忽报雪花山失守，赵师长当即收拢部队，猛攻雪花山，由于仰攻不利，战至14日拂晓，只得将部队撤至乏驴岭固守。直到19日，由于我军伤亡过重，才由二十六路军的三十师接了我们的防务。十七师转移到神灵台，正收容整顿中，复奉命转进到驴桥岭一带继续抗敌。10月26日，防守娘子关的友军撤退，晋东大门敞开，敌迅速向我山西腹地突进。十七师在敌向我实施大迂回的情况下，被迫向太平方向转进。在11月上旬的一个晚上，部队到达太原以南的某村庄（村名忘记了），赵师长对我说："今天晚上部队要继续前进，通知师部各单位不要打开驮子。你马上出发到××地设营。"这天晚上我们由向南走改向西行，从此我们摆脱了冯钦哉的控制。后来国民党追查此事，十七师佯称电台损坏，失掉了联络。我们顺利地开到山西离石县碛口镇。

碛口整军

十七师到碛口后，经过收容，只有3000多人，部队的士气低落，赵寿山师长在杨晓初、崔仲远、孔祥桢、姚警尘等同志的帮助下，进行了著名的"碛口整军"。恰在这时，党中央派南汉宸同志到十七师帮助整顿部队。八路军萧劲光部与十七师驻地只有一河之隔，也派人来慰问和帮助整顿。在南汉宸同志的帮助下，举办了五日训练班，轮训全师班长以上干部，每期几十人到百来人，共办了七期。主要内容为国际、国内形势，抗日民族统一战线，游击战战略战术，“三大禁令”、“四大口号”等。南汉宸同志亲自给大家讲课，没有手稿，但讲的既有理论又有生动事例，大家都爱听。我虽不是正式学员，因在师部副官处工作，天天都去照顾，也听到一些他讲的话，所以印象很深。那时，萧劲光同志给我们派来一个剧团进行慰问演出，是我负责接待和安排巡回演出的。演出的节目都是宣传团结抗日救亡的，还演过提倡劳动生产的“锄头舞”，对激发部队的抗日爱国热情起了很大作用。赵寿山师长对剧团的同志很关心，叫我在饭馆给他们包饭吃，临走时送给他们每人一份纪念品，我们还合唱了《再会吧前线上》，在碛口整军期间，蒙定军同志曾向我们询问有关情况，不记得党内还有什么统一组织活动。在此期间，赵师长还叫我执行过运冬装的任务。我带两个运输连去延安，领了冬装往碛口运。因部队严重减员，遵照赵师长指示把多余的冬装留在延安。不久赵秘密访问延安时，将这批冬装送给了八路军。

1938 年 1 月，十七师从军渡西渡黄河到绥德，在此休整近一个月，八路军绥德警备区帮助我们成立了一个剧团，赵师长命名为“血花剧团”，用以纪念十七师在雪花山与敌浴血奋战中英勇牺牲的官兵。

重返前线

1938 年 1 月下旬，我们从延水关东渡黄河，经隰县到洪洞集结待命。赵师长途经延安、西安也回到部队。这时十七师连以上军官在洪洞县基督教堂里听朱德总司令讲话，他说：我们必须坚持抗战，坚持持久战，克服一切困难把日本帝国主义赶出中国去，收复失地，祖国的土地一寸也不能丢。我们打仗没有武器也不要怕，只要我们打胜仗，敌人有兵工厂给我们造，有运输队给我们送，抗日到底，最后胜利一定是我们的。朱总司令讲话后没几天，我们就听到这样的歌曲：“没有枪没有炮，敌人给我们造。我们生长在这里，每一寸土地都是我们自己的，若是谁要抢占去，我们就和他拼到底。”当时我们很惊讶，朱总司令的讲话内容这么快就编成歌曲唱起来了，这对我们部队也是很大的鼓舞。过了几天，十七师开到晋城，又转高平，编入第二战区东路军的战斗序列，归十八集团军彭德怀副总司令指挥。

在晋东南，我们主要是开展游击战争。那时，十八集团军举办游击干部训练班，召开作战通讯联络会议，十七师也都派人去参加。

坚守中条山

1938 年 6 月中旬，成立了第三十一军团，辖三十八军、九十六军，赵寿山升任三十八军军长。7 月下旬，三十八军军部和十七师奉命由高平转移到达中条山。到中条山后，军部驻在平陆县马沙涧。这时姚警尘多次叮咛我：有关八路军来我部接洽任何工作，都必须亲自认真接待，以防失密和发生差错，特别要防止被政工人员和特务发现。在此期间，徐海东同志曾多次派人给赵寿山军长送亲笔信，联系工作，我都亲自接待，做好食宿安排，并随时请示姚警尘，按其指示办理有关事项。

早在 6 月底，三十八军由高平向中条山转移，途经王屋山封门口时与敌遭遇，激战中，党的特派员申敬之同志负伤，回后方治疗。是年秋，蒙定军同志由陕西三原到中条山，接替申敬之领导党的工作，并负责成立了军部党小组。1939 年春，三十八军成立了党的工作委员会，成员有蒙定军、郝克勇（范明）和张西鼎，蒙为书记。从此我们军部党小组在工委直接领导下工作。

1939 年初，三十八军野战补充团三营去陕西安康接新兵。在该营我党工作比较活跃。营长是赵寿山的叔伯弟弟赵伟如，营附是中共党员尤继贤，班、排长中党员较多，班长多是军教导队毕业的学生。他们在安康接新兵，学习八路军的新作风，每到一地就帮助老百姓挑水、扫院子，演街头剧，唱抗日歌曲，写抗日标语，热情宣传抗日救国。他们对新兵的工作也做得好，发了新军衣，让把旧衣服送回家，因此新兵情绪很高。这同国民党其他军队抓兵拉兵捆绑新兵的做法截然不同。该营的做法受到当地群众的欢迎，同时也引起国民党特务的注意。特务们认为这些做法都是共产党的活动。不久蒋介石电令赵寿山查办此事。为应付此事，姚警尘同志拟了一份电报，说该营干部都是行伍，唱的是抗日歌曲，并无异党活动。接着，姚告我：如果他们派人来追查，你就说是你调查的，电报是你写的。姚把他拟的电稿给我看，叫我熟记内容。随后经工委研究，把营附尤继贤调到军部特务连任少校连长，派我顶替了尤继贤的营附职务。我赴任前，赵寿山军长找我谈话，他说，赵伟如思想落后，你要好好工作，多帮助他。赵还给了我100元钱。我到任后，梁鲁（梁布鲁，中共党员）又向我传达了党的指示，要我提高警惕，注意军政治部人员在我营的活动。

奉调凤彬

1943年初，二十八军野战补充团改编为凤彬师管区补充团。一营营长仍是赵伟如，我是副营长，由巩县出发前，赵寿山军长给我说：这90支步枪，你们带到后方，不要造册，也不要上交，等到将来日军一旦打进潼关，占领关中，我前后方部队脱节时，组织干部打游击使用。这件事是工委负责同志范明同崔仲远、赵寿山一起研究决定的。我们把它顺利地带到陕西凤翔保管起来。直到1946年初，我们将要编入军官总队时，赵寿山才派人来联系，名义上是交给第三集团军西安办事处，实际是运到陕西千阳埋藏起来了。

我在三十八军开展地下工作的情况

庞志杰[*]

西安事变结束后，1937年初，崔仲远、杨晓初、杨明轩等，介绍我到三十八军赵寿山的军需处做军需。当时处长是杨晓初，到职后即派我到南京向国民党政府接洽军械物资和到上海筹买军粮面粉、大米及军用品等物资，我完满地完成了任务。在“七七”事变后，三十八军第十七师由陕西开到河北省保定前线抗击日本侵略军，我由上海、芜湖购买押运面粉、大米各一火车皮，一路遭日本飞机骚扰，在恐怖中运送到了保定前线。在我将物资运到的当天晚上，还未休息，赵寿山又将我叫去，叫我当夜乘火车去南京面见周副主席并接洽军用物资。当时赵寿山向周副主席、于右任、何应钦各写了亲笔信。我当夜（白日有日本飞机轰炸，车不能行）即持赵寿山的亲笔信，驰赴南京。到了南京后，我即持信去梅园新村面见周副主席。我将信呈周副主席审阅，并将十七师作战的情况向周副主席作了汇报。周副主席表示很满意，并询问了赵寿山及部队一些情况，我一一答复了。

* 作者当时系第三十八军军需处军需。

谈话结束后，周副主席关心地向我说："这里四周都是特务监视，对你安全不利，以后你可和王炳南同志接头，有什么事由王炳南同志转达，你就不要亲自来了。"在谈话时，恰遇日本飞机到南京上空，警报声起，周副主席说："你赶快离开这里，我用车子将你送出去。"就这样我乘周副主席的车子离开了梅园新村。车子开出后，绕了数弯，司机对我说："现在脱离特务圈了，没事了，你可下车回去了。"我即下了车回十七路军办事处。此后，我在南京即同王炳南同志联系，不时将三十八军赵寿山的来电情况转达给周副主席，并将周副主席的指示转达给赵寿山。我当时用的是国民党军政部印发的电报稿纸，用自己的密码发电，国民党特务是无法查明的。从此我以三十八军代表的身份在蒋政府驻地区活动。

1937 年终，南京失陷前夕，我接赵寿山电报，嘱我回西安并到陕北绥德去接他。我回到西安后，三十八军十七师已由河北保定转战到山西境内，在娘子关战役后，转移山西中部。这时赵寿山拟由山西渡过黄河到陕西绥德经延安返西安，再由西安赴山西晋东南高平、长治一带抗敌。我即由西安经延安到达了绥德，在绥德我向赵寿山汇报南京会见周副主席的情况，南京失守前情况，并转达周副主席的指示。赵寿山听了周副主席的指示很高兴。

在绥德住了一天，应酬了绥德各界的慰问后，赵寿山即转赴延安。在延安住了约一周，承毛主席接见数次并和在延安的党的领导同志会了面。当时罗瑞卿教育长，还陪同赵寿山参观抗日军政大学，介绍了抗日教育训练的必要性和紧迫性。这对赵寿山返回部队后，在太行山区，选派班排长去八路军受训和以后在三十八军办训练班，起了指导作用。赵寿山在毛主席接见后，非常兴奋，表示以后要按毛主席指示的精神办事。

由延安返回西安后，1938 年初，赵寿山又令我去武汉（这时国民党政府已迁到武汉，第十八集团军办事处也迁到武汉），继续搞情报和与周副主席及第四集团军办事处联系。我到武汉后，即与王炳南接上了头，并经常和李克农、钱之光会晤，继续向周副主席反映赵寿山来电的消息，并将由周副主席和十八集团军得来的情报，一并转达给赵寿山，这样一直到武汉失守。

武汉失守时，我乘十八集团军的小轿车到湖南长沙，由长沙转到了广西桂林，由桂林到了四川重庆，又与王炳南接上头，继续以前的工作。到了1938年末，赵寿山来电，令我返回山西晋南中条山防地（此时三十八军已由太行山转移中条山），我的工作，由参议崔仲远接替。1939年初，返回中条山防地，赵寿山即令我去九十六军一七七师师部去工作，担任军需处中校会计科长职务（此时一七七师已由三十八军参谋长陈硕儒接替），在临去之前，赵寿山将我叫去，对我说："你去一七七师，要帮助陈师长，加强抗日力量，并要注意维护好那里的进步人员。"我于1939年初到达一七七师后，因与陈师长还不太熟悉，说话很谨慎，凡事皆是通过韩兆鹗（军需处长）去说。陈师长也接受这些建议。到了中条山"六六"战役时，九十六军一七七师，被敌人由中条山芮城压迫到黄河边沿，情势异常危险，一七七师由芮城沿黄河岸东移至平陆县内，天已晚了，在黑夜中，我与部队失掉联系，部队已东行去了茅津渡，我还困在平陆城内。无奈我带领军需十余人，连夜向平陆县北马村底下的山洞藏身。敌人即在洞上行动，我们都能听见敌人的脚步声和说话声，我们在洞内过了约两天，敌人退到山上边去了，我们才赶回安子沟找到部队。这次行动，我除了带领十余人员安全返部队外，还带了一七七师一个月的经费（埋在洞内，过后才去取回，一点也未受损失），陈师长非常高兴，为我记了功，还授了奖。经过这个事件后，我和陈师长的关系较近了。有时间我给师长说一些部队的事情，陈也听从。如周益三到一七七师先办合作社后任副官处长，樊中黎到部队先任秘书，后任参谋，王汝昭特调到甘肃国民党步兵训练队受训镀金等等，多是我建议由韩兆鹗处长向陈师长提出的。王汝昭在去甘肃受训镀金时曾问我，去受训对当团长的时间能否赶得上。我说："你去，赶得上，误不了你当团长。"因为我知道当时要报请王汝昭当团长，特务们报告王汝昭是共产党员，报上去恐批不准，所以才派他去国民党步兵训练班受训镀金，后来王汝昭任了五三〇团团长。在陈硕儒任师长期间，他对进步干部、我党人员，还是很照顾的。

1943年陈师长调任第四集团军参谋长后，由副师长李振西接替师长（师部在河南巩县），李为人狡诈，善于玩弄两面派手法。此时，赵寿山、崔仲远将我叫到三十八军军部，赵和崔仲远、姚警尘坐在一起。赵对我说："李振西为人你是知道的，但你在一七七师人熟，好工作（说人熟，不仅指我在一七七师工作数年，也指的是我在李振西做旅长时，在经济上帮助过李，李口头上对我很感激），今后要同李振西搞好关系，维持这支抗日力量，更重要的是要掩护那里党的力量。"我回一七七师后，即按赵寿山、崔仲远等的指示，进行工作，与李振西的关系搞得较好，帮助李振西出主意，筹经费，他也接受我的建议，将我知道的一些革命同志安插在重要岗位（王汝昭任团长，周益三任副官处长，樊中黎任参谋，霍子昭任副团长等）。

1944 年，赵寿山调任甘肃武威任第三集团军总司令，崔仲远、姚警尘随行。蒋介石的亲信张耀明接替三十八军军长职务，形势突变。赵寿山、崔仲远在临行之前，叫我去三十八军军部，他们对我说，形势突变，对三十八军中我党同志不利，但考虑我和张耀明的关系较好（同学兼亲戚），并且张耀明在极端困难时，我在经济上帮助过他，要我留在三十八军继续工作。原打算留我任三十八军军需处长以影响张耀明，但又考虑到李振西不可靠，怕他把一七七师这个抗日主力部队搞垮，最后决定让我留在一七七师任军需主任，继续做李振西的工作。

在赵寿山离去至抗日战争胜利之前这一段时期，李振西表现还较好，表示他是革命的、抗日的，对这个部队的革命同志还无所伤害，维持原来的情况，因他还需要这些人支持他。但到日寇投降后，解放战争初期时，李振西为了升官发财，即与胡宗南勾结上了，对一七七师的革命同志，翻脸不认人，进行打击排挤，先后将樊中黎、王汝昭、周益三、芦松轩、霍子昭、姜树德、钟强等十余人，以种种借口，迫其离职。我当时劝说数次，也不起作用。李振西从此走上与人民为敌的道路。

1947 年解放战争打起来时，一七七师由洛阳过黄河，这时李坚决要我留在后方洛阳。当年冬天，崔仲远由甘肃回到陕西，要从郑州到解放区去，路过洛阳见了我，我将所有情况向他汇报后，他说："你这几年单独在此工作的还好，现在情况变了，工作确实艰难。"他说他到解放区后，再同我取得联系，要我仍留在一七七师。崔仲远走后，我即移驻郑州。于1948年春鉴于李振西对我的怀疑，离开了一七七师，从此也与赵寿山军长失去联系。

回忆我们在九十六军一七七师工作失败，最后被李振西将党的力量搞垮的原因，我想有以下几个重要情况：

一、党的力量，多为单干户，单线领导，彼此不联系，没有在一七七师形成一个党的核心领导力量，虽然党员不少，地位也很重要，但只凭个人的主见在工作，相互不能配合，这样力量都分散，形成党的领导无力状态。

二、只注意了上层的工作，缺乏群众的基础，因而上层垮了，下面即无后继之力，以致彻底失败了。

三、缺少党的各个时期的指导工作的文件看，只凭个人在盲目地干，因而削弱了党的力量，就我自已说，在十七路军工作了15年，只看到过一次《论持久战》，再未见过任何党的指示和文件。

回忆在三十八军的斗争生活

孙宏奎*

1937年7月7日，卢沟桥事变爆发，抗战热潮冲击着全国每一个角落，也波及我的家乡——陕西长安县。当时我刚满17岁，正是一个热血青年，我怀着强烈的爱国心，一个心眼只想为国报效出力，只想上前方打鬼子。本来按照当时的规定，征收兵员是三丁抽一或四丁抽一，而我自己却是个独子，父亲过世很早，母亲改嫁，我随着舅父过日子（舅父也是无儿无女），按规定是不能参军的。由于强烈的爱国心的驱使，经过自己积极的努力，又经同乡介绍，就这样，我抱着朴素的感情，于1937年7月15日毅然离开家乡，告别父老，参加了十七路军第三十八军十七师师属新兵营。当时的营长是米鸿材，驻地在西安香米园北局旧址。

我一参军，就在新兵营营部通训班接受训练，训练了不到3个月时间，到这年的10月间，部队奉命开赴山西抗日前线，从西安出发经风陵渡到太原北的娘子关，部队到了娘子关后，从前方传来消息：十七路军第十七师

* 作者当时系第三十八军特务连连附。

在河北雪花山与日寇接战，由于日军的强大攻势，十七师败北，向内撤退，听说赵师长讲的由于不让我们这些新兵再上去挨炸弹，因此，我们这支新兵团没有再往上开拔，在娘子关休息了半天后，又向回撤到陕西，在三原北城继续进行训练。

到了10月初，天气逐渐转冷，记得我们刚刚穿上棉衣。一天，营长把我叫去，当面交给我一项任务，要我和另外两名士兵护送十七师师长赵寿山的夫人黄居仁、小姐赵铭锦，还有参议杨明轩等要员从西安到驻守在陕北绥德的十七师司令部去。我们接受任务后，一路小心护送，乘大卡车途经耀县、洛川等地，到延安，在延安八路军招待所住了3天，招待我们的是八路军干部，在这期间，很多首长都来过招待所看望赵氏家属，我也随同她们一起拜访过八路军领导。在这儿，我看到了共产党、八路军。解放区的天是明朗的天，空气也感到格外的清新。尤其是通过和他们接触，八路军坚定的信心、旺盛的士气、雄壮的队伍、艰苦奋斗的作风以及谦和的态度，都使我受到极大的感染，在我的思想上掀起了很大的波澜，这也是我一生中真正的生活道路的起点，当时我就想，自己能够在八路军中那该是多么的自豪。从这儿开始，雄伟的宝塔山、长长的延河水成了自己以后心中最向往和最崇拜的地方，以至后来为她奋斗，为她不惜一切地贡献自己的全部生命和力量。离开延安，继续朝绥德方向前进，路上，赵夫人、赵小姐、杨先生他们雇了三顶驴子轿，我们三个护卫都是步行。一路上，我总是背着那杆长枪，走在最前面。赵铭锦虽是女同志，但她早就接受我党的教育，文化也高，听说还是延安抗大的第一期学员呢。她思想进步，很健谈，热情开朗，了解和知道的东西也很多，她不愿坐轿，下来和我一起走路，边走边说，从国际形势到国内形势，从抗日战争爆发到目前的局势，从国民党各派力量的分析到共产党坚决抗日的主张，从现实景况到未来前途的展望，她讲得那么有信心，使我听得入迷。从她的谈话中我开始听到这么多这么新鲜的道理。杨先生爱国开明，热爱共产党，这是我的感觉。有时休息也和我拉家常、聊天，讲一些救国救民的道理。四天之后，我们一行来到绥德城，我随同黄居仁母女、杨先生一起住在赵寿山的窑洞单独院内。其他两人在司令部招待所住了两天，就返回西安了。我在赵的住处住了约一个星期后，一天，杨先生告诉我说："司令身边需要人，这一路看你处处勤谨，心眼也多，你就留在这儿吧。"他还问我："你会打短枪不？"我回答说："会打。"可我一想，这儿虽好，却远不如在延安，我随即提出我要去延安上抗大，杨先生说，现在正是抗战的紧张时期，这儿正是去前线打鬼子的，你要去学习等以后再说吧。就这样，又过了一个星期，赵师长和夫人、女儿还有几个随员，又要到西安。我又跟随他们担任警卫任务，途中，又路过延安，在延安，赵师长多次接触共产党和八路军方面的领导，多是带着参议去的。一次听赵师长高兴地对我们露几句"今天听了毛泽东同志的讲话了"。从延安出发，到了耀县，赵师长在耀县见到我们师属新兵营长米鸿材时说："宏奎给我留下来了哦。"当时米虽也舍不得，不愿给，但又不好违背赵师长的意思，只好点头同意。从这儿开始，我就成了赵师长身边的警卫人员。后来，我们又回到西安，在赵的公馆待了一段时间，到了春节前夕，我同赵师长一同去部队。这时十七师已经在山西晋西北地区整顿完毕，开往晋东南的晋城、高平一带。1938 年的春节，我们是在临汾火车站度过的，赵师长在临汾下车，又乘车到了洪洞县，专程拜会当时的第二战区长官阎锡山、二战区副长官朱德同志，赵和朱德同志进行了长时间的谈话，并在一起共进午餐，饭菜也是非常简单的。这期间，朱总司令还亲自来到赵师长的住处进行会谈，并在一个教堂院给大家讲了话，当时我是担任警卫和服务工作的，所以目睹了这珍贵的历史镜头。在这以后，赵寿山师长一直跟随部队在晋东南的阳城、庆阳、晋城、高平等县与日军迂回作战，我随赵师长经常骑马去到各个部队。途中，常常碰到日本飞机的轰炸扫射，我们不得已都下马隐蔽，就这样，走走停停，他跟着部队整天和敌人绕圈子。那时，在抗日前线，赵师长的生活也是很艰苦的，凑合着填饱肚子。他的文件包是我管的，我有时得空就翻一翻，看他包里经常放的很大一部分是《新华日报》《新华月刊》等我党的报纸杂志，当时我也不知道他是通过什么渠道弄来的。赵师长思想进步，对我党的抗战政策衷心拥护，在对日作战中，表现了一个真正的爱国军人的气质。在晋城，他的痔疮复发，马不能骑，轿不能坐，他仍让女儿赵铭锦扶着他工作看着地图，坚持指挥作战。部队驻守高平时，彭德怀曾到赵师长所在的十七师司令部——一个简陋的小村子里看望他，在高平，他还会见了崔庸健带领的朝鲜人民军游击支队代表团，他与我党始终保持着联系，这是我跟随他两年多，得到的不能忘怀的印象。

1937 年到 1938 年，赵师长率领部队一直在敌后打游击，1938 年底，从高平转到垣曲地区，当时我们这支部队没有领章，没有徽章，只在上衣的里面用红线缝一个三角形作为标志。前方战场的指挥员都用的是代号，当时赵寿山的代号是 30 号。1938 年 6 月，赵寿山接到蒋介石的晋升命令，任命他为三十八军军长，同时颁发嘉奖令，内容大致是：赵在前方，深入敌后，英勇作战，打击敌人，保存实力，功勋昭著。8 月底，我陪同赵寿山由垣曲经白浪渡、渑池回到西安。

这年 3 月底，经赵寿山军长的同意，我进入三十八军教导队学习，我是属第二期第一学生队。三十八军司令部当时驻在山西省平陆县马沙涧，后迁到马泉沟。教导队驻在距司令部不远的茅津渡与会兴镇对面。后期由于日寇继续向南进犯，教导队又移到中条山里的寺头庙。从进三十八军教导队，我开始正式走上新的道路，在这里我们系统地学习了毛主席《上海太原失陷后抗日战争的形势和任务》《抗日游击战争的战略问题》《论持久战》等著作，学习了共产党八路军的游击战术和运动战术，军事训练方面主要是单兵动作，射击、刺杀等军事技术。在我们第一学员队任教的教员一个是温朋久，是个外国留学回来的大学生；另一个是边重光，是一个爱国军人，原是冯玉祥将军的部下，在武汉失守后来到三十八军教导队的。教导队的队长是周杰邦，黄埔军校学生。副队长郝克勇、区队长沙成轩、张西鼎、崔日尧，队里当时除周杰邦外，其他几个都是共产党员（这都是后来才知道的）。而和我接触最多的是我的班长朱曼青，还有一个学员，名叫吴峰山，他们两人也都是共产党员。我置身于他们中间，接受的全是我们党的教育，慢慢地思想发生了变化，从过去朴素的爱国心和对中国共产党的向往，彻底地转到了为党的事业奋斗的方面来。我同朱曼青、吴峰山在一起，他俩经常和我谈中国共产党的性质、纲领、任务，还给我几本小册子，有《共产党宣言》、当时油印的《党章》等，给我讲述毛泽东主席《中国共产党在民族战争中的地位》一书，给我讲党的统一战线政策，使我逐步明确了对党的认识，懂的东西越多，我越是迫切地要求参加党组织。1939 年 9 月间，我经朱曼青、吴峰山两人介绍，光荣地加入了自己长期向往的党组织。

三十八军教导队党员的联系都是单线的。我只知朱曼青是管我的，所以组织上有事情只能是由我的介绍人——朱曼青、吴峰山二人转达给我。可我的心里是很明白的：这是党交给我的工作，一丝一毫也不能马虎，出问题不光自己掉脑袋，更严重的是我们的党组织要遭到破坏，这会给党的事业带来严重的损失，教导队党组织也搞一些集体活动，有时我就接到通知：到 ×× 地方集合。这些一般都是晚上夜深人静的时候进行的。小小的屋子里，不点灯烛，漆黑一团，谁也看不清谁的面孔，只听见一个人在讲话，自己凭着声音判断，依稀辨认出是我们的副队长郝克勇，有时还有其他人也讲几句。记得内容最深刻的就是郝克勇在一次讲话中讲的：坚持抗战到底，反对妥协投降；坚持团结，反对分裂；坚持进步，反对倒退。他的这些坚强有力的、鼓舞人心的话都深深地印在我的脑海中，几十年来，随着时间的推移和消逝，这种记忆一直不能磨灭。

国民党对三十八军教导队的监视，并未放松，国民党高级将领卫立煌曾来到我们教导队视察和检阅，表面上表示关怀，但背后都是派人对我们逐个考察。这样，反而使我们提高了警惕性，由于我们活动很谨慎、机密，也很巧妙，所以一直没有被他们抓住任何把柄。教导队尽管各种成分不同，总的表面上都是趋向抗日的，尤其是在那样的一个环境中学员更是趋向我们党。这期间，我们很多学员经常组成三五人小组，下分到附近村镇上宣传共产党的抗日主张，组织民众，发动民众，安定人心。

1939 年底，我从教导队毕业，分配到三十八军军部特务连，驻地在山西望原村。到 1940 年初，在该连又兼任教导队第三期学员班班长，不长时间，由于自己染上伤寒，不得已，回到西安养病。后来病情好一点，住在西安的赵寿山军长家里养病，赵叫我在养病这段时间负责杨先生的安全。我和杨先生经常由西安西大街经北大街到皇城北门外的西安八路军办事处。

我们对去的时间不太在乎，回来时每次都要打听火车到站时刻，以便趁人多行动方便，避开特务的监视。这时的赵寿山和八路军的接触是很多的。为了对付特务，杨先生也经常变换着方法，有时长袍短褂，有时西装革履，有时步行，有时乘车。我们多次机智地避过特务们的盯梢。记得有一次，我们正在八路军办事处，杨先生和八办的同志谈话，突然发起空袭警报，街上大乱，只有八办的防空洞人很少（这是因为人们怕惹麻烦，怕不安全），我们就在八办的防空洞待了一阵，就这样耽误了返回的时间。由八办到赵军长的公馆有很多路，天很黑，我俩急匆匆地赶路，忽然听到后面有脚步声，我们二人随机应变，赶紧转到一个叫芍仁里的巷子，不想又是一个死胡同，我们当即在一户人家的门道中脱下长衫，换上短褂衣服，来到北大街二府街韩望尘家，然后打电话给赵家，才派车把我们接了回去。

在西安待了七八个月，到了 1941 年初，我回前方巩县又被派去教导队，在第四期学员队当班长，这时教导队对外称为三十八军新兵补充团，地址已由中条山迁到河南巩县油坊沟。在学员队，我既是学员班长，又是我党的地下交通员。当时的情报和秘密文件都是郝克勇和张西鼎直接交给我的，我又是专负责送到第四集团军和三十八军的。这期间，我经常往返于巩县油坊沟和汜水虎牢关山沟之间，当时三十八军军部就在虎牢关，还到过洛阳以东的偃师县县城。我送的情报和文件都是辗转交到代号 30 号的赵寿山军长手中以及赵的司令部秘书处机要人员。我送情报和文件，有时是步行，有时是骑马，有时是骑自行车。一次我骑车去虎牢关军部的时候，在途中要过一座小桥，由于天黑，情况又紧，自己心里很着急，一不小心，连人带车，翻到河里。自己从水中爬起来，从头到脚泥水淋漓，活像一个落汤鸡，自己也顾不得这些，扛起自行车上岸，小心摸摸情报尚好，骑上车子，向前继续飞驰，把文件安全送到目的地。就这样，经我手送的东西，从来没有出现过一次问题。那时我虽然白天紧张地训练一天，尤其是军事训练上刺杀课，累得腰酸腿痛，晚上仍要完成党交给的任务，虽然辛苦，可我心里总是乐滋滋的。

教导队中期一段时间，赵寿山在洛阳西宫第一战区担任高级将领作战研究班的头头，直接指令教导队，让我带领10名学员，伪装新兵，担负他的警卫任务，并兼为那里的将军学员服杂役。我经常以赵的副官的名义出出进进，为工作提供了一个保护伞。在这期间，我们服务人员还得到一些线毯之类的奖励，并了解到不少敌情。

在教导队，我们党员以及党周围的积极分子都有党的宣传文件、笔记、刊物，进行秘密阅读。国民党特务机关经常派人来进行明的暗的考察，还派来所谓的政治指导员来“检查工作”，为了对付他们，我们有时不得不把书都藏起来，几次都是利用合法身份，我和杨荫东把大家的书都收起来，由我把它带到山里埋起来。值得一提的还有，就是在巩县距教导队不远的一个小村子里，由郝克勇秘密控制着一部电台，这部电台是直接和延安联系的，很多我党的指示，电文以及这边的很多情况，都是由它来传递的，后来曾被敌人察觉，组织力量企图破获，但由于我们事先得到消息，经过机智的斗争，把电台安全保住了。终于使敌人一无所获，落了个败兴而归。

到了1940年秋，我们的教导队第三期毕业了，我又被分配到三十八军十七师四十九团机枪连当排长。当时，部队前线在河南广武县桃花沟。这里是当年楚汉相争的古战场，桃花沟即是鸿沟，西边的汉王城是三十八军驻守，东边的霸王城为日军所占，再往北就是黄河桥头堡，也是日军占领。三十八军在这里形成一个包围圈。这时从总的趋势看，日军已无力南下，战争形势开始进入到相持阶段。在这儿，两军对垒，鸿沟为界，双方经常开枪打炮，也经常组织小出击。在前沿，我根据在教导队新学到的有关时事新闻和政治广泛向士兵宣传，内容就是反对蒋介石的消极抗战，积极反共的政策，团结一致，坚决抗战，我们必胜，日军必败等，鼓舞士兵，增强信心。这时的三十八军军部驻在广武县附近的一个叫作苏寨的较大的村庄。我在这里守了三个多月，又一次，三十八军的人事处长胡振家把我叫去说：“根据赵军长的意思，为了以后便于晋升提拔，你得挂一个牌子。”我去找赵军长，他说：“你得去深造一下。”就这样，我被从前方撤回来，到了第一战区洛阳干部训练团近战班当学员，重点学习刺杀和劈刀，内容都是日式和俄式的，教我们的还有一个苏联教官，我们整天带着护具在操场练习。6个月后学习期满，这次没有再回四十九团，直接到军部特务连当卫士排排长，专门负责 30 号赵军长及军部的安全。警卫排有 40 多人。在这儿，我除担任警卫工作外，还担负军部直属部队一些训练劈刺任务。1942 年下半年，在巩县芝田镇，朱曼青交给我发展党员的任务，朱还给我具体叮嘱了应注意的事项。记得朱曼青当时给我画了一个图，先画一个大圈，里面再画一个小圈，作为示意图。我自己做发展党员的工作，就是根据党的指示，首先找周围的战士谈心拉家常，通过这些了解周围这些人们的思想基础、倾向等情况。先拉入朋友的范围，然后逐步启发诱导，慢慢涉及对我党的认识和基本知识的了解，提高思想。就这样，我在军长周围的侍从人员和我所在的卫士排，共结交了战士田忠民、沈桂生、张长安等十多名"朋友"。当我准备做下一步工作时形势发生了变化，由于蒋介石这时已对赵寿山从怀疑到不信任，名义上提拔赵寿山军长为第三集团军总司令，而实际上是把三十八军进行改组，接赵军长班的是蒋的亲信张耀明，各级人员也都换了不少。我也随着赵司令一同调到第三集团军。这样，我在三十八军打下的基础，辛辛苦苦积蓄的力量全部丢失了。当时调动，按照党内规定，党员跨军调动要转组织关系，在三十八军负责的郝克勇就给我取名叫志杰，这也就是我和新组织联系的名字，也就是党的组织关系。第三集团军和我接关系的是杨荫东，杨是司令部参谋处少校参谋，是作为赵的随员之一，一同调往第三集团军的。我的公开身份是第三集团军司令部上尉侍从副官。司令部驻在甘肃武威的山陕会馆，赵司令自己住在观音巷。我先在办公厅，后又调到赵的身边。这里还有常住司令部的秘书何寓楚、王安仁（即王静先）、译电员史毅、军法处的顾元、副官处的张定贤、法文秀（回民）、科长周杰邦、邢需云、卫生处的张归仁，后来知道这些人除周杰邦外也都是共产党员。在赵司令周围的还有温朋久、崔仲远、雷清汉、崔伍德、张长才、严牛娃、马宝甲、韩复山、吴江善、赵明等十多名士兵。在这里我们仍积极开辟工作，壮大组织，积极争取发展对象，经我谈话培养的有 6 人，填写入党手续，发展为正式党员的 1 人，名叫李天民，山西高平人。记得当时批准的人是杨荫东和王静先，我代表组织正式通知他的。我们在第三集团军司令部处境也是很恶劣的。

蒋介石对这儿是特别“光顾”的，司令部参谋长池中宽是个顽固不化的分子，后来还指派来一个副司令名叫于达，原是国民党中央一个什么办公厅的。这样他们指令下边的特务对赵司令周围严密监视，刺探情报。比如有一次，原三十八军军需处处长杨海涵来武威，事后不到3小时，国民党三总部情报处就知道了。原文是这样的：“赵的旧部高级客人杨海涵来凉，不知何故，待详查。”这个电文是由池的警卫员用红本呈池时被我抽空子窃取到手的，后来我又把此事直接向赵司令作了汇报。我们在这种环境下，凭着长期斗争的经验，利用合法身份作掩护，不懈地同敌人进行着明的暗的较量。这期间，我在党内的主要任务就是保卫赵的安全，耳听八方，随时与杨荫东联系汇报，国民党方面的文件基本上经我手转递的，都分为两个渠道，三集团军官方和该总部的共产党员组织同时得到情报。这样，就保证了我党和国民党顽固派的斗争，始终占据主动地位。

抗日战争胜利后，三集团军编制取消，这时，蒙定军同志去过几次武威看我们，并代表党组织给我讲了有关今后去向问题，先说回延安边区，我听了很高兴，以后又指示隐蔽精干。这样，我又随大流归入驻在陕西西安城南的第二十四军官总队。杨荫东给我转名叫青山，作为新的组织关系，在新的环境中又开始了新的斗争生活。

帮助赵寿山训练干部

孔祥桢[*]

1937年6月初，我离开东北军学兵队（当时驻安徽怀远县）到了北平，住在泽州会馆（山西晋城县的）。我去找徐冰时，在他家没有会见。我又到安子文处见了安。我告安：我在东北军学兵队教书，已被辞退。安子文说：陕西军队赵寿山部急需要人，你可以马上去。我说：我还没有找到党的关系。安说：党的关系由我以后转去。安把我介绍给赵寿山部军需处长杨晓初（中共党员）。6月，我到西安见到杨晓初，他告我：赵寿山刚当师长，赵是杨虎城的嫡系，联共反蒋，比较进步。杨把我介绍给赵寿山，赵叫我当他的参议，将来做训练工作和联络工作，我同意了。这时，赵寿山的十七师驻在三原县，彭德怀同志到过十七师看过赵。我当时住在师部，知道赵和红军有联系。

"七七"事变后，十七师被调到石家庄，赵寿山叫我随十七师副官处一部分人到前方设营，我负责与地方行政上的联络工作。8月间，十七师开到石家庄，继又开到保定一带与日军作战。10月初退到娘子关，归第二战

* 作者当时系第三十八军参议。

区阎锡山指挥，守娘子关。

1937年11月初，我随十七师退到山西离石县驻防，我建议赵寿山办班、排长训练班，改善班、排长与士兵的关系，减少开小差的现象，提高抗战信心，赵同意了。我和崔仲远给十七师办了两个多月的班、排长训练班。1938年二三月间，我在陕西绥德得了伤寒病，见到过刘澜涛，他当时是绥德地委书记。4月初，我回到西安，在崔仲远家由陕西省委吴德峰同志同时接上我和崔仲远同志的党关系。吴德峰决定我和他是单线领导关系，不和军队内党组织发生联系。只要我在赵寿山部队内，均由他派人和我联系。吴还说：赵寿山是比较进步的，你在赵部的任务是帮助他继续提高，联共抗日，靠拢八路军。这时，赵寿山的部队已改编为三十八军，辖十七师和五二九旅[①]，在晋东南作战，归八路军指挥。1938年5月初，赵寿山叫我到前方去。6月初，我和崔仲远及一部分后勤人员到达山西晋城。到晋城时，五二九旅收复了该城，赵寿山叫我随他到晋城开群众庆祝大会。6月以后，三十八军转到阳城一带作战，到九十月间在中条山与敌坚持下来。在此期间，我常代表赵寿山与八路军唐天际[②]联系，互通情况。曾建议赵寿山办团、营、连级干部训练班，因为这些干部对和日本长期作战认识不清，管理部队还是一套旧办法，实行打骂，毫无民主，需要逐步改变。此外，还需增加一些抗日的青年知识分子干部，才能使这支陕西队伍扩大起来，而不至于被蒋介石消灭。赵寿山同意办干训班，教职员他想办法找。关于增加学生出身的干部，他主张办教导队，并亲自主持，任郝克勇为队长，张西鼎为副队长，做政治工作。记得10月左右，赵寿山去武汉开过一次会，回来时带了温朋久和柳乃夫（1939年在中条山牺牲），还有三个军事干部，说是从冯玉祥处要来的。这几个人都是进步分子。温朋久是留德学生，柳乃夫是做文化工作的。干训班设在平陆县茅津渡，赵寿山兼主任，十七师师长耿景惠（耿志介），独立四十六旅旅长孔从洲兼副主任。温朋久和柳乃夫为专职教官，讲国际

---

① 五二九旅在晋东南时，是临时归赵寿山指挥。

② 唐天际时任中共晋南特委书记。

问题与政治工作，三十八军军长办公室主任姚警尘讲三民主义（即国内问题），我讲游击战争，还有个教官讲军队测绘学。干训班于1939年3月筹备就绪，每期训练约两个月，一季度一期，旧历年关停止训练两个月左右。我从1938年10月左右筹备干训班到1941年3月因病离开，皆在干训班工作。

1941年3月间，我的右肘关节炎病复发，去西安治疗，在陕西省立医院施行手术两次，没有治好。七八月间，想去成都医院治疗，因故没去成。1942年初，我想去北平治疗，因为我的病是1933年在北平德国医院治好的。我的意见向赵寿山、杨晓初谈了，他们都同意。2月，三十八军搜索连给我弄了个“良民证”，我即由郑州渡黄河，经开封坐火车去北平[①]。到北平经医院手术，3月间痊愈，4月回到三十八军军部，见到赵寿山军长。赵告我：蒋介石前两天通缉了你，还有其他人。我向孙谈了，孙说他可以保其他的人，你不是陕西人，又不是西北军的干部，所以他不保你，要你离开三十八军。我想把你派到八路军总部做联络工作，如果你愿意，先到西安收拾一下，准备过去。我表示同意。我在西安赵寿山家住了十几天，收拾一下东西，给刘尊棋（时为中央社记者）写过一封信，谈了北平见闻和沿途所见。4月下旬，我回到三十八军军部，赵寿山告我：与八路军总部已联系好了，你先到唐天际处，然后他送你去八路军总部。并说：蒋介石要消灭三十八军时，我就带部队到八路军那里去，希望那时八路军能派一部分队伍在黄河北岸接我一下。5月初，我和三十八军特务连一个士兵杨斌廉（我的同村人）从汜水两边白坡渡过黄河，当天即到达唐天际处。我去，唐天际已经知道了，他说，邓小平在这里，你可跟他到太行区，再送你去总部。唐把我介绍给邓小平，我随邓反扫荡十几天，到了太岳区陈赓的司令部。在太岳区见到薄一波与安子文，

① 1938年6月8日，国民党军队为阻滞日寇进攻，炸毁郑州附近花园口大堤，使黄河改道流向东南，沿贾鲁河、颍河、西淝河夺淮入海，造成大片黄泛区，开封被置于黄河东岸，日军修筑了自开封直通新乡的铁道，与平汉线相连。1947年，黄河复归故道，这段铁路也随之拆除。

我向他们谈了蒋介石的黑暗统治。6 月初，我随邓小平到了一二九师师部。接着，我被送到辽县八路军总部。到总部后，我向彭德怀报告了三十八军的情况和赵寿山派我来八路军的意图。

回忆当年赵寿山同志一些事迹

张归仁 *

一

1928 年 7 月末，我在渭华革命暴动失败后，受命化装护送一位负伤战友到西安广仁医院（即现在第四人民医院）治疗，事情顺利办理完毕后，我走到街头，困境缠身，幸遇友人上官树德，引荐我到赵寿山同志部队工作。我喜出望外，就随他前去晋见赵将军，赵热情地接见我们，并诚恳地交谈，随后即委我去他刚成立的团医务所工作，给予准尉待遇。当时医务所初建立，工作匆忙，加上每日整装训练，活动是很紧张的。寿山同志不论平时或到训练场上，总是平易近人，和蔼可亲，教育大家以诚相待，互相关心、互相帮助，下属官兵和他接触从无拘束。他数十年如一日，对部属亲如兄弟，一片赤诚之心，给我留下非常深刻的印象，也使我受到很多教益，我深深地敬佩他。

---

* 作者当时系第三十八军军医处长。

二

1928年冬，寿山率部移驻山东临沂。当时蒋介石别有用心，暗中把他直属亲信部队视为嫡系派，以阎锡山、冯玉祥等部为杂牌，视杨虎城部（寿山团属杨部）为杂牌中的杂牌。当时新旧军阀混战，敌我难分，亲谁痛谁，人民难辨，今日称之为友军，明日可能称为叛逆。但是寿山同志始终以杨将军意志为转移的。当时上级派员来杨部进行战前检阅，寿山同志部队驻防县城东南50余里汤头。这个部队训练有素，纪律严明，唯军费困难，严冬时节部队战士尚赤脚无鞋袜穿，为了不影响军风仪容，寿山同志即下令全团以锅墨抹脚，即呈黑色，以壮军容，这样巧妙地遮掩过了检阅团的眼目，博得他们的赞扬，被誉为劲军，并表示可以出动，肃清胶东诸多股匪。不久，杨部秘密出动，寿山同志为前锋，行至管帅（莒县属地）与敌遭遇，以牵蛇打头之势，猛挫顽敌，敌不支仓皇逃遁。这时大军续进围攻大店（莒县属地），赵团进驻夏店（莒属）侧应出击，傍晚大军攻破大店，消灭大股顽匪。与此同时，赵团回师相机向莒县监视御敌，深夜赵率部密临营县城下突袭敌军，敌大乱惨败，惊魂未定，正在朦胧之际，全城一片混乱，敌残兵弃城仓皇东窜，此袭扫清了后续部队前进的障碍。旬日里大军连克七城，始驻安丘、淄博一带，暂告稳定，进行休整。寿山同志治军有方，连续作战，出奇制胜，颇得上级嘉奖，被誉为“奇袭团”。

三

1929—1930年，时局混乱莫测，杨虎城将军部队奉调湖北省花园地区，不几日又复调豫南南阳一带，旋又转战驻马店，赵团突袭敌主阵地，掩护大军一举消灭唐生智军阀，不久，又战至洛阳。1930年秋末，杨部奉调攻入陕西潼关，分驻附近各县，肃清冯玉祥实力，寿山部队进驻朝邑、大荔地区，以“攻心不血之战”，收缴了两县宋哲元部队的枪支。接着赵又单骑往赴蒲城县说服冯部刘郁芬（赵与刘过去相识）交出手枪团全部武器弹药，然后保证刘与所部眷属安全渡过黄河到达山西。刘迫于大势已去，完全屈从就范，这样，东府和渭北各县，就完全在杨部控制之下。约10月间，部队转驻泾阳、三原一带，开始改编。杨将军任十七路军总指挥兼西北行营主任；孙蔚如升任陆军第十七师师长；赵寿山升任该师五十一旅旅长。不几天，寿山同志奉命率部进驻汉中，并兼任汉中区绥靖司令，多年来，汉中地区兵、匪为乱，民不聊生，民怨沸腾，寿山先果断地肃清城固、洋县、西乡、勉县、褒城、略阳、宁陕、镇安等县的积匪。使老百姓免除了匪患的骚扰，过上了安宁的日子，群众曾给寿山同志送过“除暴安良”“为民除害”“军民共济”等牌匾。接着寿山同志对先前四川军阀数股侵犯盘踞当地的部队，以软硬兼施地驱逐出境，拔掉了军阀钉子，消除了隐患。使汉中地区恢复了社会安定，农业生产、教育事业、商业贸易，也都很快地恢复正常秩序。

四

在汉中期间，寿山同志积极保护党的地下工作同志、进步人士、社会贤达和进步团体等革命力量。1932年秋末，有一医生郑某，向寿山司令控告我是个共产党员。在场的几位人中，有人惊问，有什么根据？郑说，在张的住室枕下，发现一本小册子，宣传共产主义言论，有人急问，你为什么不拿出来亲交司令呢？郑答，看毕速压原枕下，怕他知晓。寿山司令严肃拍案起立说：我才不相信呢！难道他（归仁）拿着镊子造反不成（指医生手持镊子）？！当时全场人立即冷静下来了，赵说，回去吧，安心做好自己的医务工作，不要疑神疑鬼，庸人自扰。大家一个个相继退场了。翌日上官某向我转告了上述情况，从此，我就处处警惕郑某这个人。寿山同志婉转地平息了这一风波，巧妙地保护了我。1933 年 5 月间，朱曼青等地下党员和进步青年学生，纪念五四运动和“五七”“五九”国耻，上街游行宣传，国民党和学校当局阻拦，同学发生冲突，后来朱曼青等遭拘留，交绥靖司令部审查。寿山同志说：学生宣传爱国抗日，何罪之有？并说，你们要努力学好功课，理直气壮地爱国抗日。于是学生们很快就回到学校了。自此朱曼青同志和寿山同志建立了友谊，中学毕业后，曼青同志还联络了一批进步青年，参加了寿山同志的部队。当时寿山同志还掩护进步人士姚警尘（后来加入了共产党）同志，在他的旅部做秘书主任，协助他处理重要事务。他支持“陕西省立汉中第二女子师范学校”校长常汉三同志（地下党员），领导师生搞抗日救亡宣传，两人结为至交密友，后来汉三同志还做了他的军法处长。地下党员刘俊甫同志，自南阳时期起，就一直在寿山同志军中，安全地做党的工作，他们是朋友加同志，关系十分亲密，1935 年夏秋间，红军徐向前、徐海东部长征经过陕南地区，赵部奉命堵截尾追，但并不真战，他和红军秘密协议，不即不离，保持一定距离，在山里转圈子，相机还给红军密送一点弹药和给养，双方建立了一定的友谊。避免了中蒋介石“同室操戈，两败俱伤”的阴谋。总之，寿山同志在汉中时期，隐蔽地巧妙地保护了大批的地下党员、革命青年和进步人士，做了许多有益于革命的工作。如果没有寿山同志的积极支持和保护，那些同志的处境是可想而知的。

五

1935 年，寿山同志目睹国家的内忧外患，心情苦闷。冬季部队又奉命移驻陕西黄陵县，当时他以胃病严重，遂向杨主任申请去外地休养。实际上，他是到平、津、冀、鲁、沪、宁等地考察军事，观察形势，广交朋友。翌年秋回陕，向杨汇报考察收获，并提出了自己对当前时局的看法和建议，深得杨的赞赏。1936 年 12 月 12 日，震惊中外的西安事变，张、杨两将军实行对蒋介石兵谏，事变期间，寿山同志受命担任城防总指挥，并兼任西安公安局长，他指挥孔从洲警二旅、绥署的警卫营、卫士大队、教导营、炮兵营等，解除西安城内国民党反动武装，为稳定当时局势和社会秩序，做出了重大贡献。1937年“七七”抗日战争爆发，寿山同志请缨北上抗日，参加保定保卫战，转战娘子关，坚守雪花山、乏驴岭战役，出击井陉火车站等，均予日寇以重创。前线总指挥黄绍竑致电赵寿山称：“奋勇出击，有关全局，赏官兵3000元。”1938年春，寿山同志率部开赴晋东南，在朱彭总司令指挥下，和八路军并肩作战，配合八路军收复了上党地区19县。寿山同志和八路军前总建立了电台联系，军事上密切配合，一直没有中断过。1938年8月，赵寿山同志率三十八军进驻中条山，坚守近三年，日寇先后进犯11次，每战皆败北，日寇视中条山为晋南的盲肠炎。当时陕报在一次报道中条山战况时载称：西北整个得以安定，皆赖我英勇将士在北岸苦撑所赐。第一战区司令长官卫立煌称誉“赵寿山三十八军是中条山的铁柱子”。1939年初，中共三十八军工委成立，寿山同志以极大的热情，给以积极帮助支持，并且专门抽出一部电台供工委专用和延安党中央联系，还经常给工委拨付活动经费。工委在军的一切活动，都得到了绝对的安全保证，这和寿山同志的密切关怀爱护是分不开的。

我跟随赵寿山同志几十年，受到他的熏陶、教育和培养，在关键时刻，受到他的亲切保护，使我终生难以忘怀。寿山同志由一位爱国主义者，转变为共产主义坚强战士，他对敌人的刻骨憎恨，对敌斗争的坚定性和策略性；对党无限忠诚，对革命事业鞠躬尽瘁，死而后已，他把一切奉献给祖国人民的无产阶级彻底革命精神，是我永远学习的楷模。

向中央请示应付“调训”的对策

汪　锋*

1940 年 10 月下旬，陕西省委接到中央的一份电报，通报了一个情况：“孙蔚如接何应钦电称，三十八军皆赤化，该军上层都被赤色分子包围，并称该军之中共分子二十余人中，有主任秘书姚警尘、十七师之参谋处长胡振家及该军驻重庆办事处主任崔仲远，希严加防范”。中央的通报提醒我们注意国民党可能要在第四集团军制造反共事件。

1940 年底，第四集团军由中条山调到黄河南岸不久，蒋介石电第一战区司令长官卫立煌转第四集团军总司令孙蔚如，指名三十八军 30 余名军官（包括三名工委成员）系共产党嫌疑分子，令送洛阳劳动营接受审查。三十八军工委获悉后，一面研究对策，采取应付措施；一面向陕西省委反映情况，请示办法。与此同时，我党在三十八军做上层统战工作的同志也向省委反映了这一情况。省委认为这是国民党反共和分化瓦解杂牌部队的一个严重步骤，遂派联络员杨信去前方了解情况。1941 年 3

---

* 作者当时系中央陕西省委军事部长。

月，三十八军工委和军长赵寿山派张西鼎向陕西省委汇报了这一事件的经过及工委和赵寿山的处置情况以及要求拖出部队到黄河以北的想法。3月29日，陕西省委致电中共中央，表示同意赵寿山拖部队到黄河以北的决心，并反映了赵寿山希望张西鼎直接向毛主席汇报的意见。3月31日，省委再致中央，证明了张西鼎的身份。4月2日，中央复电陕西省委，指名省委书记杨清（欧阳钦）和张西鼎同去延安汇报。省委考虑我是军事部长，负责第四集团军党的工作和统战工作，情况比较熟悉，决定由我和张西鼎同去延安。我和张西鼎到延安后，连续三个晚上向毛主席汇报，当时听汇报的只有毛主席一人，他亲自做记录。汇报中，毛主席详细询问了部队的情况，对我们提出的问题，他有时用幽默风趣的语言反问，有时用恳切的语言给以明确的指示。给我印象最深的是：当我们提出国民党指名送审的干部不能去，以免发生问题时，毛主席说，这个部队是国民党的部队，蒋介石调干部受训，不去行吗？我们又不是蒋介石的参谋长，也不能向他提出免训的建议，不去怕不行吧？军官调去受训，我们党不便和他们联系了，那就依靠他们自己根据党的政策去工作，以后他们回到部队，我们还可以和他们联系。他们能独立地进行工作，对他们也是个锻炼。退一步说，万一有人告密了，暴露了一些同志，他们能经得起考验，证明是我们党可靠的干部；万一有人经不起考验，脱了党，证明他即便留在党内也起不了多大作用，离开党对我们也没有多大损失。当我们提出有人要拉部队到黄河以北怎么办时，毛主席说，从整体上来说，我国的现状是民族矛盾超过阶级矛盾，我们应该以抗日为大局，维护抗日民族统一战线，不主张把部队拉到黄河以北去。但是，我们还应该有另一种准备，就是当这支部队的生存受到威胁时，有人主张把部队拉到黄河以北，我们也应该帮助他们找个出路，现在就应该有个应变的方案。这个问题你们可以和叶剑英同志研究一下。

接着，我和张西鼎又同叶剑英同志谈了几个晚上，剑英同志也是亲自做记录。他详细询问了部队的情况，渡河器材情况，计算了渡河时间，了解了各项保障情况。

这次谈话后，我和张西鼎回到马栏。我向省委作了汇报，张西鼎回部队向工委和赵寿山作了汇报。

（杨震天　整理）

风云护圣人

温朋久　口述　姚　杰　记录

1919 年冬，我考入天津直隶省（1928 年改称河北省）第一师范学校，当年爆发了五四运动。那时我刚 14 岁，对帝国主义和北洋政府非常痛恨。1920 年 1 月 29 日，我参加了天津爆发的反日请愿运动（《警厅日记》称为"一・廿九"运动，即"一・二九"运动），虽然受到军警镇压，周恩来等四代表被捕，然而人们的爱国思想却得到了很大的激发。1924 年冬，我在天津直隶省法政学校听过李大钊先生的报告，受到革命的启示。自 1925 年春起，当了一年半小学教员，经历过天津的五卅运动。（邓颖超、辛璞田等领导的）1926 年入北京朝阳大学学法律。1929 年 2 月去日本，先是半工半读，后来考入早稻田大学第一高等学院，取得河北省公费待遇，改学政治经济学。"九一八"事变爆发，我对日本侵略我国愤怒难遏，弃学回国，又对蒋介石的不抵抗政策极为不满。为寻求真理，1932 年 9 月和刘绛雯结伴去德国留学。不久，我们一同加入了中国共产党在德国的外围组织抗日救国联合会和反帝大同盟。那时国民党在柏林设有党部和使馆，CC 派和蓝衣社（即复兴社）极力控制留德学生会，权力掌握在复兴社的陈介生、邱清泉（解放战争中邱被歼于淮海战役）等手中。我们在反帝同盟领导下，于 1935 年冬发行了小册子，揭露 CC 派和复兴社的反动面目。小册子之一叫《中国出路》，是我和刘文华同志担任刻印的，当时供稿人很多，如江隆基、张铭鼎（张铁生）、许德瑗、邓迁、朱江户等，我和刘文华也兼写稿，删繁补白就是我们分内的事了，总其成和对外负责人是刘光德（刘咸一）同志。原反帝大同盟领导人王炳南同志已离德返国。

西安事变对留欧学生影响很大。1937 年 7 月，我和刘绛雯由德去巴黎。8 月，我俩和温康兰、梁伟英夫妇在巴黎欢迎杨虎城将军，表示拥护他的抗日救国主张。抗战一开始，我们这些留学生兴奋得很，都想回国抗日。刘文华随杨虎城将军回国后，任彭德怀的秘书。我是和乔冠华、朱江户去布鲁塞尔支援九国公约会议后回国的。1938 年 2 月底，我回到武汉。3 月初，即去河南潢川抗敌青年军团任教（是留德同学王深林拉去的）。同年 7 月，在武汉由连瑞琦介绍见到三十八军军长赵寿山，相谈至洽。他诚恳地邀我去给他帮忙，我也欣赏他坚决抗日和励精图治的精神。在王炳南赞助下，到晋南中条山，在三十八军军部任参议兼干训班政治教官。干训班的教导队是培养新干部的，这些新生力量抗战热情很高，我很高兴和他们结合在一起，共同为新中国的未来献身。

蒋介石为了分化这支部队，1938 年 7 月，就在武汉召见新任军长不久的赵寿山，又给武器又给钱（实际上轻机枪只给了批准数的 1/5）。接着又派来政治部主任张泰祥、秘书林啸鲲。他们在部队进行反共宣传，收集情报，告黑状，处处与进步力量为敌，破坏团结，破坏抗战。

1940 年春，我已转到第四集团军总部干训班任教，我和耿志介（十七师师长）一起去重庆国民党中训团“受训”期间，教育长王东原（陈诚的亲信）对我说：“你在孙蔚如那里合适吗？你如愿留下，可以在重庆找个工作。”我说：“我是奉命而来，照理还要回去复命啊！”王说：“我看你还是很讲信义的，那么好吧！”我是看穿了他的用意，预先有所准备的。

1941 年春，军长办公室主任姚警尘被指控为异党，被迫离开三十八军，赵寿山商我暂代办公室主任。当时部队已由中条山调到洛阳、郑州之间扼守黄河，三十八军军部驻巩县巴沟，整个防区受到汤恩伯部队的包围监视。由于河防走私猖獗，部队里一些干部被腐蚀开始变质，好似橘过淮而为枳，部队有瓦解的危险。加上皖南事变后，蒋介石对部队的迫害日甚一日。赵准备把部队整顿一下拉走，北渡黄河，挺进武陟、博爱，再上太行山抗日，并要我拟了反蒋通电。这时杨明轩、孔祥桢也由后方到军部来一起分析形势、商讨对策。最后，为了要维护抗日民族统一战线，没有动作。后来赵军长埋头于整顿军风纪，处理了少数腐化分子，并由申及智接任十七师师长，部队情况有了好转。但是，国民党又派龙冠军任十七师政治部主任兼副师长。龙对三十八军更为仇视，分化收买干部，搞特务手段，竟在一个夜间突然搜查军长办公室，又在十七师暗算申及智。我们始终坚持抗战，坚持团结，坚持进步，争取和团结一切可能团结的人，同一切反动分子和腐化分子做斗争。既要坚持抗日，又要防止突变事件，任务十分艰巨。当时我虽没有入党，但党组织和赵寿山军长都是相信我的。抗日反蒋的革命斗争把我们紧紧地团结在一起，肝胆相照，安危与共，感情之真挚，真是同志、战友加兄弟，非一般朋友关系所能比。

1943年冬，蒋介石用三调（调防、调训、调职）的办法，企图吞并三十八军。11月间，突然下令，把部队由郑州抗日第一线阵地调到巩县、偃师、登封地区集中“整训”，原阵地由汤恩伯部队接防。12月间，十万火急调赵寿山去重庆受训，不容迟缓。我当时辞去办公室代理主任职务，只在干训班教课，为了减轻赵的燃眉之急，答应他和副官雷清汉、马宝嘉，卫士阎富荣、崔武德一起跟去重庆。1944年1月4日到重庆，赵寿山任国民党中央训练团第二大队大队长（李仙洲、冯治安分任一、三大队长）。结业前两天，孙蔚如给赵来电说，蒋介石已派张耀明任三十八军军长，并已到任。1月30日结业，蒋介石立即发表赵寿山任第三集团军总司令，接着蒋介石就召见赵，表面说：“你在三十八军搞得很好嘛！战斗力好，军风纪好，别人说你什么你不要介意，我相信你，我现在给你一个集团军，就按你的办法去做，我支持你。”实际是用明升暗降的手段，夺去了赵寿山的兵权。赵寿山还是想回三十八军，看看延安党中央的态度，以及部队孙蔚如、孔从洲上下级的态度。在重庆时，我曾陪同赵寿山看望于右任和冯玉祥，冯惊奇地问赵："为什么你总受训啊？"赵说："野性难驯呗！"于右任给我写了"山海承新运，风云护圣人"的对联。冯玉祥赠我他画的大白菜，上面题："后方同胞们咬得菜根香，忠勇将士们一定打过鸭绿江"。这和蒋介石对我们的感情截然不同。我还单独去过新华日报社和乔冠华、龚澎、戈宝权见了面，纵谈国内外形势，如解饥渴。2 月 9 日，我们离开雾都重庆，由珊瑚坝机场乘飞机回到西安。2 月 15 日赶到巩县和义沟第四集团军总部驻地。大家一见，百感交集。人们对赵军长之返回，欢喜非常，想到即将远别，又觉万分伤感。2 月 18 日，应张耀明之邀，我随赵寿山军长到芝田镇三十八军军部，匆匆忙忙地停了不多时间，赵给干部讲了一段惜别勉励的话就走了。

我随赵到西安后，向范明表示，我宁愿去延安，也不愿去武威。范明说，延安党中央的意见，还是让我帮赵完成这次任务为好。2 月 26 日，西去甘肃武威，到第三集团军总部，我们住在武威城东门内官驿巷 38 号总司令的寓所。第三集团军副总司令于达、参谋长池中宽、军长杨德亮、严明等都是蒋介石的嫡系或胡宗南的亲信，把赵寿山架空，做个有职无权的光杆总司令。赵寿山有一次去巡边，我和副官处长周杰邦随行，从武威到张掖、安西、敦煌等地，到处都是虚应故事酒肉征逐地来应付我们。在武威我们一直过着打拳读书、隐忍待时的文明流放生活，直到日寇败降为止。

1947 年 2 月 24 日，赵寿山和姚警尘搭轮由上海秘密到了天津（那天正是李仙洲在莱芜战役中被俘的次日，我是拿着当天的日报去接他们的），住在我岳父刘仁甫家。过了几天，赵寿山、姚警尘去北平，邀我同往，续式甫介绍我们住在灯市口北辰宫旅馆。我陪赵白天东游西逛，姚警尘暗中去找进入解放区的联络点。3 月 2 日子夜，赵悄悄告诉我要去解放区，我说："这才是正路（与出国考察相比），我也是梦寐以求啊！"商议好后，第二天一早，我先回天津，为赵、姚和领路人安排吃住事宜，又到乡下老家宜兴埠找哥哥温闻仙换了便服，向家里人说是要去美国。3 月 4 日，赵寿山、姚警尘、段新（领路人，他还带一哨兵）来到天津，住在我安排好的惠中饭店。3 月 5 日一早，我们由天津乘津浦路火车，南下到静海陈官屯下车，由段新领来的哨兵，把我们领到他所属的兵棚子内。我们以商人面目和其长官谈条件，塞了80万法币，才将我们放行。过了子牙河，是个无人地带，到了河间宿了一晚，又过饶阳，由束鹿辛集转到南宫，才接上了关系，用吉普车送我们去邯郸。路过威县，马国瑞同志（现中顾委委员）对赵寿山表示欢迎。再由邯郸到武安晋冀鲁豫边区党政军领导机关驻地，受到各方面极为热情的接待。而且又和先起义过来的原三十八军的同志住在一起，心里感到特别舒畅。

三十八军干训班情况

李志毅[*]

杨虎城将军的原部三十八军及老军长赵寿山将军，在当时的东北竞存中学（校址在陕西凤翔）地下党组织和进步青年中享有崇高的威望。因此大批共产党员和进步青年陆续来到这个部队投身革命。

我原是竞存中学初中三一级学生，名叫李仲智（现名李志毅）。1939年11月份参加中国共产党，1942年8月份参加了三十八军干部训练班（即教导队第五期），在学生第三队受军事训练，改名李钊。

干训班下设四个中队。第一、二中队为军士队，主要是轮训部队基层的连排干部。第三、四中队为学生队，是培养训练新招来的学员。这些学员大都是陕西人，其成分有中共地下党员，有进步青年，有避抓壮丁的，都是通过一定渠道进来的。还有部队选送的及河南地下党组织介绍来的，也有个别从沦陷区逃亡来的青年。学员毕业后的去向是充实部队基层作为骨干。

---

* 作者当时系第三十八军干训班学员。

干训班的主任由赵寿山军长兼任，副主任由十七师师长和三十五师师长孔从洲分别兼任。他们轮流住干训班，每天早晨对学员进行精神讲话。在国民党顽固派掀起第三次反共高潮时，记得是 1943 年 9 月的一个早晨，赵军长对我们讲："现在是多事之秋，必要时我要你们打冲锋呢！我们必须学好军事本领……"

干训班设教育主任一人，由边重光中校担任，负责行政管理和军事训练。政治教官温朋久（上校参议）负责政治训练和政治思想工作，实际上就是政委的角色。政治教官周延负责《社会发展史》及其他社会科学的讲授。赵书文负责教唱革命歌曲。记得当时所教歌曲中有这样的歌词："我们都是穷苦的人，穷苦的人要一条心！我们都是没饭吃的人，没饭吃的人要一齐走。打走那吃人的野兽，为大众打开生路……"这首歌曲对学员起到了鼓舞士气、振奋精神、激励斗志的作用。

教授刺杀、筑城、爆破和步兵重武器的教官多人，按照训练科目进度分别到各队授课。有关步兵基本训练（队列、射击、投弹等）和单兵、班、排、连的攻防战术训练，由各队队长、区队长和班长担任，组织实施。

为了提高训练质量和军事水平，赵军长和地下工委还多次派遣大批干部到国民党汉中步兵分校和成都军校深造（也还有政治原因），回来后大都担任训练部队的骨干。这些人也大都是共产党员。

三十八军干训班实际上是以中共地下工委为骨干，是培养和训练革命力量的机构。1944 年 2 月毛泽东主席指出：这支军队早就直接受中央领导。三十八军在形式上是国民党编制，但实质上始终是按照党的方针、任务去建设部队的，同日寇进行艰苦卓绝的斗争。他们在国民党统治区贯彻党的抗日民族统一战线政策是有成绩的，是正确的。这支部队的成员绝大多数是热爱党的，是反蒋抗日的革命队伍。要把他们当作八路军一样去做工作。

三十八军干训班对国民党蒋介石是秘密的，每当国民党统率部派员检阅部队时，干训班学生第三、四中队总是以军直辎重团六、七连的番号去应点。但对第四集团军总司令孙蔚如却是公开的，因为孙是全力支持赵寿山军长的，他们是志同道合的推心置腹的朋友。

干训班学生第三、四中队是按“三三编制”组建的。记得第三中队队长是李曙东（共产党员），负责军事训练和行政管理。副队长郝旭亭（共产党员），负责政治思想工作，实质就是政治指导员。一区队长张效堂（共产党员），二区队长袁诚生（共产党员），三区队长王福宏（共产党员）。一班长涂江（共产党员），二班长康建国（共产党员），三班长郭振海（共产党员），四班长黄国斌（共产党员），五班长张万照（共产党员），六班长王德亮（共产党员），七班长程世芳（共产党员），八班长杨玉虎（共产党员），九班长赵寅玉（共产党员）。每班编制15名学员（包括正副班长），分为一个机枪组（射手、副射手和弹药手三人）、两个步兵组（每人装备有汉阳造“七九”步枪一支，手榴弹四枚，子弹按规定配齐）。人员根据政治素质体力强弱搭配，为的是应付残酷战斗时能做到班自为战，组自为战和各自为战。

学员的政治教育以社会科学、《社会发展史》为内容，结合抗日战争及国内国际形势对学员进行教育。业余时间阅读进步报刊，每周以班为单位举行一次生活会，检查个人学习、生活，开展批评和自我批评。

军事训练的主要内容是：由徒手基本训练到持枪训练；由单兵基本战术动作到班、排、连攻防战术训练。

单兵技术训练以射击、投弹、刺杀、爆破和筑城为主，要求学员不但掌握轻武器（步枪、机枪、手榴弹）使用，还要学会重武器（重机枪、迫击炮）的使用。要求学员不但学会平原作战，还要学会山地作战；能在白天作战，也能在夜间作战。还学习了判定方位，识别北斗星运行规律和北极星的位置以及简易测绘技能。

为了帮助大家掌握训练要领，赵寿山军长还根据《三大纪律、八项注意》的曲调把“立正”和“射击”要求编成歌，供大家记唱。记得“立正”是：“立正要领三要点，挺胸收腹瞪圆眼，敛颚挺颈向前看，千万莫要乱动弹。”“射击”是：“射击要领三要点，枪把握紧眼瞪圆，眼看标尺瞄准线，千万莫要偏一边，对准目标要正确，呼吸一停把机扳，射击技术天天练，日久竟能有进展。”

全队每周举行一次联欢晚会，由兵演兵看。讲故事，说笑话，形式活泼多样。军部的秦腔剧团也常来干训班演出。记得1943年演出了《徐州革命》和《哭祖庙》等配合抗日斗争的剧目，对学员教育很大。

学员的体育训练以单杠、双杠、木马为主，全队还不断举行篮球比赛。

学员的伙食按当地条件组织供应，以面食为主，馒头做成6寸多长的杠子馍，一日两顿，每人每顿一个。做到了饭熟菜香，有时也吃大锅面条。当时河南特大旱灾，树皮草根都被吃光。在赵军长的号召下部队（包括干训班）节约粮食，赈济驻地灾民，还在南峡窝开办舍饭场，救活了数以万计的群众。

干训班的学员过着紧张艰苦的生活，但个个精神饱满，人人情绪旺盛，自始至终没有一个开小差的。当时每月只发饷1元，但物价飞涨，1元钱只能买3斤红苕，因此学员们也就不考虑发饷的问题。

三十八军教导队一至五期共培养学员1500多人，为部队注入了新鲜血液，使部队由旧式军队转变为新式军队，在抗日战争中战绩辉煌，功勋卓著。

对三十八军的壮大，国民党蒋介石非常忌恨，他们妄图消灭这支抗日武装力量。1943年10月以调防为由把三十八军调到河南巩县地区，军部在芝田镇。干训班三、四队奉命由汜水县的南峡窝移驻巩县蔡南庄。开拔之前干训班派员侦察了行进路线和沿途情况，以防皖南事件的重演，我们放弃平坦大道走山道向巩县南蔡庄开进。

1944年蒋介石调赵寿山军长到重庆受训，接着以明升暗降的手段调赵军长任第三集团军总司令，调其嫡系张耀明为三十八军军长。

赵军长在去重庆时，由于时间仓促，没有到干训班来，但他想和学员见一面。军部通知学生第三、四队轻装跑步到芝田镇聆听老军长临行训话。赵军长临行时叮咛干训班负责人“学生队先不要毕业，等我受训回来再说”。谁知赵军长此去竟是与我们分别。

赵军长调动的消息传来，整个干训班及学生第三、四队都沉浸在悲伤之中，人人愁眉苦脸、个个萎靡不振，有的热泪盈眶，还有放声痛哭的。

张耀明接任三十八军后，先是对军内进步势力和地下党员打击陷害，接着对干训班分化瓦解。赵军长和工委对已暴露的党员进行了安排转移，保存了一部分进步势力。

1944 年 2 月学生第三队副队长郝旭亭经手由桂林订购一批进步书刊（有《政治经济学》《大众哲学》《唯物辩证法》等）邮来，被国民党三十八军党部扣押。张耀明妄图以这个事件把三十八军共产党员一网打尽。张耀明连夜给辎重团团长上官树德打电话，要他立即把郝旭亭逮捕。上官树德反把这一情况告诉郝旭亭，郝当晚就带着警卫员李春季（学生三队学员）逃走了。张耀明恼羞成怒，把仇恨发泄在学生第三队队长李曙东的头上。他先把学生第三、四队调到距军部二华里的小王庄，接着把李曙东关押起来。张耀明天天来小王庄，集合全体学员讲话，威逼利诱，逼学员自首。这时干训班，特别是学生第三、四队呈现出混乱局面，空气异常紧张，学员们人心惶惶，食欲不振，坐卧不宁。

后干训班经过酝酿，第三、四两队分别推选程世芳、项琥往见赵军长，请示今后怎么办。赵军长听了二人来意，即要他们向干训班全体同学转达他的意见。（1）所有干训班学员的花名册，他都带在身边，今后无论谁有困难都可直接写信给他。（2）他已把干训班学员托付给孔从洲师长了，大家放心。（3）希望大家克服困难，渡过难关，安心待下去。二位转达了赵军长的意见后同学们都掉下了眼泪。

（1959 年 8 月 22 日）

HUIYI ZHAOSHOUSHAN

生命的转折

李　冰

西安事变发生后，周恩来副主席应张、杨邀请来到西安，协商和平解决西安事变，共定抗日救国大计。周恩来同志在西安会见各方面人士进行了艰巨的工作。在这段紧张的时间里，周副主席曾在一个夜晚亲自到西大街甘露巷六号赵寿山家里和赵竟夜长谈。据赵元介同志谈："那年12月21日我结婚，父亲忙着为我们办了喜事，准备同何应钦的'讨伐军'打仗。周副主席来我家的时间就在我刚结婚的那两天，也就是12月25日放蒋介石之前，当时我们住在西房，门上的喜联还完整无缺。"赵元介说，那天夜里他们新婚夫妇已睡下，听见院里有人走动。第二天母亲告知她一夜未睡，烧茶水招待客人。周大约是夜晚10时来，走时已是早晨5点钟。周副主席和赵是在正房东间谈的话，谈的内容父亲对他说得很简单，那就是国际国内的形势，杀蒋与放蒋的利弊，为什么不能杀蒋而要放蒋的道理。父亲对他说，给我的印象太深了，我服了。赵元介还谈到，1962年他带女儿望原去北京看过父亲返西安时，父亲送行到机场恰巧遇见周总理，总理问赵元介，你家在西安西大街的那座房子还在吗？你还住那儿吗？事隔廿多年后总理还记得那所房子。

周副主席为什么要找赵寿山长谈呢？因为赵坚决主张反蒋联共抗日，西安事变前他曾三次向杨虎城进言，最后一次他提出捉蒋抗日。所以发动西安事变时赵寿山自然成为杨虎城的可靠助手，杨对赵委以重任，任命赵寿山为城内指挥。依照孔从洲同志的话说："赵思想进步，跟杨干到底。"（孔还说：发动西安事变时那天夜里杨对我说，你听你老师（赵寿山）的指挥。——1982年10月孔与笔者谈话。）此值捉蒋之后，对于不杀蒋还要放蒋，赵寿山思想不通。对这一点，在事变之后连蒋介石也知道，军统局向蒋报告过："赵主张扣留委员长并坚决反对释放。"对赵寿山来说形成除蒋联共抗日思想是经过一个痛苦的过程的，他在《自传》和《与蒋介石斗争廿年》的长文里都讲过这个过程。赵在《自传》（赵交党中央组织部的自传）里写着到了1935年他自己和十七路军"备受蒋贼压迫，一再受挫"，看不见前途出路，他"精神颓丧，生活腐化"，且疾病缠身。他听到杨虎城说他，"寿山身体弄得鬼一样，还能革命？"他感到再也不能消沉下去。1935年10月去北平治病，同时找西北军故旧游说抗日，1936年春南下宁沪参观游历。在上海读了3本马列著作，并与老朋友、共产党人杨明轩、赵葆华、杨晓初等"不时会晤"，知识增加，眼界开阔，思想变化，精神大振。赵在《与蒋介石斗争廿年》里写道："一天，我们几个（有杨明轩、赵葆华）在杨晓初家闲谈，我说蒋祸国殃民，这样下去中国必然要亡！只有把他推翻，中国前途才有希望，他们同意。谈到蒋目前兵力很多，势力还大，如何倒蒋？我表示回陕看情况，建议杨先生逼蒋停止内战，联共抗日。必要时建议杨先生把蒋扣起来。"赵说他要学当年张义安（胡景翼部营长）在三原扣了陕督陈树藩的旅长曾继贤，发动起义成立靖国军。大家认为很好，督促我回陕后找杨谈。据赵铭锦讲，当时父亲把她叫到跟前对杨明轩说，我把这娃托付给你，万一我有个好歹，她就是你的娃，由你照看。就是这样赵寿山下了破釜沉舟的决心，置生死于度外，如今终于实现了捉蒋的主张，现在要他接受放蒋，思想陡转谈何容易。然而我党领导人之一、名震中外的周恩来亲自登门做他的思想工作，足以表明对他的器重和关怀，他能无动于衷吗？赵寿山深为感佩，他能明大义，他说我服了。但对这件重要的事情他在公开的讲话、文章中从未提及，从不张扬，说明他在政治上的谦虚谨慎。赵在《自传》中写道："我倾向于中共开始于西安事变。""事变之后我驻三原，与红军彭（德怀）、任（弼时）、贺（龙）、左权、杨尚昆、陆定一、王稼祥等朝夕往还，获益甚大。""忆及为放蒋事，彭不惜费时三日说服我，忠诚感人，至今难忘。"这里指的是赵得知放了蒋介石拍案大怒道："就这样放了吗？"（据当时的卫士班长吴江声谈）这是说赵对蒋介石未签字而放走极为不满，对当时的形势十分忧虑。彭总等党的领导人针对这一情况，进一步做他的工作。在此期间赵也看到红军的训练、演习，并请左权讲游击战术等。他写道"我思想上受到很大的启示，进一步认识到只有共产党才能救中国。"（见《与蒋介石斗争廿年》）

1937年春节过后赵寿山将一双子女送往延安学习。据赵铭锦、赵元介先后谈到，父亲安排他们姐弟乘汽车去延安，说是给延安送橘子，这两辆汽车里上面装着橘子，橘子下面是银圆和武器弹药。这是援助红军的。赵寿山在《自传》里写道："凡能有助于红军之处，无不悉力以赴。"在此时期"帮助红军购粮150多辆大车"，这可算是重要的一宗吧。

"七七"事变第二天赵寿山同志就请缨抗日。8月周恩来副主席到保定前线看望赵和十七师官兵，周在漕河车站向排以上军官讲了话，希望发扬西安事变精神，抗日救国，坚持长期抗战，赵寿山倍受鼓舞。赵指挥十七师经过保定阜河、漕河战役，尤其是娘子关外雪花山浴血奋战十几昼夜，打击了日寇的凶焰。然十七师伤亡过半受到严重损失。赵在《自传》中写到当时的情况："士气沮丧，军心涣散，悲观失望，逃跑达到顶点。"在此严重关头，党中央对赵寿山和十七师极为关怀爱护，安排部队到山西碛口萧劲光防区整训，并派南汉宸前来慰问。当时天已冷，官兵尚穿单衣，有的披着棉被、毯子，破烂不堪。八路军脱下身上的棉衣送给十七师官兵穿上，官兵无不感动落泪！几位当年的连排长至今记得此事。随着政治和纪律整训，部队士气大振。之后部队又到绥德整训，朱总司令前来慰问并讲话勉励。接着就是赵寿山到延安。据当时在延安学习的赵铭锦谈，约在1938年初，党中央邀请我父亲去延安，组织上叫我去绥德接他一起到了延安。后来她听父亲透露，毛主席和周副主席一起和他谈了话，毛主席说要保持十七路军的旗号，坚持抗战，一定要保存并巩固这支部队。赵寿山要求毛主席给十七师派干部，毛主席答复说，派一点可以，不可能多，主要靠你自己培养。同时毛主席要赵将两个儿女带回去，以免给蒋介石以口实（此事还是被蒋介石发现，据说1938年在武功军事会议上蒋介石曾大肆指责，说什么一个高级将领把儿女送到延安学习云云）。另外，毛主席送给赵寿山一本电报密码，约定以后通信联系。此后从十七师到三十八军就有电台和党中央、毛主席直接联系，直到赵被阴谋调离三十八军。毛主席和赵寿山见面谈话，亲自做他的工作，意义重大，从此赵寿山坚定地走上革命道路，他决心培养干部，改造部队，且充满信心。从此赵寿山和他率的这支部队进入一个新的历史时期。可是赵对他和毛主席见面这件极其重要的事情，更是绝不张扬，不炫耀。他在政治上向成熟的道路上跨进。据蒙定军（当时任十七师党支部书记）同志谈：赵去延安不久他即奉命到延安，刘向三同志找他谈培养干部问题，并称党中央已通知陕西省委贯彻为十七师（后为三十八军）培养干部的指示，不久蒙即赴三原开办干部教导队。

其时蒋介石集团不准十七师返陕西关中休整补充，部队直接开赴晋东南前线。“1938年春部队在洪洞，距八路军总部不远，我与朱、彭、左常有聚谈机会”，“常请彭总到十七师为干部讲抗日战术，讲政治工作。”（见赵《自传》）此时十七师编入十八集团军战斗序列，归彭总指挥。有此有利条件使赵和这支部队提高了军事政治素质，增强了战斗力。

赵寿山率十七师（1938年夏赵升任三十八军军长）和三十八军，在晋东南、中条山抗击日寇三年，其间教导队培养出成批青年干部，为部队输入新血液，部队面貌大变，屡创日寇，战功卓著，这支部队成为洛阳及豫西的屏障。对此却引起蒋介石的惊恐！1940年冬将三十八军调到黄河南岸，给赵寿山和部队设下陷阱，对面是日寇，背后是蒋的嫡系汤恩伯部上10万大军作扇形包围。同时蒋介石加紧对三十八军的政治迫害，派遣政工、特工人员进行破坏、瓦解活动。从1938年到1943年冬五年间，赵寿山和他率领的三十八军经历了严酷的考验，蒋介石不止一次下令抽调大批干部，或“受训”，或进“劳动营”（即坐牢）。面对如此严重情况，赵寿山遵照党中央、毛主席及时而正确的指示，在部队地下党工委的帮助下，他以非凡的勇气和机智的方式进行斗争。他曾以全家生命财产担保这些共产党员干部，他当面顶撞过何应钦。还有软拖，使用“苦肉计”（送两三人去应付一时）。同时争取爱国将领卫立煌的帮助等，得以保护了大批干部，巩固了部队。

1942年正当赵寿山和部队处境十分险恶的时候，他申请加入共产党。他在《自传》中写道：“到1942年敌我斗争尖锐，国共合作前途已觉渺茫，以往顾虑（身为国民党高级将领恐入党不便）已失存在根据，于是要求入党之请。”面对异常复杂艰苦的斗争，他痛感时刻不能离开党的指引，这即是他急切要求入党的动机。不久党中央、毛主席批准他入党，赵寿山终于成为一个共产主义战士，从此他更自觉更坚定地进行着战斗。

1944年初蒋介石调赵寿山去重庆受训，元月30日结业时蒋介石亲自找他谈话，以闪电方式调他远去甘肃，使他远离三十八军。遭此突然袭击，赵寿山即向党中央请示要求率部起义。党中央、毛主席指示，时机未到，不宜起义。同时指示赵去说服孙蔚如要求留赵任第四集团军副司令。孙向上提出这一要求，蒋鼎文答曰：干脆说明白，蒋（介石）就是要赵离开这里（赵对儿子谈过此情况）。蒋介石再不允许赵寿山留在原十七路军了，为什么？还是由蒋的军统局来做解答：“抗战初期军统局对杨虎城旧部集中注意在杜斌丞和赵寿山两人身上，而赵寿山则是杨虎城在军事方面的化身。赵担任十七师师长，在前线指挥对日作战，有时回西安来，军统认为他是杨虎城在西北的继承人，实力派，对他不放松。军统局根据西北区转报蒋介石的主要内容有：‘杨虎城旧部中心人物不是孙蔚如而是赵寿山，他思想左倾，跟他多年的秘书是共产党。西安事变时赵主张扣留委员长，并且坚决反对释放。西安事变后他认为受压迫、受歧视，对杨被监禁极为愤慨。他一贯反中央，对委员长公开谩骂。’”（原军统局西北区副区长张严佛撰文，载全国政协《文史资料选辑》1977年第64期）原来如此，蒋介石当然要拔除这个眼中钉，现在时机已到，先将他驱赶出原十七路军，名曰“升官”。赵再次向党中央汇报请示，党中央、毛主席指示赵，还是去“坐官”。赵寿山坚决执行党中央的指示，表现出一个共产党员的组织性纪律性。此去“坐官”如入虎穴，然他理解党中央指示的重要意义，只有去“坐官”被软禁才能保存这支部队。他在《自传》中写道，从1938年起“蒋贼极尽伤害之能事，三十八军为抗日胜利，为民族前途，只好忍辱”，时至今日“我忍痛离别了一手抚育起来的三十八军”，他“嘱令待机起义”。

“西出阳关无故人”，赵寿山同志西去凉州受软禁。随他前去者只有老朋友崔仲远、温朋久和王安仁等27个人，大多是共产党员和教导队的学生。据温朋久同志讲：“赵当三集团军司令赔本，四处请客、送礼，活动。”蒋介石为赵寿山配备了自己的心腹、中将侍从室副主任于达为副司令，以便严密监视。温朋久讲：“我陪老汉看书，讲解从空想社会主义到科学社会主义等”，“老汉打拳，练书法，作古体诗。”“坐文明监狱，精神痛苦。”赵寿山在凉州度过的软禁生活近三年，其处境险恶，难以卜测，然他以共产党员的坚强毅力进行了特殊方式的斗争。《自传》中写道：“我被调往遥远的凉州，受环境限制，殊少作为。但常去重庆（受训、开会），得与周（恩来）、王炳南联系接受党中央指导，使自己恪尽一个党员的职责。”在此期间党中央毛主席和周副主席时刻关怀赵寿山同志的安危和身体健康。1945年2月毛主席和周副主席亲自同在延安的张归仁（原部队军医处长）同志谈话，依照赵的要求派张到赵的身边任保健医生。张到凉州向赵传达了有关指示并转告毛主席的话：“我们很想念赵寿山同志。”赵听后非常感动地说：“我还有什么可说，只有革命到底。”（见张的回忆录）领袖的关怀给赵寿山以极大的鼓舞！1945年7月十七师起义后，部队党工委负责人蒙定军去凉州向赵报告此消息并传达党中央指示，指出赵寿山同志处境有危险，应早去延安。（据蒙定军谈）可惜此时赵未能成行。

按照党中央的安排，赵寿山几经险阻终于在1947年春到达晋冀鲁豫解放区，秋天党中央电令赵寿山同志去陕北。不久由贺龙同志陪同赵寿山在米脂杨家沟见到毛主席和周副主席。时隔十年，中国大地发生了天翻地覆的变化，赵寿山以共产党员的身份和毛主席见面了，毛主席对赵寿山说：多年来大家对你非常操心，今天你胜利地回来了。你多年来在虎口，安之如夷，今天我们好好谈谈。一直谈到凌晨4点。1948年1月任命赵寿山同志为第一野战军副司令员、前委委员，他在彭总的领导下参加指挥了最后解放大西北的各个战役。

在此之前，“1947年12月25日至28日，毛主席在米脂杨家沟中央召集的会议上说：‘赵寿山来了，怎么办？人家过去是正规军，我们是游击队，人家对我们不错，我看还是人家怎样对我们，我们就怎样对人家’。”（据杨荫东同志所写的史料）赵寿山在入党之前对党和红军有过帮助，进而他把自己和他培育的部队交给党和人民。他对党和人民做出特殊的贡献。据赵元介谈：“1944年我去凉州看父亲，见他心情悲痛！我看见他拿出杨先生的照片流泪说道，‘虎城兄你留下的这点部队，难道要断送在我们两人手里？’”几经曲折艰险，流血牺牲，十七路军的基本力量未被“断送”，而是先后汇入解放大军的洪流。

赵寿山同志是三秦名将，杰出的共产主义战士。蒋介石认定他是杨虎城的继承人，不能否认。说他是杨虎城去后“十七路军的中心人物”，也不假。1937年春末杨虎城先生被迫出国时，孔从洲等人去上海送别，杨对孔等人说过这样的话：“记住，北边是朋友，南边是仇人。北边是光明，南边是黑暗。”（孔和笔者的谈话）赵寿山由共产党的忠实朋友成为一名共产党员，他在党的指引下实现了杨虎城将军的遗志。杨虎城先生在遭杀害之前，如果得知当年那位“主张扣留委员长”的赵寿山，参加指挥了最后解放大西北的战斗，他可以含笑九泉了。

赵寿山同志从他走过的曲折艰险的历程中认识了一条真理，只有共产党才能救中国。让后辈记住这条真理吧。

（1991 年夏写于武汉、岐山）

赵寿山在汉中

李大树[*]

“每饭莫忘国难　举箸须念民艰”

赵老 1929 年 10 月，在三原任十七路军十七师五十一旅旅长，12 月开赴汉中，兼任汉中绥靖区司令。这时，我在其所属一〇二团二营营部任书记官。“九一八”事变后，赵老除在汉中办干部训练班，培训抗日救国骨干外，并赠送所属部队官兵特制筷子一双，上面烙印有赵老亲笔写作的“每饭莫忘国难，举箸须念民艰”的教言，普遍教育官兵救国救民。这对提高五十一旅官兵抗战救国思想，起到了极其重要的作用。此举当时曾受到爱国将领杨虎城将军的赞赏。

* 作者当时任第三十八军营书记官。

抨击胡宗南　联系红四方面军

1932 年冬，红四方面军由鄂豫皖苏区转移川陕期间，蒋介石嫡系胡宗南部，以追击红军为名，进驻陕西汉中，企图夺取陕西，消除异己势力。赵老一方面通过本部中共地下党员——姚警尘、张归仁、梁布鲁、张育才、杨法振等与“红军之友社”成员，在汉中市同胡部展开了激烈的斗争，胡部宣传队在汉中城郊墙壁上大书反动宣传标语，赵部有组织地进行反击。当时我以“红友社”成员的身份，参与这一斗争活动，日夜密印、散发、张贴小彩色纸片传单，揭露、痛击、粉碎了胡宗南反动派的阴谋。另一方面，赵老商请孙蔚如、杨虎城将军同意，通过军部参谋武志平及进步人士杜斌丞等关系，和红四方面军密订互不相犯协定。在此期间，赵老经常派军需主任上官树德（中共地下党员），带领驮骡运输队，在西安为红军采购物品，运送电讯、医药卫生、被服、钟表等器材，为红军支援军用物资。这种合作关系，一直保持到 1935 年春，后为张国焘“左”倾机会主义路线所破坏。

（1989 年春于西安陕西省文史研究馆）

回忆赵寿山将军

刘威诚　口述[*]　张万勇　刘民先　整理

我自1924年参加杨虎城部教导队当学兵时起，就结识了赵寿山，那时他是队长。几十年来，我们之间不仅有同志之情，而且有兄弟之谊。对十七路军这支部队的将领中，我最崇敬的有两位，一位是著名的爱国将领杨虎城将军，一位是战功卓著的儒将三十八军军长赵寿山将军。在革命斗争中，赵老曾多次救护过我，我也多次保护过他。赵老军长的感人事迹很多，因自己年近九旬，体弱多病，不能执笔书写，深感抱歉，愧对赵老。现口述一二，以表达对老军长的深切怀念。

1938年末，因我是西安事变的中坚分子，又和延安有联系，被蒋鼎文免去团长职务。随后，我与泾阳县云阳镇中共陕西省委联系，要求去延安学习。不久，汪锋同志代表省委和我谈话，说："省委不同意你去延安，仍让你到三十八军去，继续隐蔽，保持岗位，维护那一支革命力量。关系

* 口述者当时系第三十八军第十七师第五十一团团长。

由我和你联系”。在这种前线去不了，延安不能去，在西安有遭迫害危险的情况下，我只好暂回蒲城老家务农，等待时机再回部队。

1940年的夏初，蒲城县当局，按照反共顽固派胡宗南的旨意，自县而乡的布置力量，企图就地杀害我，我获知后，做好准备，随时迎击敌人的突袭。敌人阴谋杀害我的消息，在前方的赵军长也获悉。夏收前夕的一天早晨，我在村西不远的路上，出乎意料地遇见一位佩戴十七师臂章的军人。他拦路问我：刘威诚家在何处？因我不认识他，就没有暴露自己的身份，只是回答：“我知道，我引你去他家吧。”通过边走边谈，才知道他是三十八军驻西安办事处长杨晓初派来送电报的一位干部（姓名记不清了），他受命日夜兼程，赶来送鸡毛信的。这时，我说明了自己的身份，拆开电报一看，原来是赵寿山军长发来的，内容是限我6天之内赶到前方。我想，军长电召我，必定有重要事情。立即把家事稍作安排，次晨就登程了。经朝邑，过三河口，乘陇海线火车到张茅，再渡黄河到中条山马全沟三十八军军部，面见赵军长。军长见到我时，如释重负，露出喜悦的心情，说：“我们得到确实情报，蒋、胡已安排暗杀你，你还悠悠自得呢，恐怕过几天就没有你了。所以发电报，让你火速来前方，回到部队里就安全了，我就放心了，让敌人的阴谋见鬼去吧！”接着军长中肯地说：威诚呀，以后你要好好改改犟脾气呢，任何情况下，都要多一个心眼，多想想复杂的情况，随时警惕敌人的阴谋暗算。一切从长计议，切不可感情冲动，要不失大节，注意小节，以免贻误大事。随后，又对我的工作作了安排，任命我担任该军第十七师五十一团团长。后来，我回家探亲，蒲城县马湖联保主任吴志先曾对我说：“威兄，你走了很好，摆脱了一次生命的危险！”老军长的及时专电、悉心关怀，使我免遭敌人毒手。返前方后的亲切谈话，给我指明了方向，使我受到了深刻教育，提高了认识和对敌斗争的策略。

自西安事变后，蒋介石千方百计地要瓦解、消灭杨虎城将军原十七路军保留下来的主力三十八军。1943年夏，蒋介石阴谋对赵寿山下毒手，命令汤恩伯部接替三十八军守卫河南荥阳、广武“邙山”抗日防务。名曰调三十八军驻防巩县、偃师县一带休整，实为进一步监视三十八军，伺机消灭这支抗日力量。同年初秋，我军在前线正交接防务，蒋介石又下令抽拨“后调团”。赵军长一再和我商量，让谁后调较妥。十七师决定我团后调，身为团长的我，深知责任重大。这时，军长语重心长地对我说：“派张恒英去，可能被蒋帮收买过去；张复振，人太老实，只好让你去较合适。我相信，如胡宗南打得你只剩下200支枪，你也不会缴械的。不过，我担心你说话出问题。”军长的信任和教诲，给了我很大鼓舞。我牢记军长的话，积极准备应付各种突然事变。

在我团后调前，汤恩伯要三十八军把防地给他们移交完毕，并以他第一战区副司令长官的名义，电邀赵寿山军长赴宴，为军长抗战庆功。军长说：“汤恩伯突然来这一着，很可能有阴谋，因为他们企图消灭我军的野心是不会变的。”汤部的一位高参吕培元曾对我说过：汤恩伯在吞并了第三集团军的孙桐萱部后，就计划火并三十八军，但又深知三十八军战斗力强，怕一下吃不掉，反受社会舆论谴责，还将影响其他杂牌部队。因此，才暂时未敢动手。在这种情况下，军长赴宴危险性很大。为了军长的安全，在是否赴宴的问题上，有不同意见。军长分析了形势，研究了情况后，一针见血地指出：这是他们在设圈套，摆“鸿门宴”，如果不去，会给蒋、汤以口实，将增加对我们更多的怀疑；若处理得当，去赴宴也可能化险为夷。为伸张正义，为表示三十八军抗战到底的决心，军长毅然决定冒风险“单刀赴会”。随军长赴宴的有李正舆参谋长、温朋久参议和我等几人。当时我想：军长培养教育我多年，在这紧要关头，为了三十八军，为了党的事业，这次就是拼命也要保证军长安全，就是死也要和军长死在一起。

宴会设在荥阳县城内，共三桌。由汤恩伯和八十五军军长吴绍周主陪赵军长。汤恩伯将他们师长以上人员一一作了介绍，实际上，是在示威。当介绍到最后一位廖运周师长时，赵军长说，哦，和寥寥无几的“寥”字同音吧，我说对。军长此说，其含义是深刻的，讥讽其原来如此几个货色。宴会开始，汤恩伯致欢迎词说：赵军长乃抗日名将，自保定战役、娘子关阻敌、晋南守卫中条山、豫中守卫荥、广“邙山”等等，屡次战斗，给日寇以重创，战功卓著，堪称“中条山铁柱子”“邙山要塞”，将军功勋，将永载青史。

军长答谢词说：汤副长官过誉了。蒋委员长说过要“抗战到底”，三十八军和全国兄弟部队一样，在蒋委员长的指挥下，在全国民众的积极支持下，团结一致，共同对敌，为中华民族的兴亡而浴血奋战。“国家兴亡，匹夫有责”，我作为一个爱国军人，只不过尽到责任罢了。汤恩伯选了能喝酒的人围陪赵军长，企图将军长灌醉。我不时地替军长喝酒，并暗示军长不可多饮。宴会自始至终，是在紧张的气氛中进行着。席间，我一直高度警惕，密切注视着敌人的每一个动作和表情，并暗察了周围环境，以便在发生意外情况时，保护军长突围。赵军长不失大将风度，处之泰然，谈笑风生，讲形势，谈战况。军长大无畏的精神和大义凛然的气概、风趣的讲话，把与会者的注意力都吸引到团结抗战方面来了，从而打乱了敌人的预计阴谋。我们胜利安然归来。军长幽默地说：我们打着蒋介石“抗战到底”这把保护伞，给蒋鼎文、汤恩伯这帮“消极抗日，积极反共，消灭杂牌部队”的“草包”“狗熊”，以有力的回击。

赵寿山军长是原十七路军中文武双全、足智多谋、持重细致过人的将领。他忠实地执行和发扬了杨虎城将军的革命思想，由一位爱国的民主主义将领，转变为一位忠诚的共产主义战士，忠贞不渝地履行了一个共产党员的光荣职责。他离开我们已 30 年了，我们永远怀念他。

我在三十八军工作期间的片断回忆

张万勇*

我是1941年6月上旬，经地下党组织，转移到赵寿山同志领导的三十八军教导队第四期学习的，1942年底毕业，分配到军部工作。1946年5月15日夜，孔从洲于河南巩县率全师起义后，继任军长张耀明密令调查抓捕教导队学生。我在进步人士刘泊孺（原赵寿山军长的军需处长）的掩护下，于6月间，脱险回户县原籍，做党的地下工作。

回忆赵寿山将军一席话

1941年6月6日，经常汉三（绥德县常家沟人，三十八军参议兼赵寿山创办的善慧小学校长，后任该军军法处长）介绍，我和白常春到前线赵寿山三十八军参加抗日战争。7日中午，我们到达西安市甘露巷6号赵公馆，

* 作者当时系第三十八军军需处秘书。

由一位叫袁德启的副官，领我们再到观音寺 2 号三十八军办事处见到杨晓初处长，他安排了我们的食宿，并办妥了去前方的一切手续。第二天，我们乘火车出潼关到达洛阳住了一宿，因东去的铁路已拆除，我们即徒步前行，傍晚赶到军部驻地——巩县站街东南约五华里的巴沟，由该军副官处长杨海涵（也是我们小学时的老校长）招待住宿。当天晚上，杨海涵就在电话上和军长约好第二天中午接见我们。听到这一消息，我们高兴得几乎一夜都未入睡，我们完全忘记了几天来旅途的疲劳，天蒙蒙亮就起床，等待着军长的接见。

10 日上午约 10 时，由海涵先生带我们遵约往见，这可能是军长一天中比较空闲的时间，警卫员领我们走进一孔宽敞明亮的窑洞，只见里面摆着一张旧方桌和几把椅子，陈设很简单，但两壁挂满了军用地图，墙壁一侧堆满了书报、刊物和一些改进部队的油印小册子，目睹这一切，我们好像走进了一位军事战略家的研究室。

不一会儿，赵军长迈着健步走进来。他身材高大，穿了一套褪了色的灰军服，显得朴素大方，他的衣着举止，同我们在西安所见到的军装崭新、派头十足的国民党胡宗南嫡系中央军军官相比，完全是两样。他同我们一一热情握手，并招呼我们坐下，我们把常汉三先生的亲笔信交给他，他顾不上拆阅，也许因为是同乡的关系，他亲手给我们倒了三杯茶，还让我们抽四川金堂卷烟，我们都不会抽烟，表示感谢。军长一边喝茶，一边询问我们家乡的一切，从善慧小学的情况、农业生产、后方民众的抗日情绪，西安的政治动态和民众的反应呼声，到胡宗南封锁边区的活动，等等，无所不问，谈兴很浓。

赵军长询问过后，接着说，你们来前方参加抗日，这种精神很好，部队需要更多有文化的人，来加强和提高部队的政治、军事素质。我们听到这里，异口同声地说，我们的文化不高，是中学生，有失军长厚望。他说，中学生也很好嘛，部队里中学程度的人也很少，对部队来说，你们是宝贵的。接着他又告诉我们，蒋委员长怕我军"赤化"，于去年下半年，从中条山把第四集团军（该集团军辖三十八军、九十六军）全部调过黄河以南、洛阳以东、郑州以西、巩县、荥阳、汜水、广武一带守河防，特别是把三十八军摆到汉王城，同霸王城的日军隔着鸿沟对峙，我军前有日寇，南、西两面有汤恩伯的国民党嫡系部队，腹背受敌，处境险恶。国民党的方针是：蒋日勾结，消极抗日，积极反共，消灭杂牌部队。实际上，国民党已在大造舆论，说三十八军“通共”“赤化”，等等，天天伺机吃掉三十八军。但是，我军却坚守河防和汉王城，抗击日军，坚决拥护蒋委员长抗战到底的主张，争取最后胜利！这就是我们撑起的一把保护伞。

军长接着说，我们在蒋、日的夹缝中生存，我们的原则是：消灭敌人，保存自己。我们和八路军敌后游击队密切配合，团结四邻一切朋友，设法减低敌人优势武器的发挥，避实就虚，去攻击敌人的致命弱点。目前，最要紧的是加强部队的政治工作，改造和提高部队的军事技术素质。几年来，部队已举办了三期教导队，第四期即将开始，你们就到四期徐又彬五连去学习吧。办教导队的目的，就是为了改造部队，提高政治和军事素质。我们对付国民党顽固派的办法就是：团结一致，前方部队浴血奋战，拥护蒋委员长抗战到底。这两张王牌，把国民党顽固派企图搞垮三十八军的种种阴谋，随时都予以粉碎了，他们对三十八军无可奈何。

已经是日色过午了，我们的老校长杨海涵说，军长，时间不小了，你还要午休，我们就回去吧。军长把我们送出他的窑洞，握住我们的手久久不放，好像还有许多话要说似的。军长的这一席话，至今我记忆犹新。

革命熔炉

三十八军教导队第四期，大约是 1941 年 8 月 1 日开学的。为什么选定这一天？其内含的意思，就是纪念“八一”南昌起义，并把三十八军，看作是党领导下的八路军的战斗序列。当时，总的方针是：“荫蔽精干，长期埋伏，积蓄力量，以待时机，反对急性和暴露。”教导队，以抗大“团结、紧张、严肃、活泼”的校训，为队训。并在该队五连（徐又彬连）驻地油坊沟口青砖拱门洞的西墙上，书写了队训的八个大字。教导队学员的组成，大部分是共产党员、民先队员和进步青年，表现不好，是不能进入的。教导队，主要是培养军事技术干部、军队政治工作干部和群众工作干部的，特别重视统一战线教育。学习时间，原计划一年，后因中间有过几次日寇进犯汉王城的反击战斗，实际上，学到 1942 年底毕业的。教导队以课堂讲授和野外实习并重，以巩固和提高相结合。教员，大都是请有较丰富战斗经验的同志主讲。例如《步兵操典》，就是由教导队大队长周杰邦（黄埔军校八期学生、解放后任兰州军区训练处长，已故）讲授，《游击战的战略战术》，是由在抗大和在敌后八路军办的专门训练班，受过严格教育的张西鼎（解放后，先后任陕、甘两省军区政委，已故）讲授的。郝耀青（地下党员，现名郝步荣，任郑州黄河委员会总工程师）讲授“军事测绘”。政治课，以讲授和学习讨论、联系实际（当时的社会实际、思想实际）相结合。当时的教员，政治上都是比较强的。例如，军务处长胡振家（地下党员）和教导队五连连长徐又彬（地下党员）主讲《军队政治工作经验》（实际内容，是八路军政治工作经验），教导队四连连长郝克勇和崔仲远主讲《政治经济学》，王安仁（静先，青海省副省长）讲授《社会科学概论》和《大众哲学》，陈雨皋（军务处中校人事科长，解放后，任陕西省检查署副署长、交通厅副厅长、省政协副主席，已故）讲授《改进部队的办法》，实际上，是讲“三大禁令”、三大民主和“四大口号”。以改造旧军风。周延（已故）讲授《中国近代史》（即中国近代革命史），温朋久讲授“国际现势和日语对话”。教导队每周还召开一次生活会，开展批评和自我批评，从思想认识、学习态度、生活作风和军民关系（即群众关系）等方面，都有严肃认真的要求。每个人的发言，都做出详细的记录，很像我党延安时期和 50 年代那样的好党风。还不定期地开展学习心得体会的讲演、报告会，以及互帮互学活动。每个学员的学习情绪都很高涨，表现了朝气蓬勃的进取精神。为了避免蒋介石、国民党洛阳第一战区长官部的公开的、秘密的检查，教导队驻在远离军部（1941 年秋，军部由巩县巴沟，移驻站街南约 15 华里的小黄冶村，冬季因前方吃紧，军部又移驻到荥阳县东北约 20 华里的苏家寨村）百多华里外的巩县站街南面，约10华里处的新沟（四连驻地）、油坊沟（五连驻地）、周家埝（六连，即儿童连驻地）等村的100多孔窑洞中。课程表上，统统印的是军事课和《总理遗嘱》、三民主义的政治课，使国民党顽固派无隙可乘。白天进行艰苦的军事训练，晚上抓紧政治学习、讨论，窑洞里灯火通明，似满天星斗，颇像延安的抗日军政大学夜景。

通过一年多的紧张训练、学习，学员们的政治思想、革命基本理论、斗争策略和军事技术等方面，都有了显著的提高。大家进一步认识到了中国共产党，正是我们民族起死回生的强大推动力！中国共产党全力巩固和发展抗日民族统一战线，推动全国进一步团结抗日，展开了新中国光明的前程。

附记：

教导队第四期，军事课程中，还设有《筑城爆破》课，这门课是军部工兵连少校连长何伟（亦名何畏）主讲。他是1931年“九一八”事变前，原东北讲武堂，学工程兵专业的。1937年“七七”抗战开始后不久，到三十八军任工兵连长的。现为西安市政协委员。

办壁报和阅览室

教导队除了加紧军事训练和政治教育外，这里人与人的关系和外面不一样，每个人都是为一个共同目标——现在团结抗日，争取最后胜利，将来为建立自由独立的新中国而奋斗。学员们相互帮助、相互学习。为了加深理解，锻炼独立思考的能力，以巩固和提高学习效果，每个连队，还办了壁报。我清楚地记得，五连壁报编委会，由连长徐又彬全面负责，王明德（王礼，解放后任陕西省人大常委会委员，已故）具体主持，屈尚廉（养生，解放后任青海省出版局副局长，已故）、王辉（维汉，兰州军区西安西仓二五五部队政委，已离休）、李三光（学白，解放后任陕西省林业厅处长，已故）、祁林（建民，解放后任宝鸡市体委副主任，已离休）、雷寒柏（共产党员，原西安市民进宣传部长，已离休）和张万勇等为成员，每月出一期。主要内容是：宣传孙中山先生“联俄、联共、扶助农工”的新三民主义；宣传巩固和发展抗日民族统一战线，推动全国进一步的团结抗日，宣传拥护蒋委员长抗战到底的主张，争取最后胜利！宣传“坚持团结、反对分裂，坚持抗战、反对投降，坚持进步、反对倒退”。在此掩护之下，积极隐蔽地宣传辩证唯物主义和历史唯物主义；宣传社会科学基础知识；宣传全民族抗战的正义性，以及得到全世界人民的广泛支持，得到苏联、美国、英国、法国、蒙古等国的合作战斗。揭露以德、意、日为首的穷凶极恶、妄图征服全世界的法西斯的野蛮侵略性，揭露日寇在我国进行“三光”政策和细菌战、制造南京大屠杀的战争罪恶。每期还辟有问题解答专栏，解答大家提出的有关军事、政治、哲学社会科学方面的问题，以及名词、术语等。实际上，是大家办壁报，干部和学员都积极投稿。写学习心得体会，写敌我军事态势的分析，写我国抗日战争在远东和太平洋战区的重要地位和作用，写世界人民反法西斯战争的英勇事迹，提疑难问题，等等。内容丰富，生动活泼，文字短小精悍，形式多样，图文并茂，很受大家欢迎。当时，确实成为思想教育和普及知识的园地，使大家从中受到了爱国主义、革命英雄主义和革命传统教育，同时，也是一种斗争的好形式和武器。

教导队还办了内部阅览室，地址在四连驻地——新沟（河南巩县站街南面，约 10 华里的西边原下）的两孔大窑洞中，内容全都是革命理论书籍和《新华日报》《解放》《西北》《群众》《中国青年》等报刊。每周用一个半天的时间，组织学员们轮流阅览和借阅。为了避免国民党及其特务的发觉，在阅览室的前面，还摆放了重庆印刷的《中央日报》以及《民主周刊》《观察》《七月》《新军人》（军部办的改进部队的油印刊物）等期刊，用以掩护和迷惑国民党顽固派。阅览室，由吴俊堂（系四连学员，甘肃平凉某军医院政委，已离休）、张万兆（系四连学员，咸阳市原计委主任）和张万勇（系五连学员）负责管理。在那艰难困苦的岁月里，这个阅览室，发挥了传播革命理论和革命思想的积极作用。

拔钉子

1941年冬季，国民党蒋介石，企图彻底摸清三十八军的情况，以便搞垮这支坚决抗日的部队。于是他们继派往十七师的政治部主任龙冠军之后，又向这个军派了一批所谓政治工作人员。实际上，都是带任务来的，有的还是兼有特别身份的。针对这种情况，当时，采取分化瓦解，化敌为友，在“有理、有利、有节”的原则下，区别对象，团结、争取、孤立、打击。1942年初，这些人都陆续下到连队做指导员，教导队五连来了一位姓胡（大约是山西人，名字记不清了）的指导员，他第一次和大家见面，就趾高气扬、口大气粗地胡吹了一通。但我们并没有歧视他、厌恶他，还是表示欢迎他。为了搞清他葫芦里究竟装的什么药，到底要要什么把戏，组织决定，对他表示尊重。还专门派学员杨守一（鹤俊，共产党员，系户县白庙乡东庄头村人，后分配该军三十五师搜索连当上士班长，1944年春季中原战役，在河南巩县南山红河村，保卫孔从洲师长的战斗中，壮烈牺牲）给胡做勤务兵，提水、打扫卫生和整理内务，秘密注意胡的言行、来往人员和各种活动，向组织及时汇报。过了几个星期，胡急不可待了，开始活动起来了，鬼头鬼脑地找学员谈话聊天，东窜西溜地乱跑。在星期一的总理（孙中山）纪念周会上，或向学员的讲话上大放厥词，吹嘘：蒋委员长领导抗战，功勋卓著，要效忠委员长，不成功便成仁。大讲三个“主义”，即：民族主义、民权主义、民生主义；两个“至上”，即：国家至上、民族至上；三个“一个”，即：一个领袖、一个政党、一个政府；三个时期，即：军政时期、训政时期、宪政时期。我们密切观察胡的动向，伺机予以回击。有一天，胡去农民厕所解手，适逢有一农妇正在厕所（巩县一带农村男女厕所不分），胡立即退出来，吓得那位妇女也不知所措。我们抓住这个把柄，一面从学员中推选代表，和胡谈判，指出他随便跑到农民女厕所去，是违反“三大禁令”，杀一下其嚣张气焰，使他扫兴；一面向军部写报告，说明胡调戏妇女，败坏军风，有损于部队声誉，不配做指导员。在此种情况下，他有嘴难辩，终日灰溜溜的，没精打采，像霜打了似的。环境迫使他无法继续待下去。于是他提出要求离开五连，这时连长徐又彬又表示挽留，胡愈感到羞愧。以后，军部军务处找胡谈话，进行批评，指出其违反禁令、影响军民关系的危害性；军部特别党部副书记（国民党蒋介石派来的），也对胡加以训斥，尽管是由特别党部这条线派下来的，但是，他们也是爱莫能助的。不久，就将胡调走了。

轻而易举地拔掉了一颗钉子，扫清了障碍。从而使这期教导队，得以顺利地开展训练和学习，圆满地完成了党交给的光荣任务。

驱逐龙冠军

国民党蒋介石，视赵寿山领导的三十八军，为杨虎城将军所部十七路军保留下来的主力军，因此，对这支部队始终是不放心的。蒋介石深知，欲搞垮三十八军，必先瓦解这个军的主力十七师（该师是杨虎城、孙蔚如、赵寿山长期培养和带出来的劲旅）。于是，1941 年春季，蒋介石军事委员会总政治部，给三十八军第十七师，派了一位叫龙冠军的少将政治部主任。1941 年夏、秋期间，日寇几次进犯汉王城，炮声初响，龙冠军就吓破了胆，仓皇逃跑到国民党洛阳第一战区长官司令部。赵寿山军长决定，要以“其人之道，还治其人之身”，本着“有理、有利、有节”的原则，向战区长官司令部的战斗报告中，写道：“汉王城战斗初起，龙冠军临阵逃跑，动摇军心，影响战斗情绪，至今下落不明，请求长官部协助找寻，及早归队，以整饬军纪。”这一着将了国民党一军，搞得他们很被动。不久，战区长官部派了一位高级军官（名字记不清了），伴同龙冠军，灰溜溜地回到前线部队。战斗结束后，军长召见龙冠军谈话。他深知军长治军严明，一见军长就浑身发抖，额上冒着黄豆大的汗珠。军长严肃地责问他：“委员长派你到十七师做政治部主任，协助师长鼓励士气，增强战斗意志，战斗打响，你却贪生怕死，临阵脱逃，你给委员长丢脸，给中华民族丢人，这在军法上该当何罪？军中无戏言，你龙冠军是清楚的。”龙冠军吓得面如土色，预感到死神向他招手呢，立即双膝跪地，哀求军长宽恕，并发誓“今后恪遵军座指示，与战士同生死，与阵地共存亡”。气氛渐渐缓和下来，军长说，“人非圣贤，孰能无过，知过必改，乃是完人。你务必要爱护部队的声誉，不要干有负于部队的事情，立功赎罪，今后看行动吧。”通过这次教训以后，龙冠军及其同伙，表现老实多了。但是，他毕竟是带任务来的，总是个钉子，是个定时炸弹，不拔除，终究是个隐患。1942 年秋季，日寇再次进犯汉王城，战斗打响之后，抓住龙冠军打牌好赌的毛病，十七师向军长和军特别党部（军长兼书记长，国民党派了一位专职中将副书记长，名字记不清了）报告：“前线浴血奋战，龙冠军违犯禁令，通宵达旦，聚赌打麻将，工作不力，情绪低落，贻误战机，请军座裁夺。”军长批示：“火速上报长官部。”这一着很灵，不多久，龙冠军就被调离十七师了，临行时，师部和军部，还设宴欢送，使其体面地走开。然而全军上下，无不拍手称快，交相告慰，清除了一颗定时炸弹。

采取这种办法，顺利地驱逐了龙冠军这个隐患，既不伤感情，又不刺激他们的上级，也不震动社会舆论，在当时的确是一个巧妙的斗争策略。

扎根于群众

1941 年夏至 1942 年秋以来，国民党顽固派，加紧了消灭这支抗日革命武装的步骤。在这种情况下，根据“要提高警惕，防止蒋、日、伪（汪伪）的突然袭击，要进一步扩大统一战线”的精神。赵寿山军长积极教育动员全军干部战士，做好充分的思想准备，随时应付突然事变的发生。本着这个原则，一方面，同国民党顽固派进行坚决斗争，击败了他们各种分化瓦解阴谋和武装特别的袭击；另一方面，放手广交朋友，扩大抗日统一战线；加紧办好教导队，培养干部，提高部队的政治素质和战斗力。

这支部队所到之处，都非常注意“密切联系群众”，关心教育事业、关心群众的疾苦。寿山同志一向认为：“群众没有文化，就摆脱不了贫困，摆脱不了愚昧落后，国家民族就要遭受帝国主义侵略，有当亡国奴的危险。”所以部队每到一地，都要了解群众普遍关心的学校的情况，1941年秋，在军部驻地——巩县小黄冶村（县城站街南约15华里），一所小学破旧不堪，经费困难，已关闭几年，群众的孩子无处就学，一个个在荒废着。赵军长目睹此状，内心是非常焦急的。于是自己出资恢复了这所小学。并亲自题书了“巩县小黄冶小学”的横幅匾额。几十年来，这所学校，为当地普及文化教育、培养人才，做出了积极贡献，造福于后代，当地群众无不感激他。至今，群众每当看见这所学校，就想起赵军长，对他都是怀念的。1944年4月，当地群众得知寿山军长调离三十八军的消息后，自发地捐资立碑镌刻了“惠我后生”四个大字，以资永志（1984年，当地群众以赵将军的号——杜亭，将校名改为杜亭小学）。

1942年夏到1943年秋，水、旱、蝗、汤（恩伯），同时危害河南，民不聊生。特别是洛阳以东之汜水、荥阳、广武、郑州、密县等地，尤为严重，饿殍遍野。寿山同志命令除坚守第一线部队外，其余人员一律就地帮助群众扑打蝗虫，挑水，用脸盆端水，抢救农作物；还号召部队节衣缩食，救济民众，同时，还从陕西关中地区，筹购了约20万斤各种原粮，运往当地，帮助饥民度灾。还收容了100余名孤儿，成立了一个儿童连（即教导队六连），使这些难童在生活上得到妥善照顾，在思想上受到革命教育。这就为进一步给部队培养基层骨干，准备了一部分力量。至今，这些地区的群众，一提起三十八军和赵寿山军长，都是非常想念的。部队密切联系群众，关心群众、相信群众、依靠群众，群众处处爱护这个部队，军民团结鱼水情，使这支部队深深地扎根群众之中，从而牢牢地立于不败之地。

（1955年10月6日）

娃娃连的成长

田焕贵　赵侠凌*

遵照毛主席和叶剑英等中央领导同志的指示，要培养干部，改造部队。十七师在办教导队的同时，又办儿童连（又叫娃娃连）。

儿童连是用教导队的教学方法，从娃娃开始，为教导队培养部分预备学员。军部儿童连是个开端，十七师娃娃连是军部儿童连的继续。

一

1937年12月，赵寿山师长请八路军帮助十七师建立了战地服务团和剧团。1939年3月，蒋介石命令解散战地服务团与雪花剧团。赵寿山没有把剧团的娃娃看成是包袱，解散时，把两个团的成年人分到部队，把剧团的

* 田焕贵系第三十八军教导队儿童连排长、副连长。赵侠凌系第三十八军教导队儿童连干部。

小演员和接兵带来的小孩子集中起来，成立了儿童连，划归野战补充团领导。

1941年春于白庙，为对付蒋介石掀起的反共高潮，教导队第四期的两个连改编为野战补充团第二营四、五连，儿童连编为第六连。连长赵锦提，排长田焕贵、姚杰等，即军部教导大队。如果说四、五连是教导队本科的话，那么第六连（儿童连）就是预科。由于形势变化，1942年冬工委和赵军长决定十七师成立娃娃连，撤销军部儿童连，由田焕贵同志将一部分娃娃带到了十七师。

二

地处中原的河南省人民多灾多难，水、旱、日（日寇）、蝗、汤（蒋军汤恩伯部）五大灾害接连不断。特别是1942年秋遭到严重蝗灾，老百姓有的逃往他乡，有的家破人亡，饿殍遍地。那种惨状令人目不忍睹，起初埋尸尚有棺材，后来用席卷，再后，人死无人埋。无依无靠的孤儿流落街头。开始卖儿卖女还有人买，后来只要孩子能讨个活命，谁要就白送给谁。部队待遇虽然菲薄，但仍节约口粮、衣物支援灾区，十七师还设点做大锅稀粥，直接救济驻地最困难的村民。大人饿不死总能够设法活下去，孤儿活命谈何容易。因此，部队主动收容荥阳、广武、汜水等驻地的孤儿。在这种情况下，十七师按照工委指示，把部队收容的孤儿集中起来送入娃娃连。娃娃们年龄最小的七八岁，最大的十二三岁，个别的十四五岁。

赵军长卓识远见，曾和蒙定军等同志谈收容孤儿是救济，不是救命，别小看了娃娃们。眼下似乎是消耗、是累赘，但从长远看，不可低估娃娃的作用。要改造部队，建设部队，第一要有主心骨（党的领导）；第二要树人；第三要实行新作风。娃娃从小培养，是兵源，又是预备军官。赵军长的这些话阐明了他的观点，也是成立娃娃连的意图。

三

1942年12月下旬，蒙定军和赵侠凌等同志在十七师师部驻地高村镇，为娃娃连筹备好房子，地址选在一所停办的学校。翌年元旦后，干部和孩子们陆续到齐，1月中旬编班实施教育。

娃娃连政治上归工委领导。党对娃娃连的领导和完成教学任务，是通过地下党员的模范言行，团结教育群众来实现的。娃娃连给孩子们灌输进步思想、革命道理是公开的，全连“坚持抗日，反对投降；坚持进步，反对倒退；坚持团结，反对分裂”的气氛很浓。党员是单线联系，没有横的关系，但干部的思想，彼此相通。后来才知道班上31名干部中有8名党员，即蒙定军、田焕贵、李树平（原名李志中）、张景文、谢天印、张振山、贺凯玉（女）、赵侠凌。其他14人虽然不是中共党员，但都是军部和总部教导队毕业的进步青年。例如排长史玉龙是烈士史可轩的遗孤，郭志成是鲁艺的学生。大家心中都明白我们的共同任务、共同语言、共同行动是什么。

蒙定军、田焕贵同志分别担任正副连长。蒙是工委书记、十七师人事科长兼任连长；管理教育的具体组织领导工作由田全面负责。蒙离开三十八军后田任连长。田去延安后，杨效援（中共党员）代理连长。排长有谢天印、张振山、史玉龙、郭志成。班长有史德（原名史玉田）、赵坤、王占魁、高秦生、包友民、朱克俭、朱克明（他俩是朱曼青同志的弟弟）、赵侠凌等。副班长由模范战士轮流担任。文化教员有李树平、贺凯玉、高文俊等。司务长张景文，另有文书、军需上士和6名炊事员，全连4个排，12个班，每班12人左右，学员140多人，全连官兵180人左右。

军、师领导对娃娃连都十分重视，为培养娃娃连下了功夫。蒋介石不给编制名额，娃娃连仍为补充团的名额，以解决吃穿学费。军部人事科陈雨皋科长时常过问娃娃连，有时找田焕贵同志面谈。

国民党反动派不关心灾民的死活，也不许三十八军收容孤儿。蒙定军同志说“原定叫娃娃连，可国民党特务机关说啥也不同意。他们忌讳少先队、儿童团之类的名字，说是共产党的语言，是红色的，只好叫集训队。国民党忌讳是假，反对是真”。娃娃连的名字是赵寿山军长提出来的。

四

灾区来的孩子，饿得像个枣核，肚子大两头小，皮包骨头，黑黄的脸色没精打采，吃饭没个饥饱，睡觉不知颠倒，梦惊号啕大叫，干部把孩子们看成是自己的亲弟弟，帮穿帮吃，晚上值班盖被子，扶去大小便，帮尿床的孩子晒线毯、洗衣服。班长们年龄也大不了几岁，可以说班长是小“保姆”，是娃娃带娃娃，田焕贵同志外号也叫“娃娃头”“大保姆”。

每人一条灰线毯、一件黄大衣。睡地铺、打通腿。连里有伙食委员会，经济公开，官兵伙食一个样，实行新作风，多方启发耐心开导，事事班长先做示范。没有打骂体罚现象，出操、开会表扬鼓励多于批评。

开始，娃娃饭量较大，粮食定量不够吃，遂用菜钱买猪、羊的头、蹄、下水，改善伙食，增加营养，叫娃娃吃饱。不久，饭量就小了，娃娃也变样了：脸蛋红润，身上胖乎乎的，体形匀称，眼睛也有神了，生气勃勃，活泼可爱。歌声、笑声、读书声可闻，出墙报、排节目，演戏、娱乐，恢复了娃娃的天性。

娃娃做梦也想不到会过上这样好的生活，怎能不高兴呢！孩子们把连队看成是自己的家，把干部比作自己的父兄。蒙定军同志热情和蔼，平易近人，一有空闲就来问寒问暖，和孩子拉家常，安慰鼓励。娃娃很受感动。田焕贵同志和孩子们生活在一起。娃娃心里的话都愿意给他俩说，也愿意给干部们倾吐。他们对干部有着用语言难以表达的信任感和亲切感。

五

我们按照预备干部的要求，从基础教育入手，教孩子学文化、学政治、练身体、学军事，以学文化为主，达到初中程度。

教育时间的分配是：文化50%，政治20%，体育、军事各占15%。有年度、月度教育计划，每周、每天有教学进度。文化课有语文、数学2门。设3个班，其中四年级以下2个班，初中1个班。

政治教育上大课，讲政治常识和时事课，政治课由蒙定军、田焕贵同志担任，以田为主。讲社会发展史常识；讲穷人为啥穷，富人为啥富；讲八路军英雄事迹；讲谁是真抗日，谁是假抗日；讲消灭鬼子的胜利消息；等等。联系实际深入浅出，使孩子们领会精神，孩子们听课后，联系自己的切身感受进行漫谈。跟着共产党、抗日求生存的思想吸引着孩子们的心。

政治课像讲故事，娃娃很爱听。每逢上政治课，关起大门放上哨，就是"解放区"，可公开讲人民得救的解放区，民不聊生的蒋管区。孩子们的思想觉悟、文化程度提高很快。

孩子们爱体育、爱操练，要强好胜，觉得自己是未来的主人，很气派。挖沙坑，用土坯垒木马，开展各种文体活动，制式操练、野外动作很认真。师直歌咏比赛，战斗连队甘拜下风。体育项目中，不少孩子是好苗苗。例如15岁的何向明，聪明英俊，能歌会舞，田径赛数他跳得远，他能在空中自由换步。一句话，孩子们非常惹人疼爱。

娃娃连的操场动作，在师直也首屈一指。有一次队列比赛，田焕贵同志教操，申及智师长讲评说："有的连队值星官还是中央军校的学生，但他自己的口令、动作却比不上娃娃连的行伍军官。"又说："娃娃连的队伍整齐，精神饱满，士气旺盛，堪称师直连队的榜样。"这些情况，赵军长知道后甚感高兴。

六

1944 年 2 月，蒋介石派来嫡系张耀明任三十八军军长，调走赵寿山军长。张耀明疯狂迫害共产党员，大搞白色恐怖，对孤儿也不放过。一个好端端的娃娃连解散了。他在干沟寨十七师大操场召开“反共清共”动员大会后，派来军师两级特务机关组成的“工作组”借口军队打仗不要小孩子，可是一张口却露出了他的獠牙，挑衅地说：你们是共产党训练的“小鬼”……这下队伍炸了，孩子们喊的、骂的、哭的，站起来质问的……主持会议的杨效援也傻眼了。他们懵了，赶紧宣布解散娃娃连的命令。

整整两天，孩子们不吃不喝，以示反抗。贴标语反对解散，骂工作组，骂张耀明。工作组来以前，孩子把全连的书刊、笔记全烧了。工作组未能找到任何把柄，还是逼着孩子们 3 天内离开部队。邻居的大爷大娘流着泪打听：“为啥对孤苦伶仃的孩子这样狠！他们无依无靠的往哪里去？”

解散娃娃连，敌人在政治上并没占什么便宜，反而使孩子们更加热爱共产党、热爱八路军。一年多来，对孩子们的教育是成功的，成立娃娃连是正确的。

娃娃连被解散了，90 多个孩子被赶走了，干部和孩子们满怀愤怒地告别了。虽然娃娃连在组织上是解散了，但在政治上则是扩散了。90 多个孩子是撒向荥、广、汜地区的红色种子。正像他们临别时所说的那样：“我们永远记着在娃娃连受到的教育！”

秘密留下二三十名大一些的孩子，分配到连队、机关。后来，他们都成了部队的骨干，有的还担当过地下党的交通员。但绝大多数人为新中国的诞生献出了他们宝贵的生命。为数不多的几个幸存者都担负了重要工作。赵军长委托王礼同志带走的张文礼（原名何向明），认作王礼的义弟，到延大上学，后在三原县委工作；王福友、韩新胜在青海、新疆石油系统工作；王光明（原名王光英）在西安民航局工作，满应科在中原油田工作。

人民爱戴的好军长

刘庆昭

1940年间，赵寿山军长率领三十八军将士进驻巩县。由于这支部队纪律严明，秋毫无犯，爱民助民，使巩县群众得以安居乐业，所以群众十分爱护三十八军，爱戴赵寿山军长。下边是当年我所闻所见的几件事：

助民生产　减免差徭

三十八军有一支百匹骡子组成的运输大队，其牲口在南窑湾大坡根两家李姓店里喂养。这些牲口平时给群众拉磨运粪，农忙季节，帮助农民收割碾打，耕种土地。所有投工，未向群众取过分文。运输大队拔寨行营，驮运粮草，全靠自己，从不向地方派差和途中拉夫，这种助民生产，减免差徭的做法，有力地促进了生产。

施药行医　治病救人

1940年间，邙山地区瘟疫流行，我身染重病，在家休养。三十八军军医张新明（陕西宝鸡人）当时住在杜甫故里南邻宋章灿家，闻讯后，迅速跑到我家，与我诊治。他一日给我看两次。由于他的精心治疗，不到一个月我的病就痊愈了。当我找他清理药费时，张军医说："这是我们应尽的义务，概不收费。"我们村还有一位无依无靠的老人，他叫贺文选，与我患同样病症，卧床不起。张新明医生也给他治好了。这种施药行医、治病救人的美德，至今难以忘怀。

恤民血汗　珍惜果实

1940年仲秋，巩县党部书记刘博庵、县长李子俊、国民兵团毛团附、开明绅士张耀西等，带着礼品水果等物，慰问赵寿山军长。赵军长拿着石榴，边吃边谈，一不小心，一粒石榴籽掉在地上，他随手拾起，擦了擦又放入嘴中，在场的人说，掉一粒石榴籽算了。赵军长说："石榴籽虽小，是劳动人民血汗换来的，我们应该珍惜它！"他话不多，使慰问团同志深受感动。大家说，赵军长对一粒石榴籽都是这样，他对祖国大好河山的珍惜就更可想而知了。

捐资兴学　培养人才

1941年夏，三十八军部移防小黄冶村。赵寿山军长看到村中人口多，校舍狭小，儿童多无上学，就向村小学校长常惠民捐助巨资（数目不详）

扩建校舍。常惠民按照赵寿山的嘱咐，扩充了校舍，聘请了教员，使失学儿童全部入了学。为了铭记赵军长捐资兴学的功德，小黄冶村将原来的校名改为“杜亭完全小学校”（赵寿山字杜亭），还给赵军长树立“惠我后生”石碑一道，以昭示后人。校长常惠民将此事报于巩县政府，巩县政府当即转报省里。省政府又转请南京中央政府内政部，给赵军长颁了奖。遗憾的是，“惠我后生”石碑，在十年动乱中被损坏得残缺不全。

扩修道路　便利群众

小黄冶村群众上地劳动，要经过刘镇华的三角内亲刘玉彦的地边。这段路狭窄，一面临深沟，只能单人行走，若不小心，就有跌落深沟之危险。由于惧怕刘镇华，群众想修这段路而不敢修。赵军长听说此事，就派官兵将此路扩宽6尺，刘玉彦未敢言传。至今，小黄冶村群众去地里干活感到方便，他们说，是赵军长为群众办的好事。

怀念故交　情深意长

当年，赵寿山住在开明绅士巴捷三家中。巴家曾为中国革命做出了有益的贡献。解放后，赵寿山担任了青海省政府主席，他想巴捷三孩子丙欣已长大成人，深恐在家荒废了孩子的青春年华，就去信邀他进城学习。巴丙欣至时，赵寿山主席把他推荐到西北干部学校攻读。毕业后丙欣被分配到新疆且末县任县委书记。巴捷三一家谈起这件事，十分感动地说：“赵军长怀念故交，情深意长，我们永远不会忘记他对我家的关怀！”

（摘自《巩县党史资料》第6辑）

军民鱼水情

邓元温*

战争年代，我在巩县住了五年，我深深感到巩县山山水水亲，人民群众好。

1940年2月，经党组织介绍，我到三十八军参加工作。当时三十八军在晋南中条山，后移防河南巩县。由于我们打着国民党旗帜，穿着国民党衣服，群众把我们当一般国民党军队看待。怕受骚扰，纷纷送女结婚。过一段时间群众看法变了，对三十八军产生了好感。我当伙食委员时，需要到嵩山煤矿驮炭，住地群众都乐意去。五个村民每人拉一头好骡子就走。矿上管理人员优先给我们过秤装炭，由于群众大力支持，驮炭任务完成得很顺利。

一天下午，部队进行急行军演习，全副武装，两小时跑到50里外的汜水县城，和汜水师范进行了篮球友谊赛，后又跑回教导队。到了巩县附近，我实在跑不动了，只得边走边歇。这时，柏茂村几位老乡去县城送炭回来，

* 作者当时系第三十八军教导队学员。

问了我的情况，要我骑着骡子回去。因为是训练，又有群众纪律问题，我表示不能骑。他们有意在我面前边走边等。天麻黑了，有个老乡对我说，叫我不要怕，他可以给我保密和说情，然后把我扶上骡子背，他牵着骡子走。快到村边时，他叫我下来，免得有人说闲话，他赶着骡子先回了家。

1943年夏收，军部搜索连连长郝克勇要求部队为贫苦农民割麦子，我带两个班去为姓 × 的老乡割麦，大家不怕炎热，割得快，干得欢。主人十分高兴，给我们在地头送开水，还特意买了凉糕（柿子和绿豆粉做成的三角形的糕点），笑嘻嘻地用盘子端到我们面前，非要我们吃下不可。我们再三谢绝，盛情难却，每人只得吃一块，他才心满意足。在那重灾之年，群众为我们买东西吃，实在是不容易的，我们为之感动，群众确实把我们当成他们的子弟兵。

三十八军从郑广前线撤回巩县后，军部所在地芝田镇各界群众召开大会，搭台演戏，欢迎三十八军胜利归来。军部通知各直属部队必须参加。赵寿山军长和三位群众代表在会上讲了话。有位老乡（口里镶着两颗金牙）开始好像满肚子的话要说，就是说不出，最后简单明了以口号式地说："赵军长善于治军，军纪严明……赵军长好，三十八军好，三十八军万岁！"台下军民喝彩，热烈鼓掌。他这几句话正是代表了巩县人民群众的心声，是发自内心的感情。大戏唱了一个月，军民同乐。赵军长还从西安请了秦腔名演员为群众献艺，其中演出有《五典坡》《放饭》等。回忆当年三十八军和巩县人民的关系，可以说是水乳交融，亲密无间，正是有了这样的鱼水之情，三十八军克服了许多困难，最后回到人民军队这个大家庭怀抱。

（摘自《巩县党史资料》第6辑）

回忆赵寿山将军的一次讲话

杜崇智*

1944年春天，第四集团军教导大队驻河南巩县孝义镇时，我有幸听了赵寿山将军一次动人的讲话，这次讲话，给我留下了难忘的印象。

1943年，蒋介石为了打击人民抗日力量，发动了第三次反共高潮，同时加紧了消灭第四集团军这支抗日武装。蒋介石以偷梁换柱、明升暗降的恶劣手段，将赵寿山将军调往胡宗南军事集团的第三集团军任总司令，同时派他的亲信张耀明接替三十八军军长职务。在赵寿山军长离开部队前夕，他到巩县孝义镇教导大队驻地，给学员作了长达四个小时的讲话。他的讲话没有讲稿，完全是发自内心的回忆，真真切切的亲身经历。他从靖国军时期反对北洋军阀的斗争开始，讲到杨虎城将军领导的十七路军，从西安事变讲到十七路军率先开赴抗日前线；从在保定、娘子关、雪花山与日寇旷日持久的血战到中条山11次反扫荡，用鲜血阻止了日寇渡河西进；从忍受迫害南渡黄河执行守河防、广武鏖战、坚守汉王城阵地到调防、调训、

* 作者当时系第四集团军教导大队学员。

调干，部队集结偃师、巩县一带等。他列举了十七路军几十年来大量的艰苦卓绝的战斗事例和艰难困苦的革命斗争经过。当他讲到部队在反对北洋军阀转战豫皖鲁等省斗争中，部队在断粮缺衣的严寒冬天顽强奋战和西安八个月被围中，罗雀捕鼠充饥，饿死军民数以万计的悲壮情景时，他的心情十分沉重，不少学员感动得掉下了热泪。赵寿山军长的讲话实际上是一部不成文的十七路军的革命斗争史。他的讲话虽然没有明确提到国民党反动派对十七路军的残酷迫害，但大家都很清楚是谁排斥、打击并企图消灭这支革命军队；他的讲话是对国民党反动派的控诉，也是在号召鼓励教导队学员们坚持抗战，坚持同国民党反动派进行坚决斗争；他的讲话给大家进行了一次深刻的革命传统教育，赵寿山军长最后以婉转幽默的方法讲道："有人说我这次调动是明升暗降，歧视杂牌，我就不相信，我想不会吧！？"他简洁凝练的话语，给我们全体学员，也是给十七路军全体官兵说明了他这次调动的性质，并提醒全体官兵：蒋介石已举起了屠刀，对十七路军下手了。后来历史的进程已给赵老的讲话作了注脚。他给我们陈述了十七路军的过去，是为了说明十七路军当时的处境和今后的去向。他的讲话大约在下午6时结束。赵寿山将军在学员们恋恋不舍的情感中离去。从这次讲话可以看出，他在国民党反动派的迫害面前，是那样的仇视而又坚强不屈，充分表现了他反蒋抗日的大无畏气概。

（摘自《巩县文史资料》第6辑）

深入士兵　言传身教

王玉崐 *

1948年9月下旬，是荔北战役准备工作的最后阶段。当时我们警三旅七团驻在蒲城县马湖镇的东南，距我们的主攻对象永丰镇国民党十七师三十六团只有30华里。敌我双方戒备森严，剑拔弩张，随时都有开火的危险。

9月28日这天清早，我和团政委许法善、参谋长刘占云冒着危险，潜伏到前沿观察作战地形，制定作战方案。下午4时许，西北野战军副司令员赵寿山将军带着参谋、警卫员、马夫一行四人，来到我们团部，得知团长、政委和参谋长都去前沿看地形了，便要值班参谋领他去部队视察。赵将军首先到了通讯连，一进通讯连的门，赵将军就和战士们拉上了家常，他一边嘘寒问暖，一边向战士们宣讲通讯工作的重要性，教导战士们不要小看电话兵的工作。他说："电话兵是指挥员的得力助手，电话是传达上级指示、命令的工具，没有你们这些电话兵认真负责的工作，上级的指示、命

* 作者当时系中国人民解放军警三旅七团团长。

令，前线的作战情况，怎么能上情下达，下情上报呢？仗怎么会打赢呢？”从通讯连出来，赵将军又进了通讯班，他看着马厩里的战马，深情地说：“这些马都是立过战功的，要好好饲养，紧要关头可是用得着它们啊，有时一马当先就可赢得全盘的胜利。”他一边说，一边打扫着马槽内的土渣，并耐心地告诉战士们，一定要把草筛得干干净净，否则，马吃了会生病的，那样就会误事。最后赵将军走进了炊事班，他看到炊事员们正忙着烧火做饭，便卷起袖子抱柴烧火。炊事员小刘见此情景，冲着赵将军就开了口：“你是新分到咱们班上的吧？你这么大年纪了，是解放兵还是子弟兵啊？现在班上正缺人呢，你能来帮忙真是太好了。”白参谋听小刘这样讲话，急忙上前制止，并告诉小刘，这是西北野战军副司令员赵寿山将军。惊得小刘直吐舌头。赵将军听了小刘的话，不但没有在意，反而高兴地夸奖小刘，并风趣地说：“我是一个老兵新战士，得好好向咱解放军官兵学习，假如彭总批准我的话，我一定到你们班上来工作。”

下午6时许，我和政委、参谋长从前沿看阵地回来，听值班参谋说赵将军已经来到两个多小时了。我们即刻请赵将军共进晚餐，在前往团部窑洞的路上，我们一边走，一边谈，赵将军说：“我看了，你们团搞得真不错，三大民主好，上下团结好，部队士气高，求战情绪热烈，这些都是作战胜利的基本条件，但是在作战技术方面，你们还要加强训练。人常说艺高人胆大，有了英勇的战士和顽强的战斗作风，再加上灵活果断的决策指挥和精练的军事技术，就能够战无不胜。”

开饭了，管理股准备了四个小菜（炒土豆片、炒萝卜片，另加炒鸡蛋和炒粉条）和稀饭烧饼，赵将军看了一眼饭菜没动筷子，就起身向外走去，我们跟在后面，连忙喊，他也不停步。过了一会儿，他从外边回来，说道：“彭总让我察看一下战士们的伙食情况，战士们只有两个菜，为什么让我搞特殊吃四个菜呢？这不符合毛主席的要关心战士生活，要官兵一致同甘共苦的精神，我不要做这样的客人，我要的是咱们解放军艰苦奋斗的光荣传统。”最后，我们只好将炒鸡蛋和炒粉条退回了管理股，赵将军才肯和我们一同吃饭。

很久以来，赵将军这些感人事迹，一直在影响着我，启迪着我。我时常想，他担任国民党的高级将领几十年，没有忘记劳动人民的本质和疾苦，回到解放军后，坚持发扬人民军队的优良传统，真值得我好好学习。

（张万勇整理　1992 年 7 月 22 日）

在赵寿山同志身边

姚德怀*

赵寿山同志是我国有名的军事家。在我很小的时候，他就率领着三十八军浴血奋战在我的故乡——中条山上。他们歼灭日本鬼子的英勇事迹，给我幼小的心灵打下了深深的烙印。

我第一次看见赵寿山同志，是在 1948 年的西府战役中。那时胡宗南、马鸿逵等 20 多万匪军前后夹击我军于陇东屯子镇的平塬上，上有飞机狂轰滥炸，下有马匪骑兵滋扰，炸弹、子弹不时落在我们身边，我军处于非常危险的包围之中。部队跑步前进，多路纵队踢得尘土飞扬，大家心里非常恐慌，纷纷猜测着所发生的事情。就在此时，彭德怀、赵寿山、张宗逊、甘泗淇等西北野战军首长骑着高头大马缓缓而来，他们有说有笑，神情自若，顿时全军一片安定，每个人心里像一块石头沉底一样平静下来。我看见赵寿山同志面带笑容，和彭总并驾齐驱，眼睛不时盯着前方，时而显出严肃的神情。初次见面，就给我留下了严肃而又慈祥的大将风度与气质的印象。

---

* 作者当时系赵寿山同志的秘书。

1950年元旦，青海省人民政府正式宣告成立。3月6日，赵寿山同志奔赴青海任省政府主席。他穿着一件黑皮大衣，在数千人的拥簇下走到西宁市东关操场，在军乐齐奏和悠扬的歌声与热烈的掌声及口号声中发表简短演说。他说："我是个军人出身，经过了20多年的战场生活，但对行政工作却是一个门外汉。这次来青海，就是向青海人民来学习的，来和青海人民一道建设青海、开拓青海，扫除马步芳遗留下来的陈迹污垢，把我们的青海建设成幸福美好的乐园……"从这些话里，足见赵寿山同志的自谦和信心。

当年6月，我被调去给他当秘书。那时我才20出头，对于这么一大重任深感惊恐与不安。就我的才能和社会知识远远不能担当这一重任，但我是一个共产党员，就要服从组织，听毛主席的话："我们熟习的东西有些快要闲起来了，我们不熟悉的东西正在强迫我们去做。这就是困难。……我们必须克服困难，我们必须学会自己不懂的东西。"（见《毛泽东选集》第四卷1370页）我就是抱着从工作中学习，从学习中工作的态度而到赵寿山同志身边的。

开始工作，我很有些胆怯，话也不敢多说，处处谨小慎微。赵老（当时我们都这样称呼他）好像看出我的心思，便像父亲般的叫我大胆工作，不要害怕，出了问题由他担待。有时他叫我给他念电报、读文件、一块学习、一同吃饭，跟他打羽毛球，学打太极拳，或者叫我看他和廖汉生政委下棋。有时外出或者开会，他都把我带上，以增长我的见识和锻炼我的才能。随着时间的推移，消除了我对他的陌生和恐惧感，我们的友谊和感情也在与日俱增。在工作中，他对我关怀备至、严格要求，教我工作方法和工作作风，经常以阶级观点帮助我分析问题认识问题，使我在政治水平上有了很大提高。他经常到省政府各部门和办公厅各科室视察了解情况，会见每个工作人员，循循善诱，讲解形势和政策方针。他常对身边工作人员说："任何部门的工作人员，其政治水平和马列主义的认识愈高，工作本身就会愈好愈有成绩，工作效率就会愈显著，否则，他的工作就会做不好，甚至一事无成。"他又说："一个人，即使是个优秀的工作者，如果对他缺乏严密的监督，放任自流，对他的工作不加检查的话，那么这个人也会变坏或官僚主义化的。”所有这些教导，都深深地印在我的脑海里。

青海省是个地域辽阔、物产丰富、人口稀少的多民族区域，一切工作都要围绕民族问题去进行。赵老对此十分重视，他经常联系各民族上层人士和宗教首领，消除他们的疑虑，增进了解和感情，遇有重大事情都事先和他们协商，广泛征求他们的意见，从中团结与教育他们，广泛团结一切可能团结的力量，共同开展工作。他还教育汉族干部不要有大汉族主义，要平等对待各少数民族。他还注重培养少数民族干部，增强各民族之间的团结和友谊。他经常下乡下厂深入实际，深入群众了解情况，访贫问苦，解决实际问题。有次他和省民政厅陈思恭厅长一齐到牧区共和、都兰、兴海、海晏等县视察工作，跋山涉水，深入帐篷，和牧民促膝谈心，喝油茶、吃糌粑，不怕艰苦，不顾年迈体弱，每天工作到深夜。尤其看到哈萨克族一些小娃娃们缺衣少穿污垢不堪的情景，他深有感触地说：“你看马步芳把少数民族压迫成什么样子，我们一定要拯救他们。”于是省政府专门给哈萨克族拨放了救济粮和救济款。他这种以身作则、调查研究的艰苦奋斗精神，感染了在青海工作的许许多多人，正如一位藏民同志扎喜旺徐所说：“赵主席真是我们的心上人，他那么大年纪，还像一匹骏马奔驰在草原上的每个帐篷，真是共产党人的杰出代表，他给青海人民留下了深刻的难以忘怀的良好印象。”

青海解放初期，敌特散匪还在到处捣乱，社会秩序很不安定，尤其是些死不悔改的马匪残余还在纠集羽翼进行叛乱活动，所以剿匪问题便是青海省建设中的头等大事。赵寿山同志紧紧抓住这一关键性问题，先后不断反复地向全省干部和人民进行说服教育，克服干部和部队中的轻敌麻痹思想和骄傲自满情绪。在剿匪过程中，赵老又再三强调“军事清剿与政治瓦解并举，并且互为侧重”的方针，要求剿匪部队大股大剿、小股小剿、有匪剿匪、无匪就做群众工作，注意利用匪股矛盾，分化瓦解，把匪首和一般匪众相区别，把马匪和被裹胁的各族群众相区别，针对不同情况，分别对待。贯彻这一方针，起了很大作用，匪首谭呈祥的投降就是一个很好的例证。青海省的剿匪工作在全省军民努力下取得很大胜利，仅仅一年便毙伤匪特

2115人，俘匪2273人，敌人投降1000多人，这就大大地消灭了敌人气焰，稳定了社会秩序，为建设新青海扫清了道路。

在青海期间，赵寿山同志特别关心宣传教育工作。他每天上班先要看看当天的《青海日报》，经常检查宣传教育工作，注重解决宣教工作中出现的问题。有时他还为报纸写文章、总结工作经验，指导当前工作。例如，1952年10月，他相继写了《三年来的青海工作》和《青海省一年来的抗美援朝工作》等文章，刊登在《青海日报》和《群众日报》上。尤其在1952年1月28日至2月25日这一时期内，美帝国主义连续派飞机在朝鲜前后方大量散放各种细菌，向着我们最可爱的人——英勇的中国人民志愿军和朝鲜人民军以及朝鲜人民进行疯狂的惨无人道的细菌战之时，作为青海省抗美援朝分会主席的赵寿山同志，更是义愤填膺，当即发表谈话，代表青海各族148万人民严正抗议美国政府进行细菌战的这一滔天罪行。他严正地警告美国这些罪犯们：你们的一切冒险都是无用的，你们的一切侵略计划终将被打得粉碎！

1952年11月9日，赵寿山同志奉命离开青海调往陕西省政府任省长，我也奉命随同前往。当天我们到兰州，住于甘肃省省长邓宝珊先生家中，第二天分乘飞机、火车、汽车前往西安。陕西是西北要地，也是赵老的故乡，他回陕西工作是陕西人民的殷切希望，他也充满了喜悦和信心。上任不久，他的老部下、老同事、老熟人、老乡党纷纷登门拜访祝贺慰问，有的写信要求晤面和解决他的问题。赵老就抓紧这一时机进行工作，广泛联系了解情况，团结一切可以团结的人，化消极因素为积极力量，团结全省人民进行社会主义改造和社会主义建设事业。他经常告诉我说："联系群众，不是一般的私人应酬和来往，而要通过群众来信和来访，了解情况，传达政策，解决群众的实际问题，通过这一渠道，把党的温暖送到群众心里。"于是，对每个来信来访者，我都热情接待，详细登记，每天向他汇报一次，经他研究，做到有信必复，有问必答，尽量解决群众要求。有的则作为重要情况，集中反映到有关部门，有的由赵老亲自接见或亲笔复信。广泛进行了统战工作，交流了感情，团结了一大部分人，取得了人民的信任和爱戴。对于有特殊困难的人，赵老还拿出自己的工资帮其解决困难。例如，有一次他叫我把他的一部分工资送交给于右任先生的夫人高仲林女士，感动得老夫人涕泪俱下，再三表示感谢共产党的恩情。俗话说："钟在庙内音在外"，赵老的这些细微之处，对外影响非常之大，对于促进当时的建政、统购和工商业的改造工作等，都起了很大作用。

有次他到北京参加全国政治协商会议，下榻于和平宾馆，他就利用会前机会不辞辛劳地拜会了宋庆龄、郭沫若、傅作义、沈钧儒、张澜、邵力子诸先生和安子文、张宗逊、杨明轩等同志，广泛联络了感情，进行了协商，聆听了他们的意见，大大有利于陕西工作的进行。

对于古城西安的建设，赵寿山同志特别关心，经常深入街道、工厂、学校、商店，和工人、居民、学校师生、店员等进行座谈，倾听他们意见，并实事求是、开诚布公地向他们说明了目前形势和任务，号召大家团结一致、艰苦努力，共同建设好西安市。他经常和方仲如、刘庚、张锋伯等正副市长以及省军区陈嘉瑞、牛书申等领导同志接触，商谈有关事宜，做到上下通气、左右协商，以达认识一致、行动一致，共同搞好建设之目的。他还亲自参加兴庆公园的建设，平整土地、栽植树木，忙个不停。对于城市规划和环境保护问题他也极大重视，经常询问情况、详细研究措施。他说："西安是我国历代名城，也是我们陕西人的骄傲，我们一定要保护好文物古迹，把它建设成为一座现代化的文明城市。"

1954 年 5 月 6 日，赵寿山省长和省农林厅谢怀德厅长等多人，冒着炎日酷暑，到宝鸡一线检查三夏工作和防治小麦吸浆虫病及粮食供应工作，沿途到户县余姚乡、七区区政府和周至九区区政府，和干部群众广泛接触、座谈，在周至、郿县县政府、楼观台、太白集体农庄、岐山八区、五丈塬、宝鸡县政府等听取汇报，地头视察，和群众一起研究问题，解决问题。他经常教导我们说："工作中的主要点，就是执行政策，但党的正确方针和政策是要靠人去执行的。所以，挑选干部、培养人才和检查执行情况就甚为重要。检查执行情况可以加强工作人员的责任心，并促进他们总结经验、改正缺点，掌握正确的工作方法，形成良好的工作作风。"他走到哪里，总是循循善诱地说服到哪里，启发群众智慧，发挥当地干部和群众的积极性和创造性，从来没有自己说了算的家长作风，而是广泛听取和吸收群众意见和经验，从中找出答案，再和群众一道研究解决问题。这一套“从群众中来，到群众中去”的群众路线工作方法，他走一路说一路，而且身体力行。所以当他走过以后，许多干部群众都竖起大拇指说：“赵寿山省长那么大年纪，还冒着烈日到我们乡下跑，真是人民的父母官，他一点架子也没有，活像我们的亲父兄。”

赵寿山同志毕生追求真理和进步，不论公务多么繁忙，他总要学习理论和党的方针政策。他曾对我说过：“一本《共产党宣言》使我确立了正确的人生观，它不仅是我思想转变的钥匙，也是我行动的指南，我学习了几十年，现在还要经常学。”的确，无论在青海或者在陕西，我看到他总是手不释卷地在学习，马恩列斯的许多经典著作他都看过，而且有时还做笔记，真正做到了“活到老学到老”。

赵寿山同志对工作兢兢业业，一丝不苟，任劳任怨，事必躬亲。对自己学而不厌，对他人诲人不倦，尤其对我们在他身边工作的人，更是关怀备至，但又要求很严，教育及时，即便是小小错误，他也不随便放过，而是严加批评，但态度诚恳、语言慈善，使你挨了批评心里还觉得很舒服，真像家严慈母一般。他为人耿直，禀性刚毅，真诚豁达，奉公克己，他热心于公益事业，又勇于牺牲自己。他对人热情诚实，慈中有严，严中有慈。他还多才多艺，善于骑马射击，弈棋赋诗，他的书法刚劲秀逸，长安城南“杨虎城将军陵园”几个大字就是他写的。

后来，赵寿山同志调往北京全国人大常委会工作，我们一直再未见面，但还常有书信来往，他对我倍加关怀与爱护，使我永生难忘。今天想起他，不禁使我含悲忍泪，无限怀念，对于他的事迹，万般头绪，不知从何说起，仅就我所知之事略述于此，望熟习他的同志们斧正。

（1955 年 11 月 15 日）

忆赵寿山将军

崔贯一*

1933 年夏，我因事来西安，经李寿亭老师介绍认识了赵寿山将军。那时杨虎城将军主陕，李任省教育厅厅长兼政府委员。1936 年西安事变时，红军由陕北南下，大军驻扎泾阳县和三原县一带，彭德怀司令及其总部驻在云阳镇，当时赵寿山将军任渭北警备司令，驻防三原县。为了与红军取得密切联系，赵寿山将军与随员王居仁（时任杨虎城秘书）来云阳镇，谒见彭德怀将军。他先到我办的培英小学稍事休息，然后由潘自力同志来培英小学迎接，并陪同赵寿山将军去见彭总，事毕赵将军喜悦地回到三原县城。赵将军驻防三原期间，我经常去拜见他，聆听将军的教诲和对时局的远见卓识，倍受教益。

1937 年“七七”事变爆发后，日寇侵犯我国，赵将军请缨北上抗日，我和将军再没有见面了。后来，他转战山西中条山一带，屡挫日军精锐，战功卓著，对我鼓舞很大，我组织师生开会遥表庆祝。1940 年冬，他奉命率

---

* 作者当时系陕西云阳镇培英完小校长。

部移防河南巩县、汜水、荥阳、广武等县，在邙山一带抗击日寇，我在大后方，也为他庆贺。他开办的教导队，培养军事、政治人才，我曾先后为第四期介绍了20多位学生前往学习。这些学生中，有民先队员、共产党员和进步青年。毕业后在部队工作，不少已成为军、师级干部，有些转移到地方的，大都在教育界和其他部门做领导工作。这不能不归功于赵将军的辛勤培养教育。

1949年，西安解放前夕，渭北各县先后解放，4月间泾阳县解放。赵将军时任西北野战军副司令员，我随同地方人士一起欢迎解放军，我又和赵将军见面了，我们一见如故，将军仍是那样的热情和蔼、平易近人、艰苦朴素，和我十几年前见将军的情景没有两样。大西北解放后，赵将军调任青海省主席，我调中国人民银行西北区行金融处任处长。1952年去青海检查工作，我到省政府看望赵老，他仔细询问了我的学习、工作和生活情况，还约我共进晚餐，并一同观看舞会。赵老还是那样看重友情，热诚关心同志。1953年赵老调任陕西省省长，我是省人民代表、省政府委员，每次省政府开会，几乎都邀我参加，我们见面的机会就更多了，他一直关心我政治上、思想上的进步和提高。以后，赵老调到北京全国人大常委会工作，互相见面不多了，但我们的心总是连在一起的。

我和赵寿山同志接触的过程中，他的热情和蔼、平易近人、艰苦朴素的作风，政治上、思想上，关心同志、爱护同志的精神，给我留下了深刻的记忆，永远值得我学习。

（1992年7月17日）

随赵寿山同志赴朝慰问

侯　丹*

1953年秋，赵寿山同志率第三届赴朝慰问团陕西省总分团赴朝慰问。当时我是陕西省歌舞团的舞蹈演员，也参加了这次慰问，有幸和赵老相处了一段时间。今天，赵老已离开我们20年了，可他那饱满的政治热情，平易近人的作风，乃至他的音容笑貌，仍深深地留在我的脑际。

总团要求参加慰问工作的同志都必须会唱《志愿军战歌》，我们就在火车上突击学唱。赵老像普通学员一样，跟大家一起唱："雄赳赳，气昂昂，跨过鸭绿江……"他学得那么认真，唱得那么起劲。这嘹亮的歌声伴随着火车的奔驰声，汇成了一首雄壮的进行曲。在休息的时候，赵老还给我们讲他抵抗日寇侵略军的故事，对我们进行爱国主义教育。

慰问工作很紧张，就连我们这些青年娃都感到十分劳累，陕西总分团分为秦腔一、二团和歌舞曲艺团三个团。他在三个团来回奔忙，一项一项地安排工作，经常陪同两军首长观看演出，戏完后要上台跟演员们握手致

* 作者当时系陕西省歌舞团演员。

谢，有时还到后台看望我们，鼓励大家的情绪。一天我们正在化妆，他到后台来看我们。他记忆力很强，能逐个叫出每个人的名字。他指着我说："你叫侯旦。"我不好意思地捂着脸，十分委婉地说："赵团长，你给我取个名字吧。我这么大了，这个名儿实在太不好听啦。"赵老坐在凳子上，在我手心里划了个"丹"字，并对我说："丹是红的意思，就叫侯丹吧。"从此，我就一直用赵老给我取的这个名字。

赵老能深入群众和大家打成一片，没有一点官架子。记得在十九兵团慰问时，宴会将要开始，却不见赵团长入席，于是派人到处找，结果在兵团伙房找到了他，他正在那里吃陕西的油泼辣子裔畲面呢。宴会上，有位志愿军战士提议："欢迎赵团长唱秦腔。"赵老站起来，一边向大家招手，一边拉开嗓子唱了一段"狂风吹动了长江浪……"。他的嗓音粗犷洪亮，吐字清楚，一曲未终，掌声、笑声、欢呼声响成一片。

大家有什么话都愿意和赵老说，毫无拘束。有一次我问赵老："赵老，你的鼻疙瘩为啥是红的？"这句话脱口而出，自己也觉得太欠礼貌。谁知赵老不但没有生气，反而拉着我笑着说："你不知道，我的鼻子是碰壁碰红的。不信，你们大家来碰碰。"他这风趣而又含义深刻的回答，惹得大家都笑了。这笑声至今还在我耳边萦绕。

（摘自《西安古今》1985 年第 5 期）

丹心素裹写春秋的父亲

赵元介

我的父亲赵寿山将军在不断追求真理要求进步中度过了自己的一生，他由爱国主义者转变为共产主义者，由国民党高级将领转变为第一野战军副司令员。新中国成立后，父亲一度担任青海、陕西两省的主席、省长，最后是在全国人大常委的工作岗位上与世长辞的，他的教诲永远铭刻在我们心中。

1935年夏季，红四方面军徐向前、徐海东率部长征途经汉中前夕，父亲来到我的书房，当着我的面对我的老师姚警尘说："打倒了旧军阀又出现了新军阀，'剿共'是自取灭亡。只有实现孙中山先生联俄、联共、扶助农工的三大政策，中国才有出路。"因此尽管胡宗南部尾追红军，蒋介石又命父亲在汉中堵截，但他却和徐向前达成了秘密协议，采取了不即不离应付掩护的办法，使红军摆脱了胡宗南的跟踪，较顺利地通过了秦巴山区。父亲当年对红军的态度和与老师的谈话，给我留下了很深的印象，也使我受到了革命的启蒙教育。

1936年10月，父亲在考察国内形势后，向杨虎城将军亲自递交了他的"抗日建议书”，力陈停止内战，一致抗日。同年12月12日，张、杨两将军发动了西安事变，父亲担任了西安城内军事行动的总指挥，负责解除了蒋在西安城区部队的武装，扣留了蒋在城内的高级将领和官员，并抽空给我们讲述了张、杨两将军对蒋介石实行兵谏的原因。

就在我和妻子罗少兰（吴琦）刚刚结婚不几天的12月23号，周恩来先生当晚10点以后突然来我家拜访，让父亲和全家人都没有料到，很多家人和保姆都已经睡了，我也赶巧参加学校活动不在家。第二天听妻子罗少兰说，因昨晚天气寒冷，父亲直接将周先生让到我家后院上房东间房的热炕上。周恩来是面朝西，而父亲则坐在他对面，中间放着我们结婚时罗少兰娘家陪嫁过来的陶瓷茶盘。周先生和父亲两人促膝长谈，直到第二天凌晨两三点钟他才起身告辞。

罗少兰当晚负责招呼着两位老人，她一晚上进屋端茶送水十几次，出来后就坐在东间房门口的板凳上，和周先生斜对面，因此唯一近距离耳闻目睹了周恩来和父亲谈话的全过程。她回忆说，自己当时年纪很小，周恩来和父亲的谈话内容很多她都搞不懂，只是觉得两位老人一见如故，无话不谈。他们的谈话声音时高时低，有争论，也有会心一笑，如同久别重逢的老朋友……

这天晚上我母亲更是不顾天寒地冻，亲自在二门口放哨瞭望；而父亲的贴身警卫雷清翰等人，都在大门周围和院子里持枪警戒着。周先生的和蔼可亲和真情待人，父亲对周先生的热情和敬重，给所有人都留下难忘的印象。

1963年学校放暑假期间，我的二女儿荣原从北京返回部队，在北京机场巧遇周恩来总理。当总理知道她是赵寿山的孙女后，微笑问道：“1936年西安事变期间我去过你家，有你吗？那老房还在吗？”可见总理同样对那天晚上的彻夜长谈印象深刻。

几天后，蒋介石的几十万大军先头部队进入关中，杨将军为了避免扩大内战，将十七路军撤至渭河以北，并由父亲担任了渭北警备司令兼十七师师长，驻防三原。同时为援助东北军和十七路军，彭德怀、贺龙率领的红军主力也挥师南下，进驻泾阳、三原一带和十七师会师。

一天，父亲在宴请彭德怀、贺龙、任弼时等红军将领后，又主动叫来照相馆的人，希望大家合影留念。彭总风趣地说：“赵师长，你这下可是通匪有据了呀！”父亲爽朗回答道：“请您转告中共中央，我不但是通匪，我还要入伙呢！”父亲回家后，又兴致勃勃地给我们讲述了这件事。

不久，父亲就决定，将我们姐弟二人，后来又将我的妻子罗少兰和堂姐、堂弟、表兄等八人，陆续都送去上陕北红军大学（抗大前身），学习抗日救国的革命道理。

1937 年 2 月我们临行前，父亲严肃而深情地叮嘱说：“要经得起艰苦的锻炼和严峻的考验，优越生活往往会使人养成纨绔习气。到红军大学后一定要好好学习理论和实践，要抗日，要革命……”

就在我们夫妻赴陕北乘坐的卡车车厢下边，父亲秘藏着给陕北红军支援的银圆和枪支，上边装满橘子进行伪装。由于卡车一路上颠簸厉害，橘子下面的银圆和枪支途中都露了出来，我们此时才发现了父亲暗中帮助红军的秘密。

按说以父亲当时的财力和地位，他完全可以将自己唯一的儿子和儿媳送往国外条件更好的大学环境中去学习、去深造，以图将来更好发展。然而父亲却并没有这样做。仅此一点，就足以感受到他老人家追求真理、要求进步和“国家有难，匹夫有责”的赤子之心，以及对中华民族兴衰的强烈责任感。父亲当年的安排和教诲，奠定了我们夫妻终身要走的革命路程。

1937 年冬，国民党特务向蒋介石密告说：“赵寿山将子女送到延安共产党的抗大去了！”这在蒋介石看来，简直是“通匪有据，大逆不道”，于是在一次高级会议上，他不指名地对父亲加以斥责。嗣后又在一次专门召见父亲时，露骨地提出质问。父亲巧妙回答说：“我在前方抗战，子女在后方读书，子大不由父嘛！”

为了巩固三十八军这块丹心素裹的阵地，不给蒋介石以任何口实，毛泽东后来说服父亲，将我们姐弟二人以及我爱人都又送回西安，不久又送我到重庆黄埔军校去学习。父亲这样做，实际上就是将自己的独生儿子放在蒋介石身旁做人质，就是为了麻痹蒋介石，以利于部队在前方作战。

我临行前，父亲的心情很沉重，他反复地叮嘱道："我只有你一个儿子，不是我忍心将你送进虎口，而是为了国家民族，为了抗日，我不得不这样做。你到军校后处处要装得灰色一些，不要锋芒外露。要坚强，要随时做好最坏的打算和安排。要广交朋友，这样有利于掩护自己。"

遵照父亲的安排，我踏进了蒋介石反动统治的中心——重庆和成都黄埔军校。后来在周恩来和地下党组织的暗中保护下，于 1941 年初蒋介石的反共高潮中，最终渡过难关，安全地返回部队。

蒋介石长期怀疑三十八军在山西中条山地区"通共"和"赤化"，因此总想制造口实消灭之。1940 年 10 月，三十八军被蒋介石调到河南洛阳以东的黄河南岸防区，正好处于蒋、日夹击，腹背受敌之中。父亲对此镇定自若，他一方面率领三十八军在河南荥阳、广武、泗水一带重创日寇，使其不能前进一步，另一方面又同蒋介石的阴谋展开斗争。父亲对大家说："我们在前方浴血抗战，杨虎城将军的冤狱未复，蒋介石却陈大军于我们之侧后，总想借机消灭我们。我为国家民族战死无所畏惧，但如果也像杨先生一样为蒋介石所害，死难瞑目！"

1941 年皖南事变发生，全国处于大规模内战边缘，蒋介石对三十八军的迫害也进一步加紧。就在此时，父亲却"明知山有虎，偏向虎山行"，再一次要求参加共产党。中共三十八军地下工委及时向中共中央报告了父亲的请求，毛泽东在 1942 年亲自批准他为中共特别党员，并将中共三十八军工委的组织和全部共产党员名单向他公布。党中央还指示三十八军工委，今后所有重大活动，都要和赵寿山军长商议，父亲也更加自觉地将三十八军完全置于党的领导之下。

1943 年底，蒋介石为进一步阴谋搞垮三十八军，一方面将部队调到河南巩县，名为休整，实为三面大军围困；另一方面又采取了明升暗降、调虎离山的伎俩，把父亲贬到甘肃武威，担任第三集团军总司令，实际上置于蒋介石及其亲信胡宗南的直接软禁和控制之下。

在此期间，胡宗南对父亲不断采取了软硬兼施、公开恫吓等手段，亲自“邀请”父亲参观反共集中营中迫害共产党人的残酷刑具和杀害共产党人的血腥现场。父亲当时将满腔仇恨积压在心底，一言不发。回到家后，他沉痛地说道：“这个仇迟早是要报的，血债是要用血来还的！”

有一次父亲和我见到胡宗南时，胡对父亲说道：“你的公子一表人才，将来是党国的人才，我要提拔重用他，赵总司令意下如何？”父亲向我递了个眼色说：“还不快谢谢胡长官的爱护和栽培！”我会意地说：“谢谢长官！”父亲为了早日让我摆脱胡宗南的控制，他将计就计，请求胡先将我派到重庆的国民党陆军大学去“深造”。

临行之前，父亲将我叫到他身边，再次语重心长地说：“我们全家都在蒋介石、胡宗南的老巢内，我随时都有可能被蒋介石关押，去陪伴杨（虎城）先生。因此你要时刻注意他们的各种圈套和诱骗，以免上当受骗贻误大事。到重庆后及时与周（恩来）先生联系，设法摆脱特务的纠缠和控制。”就这样，为了革命大局和父亲的安全，我又一次进了虎口——重庆，以消除蒋介石的疑虑。后来父亲在中共党组织帮助下，充分利用他在三十八军中的影响力，克服重重艰险，最终部署三十八军起义并安全回到解放区。

1946年，当我先于父亲进入边区之前，也曾困惑不解地问过董老（必武）：“我一直为党工作，可为什么多次申请入党，都未能被组织批准？”董老这时才笑着告诉我说：“你和你父亲相比，谁对革命的贡献和作用大？我们必须绝对保证你父亲的安全，你表现灰色一点才能掩护他。”这时我才如梦初醒，原来让我当这个“赵家大少爷”，也是革命工作的需要。

1946年夏，蒋介石又以派父亲出国考察水利为名，免去了他的集团军总司令职务。到南京后又迟迟不给他办理出国手续，企图在国内加害于他；如果不能的话，或干脆将父亲赶出国门，以彻底清除心腹之患。不久在周恩来和董必武的周密安排下，父亲和我们全家人都先后平安回到解放区。

父亲发表反蒋通电后，引起了南京和西安方面的极大恐慌和震动，李济深、于右任等国民党元老，都抨击蒋介石心胸狭隘，私心用事，有功不赏，才将父亲逼上梁山。国民党军事委员会一方面下令通缉，另一方面西安的胡宗南绥靖公署又密令通缉和严密监视三十八军在乡人员。胡宗南还派军队查抄了我们的户县老家和西安甘露巷 6 号住宅，最后干脆掘地三尺、洗劫一空后，又派军队驻扎，可见仇恨之深。

父亲回到解放区后，我们全家人终于团聚了，悲喜交加之余，父亲对我们说："为了新中国，大家失去了多少亲人，这个仇恨是不能忘记的。虽然我们全家都安全回到解放区，这还是要感谢党中央，感谢冒着生命危险、费尽了心血的地下党同志，这个恩同样不能忘！"

全国解放后，父亲功成不居，热情和蔼，平易近人。他不但对自己要求很严，而且常用唐朝诗人李商隐"历览前贤国与家，成由勤俭败由奢"的著名诗句来告诫子孙。他常说："我要做好人民的勤务员，为人民的事业鞠躬尽瘁，死而后已，切不可有一点优越感和特殊化的思想。"

父亲是党和国家的高级领导干部，又是创建共和国的有功之臣，但他却从来没有用自己的权力，为子孙们谋过福利或安排过什么优越的工作。而当彭德怀元帅蒙冤受到审查时，父亲却不但对彭总的处境担忧惋惜，并且不顾政治风险和个人安危，公开去挂甲屯吴家花园探望自己的老领导、老战友，回来后失声痛哭；习仲勋蒙受不白之冤后，父亲同样四次要见毛主席，为习仲勋鸣不平。

1965 年春，父亲不幸患上了食道癌，他像当年在抗日战场上一样，与病魔进行了殊死抗争。直至最后病危前，他还教育我们，在政治上要向比自己强的同志学习，而在生活上却要向不如自己的同志看齐，永远坚持勤俭节约的精神。临终前父亲一直期盼着祖国统一，希望能和远在台、港及国外的老友们重逢相聚，共写春秋。

1965 年 6 月父亲的癌细胞扩散，病魔无情地摧残着他的肌体，黄豆大的汗珠不时从他苍白的面部一滴一滴往下淌。他忍着痛，咬着牙，用微弱的声音喊着："彭总！彭总！"

又一个深沉寂静的夜里，父亲忽然从昏迷中坐起，嘴唇不断颤抖着。我急忙问他想说什么，父亲老泪纵横地喊："仲勋！仲勋！"我含泪告诉他说："听说他还好，他捎话请您珍重！"父亲点点头，说："我见不到他了！"慢慢又进入昏迷之中。

1965年6月20日晚上9时50分，父亲在与病魔做搏斗和期盼祖国统一、怀念老战友中与世长辞，他的崇高人格人品永远是我们学习的榜样。让我们携起手来，为祖国的统一大业而共同奋斗。父亲，您老人家丹心素裹写春秋的爱国精神永留人间！

怀念叔父赵寿山

赵元俊*

我的叔父赵寿山已经去世 20 多年了。他在有病期间，曾手录毛主席提出的“革命接班人必须具备的五个条件”，赠我留念。我每次看到叔父这些遗墨，就思绪不断，深切怀念。

我童年时，在本村善慧小学上学。有一天晚上，师生和乡亲们到镇上去看电影，当时还是无声电影，当放映叔父在抗日前线与日寇浴血奋战的片断时，大家都高呼抗日口号，并热烈鼓掌，异口同声称他是真正的抗日英雄。

叔父有一次回乡，汽车开到村外就停下了。他走出汽车，看见老人就拱手，遇到乡亲就问候，还到乡党家中去，坐在炕上和大家拉家常。他对农业生产和幼儿入学非常关心，总是劝说乡亲们无论如何要想法送孩子上学。

我在城南上中学期间，叔父常年在外，很少见面。偶尔见到时，他总是鼓励我努力学习，坚持锻炼。我虽不会说什么，但心里却明白，这是他对我的要求和希望。后来，他在甘肃武威任职，叔母曾带我去住过一个月。

---

* 作者系赵寿山同志的侄子。

他习帖练拳，从不间断，另外还抽时间阅读文史，学习外语。他曾给我讲过许多故事和名言，对我启迪很大。

叔父到延安后，敌伪数次抄了我们的家。当时我已高中快要毕业，家庭遭难，身处危境，但我始终把叔父的教诲记在心中，奋发图强，坚持锻炼，在老师和同学的帮助下，完成了学业，并考入了西北大学。

新中国成立后，叔父先在青海省任职，见面的机会很少。当他被调到陕西工作后，我当时在大区公安部门工作，同时他也是我们负责警卫的首长之一。有一天晚上，夜已很深了，但他还在阅读党的文件，我劝他休息，他说："只有认真学习党的方针政策，不断总结经验和教训，才能更好地为党工作，为人民服务。"在教育我们时，他总是把坚决宣传贯彻执行党的方针政策作为中心内容。叔父爱让我给他读报或者和他下象棋，他在谈话和娱乐中，时常教诲我要把宣传贯彻执行党的方针政策作为共产党员的起码条件。

叔父调北京后和在陕西一样，非常关心我省的生产建设和许多老同志的生活，经常托顺人问候。我记得，每次省里党政代表到北京开会或秦腔剧团来京演出，他如果人在北京，总要亲自到火车站或飞机场接送；有许多同志还来他家看他，很热闹，很亲切。

我还记得，有一年叔父和杨老（明轩）一同回陕视察，省市许多领导同志都到大厦看望，并要我们热情接待，参观时要有领导同志陪同，介绍情况，看秦腔戏时要叔父点戏。他当时曾说，"咱们国家还不富裕，接待中一定要贯彻勤俭节约的方针，都是熟人，那里有戏看就行了。"经我们领导解说后，才点了几个折子戏。当时，我们发的票很多，顺便招待了住厦的内外宾。

叔父在京病故后，我从中央的悼词中，从以后许多同志的怀念文章中，详细地知道了叔父英勇顽强、艰苦战斗的一生。为了抗日战争的胜利、全国的解放和祖国的社会主义建设，他贡献了毕生精力，实现了他的夙愿。他的身影，我们怀念，他的教诲，我们始终铭记在心。

（1988 年 10 月）

我的伯父赵寿山

赵元倬

一、伯父与我

赵寿山将军是我的伯父。从1949年西安解放起，他就供我上学，一直到我1958年西北工业大学毕业。上学期间每到周末我都会回到伯父家中，只要他在家有空都会询问我的学习情况，关心我的政治成长。在毛选第一卷发行不久，他就把自己的精装本送给了我，并要求我写出读书笔记和心得。这对我的帮助很大，促使我从一个只知埋头学习、不关心国家大事的人，变成了一个热爱祖国、关心政治、拥护共产党领导的知识青年。

记得在1957年大鸣大放反右派的运动中，我由于对按5%的比例划分右派的政策不理解，提出了质疑，认为：右派有就有，没有就没有，硬性规定要划5%很不合理。结果遭到班里极左同学的批判，令我很不服气。到1958年毕业回到家中时，伯父问我："分到哪里了？"我说："青海。"他说："去不去？"我心里不想去，但我不敢说，深恐他说："我白供给你上学了！连组织分配都不服从。"就只好违心地说："我去。"他说：

“青年人就是要到艰苦地方锻炼才行。青海是个艰苦的地方，但也能锻炼一个人。去了，就要好好干！你是猪八戒成不了仙，仙气都从嘴上走了。”我这才知道，在班上受批判的事，让他知道了。

在我工作多年以后，我办公室的一位同志告诉我，他有一位老乡，在省政府工作。有一天来看他，闲谈之中，曾谈起过我。我就奇怪：“你们谈我干什么？又不认识的。”他说：“他问咱办公室有几个人，我就把咱办公室的情况作了介绍，当谈到你的时候，我说你是西工大1958年毕业的，伯父是赵寿山。”他的老乡就说：“那我知道，当年他毕业时，他伯父给我们写过一张条子，让把他分到青海去进行锻炼。这张条子现在还在我们单位存着。”在事隔几十年之后，伯父都已去世多年了，几经变换，我的工作单位也由青海到宝鸡，再到了西安，这才知道，当年分配到青海，是伯父的意思。通过在艰苦环境里的磨炼，促使我改变了政治上的迟钝与不成熟。

青海的确是个苦地方，工业落后，气候寒冷，冬天气温经常零下二三十摄氏度。记得在自然灾害时期有段时间，我们每月粮食定量由24斤减为15斤，一日三餐变成一日两餐，职工的营养状态严重下降，普遍浮肿。为了改善机关单位职工的健康状态，能够坚持工作，单位给每个干部发了一斤酥油。我舍不得吃，心想春节要回家结婚，来青海几年了，国家处于困难时期，也没有什么好的东西带给老人，就把酥油拿回去孝敬老人吧！等我回到西安时，得知伯父正在陕西视察工作，和伯母住在人民大厦。我提着酥油去看望他们，他们见了我非常高兴，亲切地问我在青海的工作情况并要我安心工作。中午还留我在他那儿吃饭，我知道大家都不够吃，他虽然是高级干部，但定量也是不够，就说回去再吃。但他坚决要留我吃饭，我也只好顺从了他的心意。我知道这一顿饭又要让他口粮紧张几天了。

1962年，我由青海调入宝鸡新秦机器厂工作，由国家机关调入工厂企业，由行政工作转为技术工作。到生产第一线担任车间技术员。伯父知道我调到工厂工作，问我是哪个厂，我告诉了他以后，他说：“那个厂是个老厂，我去过。到工厂就要和工人打成一片，多向他们学习，结合实际，改造自己。还要钻研技术，才能提高生产效率，减轻劳动强度，生产出高质量的产品，工业劳动模范要比农业劳动模范难当得多。”我说：“我是学工的，只有到工厂去，结合自己的专业，才可能有点成绩，在行政机关工作，我是没有出路的。”我在宝鸡工作十年，时刻不忘伯父的叮咛，每当我结合工人师傅搞出新的工艺方法，设计出新的工艺装备，提高了生产效率，尤其是减轻了工人的劳动强度时，看到工人师傅的笑脸以及受到他们诚心诚意、发自内心的感谢，我的心中就有一种充实感，当他们知道我要调往西安市时，都感到十分惋惜。每当他们来西安出差，都会来我家看望。

1963年，我爱人生第一个孩子。不久我收到全国人大常委会的一封来信，我知道这是伯父的来信。他来信祝贺我有了孩子，只是他信中“弄璋”两个字，让我百思不得其解，后来经过查阅资料才知道，“弄璋”是指生了男孩的意思。伯父的古文根基很深，往往用些古文令我费解，这使我不得不加紧学习，不断扩大自己的知识面，去图书馆和阅览室的时间慢慢地多了起来。

1965年5月底，我爱人生第二个孩子。我请探亲假，回家伺候。听说伯父病重住院了，我就买了几盒纯藕粉，再问清医院地址后，就匆忙去了省人民医院高干病房。当我走入病房时，只看到他一个人在那里坐着。我问他怎么病的，他说：“去了一趟汤峪，泡了一回澡。回来感到喉咙难受，就用力咳了几声，不知道把一个什么东西咳嗽了出来，吐到便桶中去了，医生来了想捞也没有捞出来。”由于我对医学是个全然不懂的门外汉，对伯父的病，没有想得那么严重。就说：“你爱打太极拳，现在还打不打？”心想打太极拳可以健身，提高人的免疫力。伯父不置可否，他知道我回来是来伺候月婆子的，就把话题转到教育子女上。由于一些事情的发生，使他对养育子女的感慨颇多，他说：“儿孙自有儿孙福，不给儿孙做马牛。”我理解了他的意思，不知不觉我们已谈了一个多小时，我怕影响他的休息，就告别回家了。没有几天，就听说伯父转回北京治疗了。谁知这次探望，竟成了我和伯父的永久告别。

二、伯父的学生时代

由于家穷，伯父直到9岁才在乡党的资助下，上了私塾。在私塾读书，塾师要求很严，要求今日事，今日毕。对于当日所授的课程，要求当日都能熟读会背，第二天上午要进行考查。伯父自幼聪颖懂事，深知自己家境贫苦，读书来之不易，因此刻苦用功，绝不贪玩。到晚上他还是要坚持学习，直到把当日功课完全掌握背熟为止。但家中点灯缺油，他的儿时朋友张少普家中雇有长工，晚上要喂牲畜，长夜点着灯，伯父就在他家马房灯下学习。因此伯父学习成绩一直很好，功底非常扎实。张少普夫妇按辈分我称呼他们为二哥二嫂（在家中他为老二）。伯父晚上在他家学习的事，就是他们告诉我的。他还告诉我，有一年春节，伯父回来过年，大雪纷飞，在大年初一的早上，他们刚刚起来，就听见有人叫门，张少普听见是伯父的声音，他告诉老伴："快，快，四叔来了！"（他称伯父为四叔）说完就赶紧开门迎客，只见伯父浑身是雪来他家拜年了。在清扫完身上雪后，伯父首先到他家祖先供桌旁，祭拜了他家祖先，然后才说起回来过年的事。张少普告诉我："你的伯父真是个知恩当报的人！"

1909年伯父15岁，他以优异的成绩，考入了陕西陆军小学。毕业之后转入西北大学预科班。到18岁时，转入陕西陆军测量学校学习，直到毕业。1953年伯父担任陕西省省长以后，经常利用闲暇回忆往事，教育子孙。给我们讲述他学生时代的艰苦生活，他说在西安上学，每周都要回家背一次馍，要够一个星期吃。西安距家有60多里路，每周打来回。有时天气潮湿，馍都发了霉，就放在宿舍窗台上晾晒。吃时用开水冲泡几次，每日都是如此，吃馍喝开水，再加些盐和辣面，就是一顿饭。在陆军小学上学时，由于成绩突出，名列前十名。根据学校的规定，每年的前十名都可得奖银20余两。他深知家中贫苦，舍不得花，全部带回家中，交给祖母以补贴家用。自己仍然过着背馍上学的艰苦日子。伯父的故事，对我们以后的学习生活起了很大的教育作用。使我们懂得了学习上要向前看，生活上要向后看。学习上刻苦，生活上艰苦，伯父为我们做出了榜样。我们也理解了伯父经常在吃完饭后，要把自己的碗舔得干干净净的原因所在。

1946年，由于国民党蒋介石对伯父的迫害，他积极做准备去延安，有一次借着回家的机会，把他在西安的许多东西，让伯母拿了回来。其中有好几箱书籍、杂志、笔记本、相册等等。1948年的暑假我突然想起了伯母拿回来的书籍、杂志，就去翻开看看有什么新鲜的内容。当打开箱子看时，上面全是相片，有杨虎城、于右任、冯玉祥、蒋介石的，还有一把刻着蒋中正名字的短剑。当翻到写有伯父名字的高等数学习题本时，不由得仔细起来。起初以为是几本书，但又写着是习题本。我当时仅是个初中二年级的学生，看不懂，但只觉得卷面非常干净整齐，就像是印刷的一样。心想连数学习题都做得这样整齐，真是认真的模范。回想起我自己的数学作业，只追求正确，要说干净整齐那就差得实在是太远了。他的作业本上未见教师批改的任何纠错记号。使我对伯父除了尊敬又产生一种崇拜的心情。可惜的是这些资料在“文化大革命”期间红卫兵造反有理，破四旧，挖祖坟的运动中付之一炬了。至今回想起来，真是令人唏嘘不已！

三、伯父与秦腔

1937年7月27日，刚刚当上十七师师长两个多月的伯父就率领13000多名三秦子弟东出潼关，经郑州奔赴河北抗日前线和日本鬼子展开了殊死的搏斗。他说：“生固为复兴华夏之荣，死亦为洗荡三岛之怒潮。”在保卫保定、石家庄、漕河、阜河战役之后，又转战至娘子关以阻止日寇西进。在坚守娘子关，争夺雪花山，退守乏驴岭的日日夜夜中，对日寇进行了沉重的打击，自己也遭受到极大的伤亡。战争异常激烈，牺牲非常惨重。三秦子弟由出发时的13000多人，只剩下2700多人了。他曾三次电告蒋介石，要求对部队补充。但均遭拒绝，反而要求他继续战斗，掩护其他国民党部队的撤退。伯父的心情非常沉重，他想起出发时，三秦父老隆重相送、寄托厚望、气氛庄重的热烈场面，自己实在难以平静下来。

1937年底，损失惨重的十七师这才西渡黄河到绥德地区休整补充。与此同时伯父取道延安回到西安，并借此机会回农村家中一次。在延安时曾受到毛主席的亲切接见，这对他以后坚决拥护共产党，接受共产党的领导，率领部队坚持抗日，最后回归人民军队行列打下了坚实的基础。

伯父从硝烟弥漫的抗日前线回到农村家中，乡党们迅速前来，对他表示热烈慰问。由秦腔爱好者组成的自乐班，在我家厅房中摆开了摊子，唱了起来。房里挤满了前来看望的父老乡亲。伯父在接待了几位知己亲朋好友之后，也来到了厅房之中。乡党也要他唱上几段，他思考了一下，说："我就唱一段'祭灵'吧！"所谓祭灵，就是三国时期刘备祭奠他的两个桃园结义弟兄关公和张飞的故事。关公和张飞为蜀主刘备的江山南北征战，东西拼杀立下了汗马功劳。但却被东吴孙权谋杀。在这出折子戏中，刘备倾诉了对自己结义兄弟的思念，歌颂了他们生杀征战的丰功伟绩，哭诉了失去关张后自己的孤单，损失了左臂右膀，闪断了自己登天之梯，下定了对东吴进行大报仇的坚定决心。伯父唱这出戏，就是要抒发出自己对在娘子关、雪花山、乏驴岭战斗中牺牲了的三秦子弟的思念之情。他咳嗽了两声，清了清嗓子，一句"满营中……三军齐挂孝……"的戏词冲口而出，字正腔圆，苍劲有力。伴随着剧情的变化，他的声调，时而高亢，时而悲凄，伯父的眼睛湿润了。他想起了牺牲在前线的三秦子弟兵，想起了三秦父老对他的厚望，下定了要为他们报仇的决心。在共产党的领导下一定要把日本鬼子赶出中国去。

一折唱完，伯父舒了一口气，头上微微冒出了一点汗。乡党们齐声说伯父唱得真是好，要他再唱一段。伯父婉言谢绝了。

这次伯父抽空回家，只停了两天就匆匆走了，但却给乡党留下了久久的回忆。

伯父喜爱秦腔，也喜欢秦腔界的朋友。秦腔剧团的朋友和学生前来看他的时候，他都是热情接待，并和他们进行唱腔的交流。一会儿热烈讨论一会儿又唱上几句，我虽然不在现场，但在隔壁房间却是听得真真切切。

有一次我回到伯父家中，听说梅兰芳今天要来，伯父请他吃饭。梅兰芳是个大名人，四大名旦的首名，我没有见过他，也想看看。又听说梅兰芳有私人医生跟着，吃饭要求很严格，我不知道请梅兰芳吃饭都要吃些什么，按我的想法，可能是海参鱿鱼鸡鸭鱼肉之类的大餐吧，可谁知后来吃的却是自家做的户县臊子面。我想梅兰芳什么好吃的没有吃过！？请他吃户县臊子面，虽有特色，但他会见怪吗？可伯父就是这样一个人，他是农村穷家出身，在农村只有过年才能吃上臊子面，只有结婚娶媳妇才能吃上臊子面。虽然城市中有“好吃莫过饺子”的说法，但他自幼就认为臊子面最好吃。他拿自己认为最好的东西招待你，他自己高兴，你也一定会满意的。我没有看见梅兰芳，不知他满意不满意。我只知道伯父请梅兰芳吃的就是我们户县的臊子面。

四、西府战役中的伯父

西北野战军第六军炮兵团政委，副团长张兴华是我表哥，他的妻子是我二姐，也在该团。1949年西安解放后他们驻扎在西安盐店街，我经常去看望他们，因此也认识了团政治部主任于国保。由于于国保脖子上有很显眼的伤疤，我不由得问我二姐和表哥，才得知是在西府战役打宝鸡时，被马步芳的骑兵砍伤的，二姐说：“老于受伤太重，昏死在死人堆里，苏醒后爬出来被搜救队救了回来，差一点没有死了。”由于于国保不久和我同学结了婚，部队西进，他们也和我分别了，但是于国保在西府战役中负伤的事给我留下了深深的印象。

多年以后，我出差洛阳，又见到表哥和二姐，他们是在林彪一号命令后，由北京到洛阳部队干休所的。表哥当时任职军委工程兵科研部副部长，二姐已离休，我晚上就住在他们家中，闲聊时，又问起西府战役的事，由于他们是西府战役的参加者，我很想听听打宝鸡的故事。二姐告诉我："打宝鸡失败得太惨了，于国保差一点死了，姐也差一点就死了。马步芳的骑兵来得太快，我们撤退不及，我实在走不动了，心想今天要死在战场上了。你哥他们人多，连拉带拽这才脱离了敌人，要不就真的牺牲了。带不动的重型武器全都丢失了，真是可惜！"表哥说：彭总指挥我们打宝鸡是在久攻洛川不下时才决定长途奔袭，去打宝鸡的。宝鸡是块肥肉，有胡宗南的军需仓库，存有敌人大量军事装备、枪械子弹、服装鞋袜。西北野战军又穷装备又差，底子薄。打下宝鸡就可以更换装备，武装部队，日子就能过得好些。在进行备战动员，开会讨论时，大家信心十足，士气高涨。你伯父当时看到大家的表现就说："不要估计得太乐观了，这可是从胡马的夹缝中打出去的，孤军深入，如果陷得太深了，会有危险的，要紧防敌人夹击，使我们陷于危险境地。"可惜的是，他的意见没有得到彭总的重视。结果，宝鸡虽然是很快打下来了，但很快就遭到胡马十几万人的夹击，我们只取得了短暂的胜利，最终打宝鸡是失败了。这次战役损失惨重，死伤惨重，彭总后来也在西府战役总结会上检讨了自己在指挥上所犯的错误。

二姐和表哥是西府战役的直接参与者，他们的话，使我对西府战役有了一个粗浅的了解，也知道了伯父在解放战争中的一些片段故事。如果彭总当时重视了伯父的意见，在取得胜利后，立即拔脚撤出，那么就不会有这么惨重的损失了，尤其是避免了这么惨重的人员伤亡，而于国保也就不会挨那么两刀了。

伯父去世几十年了，他在世时的事情不断有人提起，虽然是些片段，但也发人深省，我深深地怀念他老人家！

姑父给予我慈父般的爱

黄仙莲

我姑妈黄居仁和赵寿山将军，虽然是旧社会包办婚姻中的结发夫妻，却能患难与共，不离不弃相伴一生，堪称世人楷模。而我父亲则是姑妈最小的弟弟，生前在赵寿山将军部下就职，并且与他们一家同住。

我从出生到长大成人，也一直生活在姑父姑妈家里。9岁时父亲因病去世，母亲工作单位又远，因此我几乎就成了姑父姑妈家的孩子，得到了他们无微不至的关爱，甚至可以说是宠爱和掌上珠。无论是探亲访友还是参观名胜古迹，就连每次观看戏曲，姑父姑妈都带我同去，使我从未因丧父而感到孤独和无助。在那流逝的漫长岁月里，有些记忆已经开始泛黄，但是姑父姑妈对我的厚爱，却清晰地、深深地铭刻在我的脑海里。

记得在我10岁那年，姑父赵寿山将军赴朝鲜慰问志愿军归来，他一见到我就说："崽娃子（对孩子的爱称）赶快过来，让我好好看看我娃，我在朝鲜见到一个小姑娘，长得跟我娃非常相像，我差点儿叫出你的名字了。"他一边说着一边用手抚摸着我的头，口中还连连念着：真像，真像。我顿觉一股暖流涌向心头。

解放前姑父转战在抗日战场、解放战场，全国解放后他又到青海省工作，虽然不时也能见到面，但毕竟是聚少离多。我上高中时，姑父离开陕西前往北京全国人大工作，因此我和姑妈的大孙女望原一起，也跟随姑父姑妈进京继续读书。

自从到北京读书，这些年就没有离开过他老人家，更了解了他的生活，耳闻目睹了他的为人。那几年时逢三年自然灾害，国家处在内外交加的困难时期，我亲身经历了姑父在这期间所做的一切。他顾全大局，严格要求自己：他自愿降低工资，并常常对我说，你要记住："吃亏把人吃不死，占便宜会把人占死。"他的这些质朴的话语，够我们受用一生。

他公私分明，公车不会私用，比如他出外探亲访友，每次去北京饭店理发，都会让司机记下，油费自己出。由于当时汽油紧张，为了厉行节约，在外出开会时，姑父常和住在一条胡同的杨明轩伯伯同乘一部车。从这些看起来微不足道的小事中，都真实体现了老一辈无产阶级革命家以身作则、身体力行地为国家分忧的高风亮节。

在困难时期很少见到肉，记得有一次姑父的外甥送来一点从内蒙古草原打回来的野山羊肉，吃饭时他自己舍不得吃，把肉夹给我，我又夹给姑妈，最后我姑妈把那块肉又夹给姑父。一块肉就这样在三个人的碗里转了一圈的情景，现在我还记忆犹新。

姑父不但严格要求自己，对身边的工作人员也不例外。平时他对工作人员很和善，但有一次我发现他在严厉地批评他的秘书，后来才知道张秘书在经济上出了点差错。姑父说，错误小也不能姑息。充分体现了他对身边工作人员的爱护。

我在北京上学的这段时间，由于后来望原回西安，只有我一个人在姑父姑妈身边，所以在学习上、生活上得到他们更多的关爱。记得在高二时，姑父和我进行过一次长谈，从琐碎的生活小事一直谈到人生社会。

姑父对我说："我常和你姑妈开玩笑，说她是个娇气工厂，担心她生产出两个娇气产品（指我和他的长孙女望原），现在看来我的担心是多余的。但是还要提醒你，今后不能在身上有娇、骄二气。"姑父还说："你现在已经长大了，应当了解身边的很多事。从小事来说，你知道现在油盐酱醋的价格吗？这一点你可能不如北京普通百姓的孩子，因为他们会帮家人去买这些东西。另外你要学会做饭，要学会做针线——这些是今后生活的基本技能。”姑父还指着他穿的布鞋说：“你看这是你姑妈亲手给我做的，你姑妈给我擀的生日长寿面，谁都比不上。”姑父就是这样从轻松愉快的谈话中，给我传递着深奥的人生哲理——通过细小的事情了解社会，并要学会自力更生。

姑父还严肃地谈到了人生社会，他说：“人的一生要经历很多事情，有大事、小事；有好事、坏事；有顺境、逆境，但不论遇到什么事情，做人都要心怀坦荡，要分清什么可以做，什么绝对不能做，是非分明是做人的根本。社会很复杂，是一个大课堂，只有在现实的社会中才能得到真正的锻炼，要有信心去接受挑战。人长大了不在乎做多大的官，也不在乎干多大的事，最重要的是做人。”

姑父就是这样在做人，他在旧社会官高位显，但从不受外界诱惑，对自已亲自挑选的“大脚”和“文盲”姑妈不离不弃，相互扶持，相敬如宾地度过了一生，这在高官中确属凤毛麟角。姑父的高尚品德，深深地影响着后辈儿孙。他的两个孙子赵陆原和赵武原，牢记祖父生前教诲，现在都已是古稀之人。但对妻子的关爱，对妻子的专一，对家庭的负责，就是姑父言传身教、潜移默化的结果。

那天我们两代人之间谈了很多话题，不仅是谈当前，更多是给我今后人生指明了方向，至今我都感到受益匪浅。后来我才了解到姑父当时正为彭德怀、习仲勋的问题纠结不安。那次谈话，不仅是他老人家对我的亲切教诲，也是做人光明磊落、一生正直的姑父的内心表白。

1961年在我考大学问题上，姑父更是像慈父般关心着我。姑父自幼酷爱水利事业，年轻时更是对水利专家李仪祉先生的《水工学》颇有研究。如果他不是生在中华民族内忧外患的苦难年代，如果他不是为了实现自己“掮洋枪打洋鬼子”的报国志向，很可能早就是一位造诣颇深的水利专家了。

1946年，当姑父还在国民党集团军总司令任上时，就向蒋介石提出愿意弃武从文，并赴美国考察水利，以便回国后在这方面为民造福。至今在新疆天山的瑶池旁，还留有姑父解放前写下的气势磅礴的诗句："手捧瑶池灌良田"，可见他一生对兴办水利事业的执迷和向往。因此姑父希望我能选择水利专业。

我当时并不了解姑父对水利事业的特殊感情，只感到一个女孩子搞水利不合适，有些艰苦。对此姑父并没有压服，而是用事实开导我说："水利部部长钱正英不是女的吗？女人怎么不能搞水利？娃呀，中国目前正缺乏搞水利的专业队伍，要不我们为什么要请苏联专家坐在莫斯科为三门峡水电站搞设计？结果搞出来的完全脱离实际。有些人还要将大坝再加高一米，能把西安都淹了。河南、山西、陕西三省中，受祸害最大的就是陕西，我能同意吗？我们一定要培养自己的水利专家，建设自己的水利队伍。"在姑父的循循善诱下，我最终报考了大连工学院（现大连理工大学）水利系。

在我的恋爱、结婚这件人生大事上，姑父同样倾注了全部的爱。我和丈夫张承德与其说是自由恋爱，倒不如说是姑父姑妈，还有姑父的老朋友杨明轩伯伯他们一手促成。

张承德是他们老朋友的儿子，他们都对承德打心底里喜欢。姑父看人独具一双慧眼，他喜欢好学上进有礼貌的孩子。姑父为我精心挑选了丈夫，而且从千里以外的西安把我母亲接来北京，专程来相看他们为我挑的人选。姑父幽默地对我母亲说："人常说一个女婿半个儿，我们可给你选了整个一个儿！"姑父为了我的生活幸福，把什么心都操到了。

姑父不仅为我挑选了一生的伴侣，他还亲自为我操办了后来的婚礼。这可是他老人家生前一手操办的唯一一次婚礼，而只有我独享了这种特殊的待遇。

时隔半个多世纪，但结婚那天的场面仍历历在目。那天姑父姑妈为我的婚礼准备了几桌精美的家宴，并请来了好多尊贵的客人，这些都是姑父的至亲好友，例如有时任国务院副总理习仲勋的夫人齐心阿姨及其子女（桥桥、安安、近平、远平），有姑父的老友、民盟中央副主席杨明轩伯伯和他在北京的所有家人，有时任西北局监委书记方仲如及夫人和子女（大鹏、二鹏、和平），有时任陕西省省长赵伯平及女儿（珍珍）；有时任国务院机关事务管理局局长高登榜夫妇及其子女……

姑父非常高兴地接待每一位来宾，并和大家分享这份喜悦。婚礼并不豪华，但非常热闹，充满了亲情友情。礼物也并不名贵，但它却记载着那难忘的时刻。

婚礼那天我们和所有来宾的合影照片，以及齐心阿姨送给我们写有她亲笔题词的笔记本，我完好无缺保存至今。

婚礼是在我刚刚考上大学，还没有报到时举行的，对此姑父也有他的考虑。他让我到校后将结婚照片夹到课本里面，避免外界干扰影响学习。

悠悠岁月过去了五十多年，我已度过了金婚之年。现在回忆起姑父姑妈为我操办的这场空前绝后的婚礼时，心中仍充满了感激，这也是我一生中姑父姑妈送给我最纯真最珍贵的礼物。

1965年我大学毕业前夕，姑父已身患重病。他为了不影响我的学习，特别让他的秘书（张奇欣）给大连工学院领导拍了一封电报，讲明我是在姑父身边长大的，对姑父感情很深，因此希望在姑父病逝的消息见报后，一定要做好我的思想工作，不能为此而影响学习。这件事领导一直没有告诉我，直到我后来看到讣告后，去向系领导请假要回北京参加姑父的葬礼时，他们才拿出那份电报交给我，并说赵老生前有交代，我们应该按他老人家的遗愿办事。这封电报我至今完好保存着，它承载着姑父对我慈父般的爱。

虽然姑父离开我们很多年了，但是我和他老人家一起生活的那些经历就像镀了金一样，永远在我的记忆里闪光。姑父，我永远怀念您，永远忘不了您对我那慈父般的沉甸甸的爱。

难忘祖父教诲情

赵武原

我的祖父赵寿山将军一生不为高官厚禄所诱，他追求真理，要求进步，却一再遭到蒋介石的猜疑迫害，最后被迫去“西出阳关无故人”的甘肃武威坐“软监”，历尽艰辛，饱经风霜。在他最艰难、失意之时，我呱呱坠地来到这个世界。

不久全家人被迫逃往边区，唯我年纪太小，被外婆吴晴兰抱回舅家躲难。善良的外婆抱着我东家一口奶，西家一口饭，受尽了难怅恓惶。为防不测，外婆还教会了我“撒谎”，无论谁问都不敢说姓赵，直至西安解放，才将我“完璧归赵”。

小学快毕业时我因病得福，有幸在祖父身边养病学习。近水楼台先得月，在享受亲情温暖之同时，我也亲闻、亲历、亲见了他老人家许多的感人往事，至今萦回脑际，挥之不去。祖父对人民，心比月还明；精忠为国家，浩气塞苍穹。他为国为民经百战，何惜官禄当土抛；海言在耳情难忘，风骨气节人品高；壮志夙愿今已酬，一代英名永世留。感谢苍天，让我有幸做了他的后人，不管他是将军还是平民，我都为他而骄傲、而自豪。

一、为五个孙辈起名

我们五个兄弟姐妹的名字全由祖父所起，而且都和他的传奇人生息息相关。

我的大姐名叫望原。1940年“四一七”战役中，祖父率领抗战劲旅三十八军在山西平陆的望原村，彻底粉碎了日寇在中条山的第十一次“扫荡”后，方知大姐出生不久。为了纪念望原战役的胜利，也为了永远缅怀流血牺牲的三秦抗战英烈，祖父特地给她起名叫“赵望原”。

祖父为我二姐起名叫荥原。那是祖父被蒋介石从中条山调往荥阳、汜水、广武一线抗击日寇，并想尽办法赈济驻地灾民。1943年时二姐出生，祖父就用荥阳的“荥”，加上山西望原村的“原”，为其起名叫“赵荥原”。

祖父为我哥起名叫陆原。1944年蒋介石让祖父到重庆的国民党陆军甲级将官班去受训，适逢他的长孙出生，祖父就给其取名叫“赵陆原”。

我是祖父的次孙。1946年祖父到甘肃武威担任第三集团军总司令，实际上是坐蒋介石软监。这时我来到人间，祖父为我起名叫“赵武原”。

最小的妹妹叫琳原。1947年祖父历尽艰辛到达晋冀鲁豫解放区的临县时，他的小孙女出生，老人家即取“临”音，疼爱地为其取名叫“赵琳原”。

凡熟悉祖父传奇人生的人，只要一听到我们五个人的名字，就能知道其中的寓意，因为这是祖父一生“于国于民敢问心”的真实写照。

二、良苦用心

20世纪50年代，祖父任陕西省省长期间，我们姐弟五人都在南郊小寨的西安市第一保育小学上学。学校实行寄宿制，我们两个星期才能回家一次。记得每到该放假的星期六下午，学校门口总是车水马龙，停了不少接送学生的大、小汽车。在我记忆中，祖父从来不用他的专车接送我们，每次都是由我父亲或者在祖父身边工作的袁德起伯伯，雇上三轮车接送我们回家。只有一次破了例，那是一个国庆节的晚上，祖父要去西北体育场参加焰火晚会，我们才坐他的顺车到了体育场门口，然后再自己走回学校。当时我们年纪小，不懂事，心里的确有些埋怨祖父不爱我们，长大后才终于明白理解了他老人家的良苦用心。

三、“你这是骂我呢”

1958年我患股骨头缺血性坏死症住进西安陆军医院（现西京医院）后，一个星期天上午，祖父专门来看我。小儿骨科是一个大病房，一共住了8个小病友。当病房大门被推开时，几个人走了进来，小病友们都朝门口看。我万万没有想到其中那位个子最高的，竟然是我时刻想念着的祖父。

他老人家到我病床边坐下后，就侧身主动和临床小病友的父亲打招呼，接着又向旁边的骨科专家陆裕朴教授了解我的病情，再挨个询问病房内其他孩子都得的什么病等等。问话中间，祖父习惯性地从衣服口袋里掏出了他的皮卷烟盒，顺手拿出一根卷烟（祖父抽的卷烟，都是祖母亲手卷制的）。

警卫员胡景汉看到后，急忙提醒他说：“赵老，这是病房，不能抽烟。”祖父听后抬头瞧瞧大家，自己先不好意思地嘿嘿笑了，随即把卷烟又放回烟盒中。在一旁陪同祖父的陆军医院院长和陆教授急忙解围说道：“赵省长是客人，可以抽。”

谁知祖父听罢却站了起来，凝望着他们半开玩笑地问道：“是客人就能抽？你这是当着孙子的面骂我呢！”一句话把全病房所有的人都逗得哈哈大笑起来，气氛相当活跃。祖父走后，病房护士和小病友的父亲都对我说：“赵省长咋就这么幽默风趣，以身作则，一点官架子都没有，连我们普通老百姓孩子的病都问到了。你这娃真是好福气，摊上这么好个爷爷。”

祖父是叱咤风云的抗日名将，又是共和国的开国功臣，却始终功成不居，幽默大度，严于律己，宽以待人，永远是我做人的楷模。

四、三年大饥荒中

1959年底，祖父调到北京全国人大常委会工作，不久即接我到他身边生活养病。三年大饥荒中，全国人民都在勒紧裤带过日子，而在京工作的老领导们，日子过得甚至比地方干部还要苦。

祖父年近七旬，组织上配给高级领导干部的供应十分有限，他还要照顾祖母和病中的我，生活艰苦之程度，真可用“捉襟见肘”来形容。我实在不忍心从两位老人家口中夺食，就坚持要和他身边工作人员们一起吃饭（每天都是少许粮食煮萝卜条，还有窝窝头与咸菜）。祖父心疼我有病，实在于心不忍，可他又想不出其他好办法，只能同意了我的要求，而把每天专给他和祖母炖的一小锅烩菜剩下一点，再泡上半个馒头看着我吃下去。

一次，青海省任谦副省长来北京开会，看到祖父的生活如此清苦，就特意让人捎来半扇野黄羊肉（那个年代还没有动物保护法）。祖父自己舍不得吃，而是让炊事员袁建华把肉全炖了，又趁着星期天，把在北京的陕西乡党们如杨明轩、赵伯平等人，都请来吃顿羊肉泡馍解馋。就连他老人家身边的所有工作人员，包括司机赵世玉的小孩子们，也都人人有份。

五、一场误会

1961年冬，祖父带我去天津看病。当年北京到天津的公路沿途设有许多军事禁区，挂着“外国人未经允许不得入内”的大牌子。但当我们乘坐的汽车行驶到中途一个检查站前时，却被执勤哨兵举旗拦下了。大家都不知发生了什么事，而祖父却笑着摘下墨镜，风趣地说道：“哈（坏）咧，娃们把我当成大鼻子（外国人）了。”

那时候中国大陆的外国人确实是凤毛麟角，走到哪里都十分显眼。祖父高大魁梧，高鼻子上又戴着墨镜，还穿着黑色皮大衣，加之坐在副驾驶显眼的位置上，难怪要被哨兵误以为是外国人了。哨兵走到车前一看，自己先不好意思地笑了，马上向祖父立正敬礼：“报告首长，对不起。”立刻挥旗放行，这一幕把大家都逗笑了。

进入天津市区后，在一个十字路口河北省委书记王世英爷爷的小车正等在路边，是专门来给我们带路的。我们住进了天津市政府招待所后，祖父和王爷爷是老友见面，分外高兴，不一会儿就说起来天津路上发生的小误会，把王爷爷也逗笑了。王爷爷对我们说：“赵老的大红鼻子，当年抗战期间连山西的老百姓都知道，日本鬼子都害怕大红鼻子将军赵寿山呢！”祖父却半开玩笑地说道：“我的大红鼻子是撞墙撞出来的。”这就是我功成不居、谦虚和善的祖父！

六、“一文钱”困倒英雄汉

1961年，中国大陆正处在大饥荒困难时期，老百姓食不果腹。那时共产党对高级领导干部的要求十分严格，他们家中的房、水、电、煤等费用，甚至连冬天锅炉工的工资等，都要由首长本人支付；家属因私用车，司机每月按里程数报到国务院机关事务管理局，一律从领导干部工资中扣除。除了高级民主人士、无党派人士每月另有生活补助外，其余中共党员高级领导干部，除非有特殊情况，一律都是靠那点死工资生活。

祖父平时社交广，朋友多，花销大，又经常接济身边工作人员和找上门的穷乡党，加之他酷爱购买书画，因此手头一直很拮据。他带我到天津看病，骨科专家方先之教授建议给我制作一副特别支架，进行辅助治疗，大约需要预交200元钱。谁知道为了拿出这200元钱，确实把身为高级领导干部的祖父给难住了。无奈之下，他老人家只好让张秘书把自己的虎皮大衣（抗战时期穿过的）悄悄拿到王府井信托商店去典卖，以解燃眉之急，可真到了“秦琼卖马”和“一文钱”困倒英雄汉的窘地。

在那个年代，各行各业的政保制度都很严格，从业人员的警惕性也都颇高，而虎皮大衣又绝非一般物品，加之张秘书还是坐着吉姆轿车来的，肯定要遭到店方怀疑了。保卫人员不但扣了大衣，还让张秘书出示工作证件。张秘书被“审问”得哭笑不得，只能实话实说，然而店方却仍然半信半疑。他们按张秘书证件上的工作单位，给国务院机关事务管理局打电话核实。本来一件平常小事，想不到却越捅越大了，这让张秘书和祖父都始料未及。其实也不能全怪信托商店，谁能相信一个党和国家的高级领导干部，手头竟能如此拮据呢？

国务院机关事务管理局的高登榜局长，当天下午就来到祖父家中，连连抱怨他老人家有困难为啥不给组织讲，太不注意影响，弄得他们的工作很被动。祖父却宽厚地笑着说：“给孙子看病是私事，有困难我自己能想办法，咋能向组织开口呢！”说到最后，祖父也不肯要组织照顾，高局长只能苦笑着说：“赵老啊，你太要强了。”

1964年放暑假后，我去北京看望祖父。在东四隆福寺百货商场看到一种医疗仪器降价处理，只卖10元钱。我从小爱摆弄电子产品，心想买回去后改成信号发生器挺划算，于是兴冲冲跑回家向祖父要钱。可祖父翻遍了全身口袋，也恰好只有10元钱，都给了我……当年这些桩桩件件的小事情，都是我的亲身经历，不然连我自己都不会相信，一个为国家民族戎马一生的老将军，自己晚年的日子竟然会如此清苦拮据。

祖父在陕西工作期间，从未给自己和家人要过一间公房，一直住在甘露巷6号没有暖气的家中。1955年，祖母用拆下来的废砖盖小二楼时，因地基情况复杂不能挖深（恐怕影响到东边邻居），只好全部用钢筋混凝土处理，致使建筑费用加大，出现亏空，中途就盖不下去了。组织上因祖父从未住过公房，按政策规定给他补助了部分费用，才解了燃眉之急。多年来祖父一直没有忘记此事，1965年他患病后，一再叮嘱我父亲赵元介，他死后把甘露巷的私产全部无偿交给国家。

七、无私的爱

祖父心地善良，同情弱者，他不仅疼爱自己的孙辈，同样经常关心、帮助、疼爱那些和自己没有任何血缘关系的贫苦孩子们。我祖母娘家有个养侄女叫东兰，按辈分我叫她姑。东兰姑是个受苦人，原籍汉中南郑，来到我家后，祖父祖母待她都很好。

东兰姑给我讲过一件让她终生难忘的事情，我听后也深受感动：20世纪60年代，东兰姑到北京看望祖父、祖母（她叫姑父、姑妈）。因她从没来过北京，祖父想让她多玩些日子。一天祖父正好没有开会，他亲自带着东兰姑去了北京动物园。

到动物园买门票后，祖父让东兰姑自己进去转，他自己则坐在动物园大门内的长条凳上，耐心等着东兰姑。时值北京冬季，风沙大气温低，已年近七旬的祖父，为了一个和他没有任何血缘关系的小姑娘能享受到亲情温暖，居然在凛冽寒风中坐了几个小时。他身旁的游客如梭，而又有谁能想到、能认出这位白发苍苍、慈祥和善的老人家，竟是一位当年让日寇闻风丧胆的抗日名将呢！东兰姑出来后看到这一切，她哭了，至今谈起此事来，仍是两眼含泪。自从听完这个故事以后，每当我途经北京动物园时，总要不由自主地向大门内多瞧几眼，仿佛祖父仍坐在那里，朝着我们微笑……

祖父对烈士遗孤更是充满了爱心，千方百计帮助他们渡过难关。已是耄耋老人的李俊良亲口给我讲，新中国成立前他父亲因组织抗日队伍，被国民党特务逮捕杀害。母亲刘秀莲在带着他和妹妹逃难的过程中，妹妹又不幸被狼吃掉，母子二人挣扎在生死线上，随时都有饿死街头的可能。祖父祖母发现后，收留他们母子到我家。不久祖母又说媒，把在自己家干活的李尚科介绍给了刘秀莲，帮助两个苦命人成了亲，让烈士遗孤李俊良有了一个新家。李俊良有了继父之后，祖父很感欣慰，他摸着李俊良的头，哈哈大笑着说道："这件事办得好，俺娃有了新家了！"

1947年我们全家人进入边区后，刘秀莲等被国民党特务捆绑殴打，流落街头，濒临绝境。全国解放后祖父、祖母回到西安，立即派人找回了这一家人，并在潘家村给他们置地盖房，从此过上正常人的日子。如今李俊良已到耄耋之年，说起当年事，仍然不忘祖父对他们母子无私的关爱。

八、看见小孩子们格外亲

祖父一生有很多爱好，他总是不断挤出时间博览群书，实在令人敬佩。他坚持练书法，写诗词，钻研古文，打太极拳，下象棋等等，甚至对李仪祉先生的《水工学》也研究颇深。

小时候我就跟着他学打太极拳，他还让我们临摹毛笔字，又买来《中华活页文选》等书籍，让我们课外阅读，开阔知识面。只可惜我未能坚持下来，现在想起来真有些身在福中不知福，愧对他老人家的厚望和教诲了。

祖父有老朋友还有小朋友。他在陕西工作期间，经常喜欢去幼儿园、托儿所，和孩子们在一起，给他们发糖果，老少同乐。有一年祖父外出视察，在列车上碰到一位小乘客，象棋下得很好，他马上让工作人员把这个小朋友和他父亲一起接到自己的车厢，祖孙两人杀了一路。临下车前，祖父抱着这位小朋友仍舍不得放手，并疼爱地用胡子扎小孩子的脸，惹得大家都笑起来。祖父喜爱小孩子的习惯动作，就是抱起来用胡子扎，他也不管娃娃们脸上有鼻涕没有。

祖父在西安工作期间，每逢天气好时，甘露巷的小孩子都爱坐在我家大门口的门当（石墩）上，一边晒暖暖一边玩。他老人家回来一下汽车，只要看到娃娃们，就高兴地一把抱起来说："来，让爷扎个胡子！"扎得小孩子们又喊又叫，周围的邻居们见状，都被逗得哈哈大笑。在这些小孩子的眼中，祖父不是什么将军或者省长，只是隔壁爱用胡子扎人的赵爷爷。

当年的那些小伙伴们，今天也都和我一样，过了花甲之年，但每当我们碰到一块时，只要聊起童年趣事，就不由得回忆起这位慈祥的老人在世时对小孩子发自内心的疼爱。

九、不是老师，胜似老师

祖父对后辈人要求虽然严格，却少有声色俱厉，多是幽默诙谐，以理服人，言简意赅。本来很平常的事经他的口说出，就会让你终生难忘。小孩子一旦犯了错，祖父从来不搞压服，总是妙语解颐，让你心服口服，自觉去改正。

我离开祖父从北京回到西安后，他老人家仍不时操心关心着我，经常来信询问我的身体和学习情况。我的去信他基本上都是亲笔答复，因此这个阶段也是我和祖父通信最多的一个时期。

1964年我加入共青团以后，因不爱发言而受到学校团委书记的批评，心里不服，想不通，就给祖父写信诉委屈。祖父当时正忙于开会，却仍在百忙之中挤出时间，于1965年1月9日（后来才知道他老人家此时已患上重病）专门给我写了长达6页的亲笔信。除过询问我的身体和升学打算外，特别就我诉的委屈写道："你的不说话，我曾向你指出过多次，但我没有反反复复说明道理，使你领会不深，犯了错误，得到团的教育，这就是在组织的极大好处。以后必须要热爱党、热爱团的工作。遇到反对党、反对团的言行必须立即反对，积极争取首先发言。日常必须坚持真理，维护正义，遇到反对真理与正义的人或事必须说话，表明自己的观点”，“一定要实事求是，不扩大事实也不包庇错误，那就对了……”他老人家就是这样循循善诱给后辈人做思想工作，从来不搞压服那一套，不是老师胜似老师。这是他写给我的最后一封家信，我至今完好保存着，想他老人家时就拿出来读读，经常又是更添思念。

在对待自己两个孙子的婚姻问题上，祖父可能受到幼时“见了有钱有势的人，既嫉且恨，甚至主张不与富人结亲”的影响，他老人家要求我们弟兄两人最好能找工农家庭的女孩子为伴。祖父说，工农子女从小吃苦，懂得珍惜生活，忠于感情，好坏日子都能过，轻易不会见异思迁，能靠得住；而有些干部子女往往让家里娇生惯养坏了，吃不下苦，虚荣心又强，是衣服架子，是花瓶，万一把这样的少奶奶娶回家，你能伺候得起？

祖父的话不管别人怎么理解，我们兄弟两人都是按照他老人家的希望去做的，几十年来受益匪浅。在家庭婚姻和生活作风问题上，我们从来也没有给他老人家丢过脸。

十、临终切盼后人

1965年春，祖父在西安时被怀疑患上了食道癌，陕西方面立即送他回北京做进一步检查。不久我接到家人来信，说他老人家的病已被确诊，而且由于发现太晚而失去手术机会，只能采取保守治疗减轻痛苦。接信那天，我正在家中复习功课，准备迎接中考。得此噩耗，我顿时蔫愣在那里半天缓不过神来。原先想着可能只是一场误诊的期盼，被这封信一下子击得粉碎。

我呆呆凝望着院中的白玉兰树，头脑中一片空白。祖父对这棵白玉兰树有着特殊的感情，这是他在陕西工作期间亲手栽下的，因此特别钟爱。他老人家每年回来，都要仔细观赏很长时间，眼光中总是流露出善良、喜悦和满足。他老人家到北京以后，仍时刻牵挂着这棵白玉兰树，并希望我给他写信时，把白玉兰树以及院中花花草草的生长情况也同时告诉他。

1965年开春，白玉兰树仍像往年一样，期盼着自己的主人能如期归来，观赏她挂满枝梢、娇娆怒放、洁白如玉的白玉兰花。然而这一次却让她失望了，主人没有回来，可能永远也不会回来看她了。白玉兰花开始枯萎凋谢，花瓣围绕树干覆满一周，不久即将化作泥土，“质本洁来还洁去”。睹物思人，触景生情，一个月来积压在心头的思念和悲情，让我再也无法控制住自己的情绪，独自在院中放声号啕大哭了一场。

我再也无法静下心来复习功课，心早已飞往祖父身旁，只想早日看到他老人家。好不容易熬到5月底中考结束，我和妹妹琳原便急不可待地踏上开往北京的列车。6月3日下午，家人安排我们去医院看望思念已久的祖父。我们刚走到病房门口，就看见他老人家正斜躺在病床上，比离开西安时又消瘦了很多。祖父的鼻孔中插着橡皮管，护士正忙碌着给他抽痰。我看见他老人家的喉部被切开了一个孔，说话时要用手堵住孔，才能发出声来。看到祖父遭受如此痛苦和折磨，我的泪水一直在眼眶里打转转。

我和妹妹叫了一声：“爷”，祖父抬头看见了我们，他没有说话。当护士抽完痰之后他才坐起身来，让护士把他扶到门口靠窗的沙发上坐下，我们也赶快端过椅子坐在他对面。祖父第一句话就问我们：“干啥来了？是逛北京来了？”妹妹忙回答：“您有病，是王震爷爷让通知我们来看您的。”他老人家听罢点点头，我们赶紧握住祖父的双手，好久都没有松开。

歇了一会，祖父开始询问我的考试情况，他说：“你的功课轻，要多读一些书。你的字写得不好，要天天练，不要急躁，最少坚持十五年。你的文章结构不如你姐你哥，今后不管搞什么工作，写论文都用得上。”接着他又开始询问我的腿病恢复情况，一再叮嘱我：“你上学时骑自行车一定要慢，不敢摔跤，身体是本钱，一定要好好保养，要叫爷放心。”

当听到妹妹汇报说她在学校劳动中被评为优秀时，祖父伸出大拇指高兴地笑了。接着他又伸出来两个手指头，兴奋地对妹妹说：“懒、馋这两个字一定要改掉，一个也不留。你的衣服穿得太好了，不怕衣服旧，只要品德高。生活上一定要向工农子弟看齐，自己本事没学会，穿得再好，走到街上人家也会骂，说这是赵某人的孙子。”说到这里，祖父随即摸摸自己的脸说道：“这是给爷脸上抹黑，给爷丢人呢。”妹妹急忙解释：“这衣服是大姐姐穿过的。”祖父听后才没有再说什么。他又接着对我说：“爷给你的信好好看了没有？”我回答道：“都好好看了，您说的我都记住了。”他老人家叮嘱我：“今后遇到大是大非问题就要表态。你不爱发言不好，可也不能乱发言。不要搞自由主义，等想好了再说。新中国的青年人要有朝气，要像蛟龙，像活虎……”

半个钟头就这样很快过去了，祖父与我们谈话时，喉咙里的痰不断增多，我不时为他老人家擦着嘴边。这时候护士走过来，要给他老人家抽痰，祖父却显得意犹未尽，他抬起头来看看护士苦笑着说：“你打断了我的谈话。”护士急忙给他解释：“赵老，实在对不起，我很快就能抽完，抽完后您再谈，好吗？”祖父看看护士又看看我们，只好点头同意了。

由于几个月来完全无法进食，他老人家已骨瘦如柴，身心早被癌魔时时刻刻无情摧残，忍受着人间极刑般的折磨。这种痛苦如果放在一般人身上，烦躁的情绪肯定难以控制，精神上早就受不了了。可祖父对待他身边的医护人员，仍像平日那样亲切和善，从不乱发脾气。他老人家是在咬着牙和病魔奋力抗争着，这该需要多大的忍耐力啊！

抽完痰后祖父又和我们说了一会儿话，护士怕他体力消耗过大，一再催促他上床休息，我们只好依依不舍地和祖父告别。他老人家握着我们的手，一再叮嘱我们：“要热爱党，热爱穷人，记住是爷的孙子，让爷放心……”我强忍泪水对祖父说：“爷，您安心养病，您的话我们都记住了。”

十一、永远的丰碑

得知祖父罹患重病住院的消息后，他老人家在全国各地的老战友、老朋友、老部下，都陆续赶来北京看望他。陈毅副总理代表组织深情地对家属说：“赵寿山同志一生为党和国家民族做了不少工作，同志们知道他生病后都很挂念。请你们家属不要着急，组织上会竭尽全力的。”

祖父在第一野战军时期的老部下王震将军，当时也在北京医院住院，他关心地问：“孙子们为什么都没来？”家人回答：“有几个在部队，我大（爸）怕影响不好，不让通知他们。”王震听罢立即说：“这都什么时候了，赵老还是这样律己。你把孙子们往北京叫，赵老是我的老上级，谁有意见就说是我叫的，我担着。”这样，由王震将军出面，给正在上军校的哥哥姐姐请了假，赶到北京来和祖父见了最后一面。

哥姐们服役部队中的许多首长，都是祖父当年的老部下。他们在得知赵将军罹患重病后，托哥姐们一定代他们向老首长问好。来自远方的问候，给重病中的祖父带来一丝安慰，但他老人家更牵挂着仍在蒙冤受屈的彭德怀和习仲勋，希望能在自己临终之前，最后见上老战友们一面，诉说衷肠……

由于祖父早已不能喝水和进食，他老人家只能通过橡皮导管从鼻孔中注入流食，癌魔无情地消耗摧残着他的肌体，他的健康状况愈来愈差。北京医院急需进口的酪蛋白来为他老人家补充营养，以增强自身抵抗力。而这种药当时在北京市各大医院都没有，后经过卫生部查询，得知北京军区库房里还有少量存货。由于部队和地方医院之间无法直接调拨，卫生部为此又给中央打了报告，希望部队能给予支援。后在有关部门协调下，北京军区一路绿灯，将库房里的进口酪蛋白全部调拨给北京医院。

1965年6月20日晚9时50分，我最敬爱的祖父赵寿山将军，他没有倒在充满硝烟的战场上，却被猖獗的癌魔耗尽了全部气力，走完了“半生戎马、半生革命、律己、常怀忠烈……临终切盼后人”（高崇民挽联语）的辉煌人生，在北京医院阖然病逝，永远离开了我们。

6月23日上午10时，党和政府在北京中山公园中山堂为祖父举行了隆重的追悼大会。会后，他老人家的骨灰安放于人民共和国功臣的安息之地——北京八宝山革命公墓第一室。

光阴荏苒，岁月如梭，半个多世纪过去了，令人欣慰的是，当年祖父抗日战斗过的河北、山西、河南以及陕西的父老乡亲们，却至今都没有忘记这位“于国于民敢问心”的老将军：

河北乏驴岭村民已自费为赵师长和十七师立碑祭奠，感动了每一位懂得知恩图报的中国人；晋西南地区的老百姓，几代人传颂着赵军长和三十八军在中条山抗战中立下的赫赫战功；晋东南地区的人民和政府，至今完整保存着由赵师长亲笔题字的抗战英烈纪念碑；河南荥阳苏寨村的三苏祠堂，是赵军长抗战期间居住和指挥战斗的地方，虽然70多年过去了，但这里的老百姓却仍然不忘他们的赵军长，不但自发保护他的抗战旧居，而且年年怀念岁岁祭奠。

“人生自古谁无死，留取丹心照汗青”，我的祖父赵寿山将军用他激荡着波澜壮阔的人生长卷，向国家民族交出了一份满意的答卷。有一首诗中歌颂道：“有的人死了，但他却活着……”而祖父就是这样的人，他在抗日战争和和平年代对国家民族立下的不朽功绩，必将被河北、山西、河南和陕西的老百姓世代相传。他是人民心中永远的丰碑，虽死犹生。

想见音容空有泪　欲闻教诲永无声

赵琳原

我的爷爷赵寿山将军离开我们已经整整48个年头了。48年，弹指一挥间，我由十来岁未谙世事的小姑娘，成了一位年逾花甲的老人。时光荏苒，但在我的内心深处，深深感觉到爷爷根本就不曾离我远去，爷爷的言、行、举、止还是那么一如既往地影响着我，在我的一生中打下了深深的烙印。

爷爷虽然在旧社会生活了很多年，但是他要求进步，追求真理，忠贞不渝，终生不变。正如习仲勋伯父在1985年纪念爷爷逝世20周年时，怀念爷爷说的那样："赵寿山同志的一生，是革命的一生，光荣的一生。他爱国爱党爱人民，胸怀大志，忠贞不渝；他识时务，顾大局，正直坦诚，爱憎分明；他讲团结，守纪律，生活简朴，平易近人；他活到老，学到老，严于律己，身体力行。"虽然我不完全知道爷爷的人生经历，但就习仲勋伯父对爷爷这段评价，就足够让我们后人骄傲一辈子，学习一辈子。

爷爷的一生，是一幅激荡着波澜壮阔的人生长卷，充满了太多的传奇色彩。爷爷出生于"国事不堪民益苦，列强环伺谋瓜分"的中国封建君主制度末期，家境贫寒，但忠肝义胆的爷爷从小就立下“扛洋枪打洋鬼子”的报国志向；辛亥革命后，爷爷先后亲历了北伐、西安事变、抗日救国、推翻蒋家王朝、建立新中国、巩固新政权、共和国经济建设等历史时期，饱经风霜，历尽艰辛。在不同的历史时期，一生以爱国爱党爱民为己任的爷爷，都写下了可歌可泣的浓浓一笔。

爷爷向杨虎城将军提议逼蒋抗日，在西安事变中起了无人能替代的历史作用；他带领陕西子弟兵风雪娘子关，血战中条山，在望原会战中立誓“守不住望原，砍下我赵寿山的头扔进黄河”的铮铮誓言，先后粉碎了日军11次“扫荡”，被卫立煌将军称为“中条山的铁柱子”；毛泽东主席评价爷爷是“日在虎口，安之如夷”、“吃国民党的饭，而为革命工作”，被毛泽东主席亲自批准接收他为中共特别党员。爷爷在国民革命军历任排、连、营、团、旅、师、军长，集团军总司令；到达陕北后担任人民解放军第一野战军副司令员，新中国成立后出任青海省主席，陕西省省长，以及全国人大常委，国防委员会委员等职……

从我记事时起，从未听爷爷给我们讲过他曾经的辉煌，只是从小就不停地教育我们爱党、爱国、爱人民，艰苦朴素，勤奋学习。在我的眼中，身材高大挺拔、仪表堂堂、脸上皱纹深深的爷爷，就是一个平平常常、总爱吃奶奶做的户县浆水臊子面、总爱抽奶奶亲手卷的旱烟的满口陕西口音爱听秦腔的慈祥老头儿……

爷爷爱党爱国爱民用心之专，用情之深，用力之大，非常人所能及。1937年初，按照爷爷当时的财力和地位，完全可以将自己唯一的一双儿女，送到国外条件更好的大学去学习深造，以图将来的发展。然而爷爷却并没有这样做，而是将我的父亲赵元介、姑妈赵铭锦和母亲吴琦都送到条件艰苦的延安红军大学（抗大前身），从此走上了革命道路。仅此一点，就让后辈足以感受爷爷“国家有难，匹夫有责”的拳拳赤子之心，以及对中华民族兴衰的强烈责任感。

1940年4月，日军向中条山发动了新一轮大扫荡。这场后来被称为“望原会战”的战事是第四集团军与日寇的又一次“生死对弈”。据资料记载，在1940年“四一七”战役（望原会战的别称）前，时任三十八军军长的爷爷向一战区参谋长郭寄峤说：“你转告卫（立煌）长官，守不住望原，砍下我赵寿山的头扔进黄河！”经过近10天鏖战，最终以日寇仓皇溃退结束。

那次战役中，爷爷还亲手缴获了一把日本军刀。当爷爷向家里传达捷报时，恰好大姐刚刚出生不久，爷爷便给大姐起名为“赵望原”，后来出生的四个兄弟姐妹分别是“荥原”“陆原”“武原”“琳原”，我们兄弟姐妹五个人的名字都和望原这个小村落息息相关。爷爷就是以这种方式，处处表达着自己对祖国、对人民的深切而强烈的大爱。

爷爷生活特别简朴，平易近人，他有许多老朋友和小朋友。对身边的工作人员来说他就是家人；对老百姓来说，他就是亲人；对同事们来说，他就是熟人；而对小朋友来说，他更是一个和蔼可亲的老人。他老人家只要看到娃娃们，经常会高兴地一把抱起来：“让爷扎个胡子！”扎得孩子们又喊又叫。周围的人见状，都被逗得哈哈大笑。当然，我小时候也没少被爷爷扎过。在我们这些孩子们的眼中，爷爷根本不是什么将军、省长，只是一个爱用胡子扎人的慈祥可亲的爷爷。

爷爷在战场上，是让日本人闻风丧胆的运筹帷幄的大将军，在家里却是一位慈祥仁爱的长者，心细如丝，心柔如棉。爷爷对我们姐弟五人都很疼爱，但决不娇惯。教育我们一定要向工农子弟看齐，生活不能偷懒，不要图虚荣。爷爷调任北京后，经常要求我们给他写信，写什么都行，谈什么都行，就是不能偷懒不写信。有一次，爷爷好久没有接到我的信了，就直接写信问：“琳原无信，想是成绩不好，应该批评、帮助……”爷爷一再叮嘱我们不要有“骄”“娇”二气，要向工农子弟学习，要能吃苦，不要给爷爷丢脸，任何时候都不能有优越感。爷爷说干部子弟容易有优越感，是因为他们比别人知道得多，父辈的官比别人的大，生活条件又比别人好，但这些都不是自己挣来的，不是本事，不能拿运气当本事。

幼时的熏陶和耳闻目染，对我们人生观的形成，起了举足轻重的作用。我从小比较爱好文艺和体育，但也有一点爱打扮图虚荣。爷爷看在眼里急在心上，很为我操心。为此，他老人家用苍劲有力的毛笔字为我写下了座右铭："懒、馋、贪、占、变是马克思列宁主义分析一个人坏的发展规律。就是说，由懒开端，经过馋、贪、占的过程，到了变质的危险！！！可不戒哉！！！琳原存念，一九六四年秋，寿山书于北京。"这个座右铭不仅仅是爷爷留给我一个人的，更是爷爷留给我们后辈的人生警句，时时刻刻地告诫着干部子弟处处要防微杜渐，不贪不占，迈好人生的每一步。爷爷留下的这张座右铭，已成为了我们家的传家宝，将一代一代地传袭下去，时时刻刻警示自己，激励后人。

1965年初，爷爷生病回到北京住院后，我就一直没见过爷爷。直到6月初，父母才急匆匆地安排二哥武原和我坐火车到北京医院探望思念已久的爷爷。6月3日那天中午，我和哥哥走进了病房，轻轻叫了一声："爷！"仅仅五个月没见，爷爷一下子瘦了许多，鼻子上还插着橡皮管，喉咙开了一个口，护士正忙碌着给他抽痰。我望着爷爷，泪水在眼眶里晃了一下，哗地一下子就涌了出来。

爷爷见到我和哥哥，用手盖住喉咙，第一句话就是："干啥来啦？是逛北京来了？"我们边抹着眼泪边回答爷爷："爷，您有病，是王震爷爷让通知我们来看您的。"爷爷听罢点点头，分别握住哥和我的手说："别哭，见了爷，应该高兴才是。"待哥和我的情绪平静下来，爷爷就问了哥学习方面的事。当我在病床前向爷爷汇报我在学校劳动中被评为优秀时，爷爷不由自主地伸出大拇指，高兴地笑了，他老人家又伸出两个手指头，严肃地对我说："琳原呀，懒、馋这两个字一定要改掉，一个也不留。你的衣服穿得太好啦，不怕衣服旧，只要品德高。生活上一定要向工农子弟看齐，自己本事没学会，穿得再好，走到街上人家也会骂，说这是赵某人的孙子。"说到这里，爷爷摸了一下自己的脸说："这是给爷脸上抹黑，给爷丢人呢。"我急忙解释："爷，这衣服是大姐穿过的。"爷爷听后，才没有再说什么。临离开医院时，爷爷又握着哥和我的手，一再叮嘱："娃，记住做爷的好孙子，让爷放心……"

虽然爷爷永远地离开了我，但爷爷对我的谆谆教诲永世难忘。我也正是按照爷爷的嘱托，一生爱党爱国爱人民，在不同的岗位上兢兢业业地工作。今天祭文一篇来纪念我亲爱的爷爷，就是为了继续学习和发扬光大他老人家为国为民献身革命的精神和于国于民敢问心的高尚品德！

我永远怀念亲爱的爷爷！

附录一

自 传

赵寿山

一、家庭状况

我原名生龄。于甲午之战的那年（1894 年 11 月 21 日）生在陕西户县北乡的定舟村中。父亲是个贫农。母亲曹姓。我兄弟姊妹 6 人。一家 8 口，全赖父母的耕织，生活苦困，可想而知。当我 13 岁的时候，地主突然收回租给的田地。父亲由愁而病，终至于死。这件事对我的家庭，简直是晴天霹雳。此后，我哥和我渐渐长大，可由母亲陪伴从事陇亩工作。两个弟弟也可分劳。这样，家境也就渐渐地好转了起来。后来，我入军界做事，尤其在汉中任绥靖司令时，利用职权，做商业活动，置产积财，因此致富。近闻胡宗南已将大部分财产拍卖，其余部分，当任解放后的群众处理。我家现人口是 39 人。在解放区内者 9 口，多系自己的直系亲属。其他，则受我北来的影响，散逃四方。

二、学历及经历

我 9 岁时，才开始读书。自己的勤奋，不仅博得塾师魏康侯的赞许，甚至常得其资助。16 岁，我考入陕西陆军小学。辛亥革命后，入西北大学预科（后改为省立三中）。旋又转学陕西陆军测量学校，于民国 3 年夏毕业。除在西北大学预科第一学期得族人赵鹤皋资助外，其他全是官费（月得津贴 2 两）。当时，校方规定，名列前 10 名的，月可得奖金二三两。这就使我在陆军小学、测量学校时，不仅不需家庭负担，且可年得 20 余两白银，以补家庭之不足。

民国 3 年秋，我踏进陆军测量局当测量员。直到 7 年秋，应友人史可轩之召，才入了靖国军司令部充一等科员。9 年，投效冯玉祥的陆军第十六混成旅，任上尉参谋，兼教导团学兵团地形教官。11 年，冯赴北平陆军检阅使任，升我为少校参谋，仍兼教官职。13 年夏，赴陕北杨虎城部任教导队队长。继升教导营营长（吴岱峰、孔从洲、刘威诚都是当时的学兵）。14 年，杨［部］被编为国民军第三军第三师，奉命驱逐北洋军阀刘镇华、吴新田。15 年春，刘反攻，杨坚守西安，我被调升师副参谋长，仍兼教导营。后来，冯师东征，西安围解，杨编为国民革命军第二集团军第十军军长，参加北伐。我被升补充团团长。继升补充旅长。北伐后，全国缩编，被编为廿二师第七团团长。蒋冯大战后，再被编为十七师五十一旅一〇一团团长。19 年春，蒋冯大战再起，杨任十七路军总指挥。孙蔚如继任十七师师长，我升五十一旅旅长，继兼汉中绥靖司令。“双一二”［双十二］后，升十七师师长。27 年夏，升三十八军军长。33 年春，升第三集团军总司令。秋季，赴陆大受训，34 年 1 月期满。35 年 8 月弃职辗转于 36 年 3 月，踏进解放区。

三、思想的变迁

我幼时，由于自己的贫苦，见了有钱有势的人，既妒且恨，甚至主张不与富者结亲。及至在乡间大会上，听了进步绅士张子甲“列强瓜分中国”的演讲，就动了掮洋枪、打洋鬼子之念。后来的由私塾，而陆军小学、测量学校，以至投身行伍，无非受了张子甲、魏康侯等富国强兵思想的驱使。这笼统模糊的思想，一直继续到大革命的前夕。大革命时，友人中如赵宝华、杨明轩、魏野畴、刘含初、王授金等，都是一时的显要，我虽与之常相过往，由于认识不够，总感觉他们的思想行动太左，未肯随声附和。虽经友人数次征求入党，终未接受。不过，大革命失败后，我对投奔前来的共党分子，仍是妥为掩护，或资助其自奔前程。在十年内战中，由于形格势禁，我的思想愈为模糊，只知盲目服从杨虎城个人之领导，因对杨具有信仰的缘故。19年，杨率部入关。我以为正是发展西北，为救亡图存奠定基础的绝好时机，曾力主之。不想为时未几，备受蒋贼压迫，计划一再受挫，精神既极颓丧，生活的堕落腐化更不用问了。25年春，我因病赴平就医。后南下至京沪一带游历，历时七月，得随时购阅进步书籍杂志，并与在沪之杨明轩、杨晓初等不时晤谈，知识一天一天地增加，思想也就因之明确化。认为“非团结不足以言抗日，非抗日不足以言救亡”。后来回到陕西，就向杨上了个《抗日建议书》，力陈停止内战，一致抗日，为救国家、救西北与救十七路军的唯一出路。杨之敢与[于]发动“双一二”[双十二]义举，这建议书似乎起过推动的作用。事变期间，我驻防三原，警备渭北，与红军首脑彭德怀、任弼时、贺龙、左权、杨尚昆、陆定一等朝夕往还，获益更多。因之当时凡能有助于红军之处，固无不悉力以赴也。曾忆为放蒋事，彭曾不惜费时三日以为说明，忠诚感人，至今难忘。

26年7月，卢沟桥事变爆发，我首先奉命，率十七师北上开赴保定前线。

中经漕河、阜河、滹沱河及娘子关前线，以及太原保卫战之后，部队因伤亡过重，士气沮丧，军心涣散，悲观失败情绪、逃亡逃跑现象，可谓达于极点。我在碛口切实检讨之后，提出了四项整训的办法：

一、以政治教育提高国家观念，民族意识，并坚强抗战胜利的信心。

二、办理轮训队，一周一期，一月半轮训完毕。

三、撤换腐化庸懦干部，提拔进步勇敢的干部。

四、官长以身作则，把士兵当人看，同甘苦，共生死，准许士兵有权管理自己的事情。

照这样实施月余之后，部队情况改善了许多。接着十七师开抵洪洞，适与八路军总部相距不远，这又与我以与朱总司令、左参谋长及陆部长聚谈的机会。惜为时不久，部队又奉命向晋东南进发。当时彭副总司令主持东路军，十七师在他指挥下，游击敌后，半年有余。这期间，关于部队的改进，有以下的几点：

一、成立战地服务队，血花剧团，进行对当地人民的宣传、组织及武装各项工作，配合部队对敌作战。

二、各营连选派指导员，从事连队政治工作。

三、选派班排级干部四十余，赴东部军受训。

四、常请彭副总司令到十七师为干部讲抗日战术及抗日政治工作。

五、向当地地主富农商借军队给养等。

六、先后克复晋城、长子、沁水、高平、壶关等城市。

后来，奉调赴豫北封门口王屋镇一带作战。继开抵中条山。到后，就进行了下列各项：

一、血花剧团改组，并将战地服务队扩大为战地服务团。

二、举办茅津干部训练班，内分干训队及教导队，前者旨在改造旧干部，后者旨在培养新干部。

三、创办定期刊物——《新军人》，并发行13种小册作思想、行动之指导。

四、提出“四大口号”——自我教育，自觉纪律，经济公开，人事公开。“三大禁令”——禁烟、禁赌、禁嫖。

五、顽固不堪改造者，分批给资遣散，或令其转业。

这时，我已更明显地在抗战、团结、进步总原则下，将十七师改造成坚决、自觉的抗战劲旅。事间，先后粉碎日寇对中条山 13 次“扫荡”，使日寇视中条山为盲肠，使一战区长官卫立煌也不得不喻三十八军为中条山的铁柱子。这荣誉，也无非当时政治工作之所赐。到 29 年冬，二次反共高潮到来，部队奉调南渡。姚警尘首被蒋介石电令解职，只好在隐蔽精干政策下积极活动。但干部政策，始终掌握，干部训练，亦从未中断。30 年秋，蒋竟电调本部得力干部团长以下刘威诚、张复振等 30 余人入集中营。当时孙蔚如为第四集团军总司令，亦从而压迫之。经我多方斡旋，及以全家生命财产作保，并酌送三人应命后，才渡过这一难关。但绝不是说，此后就一帆风顺，或者阻力减少。正相反，愈往后，愈是灾难重重。干部被个别收买者有之，被检查者有之，被召至政治部谈话者有之，被以各种方式调训者有之，甚至被逮、失踪，被武装袭击者亦有之。在蒋贼，固已极尽伤害之能事。但三十八军，为了抗日的胜利，为了民族的前途，只好忍辱，再忍辱，一般说是团结巩固的。直到 33 年冬，蒋最后以调虎离山之计，调我赴凉州任第三集团军总司令职。我一面将已经暴露，及不可能继续留任原职的干部资送返延。一面妥为布置，嘱令待机起义。我就这样忍痛别离一手抚育起来的三十八军了。

四、要求入党的经过

我的倾向中共，开始于“双一二”［双十二］事件。但思想的转变，实基于平津沪汉之游。在双十二期间，在抗战初期的晋东南，虽常与中共首脑接触，但尚无入党的要求。觉得身为国民党高级将领，只求在抗战团结、进步方针下，与中共一道对民族、人民有所贡献，于愿已足，似无须取得党籍增加不便也。到 31 年，敌我斗争日见尖锐，国共合作的前途，愈觉渺茫，以往顾虑，已失掉存在根据，于是有要求入党之请。当年 10 月，范明(郝克勇)奉召回延安，转达了我的愿望。12 月返部时，谓已蒙毛主席批准，并允党龄自“双十二”算起，连同300余党员的名单，也向我公开。惜为时未久，我就被调往遥远的凉州。虽为交通、环境所限，殊少作为。但以常去重庆，得与周恩来、王炳南同志联络，接受中央的指导，使自己恪尽一个党员的职责，这是我衷心自慰的地方。今天，我既然回到党的温暖的怀抱，党且为我派定工作。我想，我该有理由请求党正式批准我的党籍，确定我的党龄，使我很快地站在党的岗位，过党生活，为党工作。这就是我唯一的愿望了。

此材料来自《赵寿山死亡档案九七四九号》。并为中共中央组织部作过核对（王志强注。1984年10月12日）

与蒋介石二十年的斗争史

赵寿山

我解放前几十年的历史，主要是与蒋介石斗争的历史，整个斗争过程，可以分为两个阶段：1936 年西安事变以前，是在杨虎城将军的领导和影响下进行斗争的；1936 年以后才逐步得到和接受了中国共产党的领导，从而使我在斗争目标和斗争道路等问题上，认识从不明确逐步到明确，从自发逐步到自觉，起了根本的变化，最后坚定地投入了无产阶级的革命队伍。现在，分别按以上两个阶段加以记述。

（一）我与杨虎城将军的结合

（1924—1925年）

1917 年，杨虎城先生任靖国军第三路军第一游击支队（十七路军的前身）司令。靖国军瓦解后，各部队先后投降了北洋军阀。杨独树靖国军旗帜于陕西武功县，与北洋军阀第二十师以及刘镇华的镇嵩军全部苦战数月之后，终因敌我众寡悬殊，于 1922 年退至陕北三边。部队编为一个团，依靠井岳秀暂时养精蓄锐。我原在北京南苑冯玉祥的检阅使署任上校参谋兼军事教官。当时，帝国主义的侵略气焰甚为嚣张。我早闻杨先生颇有革命的爱国精神，尤其是在靖国军瓦解之后，能毅然不屈，坚持革命，深受感动。为了以西北为根据地，背靠苏联，进行革命，振兴国家，我于 1924 年春，偕同保定军校毕业生刘光甫、段象武等步、骑、炮、工人才至三边，参加了杨的队伍。到三边后，初在教导队任排长，不久该队扩充为教导营，遂担任营长。

1925 年，杨参加国民军第三军（军长孙岳），任陕北国民军前敌总指挥，率部南下关中，驱逐了陕西督军刘镇华和帮办吴新田。杨集合原在关中的部队，扩编为国民军第三军第三师，担任了师长。1926 年春，刘镇华率部号称 10 万围攻西安。杨协同陕西督办李虎臣坚守八个月之久，把西安这一革命根据地保存了下来。冯玉祥于是年 9 月由苏联归来，在五原誓师之后，由甘肃率部解西安之围，整顿队伍，准备参加北伐。后来，宋哲元出任陕西省主席，以于右任为驻陕总司令。我向杨建议：宋哲元在陕当主席要统一陕西，咱们不必留在陕西，免得与他搞摩擦，还是随冯出关北伐比较好。当时杨的部队已发展到 2 万人。杨采纳了我的建议，带领 7000 人随冯出关参加了北伐，我仍被留在陕西。杨参加北伐后，遭到冯的歧视，作战时被调到前线最吃紧的地带不给钱也不给枪弹，官兵困苦不堪言状，豫东一役伤亡近半。杨愤然离开部队去了日本，所余官兵 3000 多人留在安徽太和，由冯钦哉、孙蔚如暂时照料。据说何应钦曾向蒋介石写过签呈，主张把这 3000 多人遣散，蒋只批了个“阅”字。杨的部队虽因而得以残存，但官兵困苦万状，处境艰难，几乎濒于瓦解。与此同时，杨在陕西后方的部队处境也很危急，宋哲元正盘算着要肃清它。宋经过其参谋长张维藩告我，准备把杨在陕西的部队给我统编为一个师，归宋指挥管辖。我拒绝了宋的要求，当时杨留陕部队共有 8 个单位，13000 多人，不少官兵都暗自寒心，怕被人解决，少数高级军官甚至改穿了便衣。1928 年春，我率全部官兵开至潼关，在潼关打电话告诉宋哲元我和部队就要出关，希望他不要派兵追打，随即离潼关向山东进发。宋没有追打。到单县后，与前方部队会师。此时官兵计有16000余人，军心为之振奋，立即派人赴东京迎杨回国。

杨回国后，部队在1929年被蒋介石改编为新编第十四师，杨任师长。下辖三个旅：第一旅旅长姬汇百（不久改为马青苑），第二旅旅长冯钦哉，第三旅旅长孙蔚如。我任三旅七团团长。从此就开始了与蒋介石的斗争。

（二）十七路军的发展阶段

（1928—1930年）

新编第十四师成立之初，蒋介石就对它不怀好意。杨的部队脱离冯玉祥管辖后，冯也很不高兴。蒋冯合谋逐步消灭第十四师。当时胶东一带为军阀所割据，烟台地区有刘珍年，潍县有顾震，他们各有近2个师，1万多人。此外，莒县一带为惯匪刘桂堂（俗名刘黑七）盘踞，约有3个师，奸掠烧杀，为害最大，也相当凶悍，人民恨之入骨。当时山东省主席是冯玉祥部的孙良诚，屡剿刘黑七失利。蒋介石命令十四师开赴胶东剿匪。蒋冯以为十四师仅万余人，无疑会被消灭。孙良诚也对人说过：十四师进了山东就不要想再出来。杨的部队被编为十四师后，由于杨先生已经回国，部队领导有人，且关内外两部分已会师一起，又经过在豫东艰难困苦时期的考验，因而士气旺盛，团结增强，但在接受了赴胶东剿匪的任务后，不少人对部队的前途仍很担心。这时我和杨先生谈过一次话。我说："敌我力量甚为悬殊，蒋冯想趁此把我们消灭，但去胶东剿匪对我们也未必不是有利之机。我们把土匪剿清以后，就可以胶东为立足之地，谋求发展，与蒋做斗争，这样才会有前途。"杨刚刚回国，对部队的发展满怀热情，对剿匪的信心也很高。我便自告奋勇作前驱攻打胶东。

1928年春末，部队开至沂州府。群众听说要剿灭刘黑七，无不高兴，自动帮助部队筹办粮秣，搞运输，大批男女青年知识分子都自愿参加了部队。当时归我指挥的部队除七团外，还有段象武、韩寅生两团。后部队由沂州府出发，经汤头，迅速拿下了刘黑七的巢穴莒县，击溃了刘的全部。刘黑七只带了 17 个人逃往日寇占领地区。我们乘胜继续前进，七天之内连下八个城寨，最后又拿下诸城，击溃了顾震全部，俘虏了顾的家属（后派人送回）。部队暂时集中在诸城、潍县一带进行休整。刘珍年原是保定军校学生，虽是军阀割据，但军纪尚好。我建议杨可否争取与刘合作，同力反蒋。杨同意这一意见，后来与刘达成了共同合作的协议。这次胶东剿匪，从出发到战争胜利结束总共只有八天，进展神速，成绩很大。对蒋介石来说，这是立了功，应该受奖。但是，相反地，蒋介石看到十四师有这样强大的战斗力反而惊怕起来。担心十四师在胶东这个富庶地区扎了根会养痈遗患，更加深了消灭它的企图。

不久，蒋就下令把十四师调往河南南阳。何应钦命杨把部队分为几路分散行军，以便在途中予以消灭。我向杨建议，何对我们不怀好意，我们要提高警惕，不能分散行军，应集中作战备行军。杨也有同样的考虑，没有让部队分散行军，仍命我作先头部队（当时部队中都把我叫“头里跑”），直开到汉口以北的花园，然后转赴南阳。后来得悉何应钦曾密令河南省主席刘峙在途中消灭我们，因见我有备而未动。部队到南阳后，蒋介石与冯玉祥、阎锡山的矛盾已尖锐化，冯阎合作倒蒋。蒋又企图利用杨的部队与冯阎作战，因而部队得以在冯阎与蒋的矛盾的夹缝中，暂时平安集中于南阳进行休整。

到南阳后，杨命我任南阳城防司令。当时南阳、邓县、镇平一带有张大脚（女）等土匪七股，6000 余人，四处活动。杨先后派段象武等两团进剿均失利，城防颇为吃紧。我根据杨的命令，率第七团官兵出穰东镇，发动了南阳、邓县、镇平三县的民团和群众 5 万余人，一仗把土匪肃清，只有 7 人逃脱。此时，十四师部队的番号已改为陆军第十七师，兵员已扩大到 2 万人以上。南阳群众对部队很拥护，又有一批青年知识分子自动参军。驻在新野的新五师（原李纪才的部队，多系陕西人）被蒋介石消灭后，其一部由杨子恒率领也投了十七师。

由于部队连打多次胜仗，实力日益增强，杨在国内的地位也逐步得到提高。各方面都派人前来拉拢。驻在驻马店的唐生智，自称反蒋总指挥，约有两个师，派了陕西人李文卿来联系，准备委杨为军长。阎锡山派弓富魁（外号弓老大）来联杨反蒋，准备请杨当河南省主席，冯玉祥派了南汉宸前来联系，拟委杨为浙江省主席或陕西省主席，但为了保护冯自己在陕西的实力，要杨把部队不要带进关。蒋介石也向杨表示，如果杨把冯玉祥在西北的势力完全摧毁以后，就委杨为陕西省主席。杨对这些情况都作了分析。对唐生智很不满意，曾对人说："我革命时他还是军阀。"认为阎锡山是老奸巨猾，河南是四通八达的要冲，自己实力还不够，很难站得住。对冯玉祥在北伐时就恶感很大，说冯过去对我们那样苛刻，现在既给陕西省主席，又不要把兵带进去，浙江是文化发达的省份，自己不识字如何能当主席，冯是和咱们开玩笑。蒋介石与冯阎的战争爆发后，冯部的石友三、韩复榘两大部分均叛冯投蒋，冯玉祥因而失势，遭到失败。当时西北地区仍是冯的势力，刘郁芬在兰州，宋哲元在陕西，各有 2 万多人。杨为了实现以西北为根据地，扩充实力，振兴国家的目的，接受了蒋介石提出的条件，同意参加打冯阎的战争。1929 年 12 月，杨在驻马店击溃了唐生智全部，并进兵荆紫关击溃了冯玉祥某路司令刘汝明的部队，而后升任为第七军军长。

1930 年 4 月，蒋介石任杨虎城先生为十七路军总指挥，命部队向西北进发。我率两个营留驻南阳，任后方留守司令。部队进到洛阳龙门以南地区，与宋哲元部酣战 10 余天，伤亡甚大，僵持多日毫无进展。冯钦哉又与杨搞不团结，要求辞职。杨很感苦闷，急电调我率部赴龙门，南阳城防交姚丹峰负责。我星夜开赴龙门见杨，杨正在睡眠。其卫士营长王镇华对我说："冯钦哉因部队在前方受挫，又捣鬼，向杨辞职。杨整夜未眠，现刚入睡，暂不要惊动他。"我即前往冯的司令部一观究竟。正逢杨派去的四名参议段国璋、唐嗣桐、刘文伯、续式甫向冯进行说服，我就坐在一旁静听。冯在室内踱来踱去，说的尽是些鸡毛蒜皮一类的事情，说杨某一次给他们的子弹少了，钱少了；某一次责任太重等等，表示不愿干下去。四个参议对冯则是边捧边劝。但是，越劝冯越硬，态度越坏。我听得很不耐烦，就直截了当地向冯展开斗争。我说："钦哉兄，部队中你资格最老，是老大哥。

在部队生死存亡这个关头，你应当带头奋勇前进，打回西安我们才有出路。否则全军就有被消灭的危险。我由南阳到龙门，你的部队一路上走在前面，军纪很不好。我亲眼看见老百姓在一个村口的树上，挂了四条血裤子作为宣传，群众非常痛恨。我们如果在龙门长此僵持下去，既无粮秣，也不会有援兵，不是被宋哲元的部队冲乱，就是走岳西峰陕军第一师的老路（第一师是原胡笠僧旧部，胡死后由岳率领，因军纪不好，在豫西被老百姓用红缨枪消灭），你的外肚子也免不了要叫红缨枪'扑通扑通'戳几下子。"冯一听愣了半天说："前方几个团都伤亡甚重，无力前进。"我说："我们不能等死！"冯就问："那你说怎么办？"我说："只有冲一条路。"冯接着说："那你给咱朝前冲。"我当即表示："你下命令，我就前进。"（冯当时是前方总指挥）冯说："那好，请示虎城兄。"马上高兴地打电话给杨说："寿山部队开到了，他要去奋勇前进。"杨立即同意，冯就给我下了命令。我率领第七团和第一旅党澄清的一个团，当日就由龙门以东的一个洼道迅速秘密前进通过龙门山，抄袭了山北口的诸葛村（宋哲元部葛云龙的师部驻此）。宋军纷纷撤退，只在伊河与洛河两岸稍作抵抗，就慌忙撤入洛阳。

部队继续前进向洛阳围攻。宋哲元留葛云龙坚守洛阳，自己返回陕西。此时，闻冯玉祥亲率残部3万余人，由登封方向前来增援。杨命先打援军。我率第七团进驻白马寺李家庄之线以东地区，准备击援。后得悉冯援洛阳并无其事，杨即令我率部返回，支援杨子恒部进攻洛阳东站。此时洛阳被围已经四天，相持不下。至洛阳城下后，营长王劲哉、郭子生自告奋勇，愿越过杨子恒防地，即以进攻，我同意了他们的意见。当晚攻下东站与北站。葛派人求降。杨命第三旅参谋何冠五进城洽降，编葛部为三十六师。蒋介石恐杨的势力扩大，不愿把该师交杨管辖，决定归他自己指挥。

杨派马青苑部继续向陕西前进。我的部队在洛阳处理善后事宜完毕，也向陕进发。行至陕州（师司令部所在地），听说宋哲元在潼关亲自指挥作战，马青苑部被阻不能前进。我即向杨先生建议："我与宋关系甚好，可以给你当代表去见宋，今天少死一个人，抗战爆发后就多一分抗日的力量。"杨没有同意。他说："你和宋是私人朋友关系，如果他把你扣起来，我们还打仗不打？”我估计去见宋也可能有危险，即接受了杨的意见，再未争执，并向杨说：“潼关从正面不易攻，我们可以绕到秦岭山麓淹关南塬打过去。”杨表示同意，命我向潼关左翼迂回前进。我率七团进至潼关南面的太峪镇，继出潼关以西 10 里的吊桥。宋哲元闻讯，仓皇北撤至朝邑。冯钦哉、马青苑两部队进入潼关，杨也相继进入，我由吊桥尾追宋哲元，向朝邑急进。其余部队分为两路：马青苑部由潼关沿大路向西安前进，杨率冯钦哉部和第三旅的几个团向大荔进发。

当时我的想法，仍以不打仗为好，想赶至朝邑与宋见面求得和解。到朝邑后占领了北寨，不料宋已于两小时前只身带少数人由大庆关过黄河走了山西。宋的部队斗志消沉，纷乱地聚集在黄河滩上。我因在冯玉祥部任过教官数年，宋军中不少中上级军官都认识我。我派出两个武装小组，在宋军中到处宣传，说我已来朝邑，叫他们不要打仗，我们也不还枪，要求他们派官长与我见面。他们很快地就派了五名将校前来见我。我向他们说：“你们已经失败，宋已过河，还打什么？回去整理队伍，把枪捆起，听候改编，我们保护你们的安全。”他们很相信我的话，回去以后很规矩，整理了队伍，捆好了枪，自己抬到了北寨。当时他们有八九千人，5000 多支枪。除一部分人员充实了我们的队伍以外，其余均被改编。这样，宋的部队一枪未打，就在朝邑黄河滩被全部结束了。我在朝邑清扫了战场，把缴获物资清理后，即奉杨令开往大荔。

到大荔后，杨听说陕西省主席刘郁芬率部已过泾阳、三原向富平前进，要我率部赴富平迎击。我建议可由大荔向北直走永丰镇截击。杨表示同意。我即率部向永丰镇出发，并带了大荔绅士单埔之协助筹办粮秣。到达永丰后，探知刘郁芬已到孙镇（在蒲城县东，是杨虎城先生的家乡）。孙镇有东寨、大寨两个寨，刘住大寨。我告诉我的团副程鹏九，准备两匹马，一名传令兵，不要带枪。程问去哪里，我说去说服刘郁芬不要打仗。单辅之听了要求由他作代表与刘交涉。我说：“你不行。”程也要求作代表，并对我说：“主帅不能轻动。”我说：“你也不行，需要我亲见刘面才能解决。”程说：“几个部分的部队乱围一起，要穿过去相当危险。”我说：“要革命就不要怕危险，不必多言，赶快备马。”不一会儿备来两匹白马，我带一名徒手兵上马飞奔孙镇。上永丰坡以后，杨先生家乡的群众认识我，见我向孙镇飞走，忙喊叫说：“赵团长，那里是敌人！”我说：“我知道，大家不必担心。”通过郭仰汾的防地时，我对郭说，奉杨先生命去见刘郁芬，郭随即放我过去。到了孙镇刘郁芬的防线，敌人向我们打枪，我在马上摇手示意，叫他们不要打枪，枪声停了下来。不料来了一班人，把我捆了起来。马也被收了。押到了东寨西门楼上。驻在西门楼上的一个营长认识我，惊异地说：“你不是赵老师么？你怎么来了？”随即松绑，倒茶招待。我说：“现在顾不得寒暄，我是来见刘主席的，你赶快去报告刘主席说我来了。”他立即跑去报告，很快就跑回来说刘要我去见。

刘驻在大寨中间的一个大院内。他来孙镇共带了军政高级官员和士兵七八千人，其中有一个手枪旅，约1800人，全是驳壳枪，战斗力甚强。此外，还随带了高级官员的眷属300余口。他们一连三天行军，饭也没有吃饱，非常狼狈。刘见了我很高兴。由于军事仓促，未多寒暄，我就开门见山地说出来意。我首先向刘说明：“我是以私人朋友关系来看你的。”接着就说：“冯玉祥在政治上已完全失败，你现在剩下这些兵，又带了这么多眷属，拖累很重，如何打仗？打起来闹得乱七八糟，如何收拾？你我是多年朋友，1925年冬天，兰州别后再未见面。你现在行动不便，我来看你。你有什么事，我可以替你代办，有什么话，我也可以替你转达。”刘听了很受感动，热泪盈眶地说：“你在这个时候能来看我，真算一个好朋友。我现在到此地步，有什么办法呢？我想提出三个条件，请你代我斡旋。”我说：“什么条件？”他说：“第一，我想过黄河去山西，你能否设法保护我的安全？第二，我所带300余口眷属的生命财产，你要设法保护，使之不受损失。第三，所有跟我的军队，可以请示杨先生改编，但不要遣散，使他们失业。”我分析刘这三个条件，最主要的是第一条。为了防备刘扣留我，我就从第三条开始答复，准备最后答完第一条抽身就走。我对刘说：“你这几条都好办。军队改编不成问题，冯玉祥过去练兵还是练得好的。你的手枪旅可以改编为杨的手枪团，不遣散也不分割，其余部队都可以分别改编。保护眷属生命财产安全也没有问题。杨先生非常注意优待敌眷，过去在西安、山东作战，对刘镇华、顾震的眷属都是优待送回。这一点你不必顾虑。”最后我说：“你要过河去山西，也能办到。”刘听我加了一个“也”字，很诧异，急忙就问：“你能办到吗？”我说：“你不要多心。我在杨先生部队虽则官不算大，但说话杨先生还能信任。”他问：“杨不同意怎么办？”我向刘表示，我可以先把孙蔚如请到永丰，请孙作担保。刘又问：“孙是否会同意？”我见刘还不放心，就说：“你要是顾虑大的话，我直接派一营兵先送你过河。”他又问：“将来蒋介石向你问罪怎么办？”我说：“为了朋友，你先过河，不必考虑将来，我再想办法。”接着对刘说：“我们谈话就到这里，我要回去，明早9时再来。”临行前又嘱咐刘：“你的部队现在被六部分的人包围（当时有井岳秀、甄寿山等六部分），都想收缴你们，晚上要警戒好。我明天早上准备带两个营来给你作外围，先把你的部队拖出包围圈。你要把后卫和侧卫派强一些，谁来就打。”刘两泪潸潸，送我到窑门口。听说当天我走后，刘的高级官员议论纷纷，主张不一，不少人对杨恐惧，有的主张走陕北投井岳秀，有的主张走黄龙山，与侯章保、甄寿山有联系的人，分别主张投靠侯、甄。但刘郁芬态度很坚定，表示已经与我约好，等到明早9时我如果不来再说。第二天早上8时后，他们非常着急，望眼欲穿。9时前5分，我率两个营到达孙镇，随即护卫刘的部队脱出包围圈，开至永丰镇。

我事前安排单辅之在永丰给刘的部队准备食宿。单动员群众给刘的部队蒸蒸馍，把镇上的两半街房子让出来作为宿舍。部队到达后，官兵们吃饱了，睡好了，非常高兴。当晚我与刘的高级官员们畅谈了半夜，刘部的邓长耀还演唱了大鼓。翌晨，孙蔚如来永丰。我向孙汇报了情况，说明向刘保证的三个条件，请孙作担保先把刘放走。孙听了很动摇，恐怕得罪蒋介石，不敢放刘。我说：“我已向人家作了保证，君子要讲信用，你不放，我就放。”孙没有办法，答应了放刘，并对我说，蒋要问罪，他就去南京坐监。我说：“我办的事我担当，要坐监我去。”孙即派段象武带一营兵送刘郁芬及少数高级军官眷属过黄河去山西。对其余人员，愿过河的也可以过河，愿留下的就听候改编。后来大部分人都留下接受了改编。孙急忙给杨写了报告，说我俘获了刘郁芬等等，最后说已派段象武送刘过河去山西。杨的参谋长王一山接到报告后，就念给杨听，刚念过关于俘获刘郁芬的一段，还未将整个报告念完，杨十分高兴，即命打电报向蒋介石报告。蒋复电令杨将刘“优待解京”。杨后来得悉刘已被放走，便训斥孙蔚如“一边报告，一边放人，是什么办法？”孙说报告上已写明把刘放了。杨找出报告一看，果然，又把王一山严斥了一顿，即叫孙看蒋的复电，研究办法。后即电复蒋说刘被俘后由某营长护送，途中逃跑，该营长在押，拟予重办。蒋后来也知道刘被放了，未再追问。刘郁芬的队伍被改编以后，冯玉祥在陕西的部队，除王志远的一个警备师尚在汉中外，其余已完全结束。

1930年9月，杨虎城先生进入西安。我率部驻在三原，升任五十一旅旅长。

驻在汉中的王志远，是我的学生，与我关系很好。当时汉中的形势是：城内有王的警备师，6000余人，是冯玉祥的残部。东路有川军军阀刘存厚，约两个师，由四川绥定来取汉中，已占镇巴、西乡、洋县、城固等县，前哨距汉中城只30里，逼王改编。西路有川军田颂尧，也带约两个师的兵力，企图攻取汉中，已占宁强、略阳、沔阳等县，前锋距汉中城约25里，也要王接受改编。王同时接到双方要他当师长的委任状。此外，还有王三春、李纲五等土匪10余万人，到处为害，民不聊生。王志远一面与刘存厚、田颂尧两方进行拖延，一面派人至三原找我。我写信给王，要他守住汉中，不要与川军搞在一起，先将情况向杨虎城先生做了报告。杨因此事关系较大，又报告了蒋介石，命我率五十一旅的四个半营向汉中进发。途经宝鸡集中准备12天后，即赴汉中。1930年12月，浩浩荡荡由北站进入汉中城。

我进汉中后，将王志远部改编为警备旅，并派人与东西两路川军联系，请他们撤兵。但刘存厚、田颂尧利欲熏心，见我带人不多，拒不撤兵。我一面派人往返交涉，一面鼓励士气，做战斗准备。杨对当时形势很关心，常向我打电话了解情况。我向杨表示“先礼后兵，争取不打仗”。前后40天与川军交涉无效。经请示杨后，即决定先打两路兵力较强的田颂尧部，指挥官是王劲哉，当天拿下了沔县。东路敌人军心动摇，开始撤兵。第二天即命张骏京率部向东路进击，只留下两个连在城内。当时我命部队除川军以外，连土匪也一齐打（其中包括杨进关后在汉中收编的五个游击队共1万多人，实际上也是土匪）。东西两路经过12天的战斗，敌人全部被肃清。蒋介石委我为汉中绥靖司令，此后即长驻汉中。

从此，陕西的战事全部结束，杨虎城将军担任了西安绥靖主任兼陕西省主席。十七路军扩编为三个师：冯钦哉任四十二师师长，孙蔚如任十七师师长，马青苑任五十八师师长（蒋介石只许杨编两个师的番号。后来，五十八师只得改成地方部队警备师）。

以上是十七路军投蒋后的发展阶段。1926年杨虎城先生为了避免与宋哲元部搞摩擦，率部随冯玉祥部参加了北伐，离开陕西。后又遭冯的歧视，被蒋介石改编为新编十四师。蒋介石对杨的部队也不怀好心，图谋趁机把它消灭。但是，由于十七路军全军官兵的团结斗争，经过几年的艰苦奋战，打败了宋哲元、冯玉祥的部队，消灭了各地土匪，粉碎了蒋介石的阴谋，于1930年又打回陕西，实现了原来的夙愿。

（三）蒋介石企图削弱和消灭十七路军

（1931—1937年）

杨率部队回西安后，我们已有可能逐步实现当年的夙愿，即把西北作为革命基础，背靠苏联，扩张实力，扫除外患，振兴国家。当时我们把这种想法叫作大西北主义。蒋介石对西北非常重视，诚恐杨在西北力量发展以后与苏联取得联系，对他很不利。他允许杨以西北为防地是迫不得已，因为杨打回西安后已形成既成事实。蒋对杨的政策是“明令限制，暗中削弱”，我们也估计到蒋介石的这一阴谋。

当时我想，蒋利用我们消灭冯玉祥在西北的根据地，我们也利用蒋冯的矛盾打回陕西，但蒋不会就此甘心，必然要逐步收拾十七路军。我考虑，对蒋应该采取“水鸟政策”：政治上简化，军事上准备扩充，表面上对蒋可以恭顺一些，待实力雄厚以后迫使他承认事实。具体的想法是：在政治上，用人要选贤与能，行政机构和措施要力求简化。陕西经过 1929 年的大旱灾，元气伤得很厉害，人民非常困苦。我们要使三秦父老得以休养生息，并设法救济困苦的百姓，以满足人民盼望我们回来的愿望。在外交方面，可以派人与苏联沟通关系，并和新疆的盛世才取得联系。在军事方面，三年以内可先不扩充，提高现有军队的质量，把现有的三个师练成精兵。在陕西灾荒过去以后财政可能的范围内，逐渐积蓄，积极准备扩充。关于整个军事发展的计划，我考虑要轮训旧干部，培养新干部，办一个训练班，对现有三个师的干部反复轮训，使其政治军事水平得以提高，增强对杨的向心力。另办三个教导团，招收青年知识分子，大量培养基层干部，为扩军作准备。办一个修械所，自制一部分枪械。在财政可能的条件下，再秘购一些军械。准备数年之后，一下子扩充到 10 个师，造成既成事实，迫蒋承认。如果蒋不承认，就宣布独立，公开反蒋。绝对不要招收土匪，虚似扩张，使蒋更增戒备，反而于己不利。我的这些想法，都曾经和杨反复谈过。杨入陕以后，雄心很大，基本上同意我的一些看法。但他入关以后，有许多谋求升官发财的人来投奔他，他收用了不少，还令刘文伯、张鸿远、姚丹峰三人招收了不少土匪，分别把刘文伯、张鸿远编为警备第一、二旅。这些做法使我不能满意。

1931 年春，蒋介石派孙蔚如以甘肃宣慰使兼省主席的名义，率十七师（除五十一旅外）向甘肃进发，消灭冯玉祥最后留在兰州的雷中田师。1932 年春，红军四方面军进驻川北。蒋介石为了抓取陕西地盘，消灭十七路军，以“剿”红四方面军为名，派其嫡系亲信部队胡宗南的第一师及一个旅、萧之楚的四十四师，刘茂恩的六十五师入陕。蒋的势力从此开始深入西北。胡宗南进陕后驻汉中，萧之楚、刘茂恩先驻安康，后又调离陕西。

胡宗南这个人，从来没有打过一次胜仗，当时人们都叫他“常败将军”，说他是“志大才疏，胆小如鼠”。但是蒋介石私心用事，因胡是浙江人，又是黄埔学生，一味提拔。几年内，由师长、军长、总司令一直升到第八战区司令长官。胡到汉中后，与我同居一城，我和他就开始了面对面的尖锐斗争。当他到汉中南郑县北40里的褒城县时，我按照一般的礼节，曾去欢迎他。我同褒城县长刘明斋一块见了胡，胡的态度十分倨傲。我说："路上辛苦了。"胡只唉了一声，未再说什么，只是打哈欠，态度使人难堪。我暂时忍耐着虚与周旋，刘明斋县长却忽地站起身来说："走！"我便趁机向胡说："明天在南郑北郊欢迎你。"即与刘走了出来。出来以后，刘对我说："司令，你虽然年纪比我小，但是修养很好。看胡宗南那熊样子，还跟他有什么谈的。"我说："人家是客，咱是主人，不管他对不对，咱自己要对，你还是要以礼相待。"第二天胡宗南进南郑城时，我去北郊迎接，和他的参谋长、旅长都见了面，就是没有看见胡。原来胡做贼心虚，怕我的部队收拾他，改穿士兵服装混在士兵中进了城。我进城后到南郑中学胡的司令部去等他见面，忽然看见一个穿士兵衣服的人，我就问他的参谋长说："那不是胡师长么？"胡见我已看到他，才走了进来，但是什么也没有谈。我便愤而走出。后来胡也没有回访我。

我回司令部后，分析胡此来对我们不存好意，就积极准备作战。将司令部移驻西门内的天主教堂（周围石墙很高），准备巷战，晚上在各街巷都布了哨，当时我的部队共有3个团（内有张汉民1个团）、9个营。胡有9个团。我把营长以上的干部都集合起来，说明胡此次来汉中对我们不怀好意，我们要积极准备作战。干部们听了无不气愤，纷纷要求把胡的枪收了。我说："胡宗南的士兵逃亡很大，缺额很多，每个连不过七八十人，近日来不断拉我们的兵。我们可以将计就计，要打胡就要先用放鸽子的政策，每营抽80个可靠的精壮，投入胡的部队中去。约好到枪响时先击毙其连长，造成混乱，有可能时就带全连叛胡投我。在胡的部队中要潜伏忍耐，如果不打仗，一定要携带武器归来。"并要9个营长向我保证，9个营长同声表示："除了被胡发觉后杀害的以外，活着的如有一人不归，即请军法从事。"于是，我即把9个营720名精壮士兵暗投入胡军中，作为内应。

当时，两军官兵的日常斗殴也屡有发生。胡军官兵夜寻暗娼，被我部士兵下了枪的有十多起。汉中十字口有一姊妹饭馆，两部官兵常去其处吃饭。一次，我部司令部有一姓刘的传令兵去吃饭，先在一个空桌上入座。

胡部有三个士兵也来吃饭，同坐一桌。招待员先拿来一碗面皮，胡部的一个士兵拿去就吃，刘看了很生气。第二碗拿来后，又被胡部另一士兵拿去。刘忍无可忍，就骂胡的士兵："有个先来后到么，你为什么要先吃？妈的，你的脸白吗？"双方随即斗殴起来。刘会拳术，一拳把一个士兵打倒在地，一脚又踢倒了一个，第三个即拔出刺刀迎面戳来。刘抓住刀柄翻转过去向其胸膛连刺三刀，这个士兵当即倒下，血流满地，后来被那两个士兵运了回去。刘回司令部后把情况报告给任副官，任向我作了汇报。我没有责刘，向任说："像这样的斗争好！"后来，胡宗南叫南郑中学校长前来见我，打探情况。我对该校长说："你告诉胡宗南，我赵某从来没有打过 30 倍以下的敌人。这次在汉中，川军、土匪兵力将近百倍，我也像用铁扫帚扫落叶一样，在 12 天中扫光。胡宗南那几个毛毛兵，喊一声就可以把他的枪收了。"校长回去以后，把原话告诉了胡。从此，我部与胡部各守防地，戒备森严，我与胡 11 天没有见面。

杨虎城先生在西安对汉中的情况非常关心，怕我收了胡的枪惹出大祸。每晚打电话与我联系，并向我说过："你与胡一定要搞好关系，人家是中央派来的，绝不能意气用事惹出大祸。"我说："我决不打头一枪，胡宗南如果打我，我就收他的枪。"杨很着急，后来又派其参谋处长傅立平乘飞机来汉中调解，因天气不好，起飞未过秦岭。以后杨又向我打电话问情况。我说："请你不要惦念，丢不了人。胡宗南如果造次，我对收他的枪十分有把握。"杨问："收了枪以后怎么办？"我说："把枪捆起来交到南京，我和他去南京打官司，请你不要担心。"杨也没有办法。

胡宗南当时非常恐慌，坐卧不安，不但收不了我的枪，还怕我把他解决。他把南郑中学校长拉入了复兴社，又派这个校长到我的司令部来向我道歉。说他到汉中后也没有来看我，是他的不对。说我总是比他年长，他是小兄弟，我是主人，他是客。说咱们为了"剿共"，自己先闹成这样，这不好。又说他是中央来的，其咎在他；并要求和我见面，或我去他处，或另约定一个地方都可以。事实上他是不敢来我这里，想叫我去见他。我便对校长说："请你转告胡宗南，只要他认错，我可以去他的司令部见他。"第二天我即去见胡。在出发以前，团营长们都不让我去，担心胡如果要扣我怎么办?我说胡已经吓得没了魂，还敢扣我?但也做了万一被扣时的安排。我和他们商定:如果胡扣了我，就由张骏京全部指挥。要是到了12点我还没有回来，就用电话询问，确知我被扣以后，你们就干。我到南郑中学见了胡，胡一变以往的倨傲态度，亲至大门口迎我。进办公厅坐下后，很客气地对我说:“我才到西北，情况生疏，以前对你不认识，你在十七路战功很大，是常胜将军。今后‘剿共’军事尤望你多多指教。”我便不客气地把胡斥责了一顿。我说:“你是中央的第一师长，委员长的亲信，一定要对人谦虚，团结友军才能完成任务，否则你一事无成，只能祸国殃民。”话虽很重，但是胡忍受了，他说:“你的指教我衷心接受，还望以后多谈。”我没有多停，就告辞回来。从此两军对垒之势暂趋缓和。

胡看到在汉中把我吃不了，就请示蒋介石改驻甘肃天水。开拔之前，我原投入胡部的士兵都携带武器而归，有二人遭胡暗杀。我部驻褒城的一个连，有一个士兵一人带回3件武器:1支冲锋枪、1支驳壳枪、1支步枪。胡知道了这一情况，开拔到达第一站褒城时，想趁机把武器追索回来。胡的参谋长余某把该连的一个姓蒋的排长叫至其司令部说:“你连一个士兵背走我们3支枪，如果有这事，就应该把枪送回!”蒋说:“有无此事连长知道，排长不管。”余就叫把连长叫来。连长叫王俊，对余说:“有无此事，我可以回去查问。没有了不说，如果有，我们是友军，一定要按手续办事。我连长不能直接与第一师打交道。有枪，我要交到我们司令部，由我们司令部再交还你，请你原谅。”余只好说:“好，你回去查问。”胡宗南没有办法，就开往陇南天水县驻防去了。我投入胡军的士兵，共带回各种快枪700多支。从此，胡与我结怨很深，恨之入骨。胡到西安后，向杨告我的状，说赵某某坏透了，把他700多条枪背走了。杨应付地说:“听说你在汉中拉他们的兵很多，你们相互关系很不好，各有责任。”即了却此事。

胡宗南离汉中后，我派参谋武志平与红四方面军建立了关系(当时司令员是徐向前，政委是张国焘)，密订了互不侵犯协定。我们给红军送了小无线电机，经常代红军在西安采购和运送交通卫生器材，彼此关系很好。

为了遮掩蒋介石的耳目，必要时打一些假仗。

孙蔚如到兰州后，军纪不好。杨子恒诱杀了甘肃地方部队的师长陈国章，消灭了陈的部队，并占了陈的老婆。甘肃群众对孙部离心离德。蒋介石为了掌握甘肃政权，1932年春，派邵力子为甘肃省主席（第二年又改任陕西省主席），军事方面又派邓宝珊以西安绥靖公署驻兰州行署主任名义坐镇兰州。同年秋，委孙蔚如为三十八军军长、冯钦哉为第七军军长，并调孙率部回陕西驻汉中，以对付红四方面军。

孙蔚如到汉中后，我的司令部移驻城固县。南郑以东城固、洋县、西乡、镇巴是我们的防地，南郑以西归孙直接管辖。我恐与红军的关系暴露出来，同时也为了把我与红军订立的协定合法化，就向孙进行试探。我说："蒋介石肯定是一个祸国殃民的新军阀。现在红四方面军与我们接壤，蒋一定要利用我们当炮灰打红军，这就是要消灭我们。我们不能这样干。你考虑我们可否与红军订立互不侵犯协定，以保全我们的力量准备将来打日本。"孙当时反蒋很力，但是对红军没有认识，听了以后犹豫不决。他说："蒋要是知道我们通敌，那还了得！"我建议孙可以到西安与杨商量，请示杨的意见。后来孙对杨谈了，杨非常同意，命孙全权办理，但要行动秘密，必要时还要打些假仗。孙回来后即与我研究如何具体联系，派谁去。我建议可以派我部的少校参谋武志平前去联系。孙即将武调作其司令部的参谋，派去与红军接洽。这样，我原来密与红军所订的协定，就扩大为十七路军与红军订立的协定。从此，我们就与红军各守防地，安定下来。

1934年9月，红二十五军徐海东部也由豫鄂入陕，击溃了我们在安康的警备二旅张鸿远部。杨为了应付蒋介石，亲率直属部队三个警备旅进驻蓝田，攻打红军。结果，唐嗣桐、张汉民两个旅全军覆没。杨将指挥部撤回西安，非常苦闷。红四方面军为了确保中央红军北上时的右翼安全，于1935年2月5日（旧历正月初二日）袭击宁强，消灭了杨子恒旅的杨竹荪团，杨竹荪被击毙。大安驿一仗，王劲哉、刘文伯两旅全军覆没，王、刘只身逃回汉中。红军乘胜前进，占领了沔县，兵临南郑城下，同时围攻南郑和褒城，酣战数日未下，又自动西撤。孙蔚如在汉中非常惊慌，把我部张骏京团星夜由西乡调至南郑。孙原来反蒋很力，这次战役以后对共产党很不满，说共产党不讲信用。从此，他就不反蒋而反共了。他曾对我说："你主张与红军订协定，共产党订了协定又要打人。"我说："自古争江山者，谁对协定那样认真。我们与红军订协定是为了保全自己。红军与我们订协定也是他们的一个政策。我们不要怪人家，还要怪杨竹荪团麻痹大意不作戒备。如果红军打不下宁强，还不是碰壁后就走了。"1935 年 3 月，红四方面军打汉中后，与中央红军共同北上，驻安康的红二十五军也开赴延安会师。杨于是把十七师全部调往陕北前线。孙蔚如的司令部驻三原。我的部队分驻黄陵、洛川、白水等地。王劲哉驻富县。段象武驻耀县。

我前在汉中期间，因杨枪毙甄寿山，任用马青苑，大批招收土匪，行政人员贪污腐化，虚务外表不求实际等，曾对杨多次提出过意见。后来杨到汉中，还和杨争吵了一次，我说："你这样搞，我们过去的血是白流了。"杨听了不满地说："你好好练你的兵，你的意见太多了。"此后有一个时期，我的心情非常苦闷。看到日本帝国主义灭亡中国的野心日益凶狂，蒋介石一心要打内战，认为国民党肯定不好，但对共产党还缺乏深刻认识，自己原来设想的大西北主义又失败了，不知怎样才能救国。想来想去感到没有前途，曾一度犯了消极主义的错误，腐化堕落，吸上了大烟。把身体搞得很坏。杨曾对人说："寿山腐化了。把身体搞得像鬼一样，还能革命！"很为不满。我的部队被调到陕北前线后，我又新遭母丧，心情更加愁闷。1935 年 10 月，我便借看病为名（当时我患肠胃炎）向杨请准了假，离开部队到平、津、沪、汉等地观察形势，同时也希望利用此机会重新阅读一些有关马列主义基本理论的书籍。

这次共去了一年。先后到过北京、天津、济南、汉口、南京、上海等地。在北平住了 53 天。当时我有一个打算，想说服韩复榘、宋哲元二人共同合作，迎回冯玉祥，建立北方政府，搞好华北，肃清日寇，消灭蒋介石，挽救国家危亡。但因韩复榘曾经叛变过冯和宋，曾被冯打过 40 军棍，二人对冯都很冷淡，我的打算未能实现。到南京后，看到蒋政权党派分歧，争权夺利，贪污腐化，乌烟瘴气，很感气愤。我当时住在中央饭店，为了避免不必要的应酬，在旅客名牌上登记了一个假名“赵福海”。每天阅读各种报章杂志，找一些进步人士交谈国内外形势。一天，杨明轩听说我到南京，就到饭店来找。他问茶房：“你们这里住着一个赵司令没有？”茶房说：“没有。”杨说：“恐怕是有的。”茶房就说：“一位司令官住到这里，我们还能不知道？”杨叫茶房把他带到旅客名牌前，用杆子指着“赵福海”的名字叫茶房引他去见。杨一进屋子就对我说：“你好秘密，当我把你挖不出来！”饭店的茶房都是特务，杨找到我以后，他们也向政府做了报告。蒋介石知道了，就派了一位高级官员来见我，建议我去见蒋。我说：“我的官小，没有必要去见委员长。”他说：“听说你想住陆大，见委座后，委座写个条子，你不用考就可以去。”我回答他：“我要住陆大，就按国家的手续办事，一定要杨的部队送我去报考。”他问：“你走那弯路干什么？”我为了拒绝他的意见，没有别的话可说，就说：“杨不保送，我就没有官了。”他随即说：“你见了委座，住了陆大，还能没有官？”我说：“官要当得有道理。我随杨已多年，还不愿意离开他。你的好意，我领谢。”他回去报告了蒋。听说，蒋的左右有的说我是个大傻瓜，有的说陕西人就是有些别扭劲。

我在各地，看到日寇企图灭亡中国的军事行动已迫在眉睫，蒋介石对外妥协投降，对内积极“剿共”排除异己，镇压爱国人民，这种反动政策日益把中国导向亡国之途。但在中国共产党的领导和影响下，全国人民抗日意志极为坚强。全国各阶级、各阶层，除了一小撮甘愿当亡国奴的汉奸卖国贼以外，都在不同程度上接受了共产党提出的停止内战、团结抗日的主张。全国人民坚决抗日的伟大力量汹涌澎湃，势不可挡。通过这次观察、学习，使我明确地认识了只有共产党才能救中国，只有马列主义才是救中国的真理。因而，在未回陕西以前，我已逐步树立了反蒋联共抗日的思想，并且曾在上海对一些进步的朋友吐露过。

这次在上海共住了半年，与原来认识的一些朋友如杨明轩、赵葆华、杨晓初、李馥清、韩述之等经常接触，互相往还。国民党曾经拉拢过他们，但他们都是硬骨头，不愿为蒋所利用，因而生活困苦有如浪人。国民党把他们称作“左倾”混账教员。一天，我们几人在杨晓初家吃罢晚饭闲谈。我说：

"蒋介石祸国殃民，这样下去中国必然要灭亡。只有把他推翻，建立新政府，中国的前途才有希望。"他们也都有这样的看法。在谈到蒋介石目前兵力还很多，势力比较大，如何倒蒋时，我曾经表示：回西安后看情况，必要时建议杨先生把蒋扣起来，逼他停止内战，联共抗日，如果杨先生不干，我就学张义安（张原为胡景翼部营长，在三原扣了陕督陈树藩的旅长曾继贤，发动起义，成立了靖国军）。大家认为很好，并督促我回陕西以后和杨研究。

我在上海期间，杨因我离职日久，先后打过六次电报要我回陕。我因当时对如何救国还很不明确，加之对杨在陕西军事政治方面的某些措施有意见，不愿立即回去。后来杨为了逼使我早日回陕，把我用钱的道路也堵塞了。他通知在南京的西安绥署办事处处长李志刚，不准给我钱；又在西安告诉我的管家刘俊甫不要汇钱给我。但是，这并没有把我困住。等到我经过与朋友们的多次交谈，明确了反蒋联共抗日的救国方向和办法之后，就立即回了陕西。

我在十七路军的时间比较久，知道杨虎城将军是一个有强烈爱国心的人。他与共产党发生关系是很早的。他的朋友和干部中，共产党员也不少。在联共这一点上，基本上是没有问题的。他对蒋介石"攘外必先安内"的政策是反对的。因此，反蒋联共抗日，对他来说是有一定思想基础的。1936年10月，我回到陕西，脑子里有许多问题想和杨谈，同时也急于把自己的一些想法汇报给杨，因而和杨先后谈过好几次话。谈话内容，除了汇报我在各地游历的情况和我病已痊愈外，着重向杨陈述了当前形势。首先说明了日本帝国主义已经做了充分准备，企图进一步灭亡中国的各种事实。同时谈到我在平津和济南与宋哲元、韩复榘见过面，也接触了其部下许多人员。杨以询问的口气说："听说他们的抗日情绪很高。"我回答说："在将领中，坚决抗日的只是个别的。"杨又问："听说张自忠很积极，是不是这样？"我说："是的，张是积极的，但萧振瀛派是多数，是亲日的，很坏。"谈到韩复榘时，我说韩在被日寇欺压得无可忍耐的时候，也曾经吓唬过日本人，说他虽然打不过日本人，但是可以在一夜之间把他防地内的日本人杀光。虽然话是这样讲，但是还是没有决心抗日的精神准备。最后我说："总观韩、宋两部的情况，他们内部奢侈腐化，醉生梦死，已没有冯玉祥当年在南苑练兵时的那种精神了。”杨略显惊异地问道：“那不是华北形势相当危险么？”我说：“我看如果一朝日寇进攻，华北有很快失掉的可能。”接着我向杨汇报，在南京、上海等地彻底看清了蒋介石政府祸国殃民、腐朽透顶、争权夺利、排除异己、特务横行、怨声载道的情况。杨问我：“听说蒋最近严办了几个人，你是否听说过？”我说：“蒋介石政府的贪污腐化、争权夺利已经成了根深蒂固的风气，不是惩办几个人可以改变得了的。有一个蒋介石身边的高级官员曾对我说，不管共产党怎么样，国民党是腐朽了，像一座梁柱已被虫蛀空的大厦，一经风吹草动，就要倒下来。我很同意这个看法。”杨说：“这个人可算是深知国民党内情的。”我又以十分兴奋的心情接着向杨汇报了全国人民在中共领导和影响下，抗日救亡运动空前高涨的许多事实，以及自己思想上得到的感受。杨听了也很受感动，关心地问我：“你在外面这样长的时间，都接触了些什么人？”我说：“各方面的一些朋友，主要是救国会等方面的进步人士。”杨又问：“你对共产党和红军是怎么了解的？”我说：“我这次出去，主要读了三本书。一本是《社会发展史》，使我深刻了解了社会发展有一定的规律，谁也阻挡不住。一本是《政治经济学》，使我建立了无产阶级必胜的信心。还有一本是《国家与革命》，知道了国家是怎么回事情，要革命不但要粉碎旧的国家机器，更重要的是还要建立新的国家机器。”并说：“我了解到红军是人民的力量，不论在战略上、战术上都有最新的东西，人民非常拥护，它是一定能发展并取得最后胜利的。”杨注意地听我说着，频频点头。当说到十七路军的团结问题时，我请杨考虑是否可开办一个干部训练班，进行抗日救亡的教育，并借以加强杨与各部队军官，尤其是与冯钦哉部队军官的关系。杨说：“绥署有一个步训班。”我说：“那个步训班不解决思想问题。”杨说：“以后可以研究。”我又向杨建议，十七路军与东北军应进一步增进交往，密切联系，以便随时互相沟通意见。杨肯定地说：“对，我们一定要同东北军亲密合作。以前我们两部有过不必要的猜疑，虽则经过东北军高崇民先生的联络、解释，情况好转，但两部的关系还不够十分密切，你要注意这个工作。”并着重指出：

我们必须做到和东北军精诚团结，才能共同抗日。最后谈到联络红军问题，我知道杨与中共中央早有联系，我的部队在汉中时与红四方面军订过互不侵犯的密约，杨也知道，只是彼此没有直接谈过。于是我就直言无隐地说："红军是真正代表人民的力量，是不可战胜的。虽然它今天只有几万人，可能不久就会发展到百万人，将来整个江山总会都是它的。我们的部队都遭受了红军不同程度的重创。我的队伍由于与红四方面军有密切联系，贯彻执行了互不侵犯的协定，才完整地保存下来。现在我的部队虽已调到陕北前线，但全部官兵决不愿与红军作战，我们可否派得力的人员，与红军进一步加强联系，订立互不侵犯协定，以便将来共同抗日。"杨听了略微停顿了一下，接着沉静地对我说："我同意你的看法，我们要慎重考虑。"

在最后一次和杨谈话中，我看情况愈紧，便对杨说："目前的形势，对国家的兴亡，对我们的前途来说，只有反蒋联共抗日这一条路。看蒋介石最近调兵遣将的举动，是要对红军大举进攻，还要把我们也拉入内战旋涡，甚至会消灭我们。因此，是否可以考虑，蒋如果来西安，必要时我们把他扣起来，逼他联共抗日。"杨听了显得有些惊异，望着我说："天大的事，我们敢干？"我说："只要把你当年打李贞的精神拿出来，就敢干！"（李贞是蒲城县的恶霸地主兼劣绅，杨在青年时把李击毙）杨看起来很高兴，但是他却以深沉而似乎责备的态度对我说："你在外面转了一圈，回来脑子发热了。这样大事，要很好考虑，不能轻举妄动，随便乱说。"我便进而表示："如果这一举胜利了，整个国家就可以振兴。万一失败了，我们就背靠北山，全部集中到耀县以北，或者干脆就打出红旗与红军合作。将来我们还是要打回来的，就像当年由武功退到陕北然后又打回来一样。"最后，杨很严肃地告诉我："你这些话只能对我说，绝对不能对任何人讲。"又说："国内外形势相当险恶，是国家民族生死存亡的关头，一举一动要慎加考虑。国家好了，我们才能存在。国家亡了，我们不是死就是去做亡国奴！你近几日所谈的，有些是对的，有些很冲动，要冷静些，咱们以后再谈。"并命令我说："你离开部队很久了，赶快回去看看部队，安慰安慰官兵。对红军还可用你以前在汉中时的办法，但切莫令人看出破绽。把你部队先整理好，以便应付时局的变化。咱们全十七路军我也要作一番整顿。”我听了之后很高兴，第二日就去部队了。（当时旅司令部驻在白水县）以后听说杨和我谈话后，告诉他左右的人和杜斌丞：“寿山变了。”表示很高兴。从这里也可以看出，他当时对形势和出路问题，已经是心中有底的了。我去部队不久，杨便把我叫回西安，要我办训练班，轮训全军团、营、连三级干部。当训练班正在积极筹办中间，给各部队的学员名额已经分配，第一期学员正待集中的时候，西安事变就爆发了。

1936 年 12 月 8 日，杨与东北军司令张学良将军已商定准备扣蒋，并作了分工：临潼（蒋介石当时住临潼华清池）归东北军负责，西安归十七路军负责，待机行动。不料 12 月 9 日发生了一场误会。那天傍晚，杨的特务营长宋文梅到西安东城楼去看张的特务第二营营长孙铭九（他们都已接到扣蒋的密令，正在待命行动），正逢孙全副武装率部分士兵登车出发。宋问去哪里，孙说去临潼。宋以为要扣蒋，急忙回报杨的秘书王居仁。此时，杨正陪南京来的军政大员们在易俗社剧场看戏，张学良因事未去。王将杨从剧场找回，告杨据宋报告东北军今晚行动，孙铭九已出发。杨听了后想到张未去剧场信以为真，即命王转告我，队伍归我指挥，马上布置行动，又匆匆返回剧场。王立刻用车接我到绥署，转达了杨的命令。我根据杨的指示，派兵包围了易俗社，由剧场到绥署沿路设了岗哨，在北城墙上布置了炮兵，准备行动。杨回到剧场，发现张正在看戏，久等不见动静，顿生怀疑。便着人继续点戏以拖延时间，自己马上回绥署命王居仁赶紧查问，告诉王，如果行动时要立即事先向他报告，以便他与张离开，为了不使南京来的军政大员生疑。杨说罢很快又回到剧场。王即叫宋文梅找孙铭九查看究竟。不料宋去看孙时，孙却正在睡大觉，经问明后才知道孙去临潼并不是扣蒋，而是去查路，宋急速跑回告知我们。我未待杨的命令，立即撤兵，并限令于 10 日晨 5 时前撤归原防。结果各部队均按时撤完，幸未发生乱子。这次误会虽然引起了一场虚惊，但也使我进一步认识了张杨扣蒋的决心。

12 月 11 日晚（西安事变的前夜）9 时许，杨派车接我到他的住所。我在外室见了王居仁和孔从洲（陕西警备第二旅旅长），问王因何找我。王说：

“主任要亲自对你讲。”我便想今晚可能要行动。又见孔在一旁低头沉思，我便向他说：“从洲，请你给我找一张西安市的地图来。”他说：“我这里带的有。”随手就从衣袋里掏出一张地图给我。我正在看地图，杨就唤我：“快来！”到内室后，杨对我说：“今晚要行动，叫你来商量做准备。”我问杨是否已通知了冯钦哉，杨说没有，来不及。我又问孙蔚如、李兴中（绥署参谋长）是否已经知道，杨说没有通知他们。我说：“冯远在同州，来不及可以另派人通知，孙蔚如、李兴中是否现在可以请来予以说明，共举大事。”杨问我：“把他们请来，他们如果不同意怎么办？”我说：“孙与你在一起多年，他心里也许不同意你的主张，但是你下了干的决心以后，他会跟着你走的。把他找来在你左右商量些大事有好处。”谈到李兴中时，我说：“时甫（李兴中的号）比我还激烈。我这次回陕以后，跟他谈过了多次，曾和他谈到蒋逼我们‘剿共’是要消灭我们的，我们必要时可以扣蒋。他听了非常高兴，积极表示赞同。我看他是真心赞同的，没有问题。”杨听了很诧异地说：“时甫还是这样！”表示很高兴。随即命我与王居仁把孙、李接到绥署。他们到后，我们就分了工：杨与孙在绥署掌握全局，军事方面交给我和李商定。杨命我与李研究提出一个军事计划。我即到李的办公室，并把孔从洲请来，三人共同商议。

当时，西安的敌我兵力是这样的：

我们方面：十七路军的主力均在外县和陕北前线，只有西安绥署特务营、教导营、炮兵营、卫士队和陕西警备第二旅三个团等少数兵力在西安。这少数部队中，有些还是靠不住的，如教导营营长李振西是黄埔军校学生，思想反动，态度暧昧，有可能和军统特务有关。孔从洲带领的警备二旅，除了郑培元团可靠外，沈玺亭、唐得楹两团均系新由张鸿远的地方团队改编，军纪不好，孔到任仅两个月，还未来得及进行训练，对部队使用尚无把握（西安事变和平解决后，这两个团叛变投蒋）。总计起来，可靠的部队官兵还不到 3000 人。此外，东北军特务二营孙铭九部在西安市东南一隅，不归我指挥。

敌人方面：蒋系在西安的单位，包括特务机关，约有 120 个，有武装的为 42 个。其中以宪兵第二团（团长杨震亚）、保安司令部（司令张坤生）、西安省会公安局（局长马志超）警察大队、西安军警联合督察处（处长江雄凤）武装最多，枪支在 3000 以上。其他特务机关（国民党省党部等）和蒋系各军、各师的留守处、办事处的武装尚不在内。

根据以上情况，我们的部署是：命陕西警备二旅孔从洲担任解除宪兵团、保安司令部、警察大队、省政府常驻的宪兵连和西关飞机场驻军的武装，并占领飞机场（当时蒋系在西安飞机场驻有数十架战斗机和轰炸机）的任务，并以一部担任西安各街巷口的警戒（东南一隅归东北军），每一街巷口有一武装警察时，即派武装士兵一名监视。为了加强警二旅的领导力量，增派许权中为副旅长。命炮兵营归孔从洲指挥，炮兵位置在西安北城门上，对西安车站方面警戒，准备对外来的敌军轰击。命西安绥署卫士队（两个队共 200 人）担任绥署及杨将军公馆的警戒。命特务营长宋文梅率特务营及卫士队各一部分士兵负责逮捕住西京招待所的蒋系军政高级官员。特务营其余部队作为预备队待命。派绥署参谋处长王根僧去教导营监视李振西，该营归我直接指挥，担任警戒新城城防及解除新城东北的几个警察大队的武装。

军事计划拟定后，我即向杨作了汇报。杨表示同意，命我任总指挥，并说："我们准备好等张副司令来确定后，与临潼统一行动。"此时，张正在公馆与其高级官员开会。随即带了 11 名重要军官来了。张一跨进杨的内室就带开玩笑地爽然高声说："虎城兄，干不干？不干了就取绳子，我将我的这 11 员大将都带来了，你赶快叫人去拴，拴了送往南京给你升官领赏。"当时我和孙蔚如都在左右。孙说："副司令，我们这些人绝不会出卖朋友。"接着杨和张就立即着手研究具体行动问题。张说，他已派刘多荃、白凤翔、唐君尧、刘桂五和孙铭九 5 人去临潼作准备，问杨准备好了没有。我说，我们已作了部署计划。杨说："我们准备好了，专等你来以后下命令。"当晚，张终夜未归，在杨处共同指挥行动。

12 月 12 日上午约 5 时许，听到临潼已有枪声，我向张杨请示后，即放了信号枪，各部队就同时开始行动。约到 7 点半钟，大部分敌人已被消灭，枪声也停了下来，只有新城北门外警察大队的一连武装尚在顽抗。我即严令李振西："限半小时内消灭新城北门外的据点！"李如限完成了任务。到8时，西安的军事行动全部结束，我即向张杨报告全部胜利完成。张听我报告以前曾接到刘多荃的电话报告说："委员长跑掉了，尚未找到。"听完我的报告后，张即要临潼电话查问，接电话的是白凤翔。张问找到没有，白说还没有。张即命令白："如果到9点找不到委员长就把你的头送来！"张打罢电话与杨出室外散步，我也随着出来。他们走到假山上站住谈话，情绪紧张，心情都有些不安。张说："虎城兄，如果委员长到西安后，采纳了我们的意见，我便送他回南京。"杨低头沉思说："委员长生死未知，是否能找到。"当他们回到室内时，旋即有电话来，报告蒋介石已经抓到，张杨听了忧虑顿失。9时许，蒋被押送至西安，即住在绥署大楼。南京政府在西安的军政大员在蒋被押至西安前也都全部被逮捕起来。

张杨在蒋被扣以后，立即向国内发出了抗日救国八项主张的通电，并打电报给陕北中国共产党中央，请他们马上派代表团前来共商抗日救国大计。中国共产党对西安事变的政策是要争取一切可能争取的力量共同抗日。只要蒋介石答应抗日，就可以合作。党的这一正确主张对西安事变的和平解决起了决定性的作用。12月17日，党中央派出的以周恩来同志为首的代表团到西安，与张杨一起和蒋介石进行了谈判（宋子文、宋美龄和端纳代表蒋谈判）。同时，对防御南京"讨伐军"的进攻也做了军事上的准备。经过谈判，蒋被迫接受了联共抗日的要求。12月25日，张杨释放了蒋介石，张并亲自把蒋送到南京，西安事变遂告和平解决。

西安事变的当天，杨为了迅速安定西安市内的秩序，命我任西安市公安局局长。到任七天一切安排就绪后，杨为了准备对南京"讨伐军"作战，拟将十七路军的主力部队都集中到泾阳、三原一带，同时红军部队也要开到关中，杨就命我任渭北警备司令，驻三原县，统一指挥在渭北的十七路军。临行时，杨对我作了重要指示，他说："今后任务很重，其中主要的有两个：一个是准备防御战，一个是联络红军，并将渭北群众发动起来，武装起来，以备万一，望你努力。"

我约在12月19日到三原，巡视了渭北10多个县，对部队作了动员，准备必要时与红军一起夹击南京政府在潼关以西的四个师及一个教导总队。为了发动和武装群众，在各县召开了群众大会，揭露了蒋介石“攘外必先安内”的反动政策，宣传了联共抗日的道理。各地群众听了以后都很兴奋。但是三原不少绅商由于以往受反动宣传的影响较深，听说红军要来有些恐慌。我分别召集他们开了几次会，说明红军是人民的军队，军纪优良，不必担心，并保证如果红军来后，谁家有丝毫损失，我情愿完全负责赔偿。因为我在三原先后住过四次，他们对我还有信任，听我这样说，也就放了心。我又派了一连兵驻在三原北门，指示他们：见了红军要握手问好，红军携带武器可以自由出入，不受检查；红军问路要热情做向导。不久，红军开到三原西北的云阳镇和富平县的庄里镇一带。我与红军中的负责同志经常互有来往，我的司令部也成了红军由陕北南下的联络站。为了对南京政府的“讨伐军”作战，我请红军将领给十七路军讲解和演习游击战，左权同志也请我们给红军演习平原河川战。当时陕北粮食较缺，我们就派军需人员协助红军在渭北各县购粮，并派了150多辆大车送往陕北。彼此关系十分密切。在与红军的长期来往中，使我在思想上受到很大的启示，进一步认识和证明了红军是革命的、人民的军队，只有共产党才能救中国。

就是在这个时期，我获得了新的政治生命，开始参加了党的队伍。当时的经过情形如下：一次，我与左权、彭德怀、博古等一些红军负责同志合拍了一张照片。事后他们笑着对我说：“这一下你把‘通匪’的证据弄下了。”我说：“我不怕，我还准备上山入伙哩！”后来他们把我的这一表示向党中央做了报告。以后中央就派人转告我，从西安事变以后批准我为中国共产党党员。由于我当时不了解入党手续，以为这样就入了党，未再向组织明确表示态度，因而没有取得正式的组织关系。直到1942年我再次向党请示入党问题时，才算正式入了党。

蒋介石回南京后背信弃义，扣留了张学良，并加紧调派军队向陕西推进。东北军和十七路军内部，一部分人主战，一部分人主和，相持不下。托匪和特务四出活动，在两军内部进行分化，破坏团结。1937年2月2日，东北军中以孙铭九为首的少壮派刺杀了老派军长王以哲后，部队陷于瓦解。四五月间，东北军各部被蒋介石分别调至豫南、皖北、苏北各地。十七路军方面，冯钦哉部和沈玺亭、唐得楹两团叛变投蒋，王劲哉的一个旅也被蒋挖走。1937 年 5 月 5 日，蒋介石批准杨虎城将军辞去本兼各职，十七路军的其余部队被改编为三十八军，孙蔚如被任命为陕西省主席兼军长，共分编成两个师（十七师、一七七师），另两个旅（独四十六、四十七旅）。我被任为十七师师长，李兴中被任为一七七师师长。杨虎城将军被迫出国考察。后来全国抗战爆发，杨回到国内即被蒋介石逮捕，在重庆解放前夕，惨遭特务杀害。

（四）“分割使用，战场消灭”政策的破产

（1937—1940年）

1937 年夏天杨虎城将军出国，我曾在上海送别，回来以后就去庐山参加所谓受训。7 月 7 日，卢沟桥事变爆发。7 月 8 日，我即向蒋介石写了签呈，要求率部开赴最前方抗日。7 月 9 日，蒋介石请我到他在庐山牯岭的公馆吃饭，这是我与蒋介石第一次单独会面。当时蒋约了于右任、张群、张季鸾三人作陪，见面以后非常客气。饭后，蒋约我单独谈话。先问了我的家情，接着就问我平常都看些什么书。我伪说看的是《曾文正公集》《左文襄公集》等等。蒋连声说：“很好，很好。”我接着就说：“卢沟桥事变已经爆发，我们再无可忍，请委员长领导全国抗战。”蒋说：“我们正在准备抗战。”又问我：“听说‘双十二’事变时你在三原？”我说是的。蒋又问：“你在三原都同红军什么人见过面？”我回答说：“红军的主要负责人朱德、贺龙、任弼时、彭德怀、左权、王明、博古、杨尚昆等我都见过。”他又问：“他们同你都谈了些什么？”我说：“谈了些抗日的道理。”蒋随即又问：“你看他们抗日是真的，还是假的？”我说：“我看红军每个人对抗战都很热情、

积极，看起来像是真的。”蒋听罢两眼把我翻了一下，很不以为然地嗯了两声。接着又问我：“你看对红军应该如何处理？”我说：“他们不是愿意编为国民革命军，愿意接受委座的领导么？我听说委座也打算改编。”蒋回答说：“现在还未定，正在磋商中。”我向蒋表示，如果要改编，越早越好。蒋又问：“把他们改编了，如何使用？”我说：“我们要与日本作战，需要把全国所有的力量都拿出来，还要使用得当。红军多年善于游击战，改编以后，我建议把红军插入华北日寇的后方，在敌后打游击。起码可以牵制日本几个师团的兵力。”蒋又把我翻了一眼说：“我们再酝酿。”接着，他就问我：“你愿意率部开到前方去？”我说：“我青年时代的志愿，住陆军学校就是为了打洋鬼子。今天如果全国抗战，我自愿开到前方最艰苦的地方去。”蒋随即答应说：“好，我准许你的请求。那你就不要在这里受训了，赶快回去做准备。”我即辞别出来。

关麟徵（国民党第二十五师师长）与我是小同乡，我与蒋谈话以后，他曾经责问我说：“寿兄，听说你对委座讲，要红军改编以后深入敌后打游击，还说可以牵制日本几个师团，有无此事？”我说有。关说：“你这是甩了大‘黑板’[①]了！怎么能对委座讲这些话？”我说我讲的话很对。他把脚跺了一跺又说：“唉，你甩了‘黑板’了！”我说：“就是甩了‘黑板’我也是为了国家。”7 月 12 日我就回到了三原。

蒋介石原来就对十七路军未存好心。这次他趁抗日之机，对十七路军采取了“分割使用，战场消灭”的政策。把我的部队单独调到河北深县，命许权中旅开往阜平，李振西教导团开到石家庄，又把李兴中师调到潼关以北黄河沿岸的韩城、合阳地区。针对蒋介石的这一企图，我们的对策是“团结进步，立功疆场，争取社会舆论”。

我到三原后，即在部队中进行了动员和准备，并对家中安排了后事，准备为国牺牲。蒋很快就下令命我开赴华北。7 月 21 日，部队从三原开拔，24 日抵河北深县待命，8 月 2 日进驻保定。卢沟桥事变后，宋哲元、韩复榘

---

① 黑板，陕西关中方言，说了不应该说的话。

的部队溃退到黄河以南，当时只有孙连仲部倪玉声的一个军在保定以北的房县。日寇继续猖狂南进，倪急向孙连仲求援。我到保定后曾打电话给倪，鼓励他顶住敌人。后来关麟徵的第二十五师、郑洞国的第二师均开到保定。蒋介石派刘峙为前方指挥官，驻河南安阳。此后国民党的部队陆续向华北开来，共达到22个师。不久，倪玉声撤离房县。8月中旬日寇侵占了徐水，向南即将与保定接壤。驻保定的三个师在保定以北30里的漕河岸上作了保卫保定的防御部署：关麟徵在左翼满城附近，郑洞国在铁路正面（含守保定城），我在右翼由保定至新安一线。日寇侵占徐水后，刘峙仓皇逃走，华北的22个师群龙无首。蒋介石命关麟徵为临时指挥官，指挥我们三个师坚守保定。

有一天，关麟徵请我去澡堂洗澡。他说："寿兄，人家都说你是'绯红子'（陕西土语，带有'红气'的意思）。你要觉得共产党好，你就干脆去当共产党。我知道你不是共产党，但是人家都说你是。你这样弄下去，前途不堪设想。"我说："人家把莫须有的事要那样说，你有什么办法？我的认识同你和其他一些人的不同处，就在于我觉得要抗战就必须联共，这也是孙中山先生的三大政策中讲清楚了的。有些人却不想抗战，只想'剿共'，我不管人家怎样说，只要自己能对得起国家就对了。"关语气沉重地讲："唉！我劝你还是尽量与共产党少来往。"我说："没有隶属关系当然没有来往的必要，但是，如果防地接壤，那来往也是避免不了的。"关没有再说什么。

当时河北人民群众的抗日热情非常高涨。我们在漕河岸上构筑防御工事时，遍地的秋庄稼长得很好，谷子快要熟了。修工事的防地上已经划了线准备动工。我望着满地的庄稼说："这样好的谷子，砍了实在可惜！"站在旁边的农民们就说："为了打日本，有什么可惜！你们不砍我们就砍！"就自己动手把谷子砍掉。

我的防地从保定到新安约60华里。当时新安附近到处遭到了水灾。为了阻击敌人，我又指挥部队引出漕河洪水，在阵地前泛滥。只剩下保定正北十一二里宽的地面可供敌人行动。接着就把全师纵深配备到这一地带。

日寇侵占徐水县后继续南进，首先在我的防地上接触。我前沿阵地上的一个据点，丢了三次又拿回了三次。敌人于是分两路改向关麟徵、郑洞国的防地进攻，很快就在关麟徵阵地的满城和郑洞国阵地的黄村各突破一个缺口，关郑两师遂成混乱状态。汉奸特务坐在敌人的坦克上，从曹家花园附近临时挖成的城墙洞把敌人引进了保定城。城内郑洞国的一个团被冲乱，保定失守。敌人进城以后，当地的大地主、大商人等有钱人都出来欢迎，有的奴颜婢膝地把敌人招待到自己家里。广大劳动人民对敌人无不切齿痛恨，秘密地组织起来，与敌人做斗争。

当初，防守保定的军事计划部署以后，我曾经和关麟徵谈过一次话。我对关说："我带的十七师，无论在装备或训练方面都比你们第二十五师和第二师差。你们两个师装备齐全，训练有素，实在令人喜爱。保定是很难固守的。不若在保定只留一个团抗击敌人，把其余大部分主力撤到铁道以西，背靠满城一带山区。待日寇南下时，从侧面给以猛袭，我估计可以打一个好仗。至少可以杀一杀敌人的疯狂气焰，迟滞他的南进。像现在这样单纯防御部署我们是要吃亏的。我带的十七师是在所不惜，第二十五师和第二师如果遭受损失，就叫人太觉可惜。"关听了问我："你说保定守不住？"我说肯定是要丢的。关"嘿"了一声说："保定丢了委员长要我的头哩！"我说："兄弟，你有几个头？有100个头也是要丢的。将来上海、南京、武汉都是要丢的。"关说："那你是乱说，那样中国不是亡了吗？"我说："中国不能亡。"问他："你看过蒋百里的《国防论》没有？"关说没有。我说："你可以看看。蒋百里在这本书中说中国的国防在平汉路以西的山区，在目前情况下在平原上是战不胜日本的。日本准备灭亡中国已有70年的历史。我们国内军阀割据，互相混战，把国家弄得一塌糊涂。将来我们边打边准备，人民都发动起来了，才能把日本打回去。"关说："那不行。"认为保定总是要守的，没有采纳我的意见。

保定失守以后，二十五师和第二师分别在河南新郑和新乡两地收容部队。关麟徵从新郑派了二十五师原在南京的办事处处长来见我，说我还是比他年长，有经验，他后悔当时没有听我的意见使部队遭受到这样大的损失。

我的部队在保定失守后，落到敌人后方，在防守保定的战斗中，除了有一个团因援二十五师有所损失外，其余均冲出敌围，向石家庄退却。沿途公路上，看见国民党的22个师都在溃退，互相混杂，乱成一团，又遇到滹沱河河水暴涨，淹死人马无数。

我的部队沿公路东边的乡村路南进。走到渡口以东的一个村庄停了下来，准备找些绳子和木板绑筏子渡河。当地群众十分热情。我们在一个姓李的医生家里，他听说部队要绑筏子，就从楼上拿下一捆染了蓝色的新麻绳，又卸下了彩画的门板给部队用。我说："这太可惜了！"他说："日本鬼子来了，什么都没有了，还要这些干什么？给官兵绑了筏子，回去休整以后还可以再来打日本。"他不知道我是师长，见陈式玉副师长年纪较大，以为是师长，就把自己一个十一二岁的孩子带到陈的面前，叫给伯伯敬礼，并对陈说："我把这个娃交给你，请你好好抚养，叫他长大了打日本。"又对他的孩子说："好好跟你伯伯去，长大成人了就去打日本。将来咱们是一定会胜利的，打回来以后你给我坟前烧两张纸就够了。"这件事给官兵们的印象很深，有些军官听了他的话，当时就掉了泪。筏子绑好以后，我带了一班手枪做后卫，等全师官兵整整齐齐渡完以后，才最后过了滹沱河。

部队过河以后，进驻石家庄以东的藁城县。立足未稳，石家庄即告紧，鬼子压了下来。我部即在晋深以西进行了侧袭，阻击了南进的敌人。与此同时，另一股敌人由石家庄右翼迂回向娘子关前进，娘子关也告急。石家庄的指挥官商震（阎锡山部）准备把敌人在石家庄顶一下之后，就撤守娘子关。当时在娘子关的部队有孙连仲的二十六路、冯钦哉的二十七路、刘茂恩的六十五军、滇军的第三军和十七路李振西的教导团。这些部队原来归阎锡山亲自指挥，阎未去娘子关，临时命冯钦哉指挥。冯把部队撤进娘子关以后自己逃跑了。蒋介石又派黄绍竑担任指挥官，但是各部队无人敢守娘子关铁路正面。商震即急调我的独立师前去防守。

我先带两个营急行军到娘子关，即去见黄绍竑。黄问："你带来了多少兵？"我回答说："先带了两个营跑步前来，全师部队正在后面跟进。"黄又问："敌人离这里只有15里，你知道吗？"我说知道。黄接着说："娘子关的大门现在还没有人守，你的两营兵准备怎样防卫？”我随即提出：“先派一营兵进行猛袭，把敌人迟滞在原地。另一营兵在铁路正面作防御部署，全师到后再进一步充实。”黄连声说：“好，好，好，你快去办！”我马上派出一营兵猛袭敌人，鬼子见来势凶猛，被打愣了，在获鹿县附近停了两天未敢前进。我趁此机会把全师在铁路正面作了完整的部署。

当时我的司令部设在雪花山上的乏驴岭。敌人已进逼到娘子关下的朱村、范村、潘庄一带，离师部很近，用肉眼已经可以看见。鬼子们非常狂妄，以为中国的军队已被打乱，没有人敢出击，虽然离我们已经很近，却连哨也不放。我看到鬼子这样骄傲，看不起中国人，心中很难受，也很气愤，当即下了夜袭敌人的决心。这时部队都布置在阵地，能够抽出来袭击敌人的只有11个连。我命参谋处长李竹亭作一个出击计划。李说兵力太少，怎么能出击。我说：“打胜仗固然要兵多，但在有利时机也可以以少胜众，快去订计划！”计划订出后，当晚我就率部出击。鬼子们未曾戒备，当即被打得一团混乱，仓皇撤退。我紧追至获鹿城下，敌人在城外过河被淹死的有400余人，伤亡共1000余人。这次出击，缴获了敌人山炮7门，机枪40余挺。

出击之前，雪花山的主要阵地原由魏炳离营防守。为了防备敌人偷袭，我又加派团长张世俊带一部分人前去加强驻守。结果张违命未去。魏炳离听到我军出击胜利，带了部分人离开阵地到前面去收枪。正当我们追击敌人取得胜利的时候，另一小股敌人占据了我雪花山主要阵地。我即回兵反击，夺取阵地。原来被我们追击退走的敌人，趁机又赶了上来。当晚部队与敌人在山沟中反复冲击，敌我伤亡都很大，尸体狼藉，血流遍地。我的双脚和下腿全被血染红。鏖战一夜，终因雪花山据点坚固未能拿下，遂退守乏驴岭。回来以后，我查知张世俊确系违令未去雪花山阵地加强防守，立即把张枪毙。

敌人又向娘子关发动进攻，我军与敌人连续激战13昼夜。我所率的十七师在娘子关正面，孙连仲部的二十七师在我们北面，李振西的教导团在旧关，都对敌人进行了坚强的抵抗。其余的国民党军队，纷纷撤至关内准备逃跑。我师13000多人，来不及构筑强固的防御工事。敌人的飞机、大炮猛烈轰炸，全部官兵暴露在光秃秃的雪花山上，伤亡很大，光是在太原的伤兵就有6000多人。我军与敌人鏖战到第9天，指挥官黄绍竑见形势险恶，各军士气颓丧，分析娘子关是守不住的，即回去向蒋介石亲自做报告。黄走时，我派了一个连送他。他对我说："你对得起国家。你的官兵这样勇敢，虽然在娘子关牺牲很大，但是给国家立了大功。以后对你部队的补充，我回去报告委员长不成问题。"他回去见蒋以后，还在国民党的《扫荡报》上连续发表了3篇文章，说华北只有两个半人抗战，一个是我，一个是二十七师的冯安邦师长，李振西算半个。但是，他回去以后，不久就做了浙江省主席，再未回来，我的部队也未得到丝毫补充。

黄绍竑走后，蒋介石派孙连仲任临时指挥官。当时，我的部队因伤亡很大，军心发生动摇。师政治部主任赵和民（蒋介石派来的监军）溜到太原去了。师司令部中副师长以下的官佐都建议我撤兵。我说："娘子关是军事重点，我准备在这里牺牲。只要有一人，一枪，一弹，就要守住这个阵地。你们谁怕谁就走，再不许向我说这些话。"接着我把手枪往桌子上一放："如果谁再说撤兵，就拿这个对付他！"因而继续激战到第13天。此时，战斗兵已伤亡殆尽，子弹也告竭。最后在一个山头上，旅长耿子介用石头与敌人相拼。孙连仲看到这种情况，就命他的二十七师接了我们的防地。我即收容全师所余的官佐2700多人（一部分人员跑散了）退守娘子关西北的神灵台。

在雪花山战斗中，炮兵营的炮弹已经用尽，炮身也打炸了。阎锡山答应给补充一批山炮，该营即开到太原附近准备补充。结果，阎锡山不但没有给补充，反而纵容托匪张慕陶在部队中乘机进行破坏活动。张慕陶与十七师政治部主任赵和民勾结一起，阴谋把这个营给阎锡山拉过去做干部，建立阎的新军。阎的参谋处长楚溪春还到这个营点了名，向阎报告说队伍很整齐，并伪说官兵们都很高兴。阎给这个营每个人发了一套棉衣、一件大衣和10元钱。这件事被我部驻太原的参议孔祥桢发觉，立即报告给我们。我们电报责问阎为什么私编我的队伍？又命孔祥桢当面向阎提出质问。阎大惊，才把张慕陶撵走了。

孙连仲部接防以后，敌人仍不断进攻。另一股敌人同时攻打旧关，李振西部也伤亡很大，13 个连只剩下 2 个。敌人很快迂回到了娘子关后面，娘子关遂陷入敌手。部队分三路向太原退却，敌人接着由左翼包抄过来。我的部队是右翼，也相继由神灵台后撤，敌人很快绕到了太原，从北、西、南三面把太原城包围。这时我的部队还在太原城东北 60 里的坪头附近，各军都以为我们已被敌人消灭。我带领所余官兵一边打一边冲，赶到了太原城下，我的脚已经受伤，不能行动，被人用滑竿抬着，两只手各拿一支驳壳枪打冲锋，冲到太原城下小东门外。防守太原的是傅作义，派了一个参谋前来与我联络，要我进城共守太原。我认为太原是守不住的，没有进城。敌人在太原南关的兵力比较薄弱。晚上我带部队由南关边打边冲，到了汾河桥。汾河岸上死人死马破汽车遍地皆是，到处人喊马嘶，惨不忍睹。过汾河以后，各部队都纷乱地向西南撤退。10 月初，太原失守。我也脱离了战斗，带所余 2700 多人于 10 月 6 日到达晋西黄河边的碛口镇，进行休整。此时，黄河以北华北平原上的国民党军队已全部跑光，而共产党领导的八路军却英勇地挺进到敌人后方进行游击战，牵制了敌人大部分兵力。我的部队到达碛口以后，八路军先后派了程子华、南汉宸、续范亭等同志前来慰劳。我因官兵伤亡很大，情绪不太好，他们对我作了很大的鼓励。那时天气已冷，官兵们还穿着单衣。八路军战士们把自己的棉衣脱下来 500 多套送给我们，官兵们很受感动。

在我的部队由保定转战到太原的整个过程中，蒋介石命何应钦不断查问我部的位置，企图把华北失败的责任推在我的身上，把我杀掉以掩盖他们的罪责。但是调查以后，国民党的 22 个师全都乱了，唯有我的部队没有乱，保定失守时在敌人后面，在石家庄奋力袭击了敌人，又在娘子关轰轰烈烈地激战 13 昼夜，无法对我治罪。后来 1940 年在重庆的一次军事会议上，何应钦问我为什么当时我的部队能够整整齐齐，没有乱。我回答说很简单，打仗时我在前面，撤退时我在最后，没有别的原因。

我的部队到达碛口 12 天以后，才与卫立煌的指挥部通过电台取得联系。我要求把部队开回陕西三原进行休整，得到了蒋介石的批准。11 月，我即率部过黄河到了陕北绥德。但当时西安的行营主任蒋鼎文（蒋介石在西安的代理人）害怕我回陕，知道以后百般阻挠，反对部队到三原休整，要求蒋介石收回成命。12月中旬，卫立煌即电令我开赴晋南洪洞县赵城。

部队出发赴赵城后，我单身由绥德经延安赴西安。到延安后，毛主席、朱总司令和我见了面，对我作了诚恳的谈话和指示。当时，边区政府的主席是张国焘。我在一次晚会上与张见了面。他给我的印象是官气十足，生活特殊，说话吞吞吐吐，不够诚恳，使人见了有靠不住的印象，因而我对他产生了戒心。我当时曾向边区政府捐助了5000元的教育经费，交给了边区政府的秘书长曹力如同志。曹问我要不要报告张国焘，我断然表示不要向张报告，并说如果必须要报告张，我这个钱可以不捐了。后来我曾去看过张一次，只是谈了些一般性的应酬话。张国焘叛党后，给康泽当了小瘪三，我1944年去重庆时，康泽曾请我吃饭，在康的客厅里猛然看见张国焘也跟在康的后面一起进来。康与我握手后，张也过来与我握手，并说："老朋友，多年不见了。"康听了以后，把我瞪了一眼。后来康的秘书就把我叫到客厅外面盘问："你与张先生是老朋友？"我说仅有一面之交。又问我："在哪里认识？"我说，1937年年底我的部队在华北抗战到绥德，我回西安途经延安时，张请我吃过饭。这个秘书才"嗯"了一声，未再追问。我当时暗想，幸亏捐钱的事没有让张知道，否则就要露出马脚。

部队到赵城后，因又收容了一些散兵，官兵总数已有3000多人。但是战斗兵和军官大部分都伤亡了，官佐多，成了空架子。为了与蒋介石坚持斗争，使他不能对我们实现其"战场消灭"的企图，即把所余的官佐编成两个团。不几天，晋南天井关吃紧，卫立煌即令我部速往防御。部队到晋城后，即对天井关作了军事防御的部署。天井关一带的农民非常勇敢，他们的红枪会有2000多支红缨枪。我们发动了群众，把红枪会组织起来，埋伏在敌人进路的两侧。正当鬼子趾高气扬地向前推进的时候，部队从正面猛然给予迎头痛击，两侧的红枪会汹涌而上，合力围击，敌人被打得溃不成军，伤亡七八百人，仓皇撤退，天井关得以保全。接着长治吃紧，卫立煌又电令我部前去支援。部队北进到距长治数十里的高平，长治失守，阎锡山在长治的守军已全面溃退下来，我和部队就暂驻高平。这时，在晋南的国民党军队仅剩下三部分：刘戡的十四军在太岳山脉，北端有高桂滋的十七军，南端有朱怀冰的九十四师。敌人二次又从焦作上来，侵占了天井关，晋城、阳城相继失守，上党各县除高平外也先后沦陷，部队已处于敌人包围之中。

高平是晋豫公路的要冲，部队只在城内留了一个连，把主力全部集中到高平以西的山区，与敌人展开游击战。当时八路军的总部驻在屯留，我归八路军总部指挥，因而来往甚密。经常邀请朱德、彭德怀等负责同志到部队来讲话，并给部队作关于进行游击战的报告。两个团，一个出去打击敌人，一个在驻地训练，互相轮换。部队中有一个血花话剧团（娘子关战役以后成立，由南汉宸、续范亭同志介绍来一批演员），经常对部队和群众进行抗日宣传工作。我们把群众发动和武装起来，与部队相配合。打击敌人。有一次，鬼子由长治南进，走到苏店和韩店之间的一个山窝里，人马都卸了装休息。我们在山上出其不意发动猛袭，机关枪集中扫射，毙伤敌人 300 多名，缴获了两辆满载食品的汽车和许多物资。把食品都分给了群众，军民关系十分融洽。部队的电台没有汽油，群众就自觉设法弄来几桶油，并自动给部队筹集粮秣。游击战一直打了半年，敌人过高平时都非常胆怯，戒备很严，跑步前进，说是杨虎城的部队在这里。到 1938 年 5 月，部队已先后收复了晋城、阳城、陵川、垣曲等 8 个县，与黄河以南的大后方已经打通。当时的《大公报》以大字标题登出了“我军晋南大捷”的消息，但是，却不提哪一部分部队取得的胜利，因为我们的部队是“杂牌”。

蒋介石原来阴谋在华北战场把我们消灭，或借口作战不力加罪于我，但是与他的愿望相反，我们立了功，一般舆论都很好，使他无机可乘。就是在国民党内部，有些人也说这个军队仗打得好。但是另有一些坏人却说：“赵寿山的部队哪有那样大的战斗力，里头有共产党。”7 月间，蒋介石在武汉召见了我，见面后很客气，鼓励了我的部队在晋南的英勇奋战，并几次请吃饭。当时我的子女、侄女、外甥等共有 8 人在延安抗大学习，蒋介石也知道了这一情况。有一次饭后闲谈，蒋问我：“你几个少爷？”我说：“一个犬子。”又问：“几个小姐？”我说：“一个丫头。”蒋又问：“他们都干什么？”我说：“正在上学。”蒋接着又问：“在哪里上学？”我直言不讳地说："在延安。"蒋立即把脸一变，厉声地说："怎么跑到那里上学去了？"我就说："抗战开始以后，全国青年都像潮水一样流向延安。我想，他们也是被这股潮流卷走的。"蒋随即又问："你怎么不管呢？"我回答说："我掉到敌后半年多，和大后方失掉联系，家事和子女的问题当然没法子管。"蒋以命令的口气厉声说："这回回去把他们叫回来！"我说："我打算叫的。"蒋接着说："一定要叫！你要认识到共产党是给你制造环境。"我看这个问题不能和蒋再多谈，就表示答应了。谈罢话回来以后，我就把谈话情况报告给在汉口的周恩来同志。周恩来同志向延安发了电报，通知我的两个孩子和儿媳共三人回西安。他们起先哭哭啼啼地都不愿回来，后来经党组织作了说服，派人送回。

1938年秋，蒋介石为了抓取陕西政权，撤销了孙蔚如的陕西省主席职务，任孙为第四集团军总司令。把十七路所有的军队合编为两个军。任我为三十八军军长，李兴中为九十六军军长。并命孙率全军官兵开赴中条山西段抗日。部队在中条山的形势是：前面是敌人，后面是黄河，东面有刘茂恩的六十五军、李其相的川军四十七军、高桂滋的十七军等几个杂牌军，黄河南岸有蒋介石的嫡系军队监视。蒋介石又企图在这里把我们消灭。当时有一本日本画报上画过一幅漫画：中条山的部队穿着破旧衣服，掮着破枪，身上标着"杂牌"两字，北面是日本军队，后面是服装整齐、枪械齐全的国民党军队，端着刺刀，戳向我们的脊背。这虽是敌人的一幅宣传画，但也说明连敌人都看出了蒋介石企图消灭我们的野心。

孙蔚如集合在陕西的部队和李兴中的队伍开到中条山西段，总司令部驻在六官村。我率部由上党到达中条山后，进驻茅津、张店一带。这时，给我的部队补充了五个团的新兵，并将我的孔从洲旅归还建制。从此，我们防守在中条山与敌人展开了长期的斗争。当时晋南的永济、运城、侯马、夏县均被日寇占领，敌军队进逼到中条山下。我对孙谈过。我说："中条山南北纵深很短，是东西一条线，牛角形。六官村位于牛角尖端，黄河岸上，在当前的敌我形势下，总司令部驻在这里相当危险。"孙说："这是蒋鼎文主任的意见，因为这里距他比较近，容易联系。"我听了便说："蒋鼎文想叫你当日本俘虏，你是知道？”孙说：“我当俘虏对他也没有什么好处。”我说：“自杨先生走后，蒋介石就对我们部队采取了分割使用，相机在战场上消灭的毒辣政策。你当了俘虏，军队也就被消灭了，达到了蒋介石的目的，蒋鼎文也就完成了任务。”孙不以为然地说：“你这些话不一定对。你说‘分割使用’，这一次我们还不是整个都集中在中条山了。”我说：“蒋介石这一次就是要整个在中条山消灭我们。”孙说：“那不一定。”我接着说：“就是不论蒋介石、蒋鼎文是否有坏心，日本人总是要进攻。万一日本人把中条山像切萝卜一样截成三节，你怎么办？”孙仍坚持说：“那我们拼命。”孙的参谋长陈子坚是刚从陆大毕业的学生，没有战斗经验，也同意孙把总司令部设在六官村。我在六官村住了三天，反复对孙建议，他始终没有接受我的意见。最后，我对孙说：“我回军司令部去了，你就等着当俘虏吧！”当时我的军司令部驻在茅津以东五里的马沙涧。

我回军司令部约半个月，日寇果然把中条山西段截成几节。日军出二十里岭，拿下了芮城，孙的总司令部也被敌包围。孙非常惊慌，一会儿工夫给我接连打了6次电话，要我派兵救他。我也十分着急，立即在防地抽了2000多人，打了芮城，压住了二十里岭，把敌人赶走，从敌人包围中救了孙和总司令部的官兵。孙见我后感激得掉下泪来，对我说：“没有听你的意见，遭到这样重大的损失。”我随即建议总司令部改驻张茅公路以东10里的东延村，孙即表示同意。接着敌人又增兵来攻，与我部在二十里岭到芮城之线激战很烈。为了掩护孙及总司令部官员的安全，我们且战且退。我带一连人做后卫，途中经过一个村子，敌人进南门，我们出北门，形势很危险，最后撤回张茅防地。这一战役共伤亡700多人。从此，孙的总司令部就驻在东延村，并将李兴中的九十六军也挪到张茅，另作了部署。此后，全军在中条山与日寇坚持斗争共达2年零4个月之久。

我的部队分守运城、安邑、夏县及张茅公路等防地，构筑了坚固的防御工事，敌人多次进犯，均未得逞。1939年4月17日，敌人向张茅公路发动了大规模的进攻（“四一七”战役），双方激战十余日。在四州圪垯歼敌一个中队。敌我伤亡都很大。我军伤亡4000余人，敌人伤亡过万，牛岛师团被打得溃不成军，开回日本进行休整。因敌人兵力过重，我们主动放弃了二十里岭以西中条山的尖端地带，孙蔚如的总司令部东移至张茅公路以东30里的郭家原。1940年1月初，敌军又向望原镇大举进攻。望原是中条山的心脏，如果为敌人占领，中条山就很难防守。因此，我部派有重兵在望原驻守。与敌人接触以后，国民党第一战区司令长官卫立煌为了保存我军实力，令其参谋长郭寄峤从洛阳打电话给我，说望原是守不住的，要我放弃望原，冲到敌后去。我对郭说："望原丢了，中条山就丢了，敌人就要过黄河。"郭说："那你守不住怎么办？"我说："能守住，你向卫长官报告如果守不住，杀我的头！"郭见我很坚决，就说："那你看着办吧！"这一役，战斗十分激烈。但我们事前已有准备。我亲带连长以上干部详细勘察了地形，现地指示了作战部署和轻重武器配备的位置，进行了具体严密的安排。与敌激战十余日，全军官兵斗志昂扬，非常奋勇。驻淹底村的范文英营，营长已经阵亡，剩下9名士兵坚持奋战，始终未丢阵地。敌人用四路纵队反复冲锋，一个队如果冲不上，后边的指挥官就立即把该队领队的军官杀掉。我们亲眼看见，有4名敌人的军官当场被杀。经过十多日激战，敌人未能拿下我们一个据点。最后，我们集中兵力进行反击，敌人伤亡很大，溃退至运城，望原阵地仍然牢固地掌握在我们手中。战斗结束后，我打电话与家中联系，正逢我的小孙女出生，她的祖母刚刚接过生，净了手就来听电话。我即在电话中把小孙女命名"望原"，以纪念这一战役的胜利。

全军除了在军事方面与蒋介石企图消灭十七路军的阴谋进行斗争外，在政治方面也进行着尖锐复杂的斗争。军司令部到马沙涧后，在茅津成立了一个训练班。我兼班主任，师、旅长任副主任，轮训旧干部，培养新干部。目的是团结进步，联共抗日。当时提出了三大纪律、四大口号。三大纪律是：不嫖、不赌、不吸烟，四大口号是：自我纪律、自我教育、财政公开、人事公开。对官兵明确指出：蒋介石如果抗战，就拥护他，不抗战，就反对他，我们抗战到底一定能够胜利。对旧干部的轮训，在军事方面主要是学会游击战、运动战；在政治教育方面，请了中共地下工作人员和进步知识分子做教官。当时有孔祥桢、温朋久（由德国留学刚回来）、冯一航、任敬斋等人。

主要讲国际时事和国共合作抗战的道理，加强官兵团结奋斗抗战必胜的信心。此外，又派陈雨皋负责对旧干部的思想和能力等方面都作了深入的了解，以便结合实际进行教育和使用。全军团长以下干部都反复轮训过几次。有些人开玩笑地称这个训练班为“茅津大学”。在培养新干部方面：部队前在保定时，就从京津和陕西的一些学校中招收了知识分子700多人，在陕西三原县成立了教导大队。蒋鼎文对这个教导队非常注意，说我们是训练共产党，屡次要孙蔚如遣散。孙命我遣散，我不同意，就把该队开至茅津渡。蒋几次追问孙，孙又要我遣散。他说：“你这是惹是生非。你不遣散，蒋鼎文以后不给我们补充。”我说：“蒋介石要消灭我们，蒋鼎文是执行蒋介石的命令，我们即使对蒋鼎文非常驯顺，他也不会给我们补充。”并说：“这是训练班长的，不是什么训练共产党。”与孙争执过好多次。后来孙坚持一定要遣散，我只得表面上答应，实际上并未遣散，只是把原来的教导大队，改编成四个普通连，用连的番号代替了教导大队的名义，并把其中优秀的学生编成一个侦察连部队，与党中央联系的电台就设在该连（这个电台在河北时是与八路军前总联系，部队过黄河后就直接与党中央联系）。但是孙蔚如左右的人知道教导大队并没有遣散，报告了孙。孙为此亲到茅津来看了一次，发现并未遣散，非常生气。他问我：“你说遣散了，现在还在，怎么哄我？”我回答说：“名义都取消了，把人员补充了缺额，编成了普通连，训练班长。”孙强硬地要我不要训练，还是遣散了，免得闲话。我也态度强硬起来，对他说：“你没生过孩子，不知道生孩子的苦处。我们一个战役下来，班长伤亡最大，常是上千人。补充来的新兵没有坚强的干部带领，军队怎么能有战斗力？如果每个战役以后，我向你要一两千名能够称职的班长，你要是能拿出来，我就不训练了。我们这些受训的人，编的是普通连，也不领蒋介石的钱，可以对他说得过去。要是不训练班长，军队缺乏战斗力，我们就难以生存，甚至还要当俘虏。你愿意当俘虏，我不愿意。要不，我宁可不干！”孙见我态度很强硬，讲得也有道理，才没有再逼我遣散，以后也再未追究。教导大队因而得以继续存在，又连办了四五期，先后训练出3000多名知识青年投入了部队。

在此期间，对部队的人事安排也作了调整。对干部中年老、怯懦、抗日意志薄弱和思想反动的，分别经过说服教育后给资遣散。所遗缺额用大批知识青年来填补。教导队学生毕业以后，都下部队当了班长。部队在过黄河以前，绝大部分班长已经是教导队的学生。对一些优秀的学生，有的还越级提拔当了连长。经过这次训练收效很大。全军绝大部分官兵方向明确了，思想进步了，敌我分明了，对联共抗日有了基本的认识，树立了抗战到底必定胜利的信心。在军事技术和战术方面，也都得到不同程度的提高。因而部队上下团结一致，战斗力增强。全军在中条山与日寇的战斗中，能坚守 2 年零 4 个月使敌人无法前进，与茅津渡的训练是分不开的。

蒋介石为了从内部控制和瓦解我们的部队，在各军、各师都派有监军（职务名称是政治部主任），并在每个团派有一名指导员，每个连派有一名政治干事，进行反动宣传和反共活动。我们对这些特务分子作了长期的、尖锐的斗争。我的部队初到中条山时，蒋介石曾派了两个政治部主任来进行破坏，但是他们的阴谋都没有得逞。蒋介石认为，三十八军中共产党不少，派来的两个政治部主任能力太差，因而遭到失败。就决定在黄埔军校毕业的学生中挑选所谓最能干的、最有能力的人来与我们做斗争，要把三十八军中的共产党肃清。最后派来一个非常反动顽固的特务张泰祥。张到任以后很狂妄自大，我们对他以牙还牙、针锋相对地进行斗争。有一次，张要集合平陆县的老百姓，叫每人带二斗口粮来受他的“训练”。我坚决表示反对，对他说：“日寇不时进犯，人们提心吊胆，老百姓都非常穷困，日谋升合尚有困难，谁能带几斗粮食来受训？”没有同意他的意见。不料张竟私自下了通知，但是事与愿违，没有能把老百姓集合来。我得知张私自下通知后，立即把张叫来当面斥责说：“你这人非常骄傲，脑子里有不少坏东西。你认为你是中央来的，委员长派的，我们的军队是杂牌，你是正牌。告诉你，你是中央来的，我也是中央来的，我的委任状比你的大得多。不要以为你在委员长面前吃得很开，要是咱们一同去见委员长，看看委员长到底先见谁。不要分什么杂牌、正牌。我认为拥护委员长抗战到底，争取全国胜利，为国捐躯在所不惜，就是正牌。如果挂羊头卖狗肉，见了敌人一枪不打，抬腿就跑，被敌人吓得一团混乱，那才是杂牌。你以后还是规规矩矩，什么事都要通过我，否则你寸步难行。”张听了很不高兴，说：“那我就在这里干不成。”我说：“干不成你就滚蛋！”从此张就过了黄河，住到黄河南岸的会兴镇，但是也不敢随便回去，每天闭门给蒋介石写假报告，三天一个，五天两个。因为我们已经派人打入他的政治部内部，他的这些活动都逃不出我们的眼睛。有一次，他给蒋捏造了一个最毒辣的报告，说我确于某年某月某日加入了共产党，三十八军的干部75%以上都是共产党员，蒋介石对这个报告非常注意。

我与张泰祥做了面对面的斗争以后，部队官兵都知道了，于是全军普遍地与团指导员、连政治干事开展了斗争。有一次，蒋介石派到军政治部的一个秘书（林绍堃），外号叫狗熊的（张泰祥不在时，他代理张的工作）到九十七团去讲话，我当时也在场。他在讲话中大捧美英，辱骂苏联，反对共产党，士兵都不愿听。他讲了以后，我就接着讲话。我说：“× 秘书讲了几个钟头话，很辛苦。你们要敌我分明，谁是朋友，谁是敌人，自己要在心里用事实好好分析。国际上的朋友同我们个人交朋友是一样的。比如你们有一个人，家很穷，母亲死了买不起棺材，向有钱的人去借钱。他不但不借给你，反把你骂了一顿。向另一些人去借，说明了困难，他们就自动把钱借给你。这两种人究竟谁是朋友，谁不是朋友？”士兵们异口同声地说：“借钱的是朋友，不借钱又骂人的不是朋友。”这个团有一个连全部装备着苏联制的水连珠式步枪和转盘轻机枪。我就问他们：“你们拿的步枪是哪一国给我们支援的？转盘枪是哪一国的？”他们齐声说：“苏联的！”我又问：“我们抗战以来，美国和英国接济了我们什么？”他们说：“什么也没有，还在滇缅路上捣我们的鬼。”我接着再问：“谁是真正的朋友？”士兵们齐声回答说：“苏联是真正的朋友。”狗熊秘书十分尴尬，满肚子不高兴，抽身走了。最后我又向士兵们说明，对问题一定要分析，不要谁说什么就听什么，才能认清敌友，弄清是非。另一次，在茅津渡训练班开会，当时各地党组织正在开展反对托派的斗争，部队的士兵们也受到了这一斗争的教育和影响。狗熊秘书在会上又讲话说：“反对托洛茨基是共产党的口号，我们部队中也有人喊这个口号，这是给共产党做应声虫。”话刚说完，就有一个16岁的士兵田焕贵振臂高呼：“打倒托洛茨基！”给了这位狗熊秘书一个有力的耳光。就这样，蒋介石派遣的所谓政工人员，在部队中日益走向孤立，无法施其伎俩，有的还倒向了我们一边。

张泰祥在会兴镇住了约4个月，见我并不理他，就亲自去重庆向蒋介石告状。蒋介石见在中条山消灭不了我们，原来就想把我们调过黄河加以解散。但是中条山的防地十分艰苦，国民党军队无人敢守，因而没有立即采取行动。这次听了张泰祥的报告，认为三十八军已经红了，非常危险。于是，立即派出一名少将到郑州，复查张所报告的情况，同时下定了决心要把部队调过黄河准备解决。我们得到南调的命令以后，中级官员中的共产党员都不愿意过河，建议我把红旗插出来。我也不愿意过河，就打电报向八路军前总请示。前总指示部队坚决过河，不要动摇。彭德怀又派了薛涛同志来向我说：“你要是不过河，国民党首先给你戴一个违抗命令、破坏团结的帽子，共产党也不敢要你。只要部队过河以后团结进步，与群众打成一片，蒋介石是吃不掉的，是能够存在下去的。”我即开会与军官们作了研究，接受了党的指示，开过了黄河，先集中在张茅附近。

部队南调以后，中条山不久即失陷，日寇又进而占领了风陵渡、平陆。敌人的机枪已经可以扫射到陇海路上，对铁路形成严重的威胁。听说在重庆的国民党一些比较进步的高级官员如冯玉祥、李济深等，都曾经责问过蒋介石：“据卫长官（卫立煌）说赵寿山的军队是中条山的铁柱子。为什么要把他们调过黄河，丢了中条山？”

部队未到张茅以前，后方也风传我们不愿过河，孙蔚如为此十分担心。部队到张茅以后，虽然在军事上与日寇的斗争暂时停了下来，但在政治上与国民党的斗争更加尖锐。孙蔚如曾指示十七师的师长耿志介，要他放勇敢一些，与我做斗争。孙并对耿说：“闹不过了你就搬铺盖，搬了以后我就有办法。”因而耿在过河以后，多方为难，不愿与我们合作。当时我们不得不在蒋介石、蒋鼎文和孙蔚如及一些师长们的几重压迫下进行斗争。

在张茅集中的当天晚上，军部参谋处长李竹亭来见我说，郑州来了一个蒋介石的少将特派员，是他的同学，打电话要他去郑州。他问我：“去了以后人家一定要问部队的情况，我应该怎么说？”李竹亭是陆军大学的优秀生。杨虎城将军在西安时曾向蒋介石要来五名陆大学生，但半年未分配工作。后来他们同去找参谋长王一山，跪在地下要求把他们解放。我知道后就问杨，何以把他们要来又不使用？杨说各部队都不敢要，派不下去。我说，我愿要。就从其中选要了李竹亭到十七师担任参谋处长。李到职后，我常注意关照他的生活，初步建立了私人感情。部队在高平打游击时，李由于缺乏战斗经验，所以作战方案教条较多，我未同意。李背着陆大的包袱，很不高兴。我另拟的方案，他也不完全同意。我就命令他：“照着去办，打完仗回来我再给你讲战术！”类似的事情，有过好几次。后来我给他讲了战术和几次战斗取得胜利的道理，并对他说：“你要把陆大学生的包袱都卸掉，你没有作战经验，要虚心在实际中学习，书本上的东西不能胡搬乱套。”从此以后他在思想上被说服了，并对人表示：“师长把我批评了一顿，上了一课，人家有作战经验，今后要好好向他学习。”此后，他和我的私人关系就更加密切了。因而这一次他要去郑州，就先来征求我的意见。我对他说：“你明天就去。见了你那位贵同学，要问部队情况，你就以实相告，有啥说啥。”并说：“你知道人家对部队有许多风言浪语。你在部队很久了，应当了解情况。我们的部队就是抗战积极，打日本勇敢。只是有一点你要注意，不要给人家保证咱部队中没有共产党。共产党神通广大，谁也保不了他的部队中没有。但是你要对他讲，我们部队团结如铁，共产党在我们部队中不能活动。”李第二天就去了。那个特派员把张泰祥向蒋介石报告的详细内容对李讲了一遍，李把部队的情况大致本着我谈的精神也作了介绍。他们共同研究以后，给蒋介石写了一份复查报告。后来了解到他们在这个报告中，分析我本人不是共产党员。因为我年纪大，共产党要青年不要老汉；又说我有百万之富，生活优越，吃不下共产党的苦，因而不会是共产党员。这个报告认为，部队中不能说没有一个共产党员，但张泰祥断定75%的干部是党员则是错误的，并说部队对共产党有好感，内部非常团结，战斗力很强，赵的威信很高。

他们在报告中向蒋介石建议，说我与孙蔚如是孩提之交，中学时期曾立过“兰谱”，虽然在政见上有时不一致，但是有兄弟的历史关系，只要蒋介石对孙蔚如善加对待，通过孙来掌握我，就什么事也没有了。蒋介石见了这个复查报告以后，相信了他们的看法和结论。我原来对李竹亭是有意识地进行争取的，目的就是为了在必要时运用他，这一回果然用上了。如果这个特派员对蒋介石确定张泰祥的报告是真的，可能蒋介石早就把我杀了。经过这次复查以后，蒋介石认为我不是共产党员，同时也认识到我们部队十分团结，战斗力很强，要用武力解决颇不容易。因而在一个时期，似乎采纳了复查报告中的建议，对孙蔚如关系很好，企图通过孙来控制我和部队，但是总还不能放心，仍想乘机把部队消灭。

在中条山阶段，我们除了与蒋介石派遣的特务分子进行斗争外，还对阎锡山的反动组织和反共活动作了坚决的斗争。阎锡山的18个反动组织派出了不少特务，混入我们防地企图进行破坏，但都被捕获。我们对这些特务分子训斥以后，仍旧放回，并警告他们，以后必须带有证明信件才准进入我部防地，否则对其安全概不负责。当时阎锡山还在山西各地大肆逮捕牺盟会的共产党员，四五十个被迫害的共产党员先后逃至我部防地避难。部队积极掩护了他们，并发给护照，资助路费衣物，送他们回大后方投奔了八路军。

部队在中条山的抗日战争中，得到了广大人民群众的积极支持。他们热情地为部队代购粮秣，参加战勤服务，配合部队打击敌人，对部队两年多以来在中条山的坚持斗争，起了重大的保证作用。部队也从各方面关心群众的生活。我们的儿童连在72处地方分别给老百姓的子女办了小学，使儿童们在战争炮火之下仍能有机会上学。

（五）与蒋介石“抽梁换柱、分编遣散”的阴谋做斗争

（1941—1944年）

1941年1月，部队开赴巩县、汜水一带进行训练。蒋介石看到要用武力解决我们很不容易，就改变手段，阴谋用抽梁换柱、分编遣散的办法把部队消灭。针对这一情况，我们根据过黄河以前党给我们的指示，采取的对策是：团结进步，联系群众，坚持斗争。

部队到巩县不久，郑州被日寇占领，守军孙桐萱部溃不成军。卫立煌命我部收复郑州，并亲至前方指挥。将郑州收复，随即对孙桐萱的部队进行收容整顿。卫把郑州前线的所有部队均交我指挥。我军乘胜追击，把敌人压缩到黄河铁桥南端的邙山头。敌人在邙山用钢骨水泥修筑了桥头堡，我炮兵火力不足，几次轰击未曾拿下。我们即在山下修了网状工事，敌人被封锁在邙山头，寸步难行。一次夜间，敌便衣队300多人从孙桐萱与我部的结合部冲下山来。孙桐萱部的军、师部都要求转移地方。我严词拒绝，并在电话中对他们说：“你们把日本人看得那样可怕，几百个敌人打下来有什么要紧！你们派一个营，我派一个连，两面夹击，就可以把敌人打回去。”他们照办了。果然夹击以后，敌人立即缩回阵地，以后再未出来。此后，敌人就困守在邙山的霸王城。我军占据了汉王城，隔着一条鸿沟与敌人东西对峙。这时，我军部进驻广武以南荥阳以北的苏寨，只留侦察连一部分人携带电台驻在巩县。

军事方面的斗争稍微和缓以后，政治方面的斗争就尖锐起来。我们预计到这一情况，从多方面采取了措施。为了加强部队的团结和进步，首先

在汜水县以南的南峡窝村成立了训练班，对干部加强思想教育。重申了不嫖、不赌、不吸烟的三大纪律和自觉纪律、自我教育、财政公开、人事公开的四大口号。此外，还着重实行了军队民主化，全军上下级之间可以自由提意见，士兵可以批评官长。每星期有一次生活检讨会，进行批评和自我批评。因而提高了官兵的认识，增进了团结，巩固了纪律。有一次，孙蔚如与我同在防区散步，看见老百姓的玉米棒子长得很好，一个也未丢失，颇感诧异。我说，这是实行军队民主化的结果。前些天，一个炊事员掰了老百姓一个玉米棒子，已经在生活检讨会上受到批评，没有人敢再掰了。在采取上述措施的同时，对军官也重新作了必要的调整，大量地越级提拔了一些知识分子，对十七师团长以下的干部进行了彻底的改造。在党内又与九十六军加深了密切联系（这个军当时有 2 个团长、5 个营长是共产党员），目的是逐步准备条件，以便在抗战胜利以后使整个第四集团军转变为人民的军队。

在改造军队的工作中，师、旅长以上的军官阻力最大，他们思想偏右的人很多。尤其是师长耿志介接受了孙蔚如的指示，处处为难，反对对部队进行改造。耿的年纪比较大，思想有些糊涂，非常爱钱。为了与他搞好关系，增进团结，减少改造部队的阻力，我决定采取适当的措施。一天，我把他叫到军部来聊天。我说："景惠（耿志介的号）兄，你在军队多年，没有什么积蓄，现在年纪也大了，要给你将来的生活也做一些准备。"当时部队在汜水河口设有一个稽查处，对从敌后贩运出的各种物资进行检查和征税。我就对耿说："我们打算把汜水河口的稽查交给你管。你可以派一个知心得力的参谋，小心谨慎地给你积蓄一些钱，以备后世之用。"耿听了欣然接受。有一次，第一战区兵站总监杲海兰从敌后贩运了 18 桶大烟，被耿没收。耿的参谋处长胡振家（共产党员）向我密告了。我打电话问耿，耿不承认。我又向孙蔚如做了报告。孙与杲海兰的交情甚密，杲也向孙打了电话，说他的东西被耿没收。孙又打电话向我责问情况，我说我虽知此事但耿不承认，建议他直接问耿。孙即气势汹汹地问耿："听说你们扣了一只船，装有大烟，有无此事？"耿见孙来势很凶，心中有些害怕，慢腾腾地承认了。孙即命令耿说："那是杲总监的，你惹得起？赶快派人送回去！"耿不知该怎样送去，忙叫胡振家来找我想办法。我就对胡说："给我送到军部来，我派人去送。"结果耿送来了16桶，我也不知少了两桶，即交由杨晓初转运洛阳交还杲海兰。杲收到以后甚为感激，后来曾向杨透露少了两桶。从此以后，耿对我就很顺从，对部队的改造也不再加以阻挠了。

为了进一步团结群众，开展斗争，部队注意了与当地群众增进联系，密切合作。1941至1942年间，河南遭到大旱，部队从西安买回100吨小麦麸皮，在防区内的10多个地方设了粥厂，救济了受灾的群众。平时部队也经常帮助群众收割庄稼，医疗疾病，搞卫生。群众也多方帮助军队。我当时和群众的接触也比较多，巩县、郑州等地有不少群众都认识我。有时我骑着骡子从街头经过，在地里干活的农民就放下农具到路边来打招呼。军民关系亲如一家。1949年全国解放后，我从北京开罢第一次全国人民代表大会回来，途经荥阳车站（距原来军部驻地苏寨较近）在月台上散步时，站上许多卖小吃的群众还认识我。他们把自己卖的各种食品拿来叫我吃，并要我在荥阳住几天。群众的这种热情使我很受感动，久久不能忘怀。蒋介石为了瓦解部队，专门派来一个由100多名特务组成的别动队，在巩县、荥阳等地进行破坏活动。一天，部队在南峡窝村的训练班举行晚会，我也坐在广场后面看戏。别动队的八个特务混进了会场，被我们的侦察连全部捕获。经过审问，他们供认是来暗害我的。侦察连长未向我报告，就叫人挖了坑，准备把他们活埋。我发觉后立即制止了他，并把特务队长叫来当面作了责斥，叫他把人带回。我对这个特务队长说："前方汉奸、土匪很多，你们以后进入我们防地必须持证明信件，否则对你们的生命安全概不负责。"特务队长很惭愧地把特务们带走了。这以后，我们更提高了警惕，并命侦察连集中力量对付别动队的破坏活动。

这时，国民党特务已探知我们的侦察连有一部秘密电台。当时部队都在前方，只有侦察连一部分人携带电台留在巩县后方。敌人不时想乘机抄袭。别动队的100多名特务，和我们的侦察连背靠背住在相邻的两个山沟里，沟顶上有一条路相通。有一天，国民党中央派员到苏寨，要对全军点名，侦察连也要从巩县开到苏寨听点。当时该连连长给中央送报告去了延安。我就把临时负责侦察连的排长于一之预先叫到苏寨说："人家要点名，侦察连必须到前方来听点，你回去要好好安排。可能有人乘机来抄袭电台，对电台的警卫要留足够的兵力。要告诉留守的人员，如果晚上有可疑的人进入院内，就开枪射击。打死人我负责任。如果电台有失，就杀你的头！"于一之立即回去作了布置，随后就把侦察连带到前方来听点。我问他："留了多少人？"他说："三个人，由薛忠厚负责。"我听了大吃一惊说："三个人怎么能行？"他满有信心地说："我都安排好了，你放心，不会出乱子。"别动队特务探知我们留人很少，果然在晚上派出了数十名便衣，带着手枪，由沟顶上过来抄袭电台。在窑洞里守电台的是薛忠厚。他用沙袋在窑门口作了防御工事，并安了一挺轻机枪。另两个人各带手枪在院内放哨。敌人从沟顶上下来，哨兵就问口令，没有答上，马上就开了枪。敌人人多，把两个哨兵一步一步压缩回窑洞里，接着就猖狂进逼到窑洞门口。薛忠厚立即用机枪扫射，首先打死打伤别动队的少校队长，又接连打死打伤10多人，窑门前血流满地。敌人仓皇地拖着尸首从原路逃跑。沿途的血迹证明，这次抄袭确是别动队的特务们所为。敌人走后，薛立即向前方打电话报告。我看此事已由暗斗变为明斗，扯开了面皮不大好，准备敷衍过去。我就叫军法官王更宇去见巩县县长，说我们部队在前方抗战，土匪在后方抢我们的粮秣，并把别动队的副队长也叫到县政府，问他们是否也被抢。王照办了。于是别动队便以为我们把他们抄袭电台错当成土匪，此事就算敷衍过去了。

1941年冬，军训部部长白崇禧组织了一个大规模的校阅团，对全国军队进行校阅。派到我们部队来的校阅团有40多人，其中还有一位苏联的包顾问。这个团的成员中有坏人，也有不太坏的人，但是他们都反苏。他们听说我能叫出全军班长的名字，不大相信。后来在校阅某连队时，我直呼班长的名字，他们见了非常惊异。那位苏联顾问原来是炮兵出身，当在孔从洲旅的一个连校阅射击演习时，要求我们和他比赛射击。我想苏联是友邦，他是顾问，我是军长，比输了也没关系，就答应了。他又说，还要赌个输赢，我问赌什么，他说赌10杯酒，我说10杯太少，还是20杯。校阅团的人员都鼓励我和他比赛。这位苏联顾问以为我们不会赢他，就很不在乎地作了三轮射击，结果打了18环。我打了24环。校阅团的人员反苏情绪都很强烈，看见苏联的顾问输了都非常高兴。弄得包顾问面红耳赤，神色很不正常，随即要求再比一次。我答应了。这一回他非常认真，把大衣和夹克都脱了，只穿了一件毛衣，挑选了一只好枪，还把枪准星用火柴熏了一熏，又挑了三颗子弹，用手帕把子弹沟擦得干干净净。一切准备妥当以后，他叫我先打。我就随便拿了一支枪、三颗子弹先打。两枪打了18环。我想如果这次再赢了他，不只对他的面子不好，不利于增进中苏友谊，而且会更加助长校阅团人员的反苏气焰，因而打第三枪时就故意放了空枪。校阅团的人员看见了很不高兴。接着包顾问小心翼翼地瞄准射击，三枪打了21环，比赢了，他对我说，第一次不算，这一次算；校阅团的人员都说第一次算。我没有作声。校阅完毕后举行宴会。校阅团人员要苏联顾问吃20杯酒。他十分尴尬，坚持要我吃。我提出各吃10杯，才算了事。晚会上，士兵们请唱秦腔。有一个士兵要求我担任一个角色。校阅团人员看见士兵们敢给军长提要求，颇为惊讶，但是也由此感受到我们部队上下一致、平等团结的精神。部队兵强马壮，战斗力很强，在校阅中也给了他们很深的印象。当时国民党的军队中，吃空名字、贪污马料的现象比比皆是，弄得士兵们营养不良，身体羸弱，马瘦得脊梁像一把刀子。传说有一个笑话，某个部队马瘦得不能行动，检阅时要几个人抬到操场上掰开腿站着，一动就倒。因此，校阅团校阅了我们的部队以后，倍加赞扬，回去以后经过评议，列为全国第一。这虽是一件好事，但却更加引起了蒋介石、何应钦的害怕和惊慌。

蒋介石为了给我的工作上制造困难，在部队过黄河以后，曾先后两次把我的秘书姚警尘调离部队，到重庆去受训。何应钦还亲自对姚谈了两次话，后来又要把姚留在重庆，我没有同意。以后，何应钦又指使孙蔚如给我下命令把姚调到了孙的总司令部去当秘书。孙又命令我说孔祥桢、冯一航是共产党员，必须赶走，迫使我把他们调离了部队。

1942年，第一战区长官司令部在洛阳成立了一个将官训练班，指名要我去担任队长。事实上是为了准备在我离开部队以后，随意调动和迫害部队中他们认为有问题的干部。这个训练班规定，该班的服务人员要由队长带去。

我即在干部和侦察连中挑选了精明强干的知识青年 12 人，预先作了训练，以便到了训练班一面服务，一面打探一些情况。到洛阳开课以后，我通过查对课堂、会场、宿舍、食堂的学生名单，在四天内对全队 83 个将官学员都能够叫出名字。对上课迟到的，查问以后记下姓名。因而他们在受训期间都很守纪律，不敢随便。有一天，蒋介石命何应钦给孙蔚如下令，没有通知我，就把我军 32 名重要干部（他们认为这些干部都是共产党员）调往重庆参加所谓受训，实际上是要把他们关进集中营。这些干部路过洛阳时，三个带队的干部立即前来见我，说明了情况。我听了非常气愤，要他们回去，不要去重庆。他们都哭了，对我说："我们回去了，你就不能回去了。"我说："你们先回去，不必管我，我是可以回去的。万一不能回去，以我一个人的死换你们几十个人的生，也是值得的。"我叫他们当晚就回去，并说以后没有我的命令，调谁离开也不行。他们都回去了。当天晚上我就去见卫立煌，质问他："为什么不让我知道，大批抽调部队的干部，我这个军长还算不算负责呢？照这样，我这个军长就没有法子干了。"并说："抽调的这些干部都是积极抗战立了功的，他们不能去重庆，去了重庆就要坐监狱。我要对他们负责，我已经命令他们回去了。"卫看我态度十分强硬，就安慰我说："这是何总长调的，我可以代你回何总长，就说你在前线有困难，这些干部可以免训。"于是我就回到训练班。

何应钦听说我把干部挡了回去，大为生气。不久，就亲来洛阳。名义上是检阅军队，实际上是要直接向我摊牌，大批抽走我们的干部。何到洛阳后，先见了孙蔚如。拿出了一张开列着 73 个人的名单，说这些人都是共产党员，要带走。孙见了大吃一惊。回来以后就斥责我说："你平常爱与人闹别扭，做斗争，方式方法太硬。上次何总长调干部受训，你不叫去。这一回他拿出 73 个人的名单给我看，要把这些人都带走。"我随即问孙："名单给了你没有？"孙说："没有给，总长要和你当面谈。看你怎么办？你要好好准备一下，千万不要再和总长闹别扭。"我听了以后，一夜没有睡着。想来想去，想不出很好的对付办法。以前也多次考虑过，反动派总是吃软怕硬的，蒋介石如果逼人太甚，我们就造反。搞得在后方他不安宁，他也很感棘手，无可奈何。因而最后决定，无论如何，人总是不能交给他，还是要与何应钦作坚强的斗争。

第二天，何应钦约我见面。到了何的院子里，冯钦哉、裴昌会刚与何谈完话出来。他们都善意地对我说，何此来可能要抽调我的人，要我小心一点，善加处理。我进了何的办公室。何笑里藏刀，非常客气，先对我胡说了一通。他说："委座时常关心你，对你很器重，每次给你的钱也很多。大家都常为了你担心，说你的队伍里有共产党。共产党是六亲不认、残酷无情的。如果他们在你的队伍里起暴乱，把队伍分裂了，还要把你杀掉。"说罢拿出 73 人的名单说："据各方报告，这些人都是共产党。"要我把这些人集中起来，交他带回重庆受训。我听了非常气愤，怒不可遏地对何说："总长，请你先撤我的职，另派军长去处理。只要我还是军长，这些人我不能交。据我了解，他们都是抗战积极、作战有功的干部。我当军长，上对总长和委座负责，下对干部和士兵也要负责。如果人家说他们是共产党，我也说他们是，不给他们申冤，那我算什么人？"何见我态度强硬，来势凶猛，笑着站了起来，又把蒋介石对我如何好等鬼话重复了一阵。我说："总长，你还是撤我的职，不然我觉得太惭愧。"他说："你很好啊，有什么惭愧？"我说："委员长管国家大事，日理万机，都管得很好。总长指挥一万多个单位，也措置裕如。我也是一个人，只带了一个军。因为带得不好，反劳委员长和总长以及中央的一些高级长官都对我这样分心，把我撤职以后，委员长和总长把关心三十八军的精神转用在考虑国家大事上，对国家是有好处的。我一个人干什么都行，甚至给你当传令兵都可以。"何听了以后僵愣了半天，无法下台，后来才说："好，好，好，我把这个名单交给你，你回去好好地考查。共产党在你的部队中捣乱，你要查出来谁是共产党就可以撵走，由你来办。"我回答说："这我一定能办到。我要查出谁是共产党，就给你绑送重庆。"与何应钦面对面的斗争就到这里结束，接着我就告辞出来。

当晚卫立煌找我说："听说你今天和总长大吵大嚷了一顿，调你的干部你拒绝了。军人要服从命令，谁敢与何总长像你这样叫嚷！你这对何总长的面子太下不去。你要想法子应付一下，不然你的前途很危险。"他向我建议说："你回去考查，看谁是共产党，要送去少数几个人应付一下，不然太下不去。"我说："好好，我回去考查。"回军部以后，感到卫的建议有些道理，如果把事情搞得太僵了，反而对以后不利。于是就挑选了3个人：一个叫陈居莘，是国民党执委刘守中的女婿；一个叫邵青山，是冯玉祥的老传令兵，一个叫魏洪涛。我对他们事先作了训练和说服。我说："人家说咱们部队有共产党，我和何总长吵了一顿，卫立煌要我送去几个人应付一下。我现在选定你们三个人为团体当黄盖去，暂时受几天委屈，我保证三个月以内设法仍叫你们回来。"他们慨然应允说："为了掩护团体，粉身碎骨在所不惜。"我就把他们送回西安。他们到重庆后，立即就被关进了集中营。冯玉祥首先知道了，说邵青山是我的老传令兵，哪里是共产党？就把他保出去了。不久，刘守中的老友张继（国民党右派的元老）等人又把陈居莘保释出来。魏洪涛后来通过于右任的关系也得到保释。结果不到三个月，三个人又安全回到部队。

我这一次与何应钦的斗争，很快地在国民党政府和其嫡系部队中间风传开来，议论纷纷。不但蒋介石、何应钦对我非常痛恨，其嫡系部队的许多将领，首先是胡宗南对我更是极其仇视。胡宗南曾向蒋介石自告奋勇，要在我回西安以后设法把我杀掉。由于胡是蒋的亲信，蒋介石不愿意让胡背这个血债，因而没有批准，并警告胡，不得他的许可，不准杀我。但是蒋介石并非不想把我除掉。他先后给卫立煌下了21道电令（这些电令，卫的机要室戴主任曾给我看过），要卫设法把我枪杀，把部队干部遣散，把士兵补充蒋军缺额。但是，卫没有执行。起先，蒋介石要把我的部队调离中条山时，卫就不同意，曾与蒋有过争执，担心调离以后中条山可能丢失。蒋介石说，哪怕丢了中条山，也不能让三十八军变成共产党的军队。卫对此很有意见。这次卫接连接到蒋介石的电令以后，想到我的部队坚守中条山两年多，对国家有功，蒋不但不给奖励，还要陷害，自己良心上过不去。同时，我的部队目前守卫桥头堡，又没有坚强的部队可以去接防，因而对蒋的21道电令，都坚未执行。蒋介石因此把卫立煌撤职，令蒋鼎文接替了第一战区司令长官的职务，并令程潜接替蒋鼎文任西安行营主任，准备利用程潜、蒋鼎文消灭我们。蒋曾给程六次电令，要把我杀掉。程良心上也通不过，没有照蒋的话办。蒋介石又以八次电令，要蒋鼎文把三十八军遣散，把我杀掉。蒋鼎文因桥头堡阵地无坚强部队接防，拖延未曾执行，受到蒋介石的责备。后来据说蒋鼎文曾对人说："不要胡宗南杀赵寿山，要我蒋鼎文杀，其咎叫我来负。我也找不到赵的罪状，我怕人吗？我才不干。"

蒋介石想枪杀我未能如愿，于是又采取了其他种种的阴谋手段，来进行陷害。1942 年 8 月，蒋介石把我调到重庆，表面上优礼相待，对我说准备叫我接替俞飞鹏，任全国后勤总司令。我看穿了蒋的企图是要使我脱离部队，并用一顶贪污的"黑帽子"代替他无法找到证据的"红帽子"，把我除掉。我当即婉言谢绝说："我是个老粗，只会打仗。后勤总司令责任很大，我对后勤的常识很贫乏，又没有业务研究，绝对负不起这个责任。"蒋见我很坚决，不上他的钩，只得作罢。金钱收买也是蒋介石拉拢和陷害我的一个办法。蒋先后给过我 20 多万现洋。1942 年冬一次给过我 7 万元，我在一星期内花光了。主要是用来救济了比较贫困的进步人士，捐助了比较进步的报纸。有人夸大地给蒋介石反映："你给赵某人的钱，赵都给了共产党了。"蒋听了更加痛恨。有一次关麟徵问我："寿兄，委座给了你那么多钱，听说你都给了共产党？"我说："委座屡次给我的钱，都是供我私人使用的特别费，我有支配权。我给冯玉祥送过 1 万，给于右任送过 5000，不知道这些老家伙都是共产党！"关说："人家都那么说，风声很大。"我说："风声再大，我相信冯玉祥、于右任总不是共产党。"

蒋介石见收买政策也没有奏效，又把希望寄托在八路军驻洛阳办事处处长袁晓轩的身上，企图有朝一日从袁处抓到我与八路军来往的证据和文件。袁晓轩原来是东北军的一个军官，曾在八路军前总任参谋。我在高平打游击时，于屯留八路军总部第一次见到他。当时他给我的印象是世故很深，流里流气。我曾问过前总彭德怀副总司令袁是否可靠。彭说袁是老同志，很可靠，对他不要有顾虑。但我仍对袁有戒心。有一次，我部收复了垣曲，袁经过我的司令部时拿出一张照片给我看，是毛主席与卫立煌的合照。我看了以后对他说："这个照片应该保守秘密，不要随便给人看。"

袁说："我给你看。"我严肃地问他："你知道我是干什么的？你就不应该给我看。"袁才没有再说什么。袁晓轩当了八路军洛阳办事处处长以后，多次要替我做与八路军前总联系的工作，我都严词拒绝，未与他来往。一天，袁给我转来一份前总印发的文件。我把文件内容摘录了以后立即退还给他，并对他说："八路军的文件为什么要转给我？我与八路军不来往。"袁以为我变了。我又电八路军总部，说明袁不可靠，希望另派专人与我联系。以后前总就派了薛涛同志与我联系。我曾对薛表示我看袁是靠不住的，薛也有同样的看法。不久，何应钦又来洛阳，我便和薛涛研究利用这一机会割断与袁的关系。我请薛涛向袁伪说赵某人靠不住，何应钦这次来洛阳曾允许给他补充，他现在变坏了，再不要与他来往。袁听了信以为真，以后便与我割断了关系。1943 年夏，正是蒋介石的反共高潮时期，袁晓轩被国民党逮捕，特务们检查了八路军办事处的文件，没有找到陷害我的证据，大失所望，袁被捕后叛变，由于他对我的真实情况不了解，因而未受其害。反共高潮到来以后，国民党特务的活动更加猖狂。我回到西安时，我家周围到处有特务监视。我不在家时，有十多人，我在家时多至二三十个。胡宗南当时已升为第八战区司令长官，驻在西安。我到西安后，他假惺惺地三五日一次，不断请我吃饭。这时斗争已经半公开化，我也更加提高了警惕。吃饭时，哪个菜他不吃我就不吃。饮酒时，他喝了以后我才喝。一次吃饭时有一个酸辣肚丝汤，他先喝了两口，不无用意地说："老寿，这汤很好喝，酸酸的。你们陕西人都爱吃醋，你要多吃一些！"我也似开玩笑地回答他说："胡长官，你是浙江人，我看你连吃了几勺，兴趣很大，你大概是爱吃醋的。"胡无言可答，嘿嘿一笑。

蒋介石用了一系列的办法企图瓦解部队，把我除掉，但是都失败了。于是下决心要把我调离部队。1943 年 8 月，蒋介石派其王牌军队汤恩伯带三个军，接收了我部在桥头堡的防地。令三十八军集中到巩县、汜水一带，准备抽梁换柱，加以消灭。蒋先命令张耀明去洛阳见蒋鼎文，准备接替我的军长职务，又电令我即去重庆中训团，担任该团第 29 期的大队长。我到重庆后遇见了张耀明，他见了我显得神色很不正常。我问他去哪里，他说蒋鼎文叫他去洛阳。我见他心怀鬼胎，当日便给部队打了电报，说张去洛阳有可能要接我的职务，要早做准备以便对付。

我去中训团以前，先见了蒋介石。人们说蒋介石是“好话说完，坏事做尽”，这话一点也不错。蒋见了我说：“你已经在第四期受过训，当过队长。这一期原定冯治安当队长，因为这一期的学生都是各部的领导人，知识水平高，恐怕冯负不起这个责任。我把全国的将官名册翻来覆去看了几遍，觉得只有你能带好这个队。你要努力，把这一期办好。”实际上蒋把我调离部队是为了便于张耀明去接事，但一时又没有考虑好处置我的办法，因而临时用任大队长的办法把我羁縻住。训练班的期限是一个月。我除了带队以外，很少在队员面前讲话。当时我任第一队队长，第二队队长是李仙洲。他常对学生讲话，引起学生讨厌。有一次，课程表规定有半个小时的队长讲话。我只讲了五分钟，说：“大家都由最高学府毕业，在最高机关担负一部分领导工作，今天又在最高的训练班受训，希望得到最高的成绩回去。训练班的一切，都有规章规定。我是个当兵的，对大家没有什么可讲，不如大家回去自己看书。解散！”一个月的队长就这样当了过去，还得到学生们的好感。训练班结束后，蒋介石对如何处置我仍是煞费苦心。说是共产党，没有证据。说是贪污犯，没有事实。欲加之罪，竟患无词。最后，决定用升官的办法把我调离三十八军。但是，调往什么地方，仍是颇费脑筋。整整研究了一天，变了六个地方。因为每一个地方，附近都有共产党，不敢放我去。最后他们认为甘肃河西走廊比较“安全”，才决定调我接替李铁军的职务，升任第三集团军总司令（总司令部在甘肃武威）。

命令发表以后，蒋介石又找我谈话。蒋深恐我不愿离开部队，一开始就说了一大通“好话”，进行劝诱。他对我说：“你抗战以来成绩很大。华北22个师都乱了，只有你的师是整齐的，你们坚守了娘子关，在晋东南取得很大胜利，坚守中条山，收复了郑州，保卫桥头堡数年。这些功绩中央都知道。但是由于战争形势不时变化，对你未能提前提拔，我自觉惭愧。今天再不能叫你长任军长了。拟升你为第三集团军总司令，接李铁军的职，让张耀明接任三十八军军长。你意见如何？”我说：“我是多年的军人，脑筋简单。不过因为在战场上的时间很久，打仗我觉得还有些经验。要令我做高级指挥官，我的智能不够，有误国家大事。况且我的部队与我有几十年的历史关系，我也不愿意与它离开。我当军长已很感吃力，只要对国家有好处，自己升迁与否没有什么，还是不去好。”蒋又反复说他负国家领导责任，对我没有使用好他要负责，劝我还是去好。我仍坚持不去好。反复谈了一个多小时。蒋介石显得已经不耐烦，并且因我坚持不去也有些恨意。这时，我忽然从屏风空隙中，看见特务头子戴笠鬼头鬼脑地在后面窥视。我马上意识到，蒋今天叫我来，已经早有安排。如果我坚持不去，很有可能就叫戴笠进来把我引走，走张、杨走过的路。与其那样，还不如先应承下来再想办法。这样考虑以后，我就改变了主意。因而当蒋介石最后有些烦躁地高声问我“那你究竟是什么意思”时，我也高声回答说：“委座刚才是问我的意见，我这个人是有啥说啥，讲的都是老实话。如果我心里不愿去，口说愿去，那不是欺骗你么？我的意见是否正确，请你考虑决定。如果委座作了决定，我是一个军人，当然要服从命令，坚决执行。”蒋介石听我这样讲，马上换了笑脸说道：“今天不升你的官是不好的，还是去好。”我说：“去就去。”蒋接着就说：“那你就不用到前方去了，直接由西安去武威好了。”我要求还是去前方一趟。蒋说：“不要去了。李总司令等你去了以后作交代，他还另有任务。”我说：“我如果不去前方，于公于私都不好。”蒋问：“什么道理？”我回答说：“委座也知道，我与孙蔚如是孩提之交，共事几十年，孙又是我的直接上司。我今天升了官不去辞行，于理有亏。张耀明和我也是很好的朋友。古语说：‘旧令尹之政，必告新令尹。’我对张也要当面作一交代。部队与我有几十年的关系，我也应对他们有一个安排，便于张耀明顺利地干下去。我如不作安排，万一部队发生逃跑等事，对张也不好。请委座考虑。我还是去前方一趟好。”蒋介石这时知道张耀明已经到职，想不要我去，又没有适当的理由可讲，很勉强地同意了我的要求。

我由重庆先到西安。在西安八路军办事处把蒋对我的谈话详细地向党中央做了报告，请示今后的行动。中央指示，去前方时最好能说服孙蔚如，要求孙给蒋介石打电报，留我在孙处做第四集团军副总司令，争取孙的转变。如果孙坚决不同意，还是去武威做第三集团军总司令。毛主席并亲自指示："如果有一线之路，官得做下去，对党有好处。"我得到党的指示后，就到了前方。孙蔚如驻在巩县以南的和义沟。我与孙整谈了四夜。首先向孙报告了在重庆的情况和与蒋的谈话。请孙考虑可否给蒋打电报留我在第四集团军帮孙工作。孙对蒋是唯命是从的，也许他心里同意把我留下，但是不敢给蒋打电报。他对我说："委座想升你的官，我怎么能表示不同意呢？不好打电报。"我反复对孙说："蒋介石是要用抽梁换柱的办法消灭我们的部队。可能调我以后把你和孔从洲也要调离，然后把部队分编遣散。我被调走以后，你这个总司令出不了一年也可能要被调开。或许蒋介石也用升官的办法把你调为胡宗南的副长官，或者命你担任某个不重要的战区的长官或是其他官大而无权的闲职。然后就是调孔，遣散部队。蒋这个毒辣的政策是很清楚的。这样一来，十七路军就被蒋介石完全消灭了。如果十七路军被蒋消灭，你是要负责任的。因为杨虎城先生走后把部队交给你了。这个部队是西北人多年来革命的结晶。由搞辛亥革命、靖国军直到现在，西北上所剩的就是杨先生这一点力量。部队被消灭以后，干部流离失所，将来骂谁呢？西北人民将来骂谁呢？如果是这样，你就当了阿斗，你的政治生命也就从此完蛋了。抗日战争很快就会胜利，我看日本绝支持不到一年。你留下我做副司令，抗战胜利以后，我们要怎么干就怎么干。蒋介石压迫我们过甚，我们也会造反。蒋介石对这一点是不能不有所顾虑的。"孙对抗战胜利的信心是不足的，他认为蒋介石已经成功了，以前曾就此和我有过几次争论。他听我讲了以后不以为然地说："蒋介石是成功了，抗战胜利以后，蒋就统一天下了。"我说："蒋介石专会吃杂牌，可吃不了八路军。现在一些杂牌军队的首脑没有远大的政治眼光，头脑简单，因而被蒋介石一个个击破，部队也随即被消灭。但是，蒋介石对共产党却没有办法，因为共产党在政治上高明，人民拥护。"孙随即说："你总是对共产党估计得过高。他们有几个毛毛兵？不是我们搞了个'双十二'，他们还不是早被消灭了。"我说："不是估计太高，是你看问题不对头，你看的全是现象，我看的是实质。国民党就像一棵老树，看起来很高大，但是内部已经腐了，只有一天天烂下去。共产党就像新的树苗，看起来虽小，但它是新生的，一天天会长大起来。”接着我又对孙说：“你还记得我上保定前线时，我们在渭南车站上的谈话吗？那时你把我拉在一边说：‘寿兄，看咱们还有些什么话要说一说？’我说：‘这次战争我也许在前方牺牲，可能这是我们今生最后一面，我只对你谈一件事。你今后要设法与共产党交朋友，为了你能够做官，起码不要骂共产党，不要妨害人家。’当时你对我说：‘你一说就说到这里，咱们不谈这个，看有别的什么谈谈。’我说：‘别的我不谈。为了使你印象深刻一些，我就只谈这一件事。你不要看共产党现在几万人，也许不久发展到百万，甚至将来的江山整个都是它的。’你又说：‘几个毛毛兵能怎么样，不谈这些了’。我说：‘我这是临别赠言，望你切记切记。’你还记得这一段谈话吗？听说共产党现在已经发展到百万人了。”孙仍坚持说：“委座升你的官，我不好意思再讲话。”我继续向孙建议说：“你打一个电报，蒋准了就好，不准了我就滚蛋，也许会准的。我只要不离开四集团军，张耀明虽然当了军长，他也会有所顾虑，不敢妄为的。”孙坚决不打电报，叫我还是去。反复谈了三夜。到第三夜临别时，我对孙说：“我们今后的行动，关系着国家的利益，关系着十七路军的存亡，也关系着在部队里多年共患难的同事们的前途，今天夜已深了，我希望你仔细再考虑一下，明天晚上我们最后再谈。”第四天晚上我去见孙，问他考虑好了没有。不料孙却满不在乎地说：“我就没有考虑。”我即问孙：“这样的大事，你不考虑怎么办？”孙仍然漫不经心地说：“你升了官了，你还是去吧！”我看事情已没有希望，就对孙说：“那我明天就走了。”孙说：“你去吧，以后或者还会有好的前途。”我说：“第三集团军是蒋介石的嫡系胡宗南的部队，我去做总司令等于坐监，也许什么时候把我就暗害了，今生不知还能见面否？”孙敷衍地对我作了些安慰和鼓励以后，我随即告别出来。

我与孙蔚如谈话的事，三十八军中的党员团营长都十分关心。他们都预先集中在一起，等候我与孙谈话的结果。我在晚12时左右，与孙谈完话出来，立即就到他们那里开了一整夜会，对部队以后的行动作了研究和安排。我首先说明和孙蔚如的谈话已经失败，接着着重谈了以下问题：一、日本人看起来再支持不到一年，抗日战争很快就会胜利。二、我被调走以后，蒋介石可能就要调孙，大概也出不了一年。孙被调走以后，就要调孔从洲。蒋介石就是企图用抽梁换柱的办法，把人调走，把部队分编遣散。三、我们的对策：目标很突出的人，要马上离开部队去延安。对张耀明要用心对付，谨慎从事。一致拥护孔从洲。我说："孔虽然不是党员，但是反蒋很积极，对十七路部队非常忠实，是将官中唯一可靠的人。九十六军的基层力量虽然不如我们，但是中级军官的条件比我们好，有两个团长、五个营长是党员。我们拥护孔从洲，是希望在抗战胜利以后，鼓励他把整个第四集团军带动起来，投入党的怀抱。"此外，我向大家提出："要切记两件事，一个是团长绝不能丢掉，蒋介石如果撤谁的团长，整个团就行动起来，开过黄河，党会设法与你们联系。另一个是，要时刻注意，孙蔚如离职之日，就是全军起义之时，绝不要再拖延误事。"最后我说："望大家共同努力，团结奋斗，争取胜利。我以后还要和大家联系。"安排好以后，第二天我就离开了和义沟。临行时，军部、师部的官兵都到沟口送别，很多人都哭了。

我当日到了洛阳。在洛阳住了几天，向蒋鼎文辞了行。这时日寇已探知三十八军交了防，由汤恩伯来接替，即大举发动进攻。两个小时以内在汉王城下广武县西北的鸿沟沟顶突破了一个缺口，汤恩伯的部队不战而退。敌人猖狂前进，很快就侵占了郑州，逼向洛阳。我由洛阳回到西安，尚未去武威，洛阳即告失守。国民党的部队四处逃散。蒋鼎文依靠我们一个团的掩护，才仓皇退到卢氏。

我到西安后，把三十八军驻西安办事处改为第三集团军驻西安办事处。为了便于以后联系，把蒙定军留在西安，并带电台一部，北通延安，南通重庆，西通武威，东通前方部队。我在西安期间，胡宗南仍是三五日一宴，故作殷勤。我也虚与委蛇，应酬了几天。胡唯恐我去武威多带人，假意试探说："你可以多带些人去。"我说："都是国家的军队，不需要多带。"于是我便于 1944 年 3 月，仅带十余人到武威，就任了第三集团军总司令。

（六）坚持隐蔽斗争，终于走向胜利

（1945—1947年）

第三集团军是蒋介石的亲信部队之一，下有胡宗南的三个军。我到任不久，蒋介石就把两个军调往新疆。为了填充敷衍，又把高桂滋的十七军（当时在固原县）编为第三集团军直辖。第三集团军直属的部队，只有一个手枪营。武威城内驻有叶成的一个师。原来的集团军，总司令是李铁军，总司令部的干部，80% 以上都是李的同乡——广东梅县人。据说李曾对他们讲过，蒋介石调我来第三集团军，是因为我有思想问题，要把我软禁在这里。蒋介石为了监视我的活动，寻找我的破绽，给这个总司令部的干部每月发有几百万“法币”的特务费。事实上第三集团军对我来说，就是一个软监。集团军直属的手枪营就是看守我的宪兵，这些情况我们在西安和兰州已经了解到了，但是困难吓不住我们。我们决心按照党中央和毛主席的指示，坚持进行斗争。

为了到甘肃以后，便于在西北各地群众尤其是在回民群众中，发展中国民主同盟组织，然后进一步再发展党，在西安出发以前，经过杜斌丞的关系，把吴鸿宾（回族，地下党员）介绍给我们。吴当时在甘肃平凉教书。我们途经平凉时，就把他一同带往兰州。到兰州后，由我出面把吴介绍给甘肃省主席谷正伦，在甘肃省政府担任了政治视察员。

在武威，马步青部队的旅长韩启禄刚修建了一院宅房（坐落在武威城内东北角官驿巷 38 号），院墙很高，像一个堡寨，十分严密。我们到武威时韩要去青海，就自动让我驻在他的新房子里。我们驻进以后，由我带来的卫兵在内部担任守卫，手枪营的人员都在外围。因而环境比较安全。

我们到第三集团军以后，为了应付各方面的关系，不使特务们有空子可钻，采取的对策是：多请客，少说话，沉着办事。国民党每星期有一个纪念周，主官照例要讲话。我们为了慎重起见，事前做了充分准备。令秘书主任何寓础和秘书王安仁（都是党员）在孙中山的“建国方略”“建国大纲”和1924年以前蒋介石的革命语录中，挑选出一些段落，每次举行纪念周时念几段，自己不讲话也不作分析。特务们始终找不出什么破绽。

我们到武威大约20天以后，有一个名叫李凯的排长，陕西人，从不认识，前来向我报密。他说：“总座，我来见你以后，就回家做庄稼去了，在这里干不成了。我原来是第三连的排长，几次校阅成绩都很好，营长已当面答应升任我当连长。但是因为你来了，你是陕西人，恐怕我与你勾结，不但连长不升了，把排长也撤了。”并说：“三集团军总部听说你来的消息以后，全体干部开了几天会。首先研究你敢不敢来，议论纷纷，多数人认为不敢来。后来听说你到了西安准备要来，他们非常恐慌。为了对你严密监视，找你的破绽，给蒋介石做报告，总司令李铁军和参谋长池中宽作了详细周密的安排。你总司令部的手枪营就是专门监视你的宪兵。你要多加小心以防陷害。我现在要回家务农了，以后再见。”他报告以后，我们就更提高了警惕。

当时我每日的生活是：白天桌子上放着曾国藩、左宗棠的文集，平时没有事就写字。晚上关了门就读马列主义理论，当时还能看到《新华日报》和香港出版的《群众》周刊。我们与西安经常有专人来往通讯。如果有外人来，想通过谈话进行试探，我们就谈曾国藩、左宗棠，谈写字。别的什么国家大事一概不谈。武威是一个交通要道，为了取得各方面的好感和联系，遇有国民党大员过往，就请他们吃饭。

驻武威城的师长叶成，给蒋介石当过六年传令兵。一次他来见我说：“总座，我们全师有1300多个空名字的经费，你派哪个军需接收？”我故意问他：“什么空名字？”叶回答说：“前李总座在的时候，我们全师每月上交总部1300多空缺名额的经费。”我说：“这样多的空名字还行？”叶说：“这还是少的，还有比这多的。”我对叶说：“我不要这些经费，你去把空缺补齐。要不，你自己把它用了。”叶又说：“总座平时花销大，如果不要，那总部就无法维持了，还是派人接收好。”我断然向叶表示：“按国家制度办事，钱多多花，钱少少花。一个将军一个令，你谈的是李总座的办法，我有我的办法。”叶看我态度强硬，没有再坚持，后来他自己把这些经费吃了。从此以后，他对我们有了好感。

参谋长池中宽也是广东人。我到任以后，他怕我揽权太多，使他不好办事。我就把他叫来谈话，先对他恭维一番说：“我们以前虽不认识，但我对你早已闻名。你过去是陆大的优秀生，军事学造诣很深。我是多年的兵油子，今后我们在一起，要好好向你学习。”他听了非常高兴。接着我说：“今后总司令部的事情，一般的由你负责，特别重要的，再向我报告。”他满意地放了心。以后他也找不出我们的什么破绽，对我们也慢慢有了好感。大约过了一年，蒋介石、胡宗南怀疑池中宽和我们已搞在一起，就把他撤职。另调来个参谋长。到职后又约一年，也对我们有了好感。他给胡宗南上了一个建议，说我这个人如何好，不应对我有所猜疑，应该放手让我做事。胡宗南见了这个建议以后，批评他没有脑筋，上了我的当。胡把他的建议报告了蒋介石。蒋介石看到他们这些参谋长都对付不了我们，决定派其国防部二厅厅长於达（浙江黄岩人）到第三集团军任副总司令。於到职后，也抓不住我们任何把柄，看到我们吃苦、谦虚，认为不一定是共产党，和我个人的关系也搞得颇好。有一次，蒋介石派於临时到新疆出差，去了两三个月。於想回武威看他的老婆，但又不敢向蒋提出，他的老婆也很想念他。我就给蒋介石去了电报，伪说有事把於叫回，於十分感激。后来我去了解放区，据说於达看到蒋介石没有把我拉拢得住，还深感“惋惜”。

以上是我们对付第三集团军的一些领导干部所采取的措施和取得的效果。

在对待集团军总部的干部方面，李铁军过去吃空名字很多，可能对干部有少数津贴。我们到了以后，按国家制度办事，干部们只有那些薪水，又不敢胡搞，生活比较穷困。我们也自知这样，让他们尝尝苦头。有一次，一个科长没有钱用，卖了俄国毯子，副官长封高亿知道了就向我建议说：“官长们太贫困，总部要设法给些津贴。”我说：“你们想办法，我来做主。”后来办了两件事。一件是从甘肃省政府以低价买回茶叶一批（省政府掌握茶叶公款）按市场高价又卖出去，一次是一批煤油，也是低价买进，高价卖出。

这两次赚了不少钱，准备给干部作津贴。到 1945 年春节前，副官长做出计划，要把这两次所得的一半给我，一半分给总部的官员。我向他说我不要，完全分给大家，官员们因此私下称颂，很是感激。后来也逐渐放弃了对我们的寻隙和挑剔。

武威商人中陕西人很多，由于同乡关系，经常互有来往，关系也处得较好。当地有一个绅士孟炼百是我过去的同学，通过他和当地一些上层人士也有了联系。因而在对付地方人士方面，也进行得比较顺利，取得一定的成果。

甘肃文化比较落后。三青团的势力比较大，有不少团员，大多是当地的知识青年，另外也有一小部分 CC 特务。蒋介石政府派到甘肃的行政领导人员，大多是 CC 或其他方面的特务分子，都非常反动。三青团人员与蒋介石从外地派来的行政官员们相比较，无形中成为一种地方势力。他们与后者矛盾很多，但是常是敢怒而不敢言。有一天邓宝珊（甘肃人，当时率部队驻在陕西榆林）由榆林回到甘肃，正逢甘肃省参议会、三青团甘肃省干事会在兰州分别开会。参加会的共七八百人，包括了甘肃省的许多老年和青年知识分子。他们准备给邓宝珊开一次欢迎会。开会的前一天，我和高桂滋到兰州去看邓宝珊，他们也就决定借机同时欢迎我们。我在赴会的途中对高说："人家是欢迎邓，咱们二人是搭上的秤。咱们在会上不要讲话，邓一个人讲就行了。"高表示同意。会议的主持人是水梓。邓在会上的讲话相当长，谈到甘肃的一些商店，门面刷修得很好，但是货架子很空，乡下有的姑娘没有裤子穿，等等。隐约流露出对甘肃的行政方面有不满之意。后来水梓要高讲一讲，高违反了和我的约定，讲了话，主要是谈他自己的历史。接着水梓要我讲。我明确表示没有准备，不能讲。三青团的一些主要领导干部也要我讲。当时我想可能他们不怀好意，要在我的讲话中找岔子，同时我也不是主要的出席人，仍表示没有什么可讲。但会场的群众连续鼓掌，无法下台。我只得答应说几句。讲话的题目是"溯回既往，展望将来"。内容主要是针对地方势力与外来势力的矛盾，支持地方势力，进行煽风点火。我说："我们西北在汉唐时代盛极一时，经济文化都很发达，河西走廊是唯一通向外国的要道。瓜州人口有几十万，元宵佳节灯与长安相映红。以后逐渐中衰。现在有人说开发西北，这是胡说。叫作复兴西北，我倒同意。戴季陶甚至以为西北人仍是原始时代的茹毛饮血者，竟然主张给甘、陕两字旁都加上‘犭’。这是对西北人多大的侮辱！后来，戴季陶在西安给学生讲话，群众非常气愤，高呼口号打倒他，把他的汽车也烧了，戴季陶非常尴尬地溜了回去。第二次戴又来西安，因为有前一次的教训，这一次就学乖了。事先在报上发表文章说，他这一次来西北是回家，他的先祖原在西北，这一次是看他的先祖来了。这些人就是这样欺软怕硬，给他一些厉害，他就规矩了。”我在讲话中说：“甘肃人对复兴西北要自己负起责任来，和贪官污吏做斗争！”参加会的甘肃省政府秘书长丁宜中把我瞪了两眼，我仍讲我的。在谈到展望将来时，我说：“兰州现在还不通火车，交通闭塞，因而经济文化比较落后。甘肃人如果不自己努力，火车通了以后，河南、山东等地的人都来了（当时甘肃为浙江人所把持），甘肃人只能像奴隶，甚至会被赶到帕米尔高原去。”丁宜中听到这里，起身就走了。最后我说：“希望大家都努力，自己负起责来，建设光荣伟大的西北。”三青团的干事们听了以后热烈鼓掌，经久不息。后来还议论说：“讲得好，给咱们撑了腰。”从此以后就把这些知识青年团结了起来。后来，他们在和重庆派来官员的斗争中，有许多话都给我说，得到了不少情报。

当时朱绍良任西北行政长官，驻在兰州。他在政治上虽然反动，但还有些旧社会的正义感，虽然对共产党没有认识，但也不很佩服蒋介石。我以私人关系与他也经常来往，对他也进行了团结。

红军西路军董振堂部在西北与马步青等部队作战中遭到失败以后，党在西北的力量有所削弱。我们在受特务监视的困难环境中，准备利用机会发展党的组织。派李俊臣（我的副官）、周延（我的秘书）去新疆，利用迪化市市长屈武和河西警备总司令陶峙岳与我的私人关系作掩护，进行工作。又派王廷杰（甘肃武山人，曾在三十八军任特务连长）去武山。命吴鸿宾利用在甘肃各地视察的机会，也借机发展党的组织，并拟把吴打入马步青军队内部。后因马控制较严和吴的努力不够，未能在马的军队中扎下根。

我们离开甘肃前，在发展党方面，只有李俊臣、周延、王廷杰做出了一定成绩。

1945 年春，蒋介石又调我去重庆陆军大学特别班“受训”。学员大都是各集团军总司令，只有两个是军长。我在该班任学长。三个月毕业以后，蒋介石找我谈话。蒋在谈话中假意对我说：“把你调到中央来吧！”我说我在武威很好。谈到国内形势时我说：“日本人再也支持不下去了。”蒋问我：“你对国家大事都有些什么意见？”我回答说：“全国贪污之风要设法改变。乡下联保主任无法无天，老百姓怨声很大，基层工作需要派一些好干部担任。”蒋刺了我一句说：“听说共产党在后方发展很大，你听说没有？”我说：“河西交通闭塞，没有听说过。”蒋又问：“你看抗战胜利以后，我们对共产党应该怎么办？”我说：“还是委员长领导起来，国共合作，建设国家。”

为了将来解放西北时与胡宗南作战，我们从 1942 年起，就开始了准备工作，在陕西关中 42 个县都安排了地下党员，钉下了钉子。1944 年我离开三十八军时，又把原教导队毕业学生中的党员，普遍分布在这些县进行地下活动，打入民团，抓取武装，组织群众，以便将来起义做内应。他们到各县后，就与地主乡绅展开斗争，一般表现都很“左”，其中最突出的是派到朝邑县的韩增友。我把韩叫到西安说：“现在刀把子还不在我们手里。如果操之过急，我们就不容易站住脚，就很难工作。现在地方上的这些所谓‘巨室’，他们可以制造舆论，左右县长，影响甚大。你回去以后要改变一下方法，与他们表面上还是要作一些交往，搞好私人关系，使他们对你有好感。万一你被国民党逮捕，他们还可能保护你，或者说你的好话。如果这些人对你说了坏话，不但于事无补，甚至连你的生命也有危险。”我又说：“这不是与他们同流合污，也不是屈服，是我们目前的策略。将来我们拿到了政权，要他们怎么办就怎么办。”韩内心里没有十分接受，但是回去以后照着办了。后来韩被国民党逮捕，这些地绅果然保了他，说他不是共产党。到解放军南下时，韩即率领民团起义。其余派有党员的各县民团，在解放军南下时，也都分别起义。以后，韩见了我说，幸亏以前给他讲了策略。

当 1944 年底，我们打入各县的人员都安置好了以后，就进一步研究如何打入胡宗南部队内部。1945 年我在陆大将毕业时，发现了一个有利的机会。当时我看到下一期的学员中，有孙蔚如和周士勉（第八战区后勤司令）的名字。我知道他们两人关系非常密切，这次同来受训可能会住在一起。我就把跟我到陆大的随从参谋杨荫东叫来问道："准备派给你一个重大任务，非常艰苦，给党去立大功，你是否敢干？"杨说："只要你下令，我就敢去。"我说："下一期孙司令和周司令要来受训，他们关系密切，到陆大以后可能住在一起或经常往来。我准备把你设法给孙留下，你要特别对周表示殷勤，目的是使周向孙提出要你。如果你到了周处，将来打胡宗南时，我们就可以完全掌握情况。"杨慨然答应。我又对杨讲方针办法说："做这个工作不能太着急，不要叫人看出意思。开头拿烟倒茶，恭顺一些，求得周的好感。再一步，利用时间到周处聊天，使周对你有所了解。第三步，自告奋勇代周抄写战术答案。这些都做了以后，有可能周会要你。如果把你要了去，将来就可以为党立大功。"后来孙蔚如到了重庆，没有带随员。我就问孙："你怎么不带一个参谋来？"孙说没有。我说："陆大受训，每天要写战术答案。你是自己抄写还是怎么办？"孙回答说："我不知道还要写战术答案。那怎么办？从前方调人吧？"我说："明天就要集中上课，调人要到十几天以后才能来。"孙又说："看看办事处有人没有？"我说："办事处的人只能写字，写不了战术答案。"孙眨了眨眼说："那怎么办？"又问我："你是怎么办的？"我说："我带了个小孩子杨荫东。"孙随即说："他已经熟悉了，你给我留下好吧？"我回答说："他虽是个孩子，但给我管的事不少，我还离不开。"孙批评我说："你就只管你，对干部抓得太紧。"坚持要给他留下。我就答应了，并对孙说："你毕业以后一定要带回来。"孙说："好！"后来我对杨荫东说："我这一步已经办到，今后就要你好好做了。"杨满口答应。

周士勉到了以后，果然与孙住在一起。杨就照我指示的一套如法炮制，取得了周的喜爱。孙和周毕业以后回到西安，周就向孙提出要杨，孙怕我不给，又不敢得罪周，就当面许可了。适逢当时我也在西安。一次我去看孙，孙对我说："寿兄，周司令要我们的杨参谋哩！"我说："咱们的人，他为什么要？不能给他。"随即起身走了。后来孙又赶到我的家里来说："要一个人你不给。周司令掌握全军的补给，我们得罪不起，你不在大事上看。你考虑还是给了吧！”我想了一想说：“我原来没有考虑得这样深。对人家得罪不起，那就给了吧！”就这样，达到了我们的目的。杨荫东到了周处以后，周即令杨当了他的随从参谋。后勤司令掌握全军情况。后来，在我们打胡宗南时，当周晚上睡觉以后，杨就打开他的皮包抄文件。抄出以后，经崔一民等人的关系送到我地下电台，差不多每天都有报告。当时在胡宗南的机要室和副官中间，我们也有人打入。因而对胡宗南的情况掌握得很清楚，对在西北战场上打败胡宗南起了很大的作用。

1945 年夏，蒋介石忽然调孙蔚如去重庆。我们分析，孙此去可能被调离第四集团军。孙去后，我们就给第四集团军驻重庆办事处处长韩兆鹗发了一封密电，命韩探听孙是否有调动的消息。韩很快就复电说，蒋介石对孙很礼貌，没有调职的事，我们又去电命林立即调查，不要麻痹。韩在第三天复电说，孙有被调为第六战区司令长官的消息。我们分析这个情况可能是真实的。就一方面给前方部队去电，说明孙不久将要调离，要速作准备，俟孙离职之日立即起义，并说我即将请党中央派人协助，待中央派人到后就开始行动。另一方面，电周恩来同志并党中央，报告孙将调职，请求派人协助起义行动。后党中央派周仲英，张西鼎两同志前来。但周以往和部队的关系比较生疏，与四集团军的高级官员接不上头。张原来是连长，官级小，与四集团军的中上级官员都不认识。结果，在孙蔚如离职的第四天(1945 年 7 月 17 日）由刘威诚、张复振仅率十七师（缺两个营）在河南洛宁起义，投入了党的怀抱。我当时想，如果中央能够派过去在三十八军担任过党的组织工作的同志，来协助起义，就有可能把三十八军全部和九十六军的大部都带过去。这件事我一直感到遗憾，并曾向毛主席和西北局谈过。孔从洲在十七师起义时未准备好，后于 1946 年 5 月 15 日在河南巩县起义。

1946 年春，蒋介石来到西安，用飞机接我和高桂滋到西安见面。蒋介石、宋美龄和我、高桂滋四人饭后谈话。蒋表面上非常客气，对我谈了一通奖励的话，然后问我：“现在看什么书？”我说：“《左文襄公集》已经读完了，现在读《曾文正公集》。”蒋介石为了吃掉“杂牌”部队，对全国军队的编制，经常是忽而变大，忽而变小。忽而以整编师为单位，忽而又以军为单位，忽而又是总司令下面直辖两个军。当时，蒋介石又决定要把全国的集团军一级全部撤销，改为以军为单位。因此，我考虑第三集团军也要取消，以后可能把我调到胡宗南处做副长官，或是调到蒋介石左右，这样我就不好办事了。我前几年曾向党中央请求去延安，未曾获准，现在的“空头司令”实在不想再当下去；同时也看到国共和谈不久就可能破裂，因而决心要寻求脱身，前往延安。于是我便假意向蒋介石要求说：“集团军这一级要取消，第三集团军最好能提早撤销。我想请委员长考虑，派我到美国考察水利。”蒋说：“那还要有专门知识的。”我说：“报告委员长，我是测量专科毕业，也研究过土木工程，看过李仪祉先生著的《水工学》，我可以说懂一半。我想再出国深造一下，将来回国以后办水利。”蒋介石翻了我一眼说：“噢！你还是这样。我回去以后考虑。”我接着说：“如果委员长考虑以后认为可以，请很快给我一个电报。”蒋和我谈过以后，很严肃地问高桂滋说：“据说你的西安办事处处长李少棠是民盟盟员？”高见蒋很严肃，忙站起来答道：“报告委员长，他过去是我的老旅长。”并拍了一下胸膛肯定地说：“我保证他不是盟员。”又接着说了一句：“不过他常和杜斌丞下棋。”刚说完蒋介石就把桌子一拍，大骂道：“哼！杜斌丞，无耻！他欺骗我。我先一天问他是不是民盟，他说不是。第二天就把民盟的牌子抖出来了。”接着又厉声对高说：“这种无耻之徒，不要同他来往，他会给你制造环境！”蒋说话时怒气冲冲，周身打战。高吓得唯唯听命，连说：“是，是。”其实蒋介石是指桑骂槐，他骂杜是给我听的。我和高出来以后对高说：“你说话不早作考虑，谈到保证李少棠不是盟员就很好了。多说了一句下棋的话，惹得蒋大发脾气，这是自找麻烦。”

1946年夏，蒋介石在重庆林森陵园召开军事会议，我也参加。出席会议的成员都是总司令以上军官。会议内容是研究所谓“剿匪”军事计划。我坐在第三排位子的中间，一边听一边记笔记，正好与主持会的蒋介石对着面。蒋介石厉声禁止大家记笔记。我为了把会议内容记下来，就把手放在衣袋里，用一根短铅笔在纸上画记号。会议主要研究了两件事：一个是如何进攻张家口，一个是决定空军总司令周至柔的轰炸计划。会后，我把情况详细、全面地报告了周恩来同志。过了两三天，国民党军官中有人诈唬我说：“有人说你把会议情况报告给共产党了。”我听了以后心中为之一怔，但表面上却泰然处之说：“肚里没冷病，不怕吃西瓜。尽他去胡说八道吧！”

我开罢军事会议回到兰州，得知蒋介石已批准我出国。西北行政长官朱绍良的参谋长郭寄峤对我透露，朱绍良曾把蒋的复电扣了下来，准备把我留下，但请示蒋后未获准。我看到第三集团军即将结束，即通过八路军西安办事处把当前情况和我想去延安的愿望，以及向蒋提出的出国要求，对党中央作了详细的报告。接着在武威对结束工作作了安排，然后即移住兰州待命。到兰州后，为了蒙蔽敌人的耳目，进行了一系列的伪装。在第二新村买了一院新房，在五泉山下置了一些地，又给银行投资50万元，声言要在兰州住家。

党中央接到我的报告以后，鉴于解放战争即将爆发，决定批准我去延安，并对我未事先请示中央向蒋提出出国要求作了批评。9月8日，党中央派黄爱民、蒙定军二同志来兰州见我，传达了中央准许我去延安的意见。毛主席对这一问题格外关心，曾指示关中地委转告黄爱民同志，对我进延安要有十二分安全的把握。我随即与黄爱民、蒙定军、崔仲远、何寓楚四同志共同研究去延安的计划。我的意见是不回西安，以免被胡宗南发现，行动上不方便。可以由兰州乘汽车（当时我有一辆卧车、两辆吉普车）直赴陕西永寿县，趁黄昏进入永寿县监军镇，然后换便服过泾河去延安。汽车可分途开回兰州和西安，扬言我到监军镇被抢，不知下落，以便兰州、西安两地与我有关系的人早作隐蔽。黄、蒙两同志同意这一意见，表示回去以后进行安排，布置好以后再来兰州接我。我问需要多长时间，黄说大约一个月。我们约定10月10日以前再在兰州见面之后，黄、蒙两同志就转回西安。

他们走后，我担心在兰州等一个月可能被人看出破绽。适逢当时张治中接替了朱绍良任西北行政长官，驻在新疆，约我去新疆一游。同时，驻新疆的河西警备总司令陶峙岳和迪化市市长屈武，也约我去新疆小住，于是我就于9月14日去新疆。到新疆后，住在屈武家里。当时新疆、伊犁、塔城、阿山三地均为三区起义军队所占据。国民党在新疆有两个军，归陶峙岳管辖，陶的总司令部驻在迪化。新疆第二次事变发生以后，蒋介石派张治中去和解，并接替了朱绍良任西北行政长官。屈武和我以往的关系很好。我把我去延安的意图告诉了他，他非常赞成。我们又对新疆的形势和重要领导人物进行了分析。张治中对CC二陈和宋子文都有意见，对国民党政府的一些人物和措施不满，但对蒋介石非常忠实。我当时有一个想法，想利用这次来新疆的机会，对张治中做一些工作，减少他对蒋介石的向心力，以便我们将来解放新疆时，他能不多阻难，甚至有可能争取新疆的和平解放。我在新疆时，张治中平时召开一些工作会议都约我参加，并要我讲话，我从未讲过。有一天晚上，在张的家中聊天，张征求我对新疆工作和干部的看法。我说："我是客人，你在会上要我讲话，我没有讲。今天我们是讲私话，我就不客气地谈谈我的看法。我看你的一般干部中，升官发财的是多数。能给你起助手作用的，只有刘孟纯、屈武、刘泽荣三人。"张问："你看陶峙岳怎样？"我回答说："他是旧军人中的一个善人，政治认识上模糊。"张点了点头。我回去以后，把谈话的情况对屈武讲了。屈说："张先生是有野心的。"

有一天，张治中约我去红岩池畔野餐。我先一天晚上和屈武作了研究。我说："张约我野餐，再无别人，可能要谈一些比较重要的话，张以往给我的印象，是国民党坏人中间的好人。每次在重庆的宴会场中，没有人敢接近我，唯有他还和我打招呼。他对蒋非常忠实。蒋介石那样坏，可能他还不深知。我想在明天的谈话中，把蒋介石的坏揭出来给张听听。你考虑是否谈了以后，他会把我扣起来？"屈沉思了一下说："我想张先生这个人，你如果说得不为太甚，他不会把你扣起来。"于是我就决定第二天要对张把蒋大骂一番。第二天到了红岩池畔，铺开花毯，摆出冷餐美酒，司机和勤务员都走远了，张就和我边吃边谈起来。他说："今天我也没有约请别人，咱们一边吃一边谈，好好谈谈。"我回答说："我愿领张先生的高教。"接着我就问张："这次新疆事件，端赖张先生大力斡旋，现在可以说已经平息了吧？"张说："现在已经很好了。"我又问："对新疆的地方军队是如何处理的？"张回答说："分驻在伊犁、塔城、阿山三城。"接着他就问我："你到这里已经半个多月，和他们是否有所接触？"我说："阿合买提江请我吃过饭，谈过几次，与阿巴索夫、包尔汉也接触过。"张又问："你对他们是怎样了解的？"我说："阿合买提江很健谈，说话精练有力，身材魁梧，这个人了不起，将来是很好的一个外交官。阿巴索夫文质彬彬，有诸葛亮的风度。包尔汉懂三四国语言，也是了不起的人才。他们对张先生都非常景仰。我看如果张先生坐镇新疆，新疆以后是可以平安无事的。"张说："新疆虽然民族多，比较复杂，我觉得只要宽大公道，就可以平安无事。"我说："张先生的责任很大啊！"张又转了话题向我问道："国共合作现在成了问题，华北已经发生冲突，你看前途怎样？"我回答说："我看打起来，我们不一定有把握。"张随即说："美国帮助蒋介石，力量很大。"我就说："美国再帮助，蒋介石也是要失败的。"稍停了一会，张又对我说："我知道你很进步，在抗日战争中，你在华北、保定、娘子关、晋东南、中条山、黄河南桥头堡都立了大功。委员长因为听了些谣言，不敢对你放手使用。人家都说你是共产党。你看在重庆每次宴会上，人们对你都是十目所视，十手所指，不敢接近。我看你孤立无聊，每次总要与你打一打招呼。"我说："张先生对我的爱护，我时刻难忘。"接着我就问张："人家说我是共产党，张先生你看我是不是？"张说："我知道你不是。"我说："共产党是不要我的。不过我与有些人的认识和主张不同。我认为抗日也好，建国也好，都要贯彻孙总理的三大政策，一定要联俄联共。一般人都搞成了反苏反共。问题也就在这里。我这个想法也不是什么秘密。在庐山时我对委员长也讲过，请委员长对共产党尽快进行改编，调到敌后去打游击。我考虑，只要对国家有利，我本人没有什么，流言蜚语尽它去吧！"张很诚恳地对我说："你在新疆已经多日了。我平时开会约你参加，请你讲话，你也没有讲。今天约你来，特别要听听你对当前时局和新疆今后情况的看法，希望能把你的意见好好谈谈。"我说："好，我的意见不一定对，张先生这样客气，我就把我所有的看法全倒出来。"接着我对张说："我看西北非常重要，尤其是新疆，我过去曾经一度有过大西北主义的想法。起先是帮助冯玉祥。冯玉祥曾经对人说：'西北是后花园，中原是前花园。现在都拣着到前花园摘花，后花园荒了没人管。我看先要把后花园建好，然后再到前花园摘花。’我很同意这个看法。帮了冯玉祥三四年。后来看到冯刚愎自用，不懂政治，没有按他说的话去做，也成了一个新军阀。我就离开冯去帮杨虎城，仍然是想建设西北，整顿国家。以后杨用人不当，好高骛远，没有培养起实力，以致未能成功。如果他们都能以潼关作大门，背靠苏联，把新疆先整顿好，与少数民族团结好，是会大有可为的。”谈到蒋介石时，我说：“蒋介石政府贪污腐化，党派分歧，争权夺利，把国家弄得一团糟。”张随即插话说：“这是CC和陈诚等人乱闹的。”我说：“蒋是国家的领导，其咎在他。蒋介石从旧的道德方面来说，都是最坏的人，没有一点诚意。人家说他‘好话说完，坏事做尽’。他私心用事，排除异己，政府是一团糟，失了全国的人心。对谁都是欺骗，对你也不能例外。”张又插话说：“委员长对我很信任。”我说：“我看不一定。蒋介石对你都不如慈禧太后对左宗棠。向来边疆大吏一定要得到最高领导人的信任，不然就一事无成。左宗棠给朝廷上疏，慈禧太后不交军机大臣议处，自己就批发了。你两次给蒋介石的报告，蒋都交宋子文核办。这是信任你还是信任宋子文呢？咱们今天是说心里的老实话。”张点了点头。我进一步又说：“蒋介石事实上已成了孙中山的叛徒，所作所为都是与孙中山的主张对立的。孙中山主张平均地权，节制资本。蒋介石是集中地权，发展四大家族财阀。有人算了一笔账，说四大家族的财产可以供全中国的人吃45年。当然这个账不一定算得很准，但是蒋、宋、孔、陈确是刮钱太多了。国民党是腐化了，前途非常危险。邵力子先生曾经对我说，不管人家共产党怎样，国民党是腐朽了。像一座梁柱已被虫蛀空的大厦，一经风吹草动就要倒下来。这话是有道理的。我建议你以西北为根据地，拿出孙中山的真正的三民主义来，作为中流砥柱，清党救国，我看前途是很大的。如果能背靠苏联，把新疆先整顿好，同时联合共产党，清除外侮，进而在全国清党，推翻蒋介石，将来大总统还不是你的吗？”我又对张建议说：“先把国民党在新疆的军队设法抓到手里，与阿合买提江等人和地方军队把关系搞好。团结刘孟纯、屈武、刘泽荣，通过他们再把干部团结好。先整顿新疆，再整顿陕甘，一定大有可为。”最后我对张表示：“如果你能够这样做，我从美国回来以后，一定到西北来无条件地帮助你成功。”这次谈话共谈了约三个钟头。最后张说：“咱们今天的话谈得很深，什么话都谈了。你放心，我绝不能把你的话外露一点。”我说：“我对张先生很信仰。我也考虑过，如果你会因此对我加以制裁，这些话我就不讲了。”张接着又说：“你去美国转一趟，回来以后咱们再共事。”后来，这次谈话张一直没有对人讲过。直到西安解放以后，有一次在西北局的宴会上，张才开玩笑地对大家说：“赵老前在新疆敢对我大骂蒋介石几个钟头，真是‘二杆子’。”又说：“这也说明我在当时已经是进步的了。”

我当天从红岩池畔回来以后，回想起这段谈话相当冒险。但是为了想对争取张做一些工作，也就豁出去了。我回到屈武家里以后，就把和张谈话的情况告诉了屈武。屈笑着说：“陕西‘愣娃’，美！”后来我又和屈进行了交谈，鼓励他说：“你好好做新疆和平解放的工作，对张要表示尊敬，给予帮助。与陶峙岳建立好私人关系，以备反共高潮来时取得陶对你的掩护。要和刘孟纯、刘泽荣团结好，共同做陶的工作。还要与地方军队和维吾尔族的领导人以及苏联领事馆搞好关系。我看陶峙岳虽然政治上模糊，但是，是旧军人中的一个善人，将来兰州解放以后，他绝不会打无谓牺牲的内战，新疆有和平解放的前途。希望你坚决朝这个方向努力，将来胜利了，我可能在兰州或西安飞机场接你。”后来新疆解放，屈武来西安，下了飞机果然见我在机场接他，他高兴地同我拥抱，并说：“寿兄，你说的话都实现了。”

我于 10 月 8 日由新疆回到兰州。黄爱民、蒙定军两同志还没有来，也没有来信。我十分着急。9 日，就用电话向西安办事处处长杨晓初询问蒙的情况。杨说蒙患病，发高烧。我即叫杨找人把蒙扶到电话机旁问话。蒙带病接了电话说：“你叫我买的东西没有买到，你先回西安来再谈吧。”我即于 10 月 12 日到了西安。与蒙谈后，才知原驻守泾河口的国民党地方团队董策诚旅，在黄蒙二人回西安时已经起义，泾河口改由国民党嫡系部队把守，无法通过。同时黄、蒙二人都不巧患病，因而去延安的布置未能立即进行。我到西安后，仍有 30 多个特务把我家暗中包围。胡宗南又派了一个与我熟识的高级参议李德生，以招待我为名，每天在我家早来晚去，监视我的行动和与我来往的人。我在西安除了对家中后事作了安排以外，也进行了一系列的伪装。在我家后院新修了两个窑洞，把客厅门窗油漆一新，又买了几套新沙发。有些同志看到这种情况，以为我有动摇，说："看样子是要享受了。"后来我就与黄爱民、蒙定军、崔仲远、何寓础、杨晓初另研究去延安的办法，我建议直接由马栏北上。黄说："主席指示，要十二分安全，我现在连八分也没有。"我又建议吉普车冲到淳化，由淳化换便衣过去。杨晓初说："王劲哉昨天越狱跑了。现在西安周围百十里以内，胡宗南派吉普车到处捕捉。如果去淳化，可能被他们抓住。"最后确定走上海，乘我们军调部的飞机去延安。但是走上海又要过南京，还得麻烦周旋一阵。

我前在西安，见蒋介石对杜斌丞十分痛恨，此次回西安后就去见杜斌丞，劝他离开西安，以防被胡宗南杀害。但是杜对危险前途认识不足，不愿离开。我就进一步对他分析说："你脑子里有四架冰山。第一，你认为有你的本家子杜聿明可以替你说话。事实上蒋介石要捕你，杜聿明屁也不敢放。第二，不要以为你和西北上的一些知名军人有关系，他们可以卫护你。这些人现在都是光杆子了。蒋介石怕的是枪杆子。第三，不要以为西北民盟主委的身份可以给你作掩护。蒋介石必要时连张澜、沈钧儒都可能逮捕。第四，不要以为你曾任过陕甘两省政府的秘书长，在西北有人望。我看蒋介石恨你的样子，是会不管这些的。蒋介石提起你，恨得全身都打战。你还是离开西安为好。"但是杜仍是坚持不愿离开。有一次已经代他买了飞机票，他也不走。我无法可办，只好愤愤地对他说："你不走，那就只有等死。死要死得强硬一些，不要丢革命者的人。我解放后回来给你立碑子，献花圈。"后来杜在胡宗南进攻延安时，果然被杀害。

我在西安住了约半个多月，一切安排好以后于11月初去南京。到南京后又作了许多伪装，并有意识地住在特务机关"安乐酒店"。我们知道特务们的一贯手法是私自搜查房间。于是我就在桌子上摆了一本李仪祉的《水工学》，装着要去美国考察水利的样子。又在枕头中有意夹放了3本书。一本是游美笔记，一本是游英笔记，还有一本《跳舞三日通》。在手提箱里还放了几封准备出国的假信。我原来是光头，到南京后也开始蓄了短发。

平日晚上没有事情，就故意去私人舞厅跳舞。我去美国按规定可以带一个秘书和一个水利专家。我就趁此给特务机关施放了两颗烟幕弹。约了一个复兴社的分子做秘书，水利专家约了一个CC成员。我对他们说办出国手续很麻烦，一般半年还办不好。叫他们仍在原机关照常工作，等我办好护照以后再通知他们集中。他们回去以后分别向复兴社和CC的总机关作了汇报。因而特务们和蒋介石以为我真要出国，对我的监视也稍为和缓下来。有一次，蒋介石约我吃饭。饭后谈话，把我大大奖励了一番。表示过去未能早日升我的官，固然因为我在前线，但是他个人也有责任。最后对我说："你去美国考察一下，很快就回来。我对你有国家最重要的任务，准备令你负担。"我说我回来以后还是办水利好。这是我和蒋介石的最后一次谈话。

当时南京正在召开伪"国大"会议，孙蔚如是主席团成员之一。一天我去看孙，西北几省的"国大"代表都在孙的客厅。我一看，全是一些坏蛋。我就坐在沙发上一语未发，只听他们讲。孙见我独坐一旁有些孤立，便走到我身边说："寿兄，你看这次的宪法很民主，很进步嘛！"在座的人都注意我要说什么。我说："卖蒸馍的就要喊白蒸馍，要喊黑的，还有谁买？"他们都瞪了我一眼，颇有不满。我坐了一会就走了。后来孙到酒店来看我，意思是想叫我改变对伪"国大"的对立态度。我讽刺地说："你想给人家当亲孙子，是不是人家要你？"孙听了生气地说："我生为国民党人，死为国民党鬼！"我说："那你就等着倒霉吧！"说得孙气哄哄地走了。

我在被特务监视的环境中，设法去了八路军办事处四次。为了防备特务跟踪，每次去时，都是在半道上由办事处派车接送。当时军调部已经撤销，周恩来同志回了延安，只留了董必武同志在京、沪照料。因此，已不可能乘飞机去延安，必须先到北平另行设法。为了继续进行伪装，我就去找蒋介石的侍从室主任俞济时催办出国手续。我问他需要多长时间才能办好。他说两个月，我问为什么要这样长的时间，俞说："一般都是半年，前次冯玉祥出国也办了四个月，给你说两个月还是最快的。"我接着就说："两个月住在这里太乏味。我准备利用这个机会，到各地去看看抗战胜利以后的情况。"俞问我都想去哪里。我说去苏、杭、无锡、上海等地。并告诉他："你手续办好以后，我回来拿上护照就走了。"俞问到时候在哪里找我，我就把上海中华酸碱总厂经理连瑞琦的家作为通讯处告诉了他。这样，以游历为借口先在俞处挂一个号，去外地也就比较方便一些。

12 月初，我到了上海，住在扬子饭店。这一期间，曾与韩兆鹗同去看过张澜、沈钧儒、李济深等人，建议他们以开会名义把杜斌丞叫到上海来，以防被蒋杀害。后来他们曾派人去西安，但是仍未把杜营救出来。我在上海又去了八路军办事处四次。为了防备被特务发觉，去的时候一般都在黄昏，并且戴上一副墨镜。仍由办事处派车在半道上接送，绕道而行，开得很快。我在办事处求教董老，如何安全离开上海，到北平后如何接头。董老说："叶剑英同志在北平等你，你快一些去，可能那里的军调部还没有撤，还来得及乘飞机。"并建议我不要在旅馆久住，三两天可以到外地出游一次以麻痹特务。这样，我去北平时，特务们就可能也以为是去出游。还建议我可以通过某个商人或资本家买去天津的普通船票，不要买特等舱的票，以免引人注意。我就通过我的老友武勉之的儿子武镛（中央银行审计处处长），给我代购船票。后来，董老通知我，北平军调部快要撤销，叶剑英等同志等了我六天没有等到，已经走了，我去延安的安排托给马光斗和朱红同志办理。我在南京、上海期间的伪装，幸好均未被人发现。韩兆鹗在上海和我同住一室，也未发觉，只知道我要去北平游历。只有连瑞琦稍有猜疑。有一次他问我："寿兄，我看你去北平是不是……"我未等他说完，就制止说："是不是什么？你是脑筋过敏，胡猜乱想。"他即未再说下去。船票买好以后，我又去见董老，作最后的谈话。董老说到北平以后可以直接找朱红，并把朱红的住址告诉给我。接着问我："你买的什么船的船票？"我说是"和平轮"。董老说："那是中国船，船员都是受过训练的高级特务。如果暴露出来怎么办？"我回答说："我也没有改换姓名，如果暴露出来，我就说是到北平去游历。"董老又关心地说："如果暴露了，你到天津下船以后，特务就把你包围了，行动很不便。"后来经过反复研究，没有想出很好的办法。我看董老很担心，就说："董老，你不用考虑了。我先上船去，要革命就不能怕牺牲，上船以后再看机会想办法。"

1947年2月一天下午，我仅带了一个秘书，秘密地上了船。买的船票是普通一等舱。我在房间门的名牌上只写了“赵先生”三个字，没有写名字。我住的房间共有四个床位，分上下铺。我和我的秘书占了一个下铺和一个上铺。对面的两个客人，一个是50岁左右的美国老太婆，一个是中国的女翻译。这个翻译是东北人，官话讲得很好，而且面貌与我很相似。我为了做好隐蔽，不让特务发现自己，就开始在这个外国老太婆身上打主意。我多年来对美国是十分仇恨的，但是也知道美国人民并不都是坏人。这个老太婆是好人还是坏人，不得而知。于是我就和她闲谈起来，准备试探试探。我问她何处公干，她回答说在重庆青年会做事。我知道当时重庆青年会中隐蔽着一些比较激进的人士，就准备再进一步试探下去。当时，美国总统杜鲁门刚当选不久。这个老太婆就问我：“你们中国人对杜鲁门总统当选的舆论如何？”我就大胆地回答她说：“我是陕西人，用我们的地方话说，杜鲁门是个‘大老笨’。”翻译对我这句话译得很好，她对老太婆说：“就是大小的大，老少的老，笨是愚蠢，总而言之，是低能的意思。”老太婆听罢急忙看了我一眼，高兴地向我竖起大拇指，表示我讲得很对。于是我就拿定主意，准备利用这个老太婆给我作掩护。每次出房间门到饭厅吃饭时，我总是让她走在第一，我第二，接着是翻译和我的秘书。进了饭厅，特务们众目睽睽地注视着我们。我帮老太婆脱了大衣，招呼她坐在我的左边，翻译和秘书坐在右边，又照料老太婆吃菜吃饭，她也装出外国人吃菜用饭的姿态。吃罢饭又帮老太婆穿上大衣，仍让她走在前面，鱼贯而出。由上海到天津途中一直是这样。特务们误以为我和老太婆是两个老牧师，是夫妻，翻译是我的女儿，一次也没有来盘问过。这也说明只要不怕困难和牺牲，提高警惕，随机应变与特务做斗争，就能化险为夷，转危为安。

船到天津靠岸以后，温朋久和他的爱人刘绛文前来接我。船上的特务们见我与老太婆分道而行，甚是惊讶，交头接耳，互相议论。刘绛文当时在天津政府做救济抚恤工作。上岸以后特务们要检查我的手提箱，刘对他们说，我是她的朋友，没有问题，未经检查就很快地上汽车走了。到了旅馆，在客厅坐下，他们去看房子，温的岳父见我心情不很高兴，就问我：“赵先生是不是不愿意住旅馆？如果不嫌窝囊，就住到家里吧！”我听了以后随即就说：“走吧！”结果未住旅馆，住到了温的家里。第四天，温朋久陪我去北平。在火车上适与马占山坐在一起，一路上就和马闲聊天。特务们看见我和马谈话，也就没有查问。

到北平以后，通过朋友续式甫的关系，住到了灯市口傅作义招待外宾的一个旅馆。特务们以为我是傅的客人，也没有来找麻烦。当时山东孟良崮（或莱芜）战役刚结束，北平城内风声鹤唳，草木皆兵。晚上9时以后，街上就没有了行人。特务们夜里在十字路口“抄把子”，到处是阴森森的鬼世界。我必须在晚上秘密地去会见朱红。共去了三次。每次临行以前都安排了后事。我对秘书说：“如果到12点我不回来，就可能被人拉走，你就逃跑。”但是，幸而没有碰见“抄把子”的。见到朱红同志以后，他介绍段新同志负责给我带路去解放区。段在调查了各方面的情况和路线以后，和我们共同商定了一个去解放区的计划。这个计划包括三个方案。一个是我伪装为大商人，以“久大公司”董事长兼经理的身份出现，去解放区做生意。第二个是用钱买通沿路关卡，准备一次给法币50万元，不行再给，买通为止。这一方案是主要的。第三个是考虑到我在军队中时间比较久，熟人多，万一被人认出，就说我准备出国，因为在河间、饶阳等地有生意（段的父亲是经理），前去整顿一下，筹措些旅费。并且和段商定了这些生意的字号、行业、人员等情况，记在脑子里，以防查问。计划订好以后，我对段说：“第三个方案是准备案，第一个方案可能也有问题，注意第二个方案。凡到什么地方，你坐在我的旁边，也许当时我们不能明谈，你看见我如果向你伸出两个指头，就设法推行第二个方案。”后来段确定了我们要走的路线是先到天津，由天津上火车到陈官屯小站下车，然后过运河去解放区。

温朋久以前对我表示想去延安。我告诉他，我在上海已和民盟中央的领导人商定，要他留在天津发展盟员。温不愿意，还是坚持想去延安。因而我在离开北平的前一天，就把我们这次要去延安对他说明了。他也要同去，我答应了他的要求。就叫他先去天津安置，不要向他的家里透露。我们在天津惠中饭店住了一夜，第二天就上了火车。事先商定我和温在车上互不招呼，到陈官屯下车后，作为路遇再一起同行。

1947年3月5日晨，我和温朋久、姚警尘、段新四人在陈官屯车站下了车。当即被国民党封锁线的守兵带到连部盘问。连长进来向我们讹诈说，前天有一个客人从这里经过，被专员公署抓走，昨天有一个客人又被民团大队带去。我看这是要钱（据说当时放一个人过封锁线要3万法币），就用肩扛了一下段新，向他伸两个指头示意。段就把连长叫到门外，一次给了法币50万元，说明我们是做生意的大商人，并做了一些解释。连长二次进来以后眉开眼笑地说："不知是久大公司赵经理，我们慢待。"立即叫人沏了一壶香片茶，又买来羊肉包子招待我们。我们吃了一顿，准备要走。连长又叫人给我们雇了一辆大车，找了一个挑行李的老汉，还派了一个士兵，把我们送往渡口。临行时又告诉我们："过河以后有20里地是交错地带，双方都有游击队活动，再往前就是共产党的地区，我们就不能管了。"我们说："只要送到运河渡口就行了，共产党也做生意，到了那里当然不劳你们管了。"

我们离开陈官屯，顺利地过了运河以后，就步行前进。走了一阵，我向温朋久说："朋友，在这两不管的地区，如果有人来，我们不知道是哪个方面的，怎样答话？"温说："不一定会碰上人来。"正说着忽然看见前面半里以外，有十几个便衣武装向我们走来。我就叫段新前去了解情况，设法应付，段就迎上前去。这些便衣武装一路上队形非常整齐。我想一定是我们的游击队，就对温说："不要紧，是咱们的。"温问我怎么能知道是咱们的。我说："队伍非常整齐，国民党部队没有这样的纪律。要是国民党的兵，看见我们这些人的行装，早一窝蜂抢上来了。"正说着看见段新已经走到队伍跟前，并和领队的人贴耳讲话。领队的人摆手放行，段立即转了回来。经了解以后，确是我们的游击队，再往前走，到了台头村。村里的部队以为我们是商人，要在村口检查。段新建议他们到队部去检查。他们看见我们装扮特殊，恐有机密，表示同意。到队部后，段从袜带中取出马光斗同志给静海县委的介绍信让他们看。队长看过信以后，才算接上头，立即给我们弄饭吃。从队部出来以后，我急着问段："这已经到解放区了吧？"段说："现在已经安全了，以后都是解放区。"

我听了顿感轻松，如释重负，不由得唱起乱弹来。心想蒋介石阴谋杀害我终未得逞，我现在已经胜利地回到了解放区。今后就要在党的直接领导下，为彻底推翻蒋介石的反动政权而斗争了。这一天共步行了60里，到晚上12点以后才找到了静海县委。第二天由静海县委出发，就雇了大车，一路上换送到河间。到河间以后，段新完成了任务，返回北平去了。河间军区派了一位科长送我们到南宫。到南宫后，冀南地委书记马国瑞同志，派吉普车送我们经邯郸到太行第二野战军司令部冶陶村。

在冶陶，会见了薄一波、滕代远、王宏坤等负责同志。二野司令部当晚还为我开了欢迎会。当时他们还准备张贴标语，我与薄一波同志研究，为了使西安与我有关的一些人能有充分时间撤离，先不要太明朗化，后来即未张贴。第二天，又会见了刚从前方回来的刘伯承、邓小平同志。在冶陶附近的夏庄，也和十七师起义的官兵见了面。到冶陶后，我请求中央给我半年的时间，先到各战区观摩学习一次，然后再去延安。中央批准了我的请求。我就按计划先在冶陶学习三个月文件，并请薄一波、薛暮桥等同志给我们讲问题。但只学了一个多月，胡宗南进犯延安，我们从延安主动撤出，西北局势严重起来。党中央电令我立即赴中央。这时，经刘伯承、邓小平同志请示中央批准，我在冶陶发表了通电，公开宣告起义。通电中揭发了蒋介石的罪恶，说明解放战争必胜，蒋介石必败，号召全国军队起来反蒋。在此以前，我离开蒋管区一个多月，一直未向外宣布。据说，蒋介石发觉找不到我以后，非常着慌，再三责问孙蔚如我到哪里去了。孙蔚如一无所知。蒋很生气，又查问其特务头子是否把我在途中暗害了，但是也没有人知道。南京、西安等地对我的行踪议论纷纭，成了不解之谜。通电发出以后，蒋介石大怒，于右任双手一拍说："这下坏了！"胡宗南也大为震惊。社会一般舆论都指责蒋介石，认为蒋对我有功不赏，反而进行陷害，因而把我逼上梁山。

我到冶陶以后，原在蒋管区与我有关的一些人，也先后进入了解放区。我家中的人，除了我以外，也分四路先后来到延安。我的儿子赵元介，当我在兰州时，即由上海赴张北，经过南汉宸同志的介绍预先进了解放区。我的儿媳罗少岚带了两个孙子，经地下交通同志的护送，由马栏进入延安。

我的爱人知道我到冶陶以后，即和我的大孙女望原，由黄爱民同志带便衣武装掩护，迂回穿过延安以西的山林，到达了党中央所在地。我的女儿赵铭锦和女婿杨力（杨博），带了外孙钢旦去了上海，由连瑞琦掩护，赵铭锦在嘉兴医院担任医生（她原来学医），杨力在中华酸碱厂任技术员。后经连介绍，华东局设法由王炳南爱人通过天津救济署刘绛文，经石家庄，他们也转赴陕北。

我在冶陶发表了通电以后，即遵中央指示去陕北。过路晋南时，陈赓、谢富治对我多方关照。一天，到了曲沃县，适逢举行纪念“七七”大会，我在会上讲了话。蒋介石知道了我在曲沃，三四个小时以后，就派来四架飞机，围绕我所住的天主堂大肆轰炸，死伤群众数十人。刚由延安公学毕业分配到曲沃的10个学员，也不幸牺牲。我离开曲沃以后，到了黄河东岸的三交镇。这里是党中央所在地，当时除毛主席和周恩来等同志在河西以外，其他中央领导同志都在这里。在三交镇住了几天，又到了边区政府的所在地。小住几日之后，就过黄河到了西北局所在地雷家沟。在雷家沟稍停了几天，即由贺龙同志领我去杨家沟，会见了毛主席和周恩来同志。我把蒋管区的情况，向周恩来同志作了汇报。毛主席约我在他的住所吃饭，饭后和我深谈了一夜。毛主席关切地对我说：“多年来大家对你非常操心，你今天胜利地回来了。但是你多年来日在虎口，安之如夷，其故安在乎？今天我们好好谈谈。”我即将多年来的斗争经过详细作了汇报。毛主席非常注意地听着，还不时要我把某一段话再重复一次，使我深感到毛主席的谦虚和用心。我在和毛主席谈话中，汇报了四点斗争经验。第一，如果没有党的格外关怀和经常指示，是不会胜利的，也可能我早被蒋介石杀害。这是最主要的一点。第二，因为有三十八军的武力，且部队内部由于长期的历史关系，非常团结，战斗力强。蒋介石要想用武力消灭它，颇不容易。第三，我自己决心革命，不怕牺牲和困难，把生命置之度外，坚持与蒋介石做斗争。第四，在社会上建立了比较好的舆论，把可能团结的人都团结起来，其中包括蒋管区的一些所谓社会贤达。与他们的私人关系处得较好，使他们不对我说坏话。这些谈话，一直谈到凌晨4点钟。我看时间已很晚了，请毛主席休息，毛主席又奖励了我几句，我便告辞出来。

第二天晚上，毛主席找我谈工作问题。毛主席笑着对我说："你的品行很好，彭、贺争着向我要你。我要同你商量一下，你愿意在后方，就给贺当副手，愿意在前方，就给彭当副手。"我回答说："我没有意见，请主席决定。"毛主席又虚心地问我："你分析你在前方作用大，还是在后方作用大？"我说："要说起作用来，我在前方可能作用比较大些。因为我是个当兵的，一切水平很低，仗打了多年总还有些经验。我们要打西安，我是关中人，人比较熟悉，在情报方面可能还灵通一些。"毛主席随即说："好，中央原决定你在后方给贺当副手，现在你就到前方去给彭做副司令员。"不久，我就到了前总，担任了西北野战军副司令员。从此，就在一野参加了三年解放战争，与蒋胡军直接作战，直到西安解放，全国解放。

全国解放以后，蒋介石在大陆上的反动统治彻底垮台，中国人民获得了空前的胜利，建立了伟大的中华人民共和国。我的夙愿已经实现，十分兴奋。由于新的革命形势的需要，从 1949 年起，我即转业任青海省人民政府主席。

综上所述，在我进入解放区以前的 20 年间，蒋介石为了瓦解和消灭十七路军，先后采取了"分割使用，战场消灭""抽梁换柱，分编遣散"等一系列的卑劣手段，运用了特务破坏、金钱收买、调职轮训、升官许愿，以至不惜在抗日战争中放弃国土而撤走部队等种种恶毒办法。但是由于全军官兵的团结奋斗，特别是西安事变以后全军官兵在党的领导下，坚持团结，坚持进步，联系群众，立功疆场，与蒋介石的阴谋活动进行了针锋相对的斗争，使其始终未能得逞。三十八军的不少官兵，在这一斗争中受到了教育和锻炼，进一步提高了革命觉悟，最后坚定地投入了党的怀抱。

这一斗争何以能够胜利，我自己有以下几点体会：

第一，坚信代表广大人民利益的无产阶级的伟大革命事业必然胜利，蒋介石反共反人民的反动统治必然失败，坚信人类幸福的远景共产主义社会必然实现。没有这一坚定的认识和信念，就不会有明确的斗争方向和目标，就不会有坚持斗争的勇气和信心。

第二，党的政策代表无产阶级和人民大众的利益。相信党、相信毛主席的领导，对党忠实，听党的话，全心全意按照党的政策和指示办事，是取得胜利的根本保证。

第三，坚决勇敢，为革命不怕牺牲，尤其在地下斗争的环境中，更要有置生死于度外的决心，胜利了是光荣，必要的牺牲也是光荣。我在上海上船去北平时，就是因为有了这样的决心，才能在特务包围之中无所畏惧，最后终于化险为夷。

第四，必须坚持武装斗争。反动派都是欺软怕硬的。蒋介石更是害怕枪杆子，不怕笔杆子。如果没有三十八军的坚强武装作后盾，要取得胜利也是不可能的。

第五，要团结一切可能团结的社会力量，分化敌人。对国民党右派中的所谓社会贤达，也要尽可能进行争取，和他们搞好私人关系。使他们能不对我们说坏话，不进行破坏，必要时甚至可以说我们的好话。

第六，要特别提高警惕，注意保密，使敌人无隙可乘，没有辫子可抓。岳飞所以被害的一个重要情节，就是他写给韩世忠的信被张俊窃取，向秦桧告了密。三十八军中的同志们在斗争中都能精诚团结，严密戒备，因而使敌人无法找出岔子。我如果当时对张国焘、袁晓轩未提高警惕，也可能早被蒋介石抓住把柄，进行陷害了。

附录二

赵寿山生平大事年表

1894年　诞生

12月17日（农历十一月二十一日），出生在陕西省户县（古鄠县）永定乡定舟村一个贫苦农民家庭。

1903年　9岁

开始在本村南庙私塾读书，学习勤奋，深得塾师魏康侯的赞许，并得其资助。

1907年　13岁

其父赵端甫因地主突然收回租田，全家顿失生计，忧愤而亡，家境贫困。

1910年　16岁

考入公费的陕西陆军小学，在校学习成绩优异，每年得奖银20余两，可补家用。

1912年　18岁

转入西北大学预科（后改为省立三中）学习，后转入陕西陆军测量学校学习。辛亥革命爆发。

1914年　20岁

夏　毕业于陕西陆军测量学校。秋，进入陕西陆军测量局当测量员。

1918年　24岁

秋　应友人史可轩之召，参加陕西靖国军，在司令部充任一等科员。女儿赵铭锦出生。

1920年　26岁

在冯玉祥的陆军第十六混成旅任上尉参谋兼教导团、学兵团地形教官。儿子赵元介出生。

1922年　28岁

在冯玉祥的北平陆军校阅使署任少校参谋、教官。

1924年　30岁

陕西靖国军反对北洋军阀失败，杨虎城坚持靖国军旗帜，退至陕北"三边"，改编为陕北镇守使署步兵团进行整训。赵钦佩杨的革命精神，当年春，应杨之邀请到杨部，历任老先导队排长、队附，军事教官等职，讲授地形学，训练部队（吴岱锋、孔从洲、刘威诚都是当时的学兵）。其间结识了共产党人魏野畴及榆林中学校长杜斌丞。

1925年 31岁

国民军第三军入陕，杨虎城部编为第二军第三师，教导队扩编为师教导营，升任营长。

1926年 32岁

4月 北洋军阀指使刘镇华的镇嵩军围攻西安。赵随杨坚守西安8个月，进行了艰苦的战斗。

1927年 33岁

2月 第三师扩编为国民联军第十路，旋改为第十军。任第二师混成团团长。

5月 杨虎城率部东出潼关参加北伐战争。赵留陕西渭北地区任补充团团长，后升任补充旅旅长，留守三原。

1928年 34岁

春 率三原留守部队全体官兵万余人到达山东单县，与前方部队会师。

11月 第十军改编为第二集团军暂编第二十一师，任第七团团长，参加了胶东剿灭土匪刘桂堂、顾震部的作战。

1929年 35岁

5月 国民革命军第二集团军暂编第二十一师改编为新编第十四师，移防河南南阳，仍任第七团团长。

1930年 36岁

2月 杨虎城部改编为陆军第十七师。任五十一旅一〇一团团长。

4月 蒋冯阎中原大战爆发。杨虎城被蒋介石任命为讨逆军第十七路军总指挥。赵随军攻打洛阳龙门，占领陕西潼关，收编宋哲元部8000余人，收编刘郁芬部8000余人。

11月　杨虎城任陕西省政府主席。赵升任第十七路军十七师五十一旅旅长。

12月　率部进驻汉中。任汉中绥靖区司令，肃清当地土匪，统一汉中。

1931年　37岁

1月6日　甄士仁旧部杨万青、毕梅轩、苏纪昌在凤翔兵变，第十七路军特务师师长李云溪、参谋长尚天初、军需处长安方舟被变兵杀害，杨虎城令孙蔚如率杨渠统、赵寿山部追剿。

1932年　38岁

10月　红四方面军由鄂豫皖转战入陕南，蒋嫡系胡宗南率第一师进驻汉中。赵不愿与红军开战，经进步人士联络，与红四方面军建立关系，秘密签订互不侵犯协定。

1933年　39岁

汉中发生抗日学潮，积极保护爱国学生和进步人士。

1934年　40岁

9月　红二十五军由豫鄂转进陕西。蒋介石命令十七路军堵击。结果，陕西警备第一旅、第三旅被红军消灭，警二旅被击溃。

11月10日　与杨虎城赴城固县视察防务。

1935年　41岁

春　蒋介石命令杨虎城将汉中的十七路军部队调到陕北前线准备进攻红军。率五十一旅驻防黄陵、洛川、白水一带。

9月3日　母曹善慧病故，请假守孝百日。

1936年　42岁

3月　以看病为名向杨虎城请准假，出发到北平、天津、南京、上海、武汉等地考察形势，寻找救国道路。

在北平住了53天。在协和医院治好了肠胃病并戒了毒瘾。看到日本帝国主义侵略得寸进尺、蒋介石政府妥协投降和北平青年学生及各界群众高涨的抗日救亡运动，思想受到很大震动和教育。

在南京考察时，看到蒋介石独裁卖国政府，派系林立，争权夺利，贪污腐化，乌烟瘴气，异常气愤。蒋介石派高级官员拉拢他去见蒋，被断然拒绝。

4月至9月　在上海住了半年。接触了许多抗日爱国的著名人士，阅读了许多抗日救亡的进步报刊，激发了爱国主义感情。特别是在与陕西籍中共地下党员杨明轩、赵葆华、杨晓初等人的经常接触与深入交谈中，了解并接受了中国共产党抗日民族统一战线的救国主张，又阅读了《社会发展史》《政治经济学》和《国家与革命》三本马列主义理论著作，认清了蒋介石政府独裁卖国的反动本质，逐步树立了反蒋联共抗日救国的思想。

10月　由上海回到西安，向杨虎城汇报了在外地的所见所闻，建议杨联共反蒋抗日。

12月11日晚　张学良、杨虎城决定扣蒋。被杨虎城任命为十七路军军事行动总指挥，负责解决西安市区蒋系反动武装，扣押南京政府军政大员。胜利完成任务。

12月12日　被杨虎城任命为西安市公安局局长，负责西安市的治安。大刀阔斧，镇压反动分子的破坏活动，释放政治犯，迅速恢复了市区社会秩序。

12月18日　被杨虎城任命为十七路军渭北警备司令。到三原巡视渭北十余县。

23日晚　中共中央周恩来副主席亲到西安市甘露巷6号家中与其进行了竟夜长谈，留下终生难忘的印象。

1937年　43岁

1月8日　在三原接杨虎城电："博古兄本日下午往三原会见左权。希予便利，并妥为招待。"

1月9日　接杨虎城密电："着即由三原分库代领七九步枪弹20万粒、机枪弹10万粒，交左军团为要。"

年初　欢迎和帮助南下红军，同红军领导人彭德怀、任弼时、贺龙、左权、杨尚昆等频繁接触，亲切交谈，合影留念，关系密切，政治倾向发生重大转变，并表示要参加中国共产党。遂将其唯一的女儿赵铭锦、唯一的儿子赵元介送到陕北红军大学学习。

5月7日　南京政府下令撤销西安绥靖公署及十七路军总部，将原部队缩编为三十八军，军长孙蔚如，辖十七师、一七七师，出任十七师师长。

6月下旬　杨虎城被逼出国考察，亲到上海为杨送行。他进言杨坚持联共抗日立场；杨嘱他必要时率部倒向共产党，跟着共产党走。

6月29日　奉命到国民党"庐山军官训练团"受训。

7月8日　上书蒋介石，请缨北上抗日。

7月9日　蒋介石召见，考察其在西安事变中与共产党的关系，最后批准其抗战请求。

7月12日　由庐山回到陕西三原。

7月13日　召开全师营长以上干部军事会议，进行战前政治动员，健全各级组织，补充武器装备，紧急部署战备工作。

7月21日　全师誓师北上，三原各界群众隆重欢送，气氛威武悲壮。

7月27日至28日　十七师自渭南乘火车，东出潼关，经郑州向河北省疾驰。

8月2日　率十七师抵达河北晋县。在此写给刘守中的信中疾呼："此次率我三秦健儿北上参加抗日，姑无论将来成败如何，但求能于此民族解放事业中一显身手，生固为复兴华夏之荣，死亦为洗荡三岛之怒潮。"

8月初　率十七师到达保定设防。周恩来与彭德怀由山西太原专程到保定来看望赵寿山，并向全师排以上军官发表讲话，鼓励他巩固西安事变成果，坚持团结，坚持抗战。

9月21日至23日　指挥十七师参加了保定战役。随后参加了漕河、阜河战役。

10月11日　奉命率十七师到达山西娘子关阻击日寇西进。

10月12日至26日　指挥十七师坚守娘子关，战争异常残酷，牺牲惨重，全师13000多人锐减到2700余人。

10月底　十七师奉命向太原撤退。

11月初　进至太原市郊，派参议崔仲远（中共地下党员）进城找周恩来请示行动方向。周恩来指示："坚持敌后斗争，不要撤到河西去。"

11月6日　执行周恩来指示，率部到达八路军防区离石县碛口镇休整。

11月初至12月中　在中国共产党的帮助下进行了著名的"碛口整军"。

12月中　率十七师西渡黄河到达绥德。八路军帮助十七师成立了"血花剧团"。

1938年　44岁

1月　十七师东渡黄河，转进至晋南洪洞县待命。他秘密访问延安。毛泽东亲切会见，阐述中共抗日民族统一战线，建议其培养干部，改造部队。由抗大教育长罗瑞卿陪同参观了抗日军政大学。

1月下旬　由延安回到西安。接受毛泽东建议，在中共陕西省委的帮助下，参照抗大做法，在三原成立了十七师教导大队，选用中共地下党员担任领导和教官。

2月　率十七师到山西洪洞、赵城、长治、晋城、高平、阳城、垣曲等地，编入东路军系列，受彭总指挥，开展游击战。

3月8日　在高平关伏击日军，激战8小时，击毙日军120多人，打伤200多人，击毁汽车、装甲车12辆，缴获小钢炮3门、轻重机枪15挺和大批军用物资。消息传到八路军总部后，朱德总指挥立即发电，向十七师表示祝贺。

3月24日至28日　参加东路军在沁县小东岭召开的高级将领军事会议，

聆听朱德讲话，彭德怀做报告。

3月31日　观摩八路军一二九师响堂铺伏击战，受到了鼓舞。

4月初　伏击向高平进犯的长治日军，激战两小时，毙伤日军300多人。

4月中下旬　率部参加了粉碎日军向晋东南抗日根据地发动的9路围攻的作战，与八路军并肩战斗，取得重大胜利。共毙伤日军4000多人，一举收复上党等29县，巩固和扩大了晋东南抗日根据地。

6月　三十八军改编为三十一军团，辖三十八军、九十六军，升任三十八军军长，下属十七师和独立四十六旅。

7月13日，在高平窑则头村参加由其亲笔题写碑名的“陆军第十七师抗日晋东南各战役阵亡烈士纪念碑”树碑仪式，并讲话。

7月22日，三十一军团渡过黄河，调中条山抗战。奉命由晋东南赴中条山归还建制。

7月下旬　率部转进中条山茅津渡、张店地区，军部驻防马沙涧。

10月　在茅津渡举办三十八军干部训练班，亲任主任，委任参议孔祥桢（中共地下党员）为教育主任。提出“三大禁令”“四大口号”。

11月　三十一军团改编为第四集团军，仍任三十八军军长。

1939年　45岁

3月　成立中共三十八军工作委员会，书记蒙定军。对工委鼎力支持，并为工委筹建了秘密电台。

3月29日　驻运城、安邑的日军二十师团5000多人，兵分两路向中条山三十八军阵地进攻。率部奋起迎击，激战6天，毙伤日军1000多人，我军伤亡500余人，史称“三二九”战役。

6月6日　晋南日军纠集3万之众，飞机28架，兵分九路向中条山守军发起全面进攻。战役初期，由于第四集团军总部指挥不当，作战不力，伤亡剧增。在此危急之际，卫立煌命他指挥三十八军、九十六军、四十七军。他坚定沉着，精心运筹，灵活指挥，苦战半月，终于粉碎日军进攻。毙伤日军1万多人，我军伤亡六七千人。史称“六六”战役。

1940年　46岁

4月17日　保卫望原，巩固中条山阵地，率部粉碎日军第11次扫荡，史称“四一七”战役。适逢大孙女出生，为纪念此次战斗的胜利，故给其取名“望原”。

9月上旬　蒋介石为了切断三十八军与共产党八路军的联系，电令该军以及整个第四集团军南渡黄河，置于中央军监视之下。与工委研究，为了粉碎敌人阴谋，决定趁机起义，把部队拉到太行山与八路军一起坚持敌后抗战。特致电八路军总部请求批准。但彭德怀指示“要顾全大局，不可起义，坚决过河，不要动摇”。

10月　坚决执行彭总指示，率三十八军南渡黄河，担任巩县、荥阳、广武一线河防。从此，全军置于汤恩伯6个军的包围与监视之下。

11月　蒋介石电令第四集团军总司令孙蔚如：三十八军赵寿山军长的秘书姚警尘确系异党在该部的负责人，须尽快查明，以凭处办。为了敷衍蒋介石，让姚暂离部队周旋。不久又回到部队，升为孙蔚如的上校秘书。

1941年　47岁

1月上旬　蒋介石侍从室给第四集团军总司令孙蔚如电称：赵寿山三十八军内部异党分子活动猖獗。下列37人（名单略）皆系共产党嫌疑。其中上校以上者，送重庆受审；中校以下者，送洛阳劳动营受审。孙将此案批转赵寿山处理。赵复电称：奉命细查，这37人均为委员长之忠实部属，绝非异党分子，祈望免于送审。蒋介石恼怒，又以委员长侍从室名义致电赵寿山。疾称：37人均非共党分子，汝敢否以身家性命担保，出具甘结。赵决心革命，以身挡剑，出具甘结，把蒋介石又顶了回去。

2月前后　与杨明轩、杜斌丞等人商议，拟在三十八军内吸收进步分子组织“新中国大同盟”，草拟了16条纲领，宗旨是抵抗国民党的分化与压迫。后因中共中央没有同意而作罢。

3月　派张西鼎（中共地下党员）向中共陕西省委汇报蒋介石迫害三十八军的严重情况，请示对策。

4月初　张西鼎随陕西省委军事部长汪锋到达延安，用三个晚上时间向毛泽东详细汇报了蒋介石调训三十八军干部情况和准备起义的意见。毛泽东作了重要指示。

就在张西鼎去边区向陕西省委和党中央汇报期间，蒋介石派他的参谋总长何应钦到洛阳召见赵寿山，厉言一定要把三十八军的这37名共党分子全部带回重庆查处。赵据理力争，顶了回去。随后接受卫立煌的建议送去3人应付（经过斗争与营救，后来这3人也回到部队）。

5月中旬　张西鼎回到军部，向赵寿山和工委传达了毛泽东重要指示：尽量坚持抗日民族统一战线；在部队生存受到威胁时，可以把部队拉到黄河以北。

农历九月三日　在善慧小学创办六周年纪念日之际，在河南抗日前线战斗间隙，专门为学校写下了《本校六周年纪念感言》一文。

10月上旬　指挥部队在广武地区与日军激战数日，敌我伤亡均在500人以上。

11月3日至7日　先后发出105号、106号、107号、108号四道命令，指挥部队向邙山岭日军发起攻击，但未奏效。

11月8日　奉命由围攻改为围监。

12月上旬至中旬　指挥部队向黄河桥头堡日军发起攻击。历时半月，大小战斗30余次。但久攻不克。从此，敌占霸王城，我占汉王城，鸿沟为界，长期对峙。

1942年　48岁

4月　蒋介石下令通缉三十八军参议孔祥桢等9人。下旬，找孔祥桢谈话，让其去八路军总部，并请其报告彭德怀，若蒋介石动手消灭三十八军，希望他派部队在黄河北岸接应。

5月初　将孔祥桢送回八路军总部做联络工作。其余8人被保了下来。

秋　撵走国民党派来的特务分子十七师政治部主任兼副师长龙冠军。

11月7日　毛泽东致电赵寿山“可否派贵处郝克勇来和我一谈，请裁复”及“今后通报改用公明勤三字”。

11月中旬　派郝克勇去延安，并托郝向毛泽东主席报告，他申请参加中国共产党。

12月　毛泽东听取了郝克勇的汇报，对三十八军工委的工作做了7条重要指示，并亲自批准赵寿山为中共特别党员。

12月13日　毛泽东致电赵寿山：“兄处方针宜委曲求全，撤退极左分子，消灭某方借口，以求自全。否则，危险极大，希予考虑。”

1943年　49岁

春夏　大力开展救灾工作。要求全军官兵每人每天节约一两粮食救济灾民。派人从关中购回大量麦麸和其他杂粮赈济灾民。在军部、各师、团部驻地设粥场，青黄不接时为灾民舍饭。收容灾民孤儿100多名，成立了娃娃连。

二孙女出生，因驻守荥阳，得名“荥原”。

9月至10月　三十八军查获日蒋勾结反共阴谋活动极其重要文电十余种，上报延安，受到党中央表扬。

10月中旬　蒋介石突然电令三十八军从郑州至广武前线调到偃师、巩县整训。

10月19日　致电毛泽东：蒋令我部调至偃师、巩县地区。“估计到该地区后，三面环敌，尔后行动益险。应如何处理，请指示”。

10月21日　毛泽东复电“宜遵命调防，谨慎应付环境”。

10月下旬　率三十八军到达偃师、巩县地区。

12月初　蒋介石又电令其去重庆中央训练团受训。他判断，刚调防又调训其中有诈。与工委研究决定起义，特致电党中央请求指示。不久，党中央复电：“抗日战争尚未结束，现时不宜起义。同意赵赴渝受训，与蒋周旋。”

12月28日　带着参议兼军长办公室主任温朋久和两个副官由巩县启程，经西安、宝鸡，抵达重庆。

1944年　50岁

1月2日　范明将其赴渝前和工委共同商定的9条对策电告毛泽东。

1月9日至30日　在中央训练团受训，并任甲级将官队队长。

1月31日　蒋介石召见，命其到甘肃武威担任第三集团军总司令，由嫡系将领张耀明接任三十八军军长。

2月9日　由重庆回到西安。通过八路军驻西安办事处向党中央报告了蒋介石明升暗降、抽梁换柱阴谋，请示方针。党中央指示：最好说服孙蔚如请求蒋介石将赵留作第四集团军副总司令，若不行还是去武威履新。

2月15日　回到河南巩县和义沟，住在第四集团军总部。

2月18日　与五十五师师长孔从洲深谈，将三十八军托给孔掌握，并叮嘱："到了迫不得已时，你就打起红旗坚决干！"

2月19日夜　召集三十八军党员团长、营长开会，对部队今后的工作和行动问题作了安排，并郑重交代："大家要特别注意，孙蔚如离职之日，就是全军起义之时，决不要拖延误事。"

2月20日　致电毛泽东："劝孙行动不果，只得去甘做官，徐图进取。兄有何指向，盼详告。"

2月21日　毛泽东复电："隐忍待时，徐图进取，甚为得策。"

2月25日　电告毛泽东："弟已决定寝日忍受西去，容再缓图。余待范明面报。"

2月26日　告别三十八军赴甘履新。路经西安时，安排原三十八军工委书记蒙定军担任第三集团军驻西安办事处主任，掌握电台一部，北通延安，南通重庆，西通武威，东通前方部队。

3月初　抵达武威第三集团军总部，就任第三集团军总司令。

6月初　以总司令的身份到第三集团军驻河西走廊各单位视察工作一个多月，搜集到不少军队和地方的重要情报。

7月　派邓元温（中共地下党员）到西安，将视察所获的重要情报送交中共陕西省委转报党中央。

9月至12月　在重庆陆军大学甲级将官班受训。在此期间，与周恩来和王炳南多有接触。安排随从副官杨荫东（中共地下党员）有意亲近蒋介石嫡系将领周士冕，以便打入国民党中央军要害部门。其间，长孙出生，得名“陆原”。

1945年　51岁

2月20日　毛泽东、周恩来应赵寿山的请求派张归仁（中共地下党员）去武威给其做保健医生，并带去党中央7条指示。

3月中旬　在武威听张归仁传达了党中央的指示和问候。坚决表示：“我一定把革命进行到底！”

4月　杨荫东就陪伴孙蔚如、周士冕在陆大受训的情况向其做了详细的汇报并请示下一步怎么做。赵寿山对杨荫东出色的工作给予充分的肯定和赞扬。

6月　闻知第四集团军缩编，孙蔚如调离，通知三十八军同志积极准备起义。

7月17日　三十八军第十七师3000多人，在共产党的领导下，于河南省洛宁县故县镇光荣起义。闻讯后感到无比欣慰。

1946年　52岁

3月　次孙出生，因仍住在武威官驿巷38号，故得名“武原”。

4月初　为隐蔽回延安的意图，在西安向蒋介石提出赴美考察水利的请求。当时未予答复。

4月下旬　赴重庆参加蒋介石召集的高级军事会议。会后，将国民党进攻张家口和轰炸解放区的作战计划，通过地下党向正在重庆的周恩来作了报告。

5月　蒋介石批准赴美国考察水利。党中央批准速回延安。

8月　第三集团军总部撤销，由武威回到兰州。买房置地，迷惑敌人。

9月8日　与党中央派来的黄爱民、蒙定军研究回延安的计划。决定由兰州直插陕西永寿县进入解放区。派黄、蒙回西安进行准备，10月10日再来兰州会面。

9月14日　应张治中、屈武和陶峙岳之邀，赴新疆迪化市（今乌鲁木齐）小住，主要做张治中离蒋工作。

10月8日　由迪化回到兰州。

10月9日　与蒙定军通电话方知由兰州直去延安的计划已无法实行。

10月12日　由兰州回到西安。因由西安北上延安极不安全，故决定去南京找周恩来争取乘坐军调部的飞机去延安。

10月中旬　劝杜斌丞回边区。

11月下旬　抵达南京。因周恩来于11月19日已乘军调部飞机回延安，搭乘军调部飞机去延安已不可能。

12月下旬　由南京到上海，找中共驻沪办事处负责人董必武同志请示回延安的办法。

1947年　53岁

2月上旬　董必武告诉他：我与北平的叶剑英同志联系好了。他希望你快点去，争取乘军调部的飞机与他一起去延安。

2月下旬　董必武又告诉他：国共谈判彻底破裂，叶剑英同志已回延安。你去延安之事，他安排由北平地下党的马光斗和朱红负责办理。你必须尽快北上。

2月下旬某日　与秘书姚警尘搭乘“和平轮”去天津。

2月24日　抵达天津，住在老部下温朋久家中。

2月27日　携姚警尘、温朋久到北平找地下党联系。住在傅作义招待外宾用的灯市口北辰宫旅馆。地下党派交通员段新负责护送他们进入解放区。

3月3日　派温朋久先回天津做准备。

3月4日　与姚警尘、段新由北平返回天津。

3月5日晨　与姚警尘、温朋久和段新乘火车到陈官屯下车，闯过关卡，通过无人区，进入解放区。晚上12时许，与中共静海县委接上关系。

3月中旬　胜利到达武安县冶陶镇，受到晋冀鲁豫军区领导人蒋一波、滕代远等同志的热烈欢迎。当晚召开了隆重的欢迎大会。第二天，受到刚从前线回来的刘伯承司令员、邓小平政治委员的亲切会见与热烈欢迎。

在山西临县，小孙女出生，取“临”音得名“琳原”。

7月6日　经党中央批准，向全国各界发表通电，宣告起义。

7月8日　在《人民日报》上发表了《赵寿山将军致全国各界通电》和《前国民党第三集团军总司令赵寿山将军抵达解放区》的消息。

7月下旬　赴陕北党中央途中，在山西曲沃县纪念抗日战争胜利两周年大会上发表反蒋演讲。蒋介石闻知立即派出4架飞机，围绕着他住的天主教堂狂轰滥炸，但无损其一根毫毛。

9月　与杨明轩、李敷仁联合发表《告三秦父老书》，揭露国民党黑暗统治，号召陕西人民打倒蒋介石，消灭胡宗南。

12月初　由贺龙同志陪同西渡黄河到达米脂县杨家沟。这里是党中央所在地。受到毛泽东、周恩来、任弼时、彭德怀、习仲勋等同志的热烈欢迎。

12月下旬某日　毛泽东约其谈话。晚饭毕，向毛泽东作了彻底汇报。

翌日　毛泽东找其谈工作问题。党中央任命他为中国人民解放军西北野战军副司令员、前委委员。

1948年　54岁

1月7日至20日　参加中共西北野战军前线委员会第一次扩大会议。听毛泽东、周恩来、任弼时、彭德怀、贺龙和陈毅同志的重要讲话和报告。

2月6日　中央军委发布正式命令，委任赵寿山为西北野战军第二副司令员、前委委员。

2月22日至3月3日　协助彭德怀司令员指挥宜川战役，歼灭胡宗南部队29400多人。

4月16日至5月12日　协助彭德怀指挥西府战役，歼敌21900多人，摧毁了胡宗南重要的补给基地宝鸡。

5月26日至6月1日　在洛川县土基镇参加中共西北野战军前委第二次扩大会议，总结西府战役的经验教训，确定下一步打胡宗南、马步芳、马鸿逵作战方针。

8月8日至13日　参加指挥澄（城）合（阳）战役，歼敌9000多人。

9月13日至22日　在合阳县雷家庄参加中共西北野战军前委第三次扩大会议，讨论贯彻党中央关于加强请示报告的指示，确定科学作战方针。

9月28日　到蒲城马湖镇警三旅第七团检查荔北战役准备工作。

10月5日至14日　参加指挥荔北战役，歼敌25000多人。

10月9日　出席陕甘宁边区各界代表追悼杜斌丞殉难一周年大会，并讲话。

11月　参加指挥冬季战役，歼敌25000多人。

12月4日至6日　在澄城县钱儿村参加中共西北野战军前委第四次扩大会议，研究部署冬季整训和开展群众工作问题。

1949年　55岁

1月11日至23日　在澄城县武庄参加中共西北野战军第一次代表会议，传达贯彻中共中央政治局1948年九月会议精神，通过若干重要决定。

2月1日　西北野战军改称中国人民解放军第一野战军，彭德怀任司令员兼政治委员，张宗逊、赵寿山任副司令员。中共西北野战军前线委员会改称中共第一野战军前线委员会，其仍为委员。

2月19日至3月22日　参加指挥春季战役，歼敌6975人。

2月28日　在富平县常家村参加中共第一野战军前委第五次扩大会议，讨论作战、休整、筹粮等问题。

4月19日至23日　在澄城县平城参加中共第一野战军前委第六次扩大会议，传达贯彻中共中央七届二中全会精神，动员全军准备吃大苦，打大仗，解放全西北。

5月8日至20日　参加指挥陕中战役，歼敌27346人，解放西安。

5月24日　担任中国人民解放军西安市军事管制委员会副主任。

8月　在陕西省第一届人民代表大会第一次会议上当选为全国人大代表。

9月15日至28日　在北京中南海怀仁堂出席全国人大第一次会议。

1955年　61岁

1月14日　出席陕西省人民委员会第一次会议，并与全体委员合影留念。

6月15日　在陕西省人民委员会第五次会议上要求，动员一切力量与干旱做坚决的斗争。

7月5日至30日　在北京出席全国人大第一届第二次会议。

9月23日　中华人民共和国授予一级解放勋章。

1956年　62岁

1月1日　参加宝成铁路广略段通车典礼。

6月15日至30日　出席全国人大第一届第三次会议。

8月19日　观看苏联乌克兰国家舞蹈团演出并接见主要演员。

9月15日至27日　当选并参加中国共产党第八次全国代表大会代表。兼任渭河工程委员会主任，支持宝鸡峡引渭灌溉工程。

1957年　63岁

6月26日至7月15日　出席全国人大第一届第四次会议。聆听周恩来总理《关于政府工作的报告》。

7月下旬　陪同朱德委员长视察陕西工作。

9月　随国务院副总理聂荣臻访问苏联。

10月　为杨虎城陵园题名“杨虎城将军陵园”。

是年　在中央党校学习马列主义理论。

1958年　64岁

2月3日至11日　出席全国人大第一届第五次会议。

5月5日至23日　参加中共八大二次会议。

7月28日至8月3日　出席陕西省人大第二届第一次会议，并被选为第二届全国人大代表。

10月　在宝鸡亲自主持召开了渭河工程委员会第一次会议，研究宝鸡峡引渭工程开工事项，并决定成立渭河工程局。

12月1日　在宝鸡市以西林家村渠首大坝工地出席宝鸡峡引渭灌溉工程开工典礼，亲临渠首大坝工地主持开工典礼并讲话。

1959年　65岁

2月　陪同水利部副部长、水利专家张含英在宝鸡峡引渭灌溉工程工地勘察，现场审批宝鸡峡等一批大型水利工程。

4月18日至28日　参加第二届全国人大第一次会议，并被选为全国人大常务委员会委员和国防委员会委员。

6月　陪董必武同志视察陕西农业生产。

7月　调北京全国人大常委会工作。

秋某日　到北京挂甲屯吴家花园看望正处于逆境的彭德怀同志，聚谈一个多小时。

1961年　67岁

夏　在颐和园介寿堂撰写革命回忆录《与蒋介石二十年的斗争史》。

冬某日　与习仲勋、杨明轩、王炳南、屈武、潘自力、赵伯平等同志游览颐和园。

1964年　70岁

3月20日　参观孙中山故居。作《谒孙中山故居》一首："大业垂成遭篡窃，千秋遗恨失权衡。东风浩荡摧枯朽，告慰中山济世情。"

12月20日至1965年1月4日　出席第三届全国人大第一次会议，并被选为人大常务委员会委员和国防委员会委员。

1965年　71岁

3月　因患食道癌住进北京医院。

6月20日　癌细胞扩散，病情恶化，抢救无效，于21时50分与世长辞。

6月23日　首都各界人民在中山公园中山堂为赵寿山同志举行隆重的公祭大会。由朱德、彭真、罗瑞卿、陈叔通、杨明轩、刘宁一主祭。朱德委员长向赵寿山同志的遗像敬献了花圈。骨灰安放在北京八宝山革命公墓中一室。

后　记

赵寿山将军是陕西省户县定舟村人。他由一个爱国主义者转变为共产主义战士，由国民党高级将领转变为中国人民解放军的指挥官，走过了一条艰难而曲折的道路。抗日战争中，他坚持抗战，反对投降，坚持进步，反对倒退，领导着原十七路军中坚三十八军，始终站在抗日最前线，与日寇浴血奋战，建立了卓著的不朽功勋。其间，虽屡遭国民党反动派的打击陷害，但他忍辱负重，以民族大义为重，赢得了中国人民的信赖。他在中国共产党领导人和三十八军地下党的影响和帮助下，于抗战胜利后弃暗投明，加入人民革命队伍中来。他的一生是光明磊落的，同时也是辉煌无比的。

户县政协文史资料委员会成立伊始，即开始征集赵寿山将军的历史资料，前后历时近十年，终于集腋成裘，编辑了这本《赵寿山将军》，其目的是要人们了解赵寿山将军的事迹，并学习他的高贵品质。

赵寿山将军作为户县籍高级将领，他在户县人民心目中的形象是高大的，不可磨灭的，他将永远受到户县人民的敬仰和爱戴。因此户县政协顺应户县人民的意愿，得到全县各界的大力支持，不遗余力地完成这件意义重大的事情。我们认为有关方面是能够理解的。

该书在征集稿件过程中，原三十八军的许多老同志都予以大力支持并积极撰稿、提供资料。特别是张万勇同志自始至终积极参与，为本书作了很大的贡献。还有张兴华、张兴民、王忠第等也都做了不少工作，全国政协文史资料委员会和中国文史出版社对该书的出版给予了支持和帮助。在此一并表示感谢。

《赵寿山将军》编委会

1992 年 8 月

补充说明

本书曾于1994年7月由中国文史出版社出版，名为《赵寿山将军》，本次作为《文史资料百部经典文库》之一再版，更名为《回忆赵寿山》，删除了一些篇目，又补充了赵寿山亲属的一些回忆文章，并规范了书中个别不太恰当的表述。

图书在版编目（CIP）数据

回忆赵寿山/陕西省户县政协文史办编. —北京：中国文史出版社，2016.10

（文史资料百部经典文库）

ISBN 978－7－5034－8306－6

Ⅰ.①回…　Ⅱ.①陕…　Ⅲ.①赵寿山（1894—1965）—传记　Ⅳ.①K827＝7

中国版本图书馆 CIP 数据核字（2016）第 250032 号

责任编辑： 李晓薇

出版发行：**中国文史出版社**

网　　址：www. chinawenshi. net

社　　址：北京市西城区太平桥大街 23 号　　邮编：100811

电　　话：010－66173572　66168268　66192736（发行部）

传　　真：010－66192703

印　　装：北京新华印刷有限公司

经　　销：全国新华书店

开　　本：16 开　　插页：8

印　　张：27.25　　字数：301 千字

版　　次：2017 年 10 月北京第 1 版

印　　次：2017 年 10 月第 1 次印刷

定　　价：68.00 元